Técnicas de jardinería

Técnicas de jardinería

UNA COMPLETA GUÍA SOBRE TÉCNICAS, DISEÑO, SIEMBRA Y MANTENIMIENTO DEL JARDÍN Y LA HUERTA

JONATHAN EDWARDS

LIBSA

C/ San Rafael, 4
28108 Alcobendas. Madrid
Tel. (34) 91 657 25 80
Fax (34) 91 657 25 83
e-mail: libsa@libsa.es
www.libsa.es

ISBN: 978-84-662-2537-3

Derechos exclusivos de edición
para todos los países de habla española.

Traducción: Antonio Rincón Córcoles

Título original: *Illustrated handbook of gardening techniques*

Contenido

Introducción

La mayoría de las personas considera los jardines como lugares relajantes, pero para el jardinero el placer es inmensamente mayor. Por una parte, tiene la suerte de poder decidir su diseño, y por otra, obtiene la satisfacción de preparar el terreno y las plantas, junto con la sensación del deber cumplido si le presta un mantenimiento cuidadoso que logra sacar el mejor partido de sus plantas.

Este macizo soleado se ha plantado con una variedad de plantas perennes de vivos colores, que crean una atmósfera alegre y vistosa.

El atractivo de la jardinería

En los últimos años, el interés por la jardinería ha proliferado, y se ha producido una demanda creciente de consejos e información. Los diseños de los jardines son cada vez más imaginativos, aunque uno de los mayores atractivos de la jardinería es que no es preciso tener unos conocimientos o una experiencia especiales para empezar. La jardinería básica no sólo es divertida y gratificante, sino también una empresa fácil de la que nadie está excluido. Y lo más importante aún es que todo el mundo puede practicarla a su nivel y de un modo personal, invirtiendo el tiempo y el dinero que le permitan sus circunstancias particulares.

Hacer lo correcto

Para ser un jardinero eficaz se deben dominar algunas técnicas básicas, pocas pero muy importantes, de manera que se eviten errores y se obtenga el máximo posible de las plantas. Muchas de estas técnicas no son sino aplicación del sentido común, como elegir la planta correcta para un determinado lugar y saber cuándo regarla; pero otras, como sembrar, plantar y podar, exigen ciertos conocimientos y un poco de práctica para aplicarlas bien. En este libro le guiaremos paso a paso por estas labores esenciales, ya sea para crear un jardín desde el principio o para cuidar adecuadamente de uno ya existente.

Una maceta de piedra con flores blancas y moradas crea un efecto de serenidad. Las macetas y demás recipientes necesitan mucha agua, pero dan una dimensión adicional al jardín.

Cómo usar este libro

La clave del éxito en jardinería es una buena planificación que cubra tanto las necesidades como las aspiraciones. La primera sección del libro le ayudará a diseñar y planear el jardín, ya se trate de preparar un terreno nuevo y vacío o de reconvertir un diseño preexistente. Se explicará cada uno de los pasos, desde la evaluación de lo que se tiene y su potencial para dar forma a los nuevos planes y hacerlos realidad.

Un jardín tiene la calidad del suelo que lo sustenta. Por eso este libro incluye un capítulo en el que se explica exactamente cómo analizar el suelo del jardín, los diversos pasos que han de darse para mejorarlo y el modo de preparar el terreno para las plantas.

Se encontrarán numerosas técnicas prácticas de cultivo, dispuestas de

La *Magnolia x soulangeana* «Amabilis» ofrece un magnífico espectáculo mediada la primavera.

Las aguileñas pueden cultivarse en macizos abiertos, pero con frecuencia se encuentran en la naturaleza en bosques despejados.

acuerdo con los tipos de plantas: árboles y arbustos, enredaderas y plantas con flores. Además, este libro analiza en profundidad ciertas áreas del jardín que exigen técnicas específicas, como zonas de césped, patios y macetas, jardines acuáticos y de rocas e invernaderos.

Contiene una extensa sección dedicada al huerto, que explica cómo cultivar las hortalizas más comunes, así como hierbas comestibles, aromáticas y frutales, ya sea en un terreno especial o integrado en el resto del jardín.

El capítulo sobre multiplicación de las plantas recorre todos los métodos principales de siembra, esquejes y acodos para ampliar de forma sencilla su dotación de plantas.

Muchas técnicas fundamentales se aplican en la mayoría, cuando no todas, de las áreas del jardín. Se han reunido en una sección que trata de los rudimentos que van desde la elección de un conjunto de herramientas esenciales a la eliminación de malas hierbas, el acolchado, el abono, el riego y el control de plagas y enfermedades.

Por último, se propone una lista de tareas propias de cada estación, para recordar cuándo debe acometer las tareas esenciales en todas las zonas del jardín en el momento oportuno.

Este libro contiene más de 150 secuencias paso a paso que pretenden guiarle a través de muchas de las técnicas de jardinería más complejas. Al mismo tiempo, aporta información de ayuda para elegir las especies correctas para cada situación o finalidad específica, y recuadros con consejos que ofrecen sugerencias sencillas sobre el modo de aplicar en su jardín técnicas respetuosas con el medio ambiente. Jardineros expertos y principiantes encontrarán en este libro una guía de referencia ideal para lograr el jardín de sus sueños.

Cuando los caminos poseen bordes herbáceos llenos de plantas densas, éstas ayudan a mantener controladas las malas hierbas, y requieren así menos mantenimiento. Un diseño de plantas como el de la imagen es inmejorable en pleno verano.

Planificación del jardín

La jardinería es mucho más que el simple cultivo de plantas. Para lograr un jardín atractivo es de máxima importancia que el lugar en el que se colocan las plantas sea el correcto. Siempre existe la opción de encargar a profesionales el diseño y preparación del jardín, pero aparte del elevado coste que supondría es probable que la satisfacción obtenida fuera mucho menor que la que se consigue al crearlo con las propias manos.

Sólo uno mismo puede decidir lo mejor para el propio jardín. Los gustos son enormemente variados, y la mejor prueba de la validez de un nuevo diseño es ver si nos complace o no. Use las técnicas de planificación sugeridas para experimentar sobre el papel: pronto aprenderá las técnicas que le permitirán planificar su jardín con confianza. Un diseño bien planeado le garantizará un uso óptimo de su espacio y la planificación es en sí misma un reto estimulante.

Un jardín bien planificado tendrá lugares destacados durante todo el año. En la imagen, un macizo de tulipanes de brillantes colores conforma una agradable vista en primavera.

Valoración del jardín

Ya disponga de un lienzo en blanco sobre el que diseñar un jardín nuevo o intente aportar mejoras en un diseño preexistente, lo primero que ha de decidir es exactamente lo que pretende y los cambios necesarios que le llevarán a conseguir su jardín ideal.

Un invernadero ocupa mucho espacio en un jardín pequeño, por lo que ha de valorarse detenidamente si merece la pena instalarlo.

¿Qué quiere hacer?

Tal vez parezca una pregunta sencilla, pero en la práctica a veces es problemática, sobre todo cuando en casa hay dos jardineros. La forma más fácil de decidir lo que se quiere en realidad es elaborar varias listas. Escriba todo aquello que en el jardín actual no puede cambiarse, como la posición de un árbol arraigado o de un estanque, así como los restantes elementos que no quiera modificar. A continuación prepare una lista de lo que le gustaría incluir en el nuevo diseño. Siempre será necesario definir prioridades en esta lista de deseos. No olvide incluir los elementos funcionales, como una tubería de riego o los sacos de compost. Si le resulta difícil establecer las prioridades, dé un valor a cada elemento de esencial o deseable. De este modo tendrá la certeza de que ha incluido todos los elementos esenciales, así como los deseables, siempre y cuando haya sitio para ellos.

Prioridades del jardín

Lista de deseos	*Esencial*	*Deseable*
Elementos estructurales		
1. Pavimento/tarima	[ ]	[ ]
2. Zona de gravilla	[ ]	[ ]
3. Césped	[ ]	[ ]
4. Estanque/curso de agua	[ ]	[ ]
5. Caseta de jardín	[ ]	[ ]
6. Cobertizo para herramientas	[ ]	[ ]
7. Invernadero	[ ]	[ ]
8. Huerto	[ ]	[ ]
Elementos funcionales		
1. Tubería de riego	[ ]	[ ]
2. Contenedor para compost	[ ]	[ ]
3. Vivero	[ ]	[ ]
4. Cubos de basura	[ ]	[ ]
5. Barbacoa de obra	[ ]	[ ]
6. Arenero	[ ]	[ ]
7. Caseta	[ ]	[ ]
Elementos decorativos		
1. Arriate elevado	[ ]	[ ]
2. Macizo de arbustos	[ ]	[ ]
3. Macizo de plantas herbáceas	[ ]	[ ]
4. Zona agreste	[ ]	[ ]
5. Arco/pérgola	[ ]	[ ]
6. Jardín de rocas	[ ]	[ ]
7. Pequeño elemento acuático	[ ]	[ ]

CÓMO MEDIR

Use una cinta métrica plegable de 3 m y estaquitas para medir una superficie pequeña. En áreas más grandes sería más adecuado utilizar una cinta profesional de 30 m.

Medida del terreno

El siguiente paso en la planificación de un jardín nuevo o de la realización de cambios en uno existente es valorar lo que puede ofrecer y sopesar sus limitaciones. La mejor manera de hacerlo es trazar un plano aproximado del terreno existente, primero a ojo, en una hoja de papel donde anotar las dimensiones generales.

Los jardines rectangulares pequeños son muy fáciles de medir, y a veces las lindes se calculan simplemente contando los tramos de valla y multiplicándolos por la longitud de cada tramo más el poste. Sin embargo, en la mayoría de los casos será necesario medir el jardín con una cinta métrica. Una cinta profesional de longitud suficiente resulta de extraordinaria utilidad. La medición será más fácil si se tiene a alguien que pueda sujetar el otro extremo de la cinta. Anote los posibles desniveles a los lados o en la dirección de la medida. Clave palos a intervalos de 1 m y determine la dirección y magnitud del gradiente, utilizando una pieza de madera recta y un nivel de carpintero.

Triangulación

A veces puede resultar difícil medir la posición de un elemento dado, como un árbol o un estanque, utilizando los ángulos correctos. La triangulación es un método útil para fijar la posición de un objeto con respecto a las cosas que lo rodean.

Busque dos puntos ya fijos en el plano: a menudo se usan las esquinas de la casa. Mida la distancia desde cada uno de los dos puntos al objeto. Traslade estas medidas a la escala que está usando en el plano. Coloque un compás según cada una de las distancias a escala y trace un arco en la posición aproximada. Allí donde el segundo arco se corte con el primero quedará fijada la posición del punto.

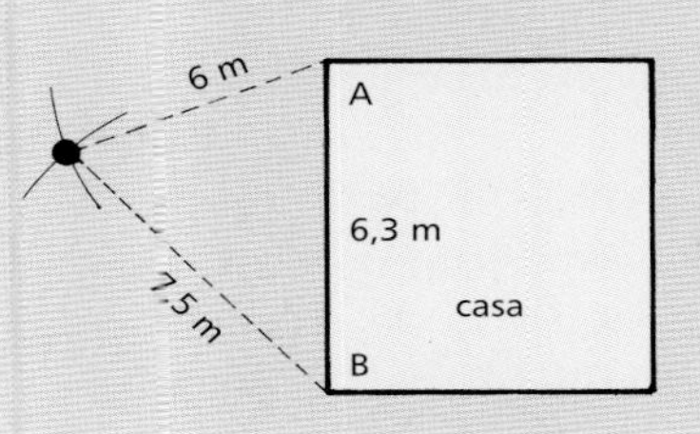

Es importante planificar un jardín de estilo formal con bastante precisión antes de empezar los trabajos prácticos para conseguir las proporciones adecuadas.

CÓMO PREPARAR UN BOCETO

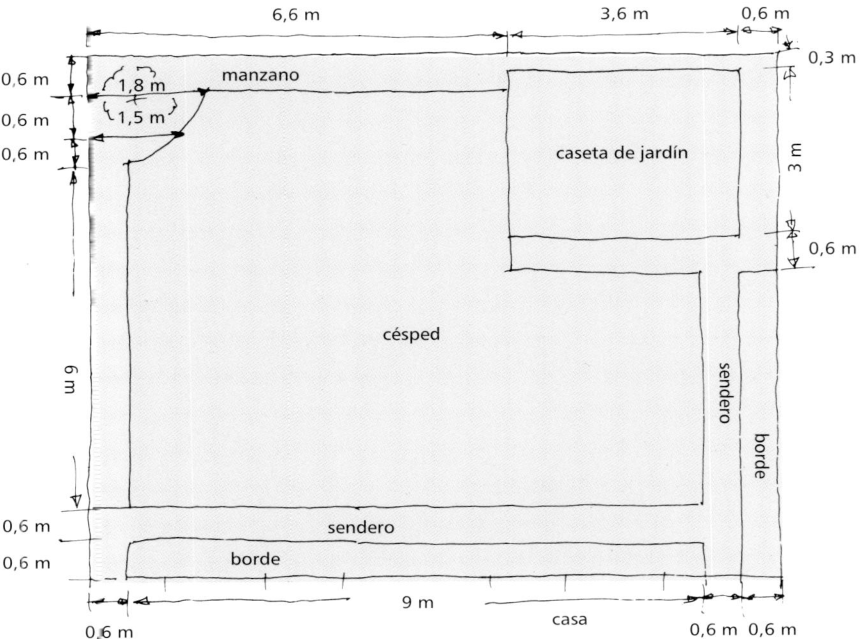

Prepare un boceto visual aproximado realizado a ojo, indicando la proporción de los elementos permanentes. Incluya sólo los elementos que tenga la seguridad de que va a conservar. Deje bastante espacio para añadir las medidas.

Diseño de la posición de los elementos fijos

Después dirija su atención a las posiciones de los elementos permanentes, como árboles y otros elementos estructurales que desee conservar en el nuevo diseño. La mayoría de los objetos pueden medirse según ángulos rectos a partir de una línea base, como el muro de la casa, sobre el plano. Si algún objeto no cae en la línea recta desde este punto, tendrá que recurrirse al método de triangulación (ver recuadro arriba a la izquierda) para determinar su posición, de forma que pueda colocarse con precisión en el boceto aproximado.

Si el jardín es pequeño, prepare todo el plano de una vez. Cuando sea demasiado grande, haga el boceto por secciones, que pueda luego unir cuando prepare el plano a escala.

Preparación del plano

La mejor manera de evitar costosos errores más adelante es dibujar un plano preciso del lugar. Una vez elaborado un plano básico a escala, podrá intentar encajar en él sus ideas y ver cómo se combinan los distintos elementos.

Elaborar un plano a escala

Usando las medidas anotadas en el boceto aproximado del jardín, elabore en papel milimetrado un plano a escala de la zona que va a diseñar, indicando la posición de todos los elementos permanentes. Para la mayoría de los jardines resulta adecuada una escala de 1:50 (es decir, 2 cm del plano equivalen a 1 m del jardín). Sin embargo, si está planificando una zona mayor, le será más práctica una escala de 1:100 (1 cm de papel por 1 m de jardín). Con el dibujo a escala resultará más sencillo estimar las cantidades de materiales, como los del pavimento. Cuando esté seguro de que son exactas, repase a tinta las líneas principales del plano, para verlas con claridad. Después, con papel de calco o transparencias, aplique varios colores a las líneas para indicar las zonas de sol y sombra en las diferentes horas del día. Esta información será muy valiosa cuando llegue el momento de pensar en las plantas más adecuadas.

Probar con nuevas ideas

Recorte diversas formas de otra hoja de papel milimetrado para representar los distintos elementos que quiere incluir en el jardín. Vaya moviendo estas formas por el plano o pruebe con distintos tamaños de cada elemento sin tener que rehacer el dibujo cada vez. Cuando le complazca la disposición, dibuje la forma en una transparencia.

Planificación práctica

Antes de encargar los materiales e iniciar los trabajos, marque al detalle los elementos del jardín existente. Haga maquetas de la forma global de los elementos más grandes para visualizar mejor el impacto que tendrán sobre el resto del jardín. Podría usar, por ejemplo, tallos de bambú a modo de arcos o varasetos, un pedazo de manguera para señalar el límite del césped o tablas de madera para indicar el borde de un patio o un sendero. Unas cañas altas para indicar la

CÓMO USAR EL PLANO

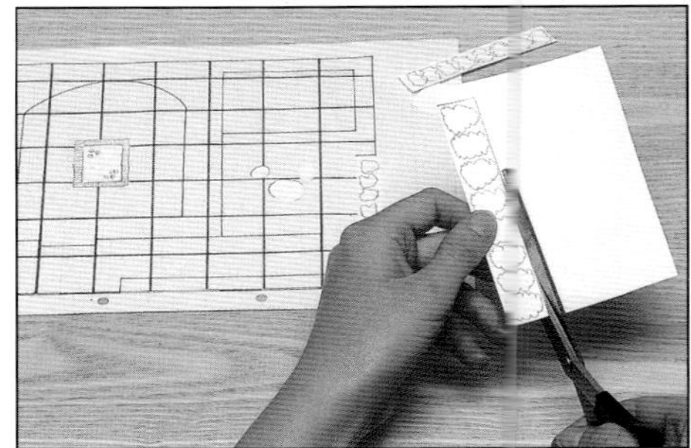

Resulta útil dibujar y recortar los elementos a escala que se quiera incluir en el diseño final, como un laguito, una caseta de jardín o un macizo de flores. Podrá mover estos elementos por el plano hasta que le guste el resultado, aunque conviene usarlos sólo como orientación. Si traza el diseño a su alrededor sin más, casi con toda seguridad al jardín le faltará coherencia.

CÓMO DISEÑAR EL JARDÍN

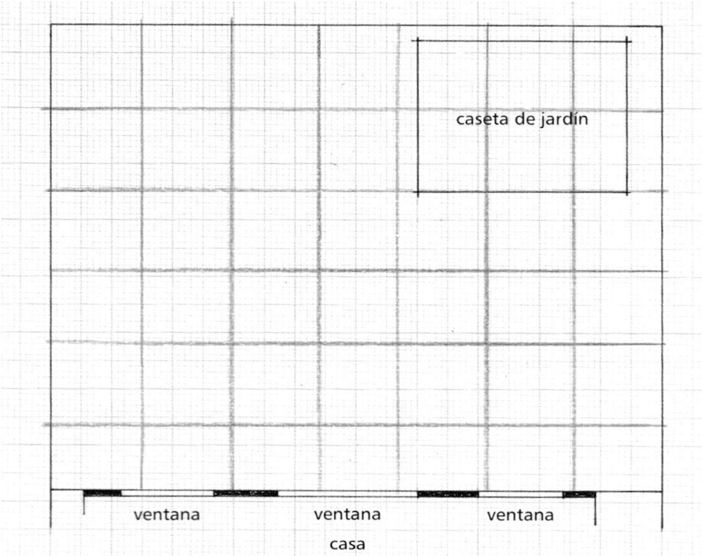

1 La retícula básica. Traslade las medidas de los elementos que desea mantener del primer boceto al papel milimetrado. Superponga a esta retícula el tipo de diseño que tiene en mente: en círculos, diagonales o rectángulos. La mayoría de los jardines funcionan mejor con las líneas de la retícula separadas unos 2 m. Usando fotocopias o transparencias, pruebe con los distintos elementos que le gustaría incluir en su lugar aproximado. Es útil mover por el plano los recortes en papel de estos elementos a escala.

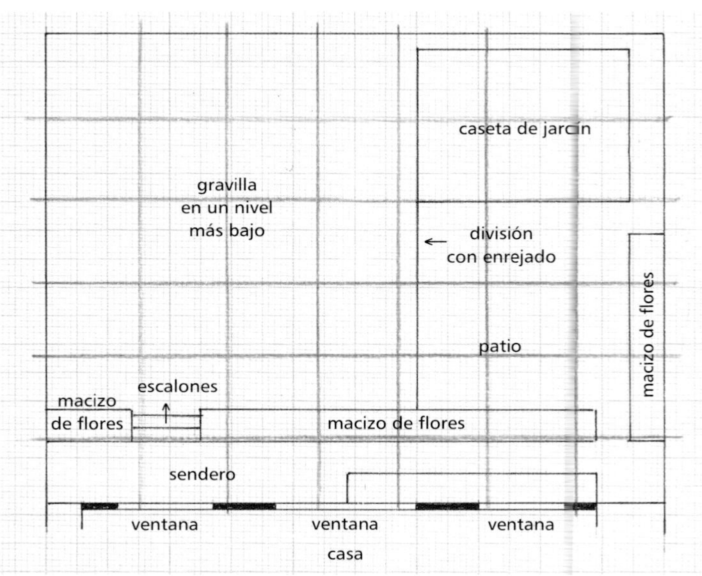

2 El boceto. Use transparencias o fotocopias sobre el plano en boceto. Si puede visualizar un diseño global, primero abocételo y después mueva por el plano los distintos elementos hechos a escala. Si no ha llegado a esta fase, bosqueje los elementos que ha colocado provisionalmente ajustándolos conforme evolucione el diseño. Haga numerosas tentativas, pues el mejor resultado se conseguirá tras haber probado muchas opciones. No se preocupe por ahora por los detalles de planificación, aparte de los puntos centrales importantes del diseño.

Buscar la inspiración

Si no se siente inspirado o no encuentra una solución a un problema concreto del jardín, no dude en consultar a otras personas y adaptar sus ideas a sus circunstancias particulares. Después de todo, es lo que hacen continuamente los profesionales. Consulte las revistas y libros especializados para decidirse por el estilo que más le atraiga. Reúna ilustraciones de los elementos que le gusten al leer las revistas y haga fotografías de los jardines de otras personas y de las exposiciones de jardinería. Anote las combinaciones de plantas que le resulten atractivas; tal vez le sea útil más adelante.

posición de los elementos importantes o las mayores plantas permitirán conocer en qué grado impedirán el paso de la luz. Observando las sombras a horas diferentes del día, se podrán descubrir posibles problemas sobre determinadas plantas o en las zonas de descanso.

DECIDIRSE SOBRE EL ESQUEMA GENERAL

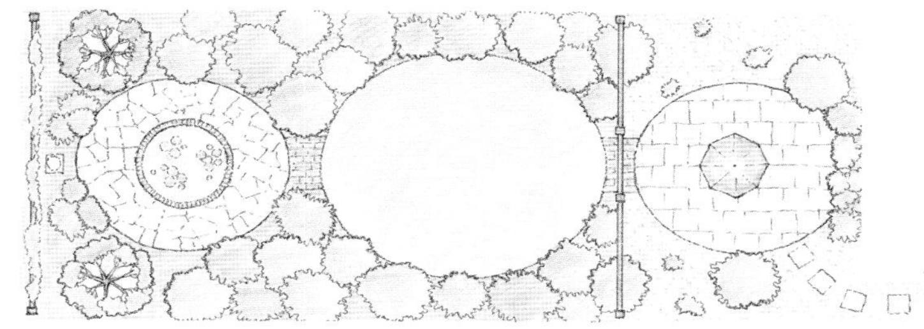

CÍRCULOS
Un esquema circular es bueno para disimular las formas un tanto predecibles de un jardín rectangular. En caso necesario, los círculos pueden solaparse.

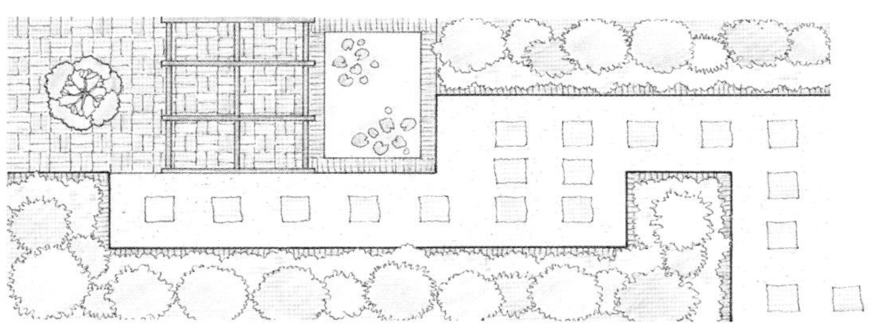

RECTÁNGULOS
El motivo rectangular es muy popular y efectivo cuando se busca un aspecto formal, o para dividir un jardín largo y estrecho en secciones más pequeñas.

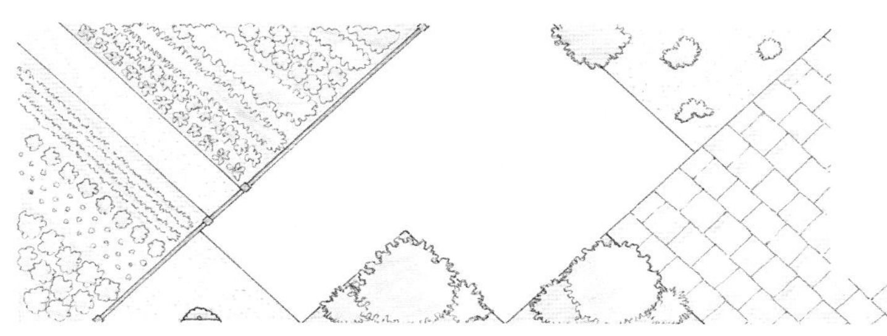

DIAGONALES
El esquema diagonal en retículas creará una sensación de anchura que arrastra la vista por el jardín. La mejor solución es un diseño en 45° con la casa.

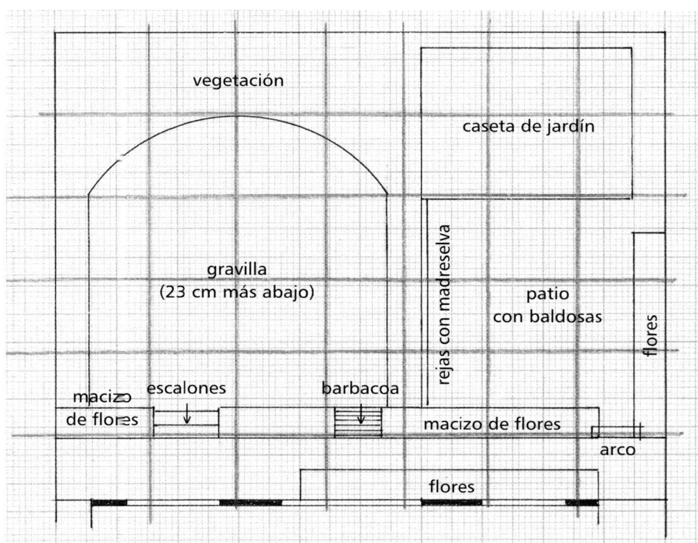

3 El dibujo detallado. Ahora es el momento en el que se deben tomar decisiones sobre detalles como el tipo de pavimento, no sólo porque ayudará a ver el efecto final, sino también porque será preciso trazar un plano que use, cuando sea necesario, elementos de bloque, loseta o ladrillo. También servirá para hacer un presupuesto. Dibuje aproximadamente las plantas principales, sobre todo los árboles grandes y los arbustos, y omita en esta fase un detalle excesivo de las plantas.

4 Visualización del resultado final. Antes de iniciar la construcción conviene estar absolutamente seguro de que el resultado final será el que se espera. Si le es posible, dibuje la apariencia definitiva del jardín. Tal vez desee preparar un modelo 3-D del mismo, usando tarjetas de colores, cerillas y otros objetos corrientes, como paja, algodón (en bolitas) y lentejas o arroz, para representar la textura de los diversos materiales. Piense en el aspecto que tendrá el jardín en las diferentes épocas del año.

Césped y alternativas

Las extensiones de césped han sido el elemento dominante de la mayoría de los jardines domésticos durante muchos años, pero las últimas tendencias en el diseño de jardines ofrecen un abanico de opciones alternativas que pueden considerarse para cubrir el suelo.

La extensión de césped es uno de los elementos más importantes de un jardín para muchas personas porque crea una sensación de espacio abierto que deja «respirar» al conjunto.

¿Por qué césped?

El césped es rápido y fácil de extender, necesita poca pericia para mantenerlo y tiene un aspecto espléndido cuando se cuida bien. Tal vez es la superficie más adecuada para todas las estaciones, y uno de los métodos más económicos para cubrir grandes extensiones de terreno. Si se siega y recorta con regularidad, ofrece un espacio abierto atractivo que combina bien con los elementos que lo rodean y da cohesión al conjunto del diseño. Existen dos calidades para el césped doméstico. El de alta calidad es más ornamental, pero requiere mucha atención y una siega bastante frecuente para mantenerlo en condiciones óptimas. Para la mayoría de la gente, sin embargo, el llamado césped estándar, o familiar, resulta perfectamente adecuado. Es resistente y requiere una poda más espaciada, con lo que se reduce el tiempo de mantenimiento. Aunque existen mezclas especiales de césped para situaciones difíciles, como la posición de sombra, esta opción necesita más mantenimiento cuando las condiciones de cultivo no son las ideales.

Alternativas al césped

En algunas situaciones, como una ausencia de sol continuada, quizá resulte preferible cubrir el suelo con plantas que prefieran la sombra. También ha de considerarse la opción de cubiertas alternativas cuando la siega resulte complicada o peligrosa, tal como sucede en zonas en pendiente. Cuando no quiera césped, pero siga necesitando un espacio abierto en medio del jardín, puede recurrir a otras opciones para cubrir el suelo.

- **Prados de hierba.** En un lugar soleado y bien drenado, algunas hierbas, como la manzanilla, el tomillo o la consuelda, crecen lo suficientemente bajo como para crear un efecto de césped lustroso. Aunque tienen bastante resistencia para poder andar sobre ellas ocasionalmente, no cuentan con la suficiente resistencia para servir de lugar de juego de los niños ni en zonas de paso frecuente. Puede probarse con *Thymus serpyllum* u optarse por la variante sin flor de manzanilla *Chamaemelum nobile* «Treneague».
- **Plantas de cubierta.** Elija plantas de fácil cuidado, como coníferas de

CÓMO PLANTAR LAS PLANTAS DE CUBIERTA

1 Cave la zona y limpie el suelo de malas hierbas al menos un mes antes de plantar. Arranque las plantitas que puedan aparecer entre tanto. Rastrille el suelo para nivelarlo antes de plantar.

2 Riegue las plantas en sus tiestos y después dispóngalas con separaciones de unos 15-20 cm, en filas salteadas para cubrir las posiciones y cerciorarse de que se tienen plantas suficientes.

3 Componga las raíces y plante las plantas a la profundidad original. Afirme el suelo alrededor de las raíces. Riegue las plantas y manténgalas bien húmedas durante el primer año.

CÓMO EXTENDER LA GRAVILLA

1 Lo primero que hay que hacer es excavar la zona con la profundidad necesaria; en la mayoría de los casos basta con unos 5 cm de gravilla. No cave a más profundidad de la requerida.

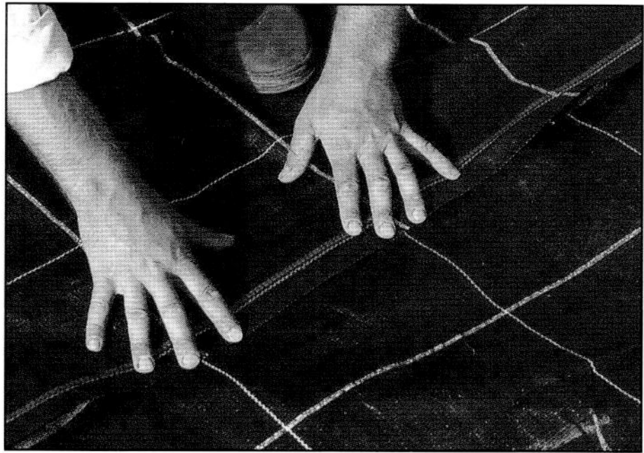

2 Nivele el suelo. Extienda una membrana semipermeable o polietileno negro resistente y agujereado sobre la zona para impedir que crezcan malas hierbas. Solape las tiras unos 5 cm.

3 Deje caer la gravilla sobre la lámina base y extiéndala de manera uniforme sobre la superficie, cerciorándose de que alcanza un grosor de unos 5 cm. Use un rastrillo para nivelar la gravilla.

crecimiento lento y brezo, así como la hierba de San Juan (*Hypericum calycinum*) por ejemplo, para cubrir zonas difíciles o peligrosas, como pendientes acusadas que no vayan a ser pisadas. Cubrirán rápidamente el suelo hasta la altura de las rodillas, como una mata de follaje que inhibe las malas hierbas. Aparte de una limpieza una vez al año, no necesitan mantenimiento.

- **Alfombra de flores.** Bajo los árboles y arbustos, una alfombra de flores de plantas bulbosas puede ser particularmente eficaz. Si planta variedades tempranas, florecerán antes de que surja el follaje superior y, entonces, quedarán ocultas de la vista en otras épocas del año. Elija especies que toleren la sombra y resulten adecuadas para condiciones de bajos nutrientes, y cubra bien el suelo para preservar la humedad y evitar que broten malas hierbas.
- **Gravilla.** Una opción popular entre muchos diseñadores es el uso de gravilla, piedrecitas y otros agregados porque resulta una opción versátil y fácil de extender. Existen en la actualidad numerosas calidades y mezclas atractivas para elegir entre las que se incluyen vidrios coloreados. Si se extienden sobre una tela semipermeable, estas superficies prácticamente no requieren ningún mantenimiento. También es fácil combinarlas con plantas para crear un efecto de aspecto natural.
- **Pavimento y tarima.** Estas cubiertas permanentes del terreno no necesitan mantenimiento y se ofrecen en una amplia gama de materiales disponibles aptos para los distintos diseños de jardín. El pavimento requiere mucho trabajo antes de extender el material, sobre todo en lugares en pendiente, y es una opción costosa que exige cierta pericia. Las tarimas son más versátiles y pueden cortarse a la medida de cualquier espacio, así como elevarse de manera que no sea preciso nivelar el suelo de antemano. El uso de tarimas requiere unos conocimientos técnicos básicos y unos costes comparables al pavimento.

PLANTAR A TRAVÉS DE LA GRAVILLA

Retire la gravilla y prepare una hendidura en forma de cruz en la base. Plante la planta con normalidad, y después afírmela, riéguela bien y reponga las cuñas de la lámina base antes de volverla a cubrir con la gravilla.

El césped no es la mejor opción para todos los jardines. En un patio pequeño, otras cubiertas, como la gravilla, son un material más apropiado o armonioso.

Patios

El uso de pavimentos requiere una planificación cuidadosa porque, una vez extendidos, es difícil y costoso modificarlos. Primero se ha de pensar en lo que se quiere pavimentar, y después decidir el lugar idóneo para un patio o un área empedrada.

Finalidad de un patio

Un patio ofrece una superficie lisa, dura y nivelada en la que poder sentarse, relajarse y disfrutar. Por estos motivos, los patios suelen situarse preferentemente en lugares lejos de la mirada de los vecinos pero cerca de la casa. Si se quiere usar el patio para tomar el Sol, será preciso que esté bien orientado para este fin durante la mayor parte del día; y si es un lugar de reunión, es más cómodo que se sitúe cerca de la cocina.

En un jardín orientado al norte, el mejor lugar para un patio puede ser en el fondo de éste, para conseguir la máxima cantidad posible de luz solar. Tal vez sea conveniente tener dos zonas pequeñas pavimentadas, una para tomar el sol y la otra cerca de la casa. Con independencia del lugar elegido para el patio, es preciso asegurarse de que sea un lugar agradable y bien protegido; la intimidad creará una atmósfera relajante.

Decisión sobre el tamaño

El tamaño del patio está determinado también por el uso que se le pretende dar. Para que quepa un mobiliario estándar de una mesa y cuatro sillas se necesita una zona empedrada de al menos 3 x 3 m, aunque es preferible que tenga más, de unos 4 x 4 m, para que quede espacio para pasar alrededor de los muebles de manera cómoda mientras se usan. Sin embargo, en un jardín pequeño, el patio podría dominar sobre el jardín y crear un efecto de desequilibrio en el diseño general. En esta situación sería mejor pavimentar todo el jardín y usar islas de plantas, arriates y numerosas

CÓMO EXTENDER EL PAVIMENTO

1 Excave la zona hasta una profundidad que permita colocar unos 5 cm de lecho de grava compacto cubierto con entre 3 y 5 cm de arena gruesa, además del grosor del pavimento y el mortero.

2 Sobre las capas del lecho de grava y la arena gruesa, coloque cinco montoncitos de mortero sobre los cuales se colocará la loseta, uno en cada esquina de la misma y el otro en el centro.

3 Coloque la loseta con cuidado, acoplándola bien sobre el mortero. En zonas de pavimento más grandes, cree una ligera pendiente para facilitar el desagüe del agua de lluvia.

4 Use un nivel colocado sobre más de una loseta para asegurarse de que se obtiene la horizontalidad que se desea. Si fuera necesario, use una pequeña cuña de madera bajo un extremo del nivel para crear una ligera pendiente en toda la zona. Golpee ligeramente la loseta, o levántela y coloque algo más de mortero.

5 Lo más aconsejable es que utilice unos separadores que tengan un grosor más o menos uniforme para garantizar una separación regular entre las losetas del pavimento y que el efecto sea el óptimo. Retire estos separadores antes de llenar las juntas con mortero, que se explicará en el paso siguiente.

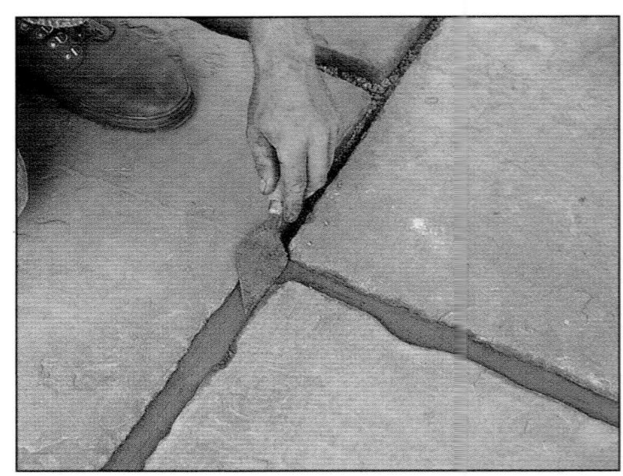

6 Uno o dos días después de extender el pavimento, repáselo para llenar las juntas. Use una pequeña paleta y una mezcla de mortero más bien seco. Remate con un golpe suave que deje el mortero ligeramente rebajado. Así se produce un aspecto vibrante y atractivo. Cepille el sobrante de mortero en las losetas antes de que se seque.

macetas y macetones para aportar interés visual al conjunto.

Incluso en un jardín grande, las extensiones de pavimento pueden parecer austeras. Este aspecto se matiza tanto combinando los estilos de empedrado como las plantas del patio. No sucumba a la tentación de adornarlo en exceso, pues el efecto sería confuso y restaría tranquilidad al ambiente.

Suavice las fronteras entre el patio y el césped, quizá con un murete, diseñado con espacio para plantas.

Revise la profundidad de los cimientos antes de extender el pavimento. Si lo dispone junto a la casa, compruebe que dicho pavimento termina al menos 15 cm por debajo del curso natural del agua.

Elección de los materiales

Existe una variedad increíblemente amplia de materiales adecuados para empedrar un jardín. La elección en cada caso depende en gran medida de los gustos personales, aunque cada tipo tiene sus propias ventajas e inconvenientes. Procure elegir un material que case bien con el diseño en conjunto y con el estilo de la casa. El empleo de materiales que se hayan usado ya en otras partes del jardín ayudará a crear un efecto armonioso. Los elementos de pavimento de forma regular son adecuados para un estilo formal, mientras que los consistentes en unidades más pequeñas o en tamaños diversos resultan en general más adecuados para crear una sensación más informal. Cuando combine diversos materiales, asegúrese de que son del mismo grosor para que el trabajo resulte más sencillo.

Agrupar los recipientes con plantas ofrece una imagen atractiva que realza el patio. En la fotografía se ha plantado un ejemplar de *Clematis* «Príncipe Carlos» en un cañón de chimenea cerca de unos cebollinos en macetas.

DERECHA
La fila superior muestra (de izquierda a derecha) adoquines de piedra natural, de arcilla, de ladrillo y artificiales. La fila del centro muestra una serie de diferentes formas de bloques de piedra. La fila inferior muestra algunos de los colores disponibles de losetas de pavimentación.

Tarimas

Las tarimas son opciones habituales en los jardines de hoy y, en muchas situaciones, pueden ser la mejor opción. Pueden ser más baratas y fáciles de construir que el pavimento, sobre todo en lugares en pendiente, y proporcionan una superficie dura y lisa que es a la vez funcional y atractiva.

Diseño de tarimas

Las tarimas pueden prepararse a medida para que encajen en cualquier diseño de jardín. Su aspecto esencialmente natural hace esta solución ideal cuando se pretende extraer el máximo partido de los tonos cálidos de la madera. Las tarimas también lucen bien en un diseño de jardín contemporáneo. No en vano, pueden erigirse en el principal foco de atención si se elige un diseño y un color atractivos y se repasan con tinte de madera. En un esquema más formal, se realzará la nitidez de las líneas de la tarima usando bordes escalonados.

Pueden conseguirse diseños variados fijando los tablones de formas diferentes (ver página siguiente), pero en general lo mejor es regirse por un diseño más bien sencillo. En algunos países existen ciertas ordenanzas de construcción que hay que seguir. En caso de duda, busque ayuda profesional,

Las tarimas de madera ofrecen una superficie duradera, práctica y fácil de cuidar. Constituyen un cambio refrescante desde un patio de empedrado o ladrillo. Añadir macetas y tiestos ayudará a que la tarima resulte un lugar más agradable para sentarse en verano.

CÓMO PREPARAR UNA TARIMA

1 Nivele la zona. Después use ladrillos o bloques de construcción como soporte de la tarima. Calcule la posición de cada hilera. Cada soporte de madera ha de apoyarse tanto en la mitad como en los extremos. Cave el suelo y coloque el ladrillo.

2 Coloque cada bloque de manera que aproximadamente la mitad del mismo se apoye en el suelo; es importante que circule aire bajo los soportes. Golpee ligeramente cada bloque para nivelarlo, añadiendo o retirando tierra, si fuera necesario.

3 Use un nivel para garantizar el nivelado de los bloques. Si el terreno es inestable, coloque los ladrillos o bloques sobre bases de hormigón. Compruebe que están bien nivelados, pues en caso contrario la tarima sería inestable.

aun cuando pretenda preparar la tarima usted mismo.

¿Por qué madera?

Las tarimas pueden estar hechas con madera dura, madera blanda tratada por presión o madera blanda simple. Las de madera dura de roble blanco o cedro gigante son duraderas y prácticamente no requieren mantenimiento, pero su coste de construcción es muy elevado. Las tarimas hechas con madera blanda tratada por presión (tanalizada) son menos costosas y razonablemente duraderas, pero necesitan mantenimiento estacional, mientras que las de madera blanda simple requieren un mantenimiento regular y son más propensas a pudrirse, por lo cual no son muy longevas. Revista la plataforma con tablones estriados antideslizantes, separados unos 6 mm para permitir la expansión y el drenaje libre de agua. Únalos con clavos o tornillos galvanizados. Todas las tarimas deben disponerse sobre un material semipermeable, como telas especializadas.

Elección de una tarima

La forma más sencilla de crear una tarima es usar baldosas preparadas que pueden colocarse sobre una superficie lisa y firme, como un patio, una terraza o un suelo de lecho de grava firme. Para mejorar el resultado, extienda las baldosas en la parte superior de un marco de madera tratada por presión y trate los extremos o juntas con conservante de madera. También puede obtener tarimas en forma de kit, muy fáciles de ensamblar y una buena solución cuando no es preciso ajustar la tarima a un espacio en concreto, como una isleta situada en la parte baja del jardín.

Las tarimas a medida, suministradas y ensambladas por proveedores profesionales, ofrecen la forma más cómoda, pero también la más cara. Los proveedores especializados se encargarán de todo el proceso, desde la planificación y la revisión de las ordenanzas locales hasta la obtención de todos los permisos necesarios para construir la tarima. Con las tarimas a medida se puede ser más ambicioso, usando niveles divididos, pasarelas e incluso plataformas elevadas para disfrutar de una vista perfecta del jardín.

MODELOS DE TARIMAS

Las tarimas de madera pueden extenderse siguiendo diversos motivos decorativos. Cada estilo dará al jardín un aspecto sutilmente distinto, por lo cual conviene pensar con detenimiento en cuál es el más adecuado antes de empezar. En caso de duda, consulte con un profesional.

4 Use conservante de madera en los soportes si fuera necesario. Sepárelos en los apoyos del bloque. Añada otros soportes hacia los extremos y los lados de la tarima, cuando los tablones necesiten un apoyo adicional debido a la forma del terreno.

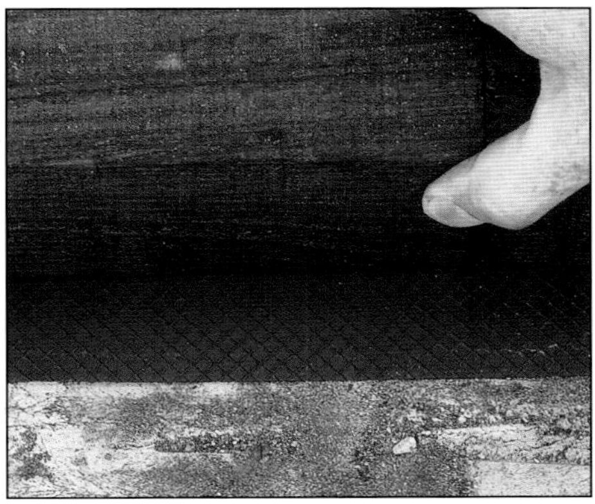

5 Los soportes tal vez no tengan longitud suficiente para cubrir la longitud completa de la tarima, en cuyo caso compruebe que las juntas coinciden con un bloque. Use una tira impermeable entre cada bloque y soporte para evitar que entre agua.

6 Añada una lámina de plástico para evitar que crezcan malas hierbas, y después sierre los tablones de la tarima al tamaño definitivo y trátelos con conservante. Clávelos en su posición con clavos galvanizados dejando huecos de unos 6 mm entre tablones para permitir su expansión.

Cuadros y bordes

La posición, tamaño y forma de los cuadros y bordes de jardines han de considerarse desde el principio del diseño de un jardín nuevo, ya que tienen una gran influencia en la imagen general del mismo.

Cambio de perspectiva

La mayoría de los jardineros consideran que los cuadros, espacios y bordes son esenciales, tanto para cultivar plantas específicas como para añadir interés a la forma del jardín. Es bastante sencillo modificar la forma de un borde, por lo cual debe considerarse si el diseño actual está haciendo el mejor uso posible de la perspectiva. Por ejemplo, bordes estrechos que siguen simplemente la línea del lindero harán que un jardín estrecho lo parezca aún más, y que la pequeñez del conjunto se acentúe más de la cuenta.

Cree la ilusión de espaciosidad en los jardines pequeños disimulando las lindes. Unos bordes anchos ofrecen la oportunidad de combinar una serie de plantas que, en conjunto, ocultarán el límite de la vista o romperán su presencia visual, para camuflarlo con eficacia. Al dividir el jardín horizontalmente, se le dotará de interés, ya que al menos una de sus partes quedará oculta a la vista, incitando al visitante a explorarlo. En un jardín corto, conviene usar un borde largo y curvo que lo corte transversalmente, de modo que parezca más prolongado y se realce la mayor de sus dimensiones, la diagonal.

Interrupción del césped

Una gran zona de hierba puede hacer que el jardín parezca desabrido, con lo cual tal vez convenga incorporar un cuadro central o un borde que siga el

CÓMO CREAR UN ESPACIO CIRCULAR

1 Introduzca un palo en el centro del cuadro elegido. Ate el extremo de un trozo de cuerda al palo y el otro a una botella llena de arena o tierra. El palo debe estar muy bien clavado.

2 Camine lentamente alrededor del palo, manteniendo la cuerda tirante y la botella inclinada, de forma que la arena o la tierra caigan al suelo y marquen el límite del círculo.

3 Una vez terminado el círculo, podrá cortar la hierba de la zona marcada para conseguir un espacio perfectamente circular.

CÓMO CREAR UN ESPACIO OVALADO

Coloque dos palos en el suelo y ate sin tensar un trozo de cuerda a su alrededor. Pruebe con la distancia entre los palos y con la longitud del pedazo de cuerda para conseguir el tamaño y forma del cuadro que desee. Disponga una botella llena de arena o tierra dentro del lazo de la cuerda y camine alrededor de los palos, manteniendo la cuerda tirante. La arena o tierra caerán de la botella, definiendo el perfil de un óvalo perfecto.

CÓMO CREAR UN ESPACIO IRREGULAR

Use una manguera flexible para marcar la forma y el tamaño del cuadro irregular. Cuando le complazca el resultado, retire una línea de hierba alrededor del borde interior de la manguera para delimitarlo.

sendero. Así se romperá visualmente la impresión del conjunto y se podrá disfrutar de una mayor profusión de flores y arbustos. A veces resulta más eficaz extender el macizo de flores o arbustos hacia un extremo de la extensión de césped, en vez de en su posición central. Se conseguirá entonces un mayor atractivo guiando la mirada hacia el cuadro floral.

Es importante mantener bien cuidadas las islas centrales, pues constituyen un punto de atención. Sin embargo, si se eligen especies de bajo mantenimiento, como plantas alpinas, y cubiertas con una capa atractiva de gravilla, no reclamarán demasiado trabajo.

Elección de las plantas

Es esencial elegir la combinación correcta de plantas para cada parte del jardín. Primero se pensará en la función que se pretende para ellas. Si se quiere una cubierta vegetal permanente, se necesitará una proporción elevada de plantas perennes que sirvan de base. Pero un jardín compuesto sólo por perennifolias puede parecer muy estático y falto de interés. En esta situación, haga que las plantas principales que demarcan la vista principal sean perennes, pero rellene las zonas próximas e intermedias con una serie de especies deciduas, bulbos y herbáceas para dotar al jardín de variedad estacional y animación.

Macizos de lavandas que flanquean un sendero estrecho. Es una buena elección porque al caminar por el camino, la lavanda dejará un aroma delicioso.

CÓMO PREPARAR EL SUELO

1 Dado que es probable que los macizos y bordes de flores no se modifiquen durante años, es importante despejar primero la zona de malas hierbas. Hay tres formas de hacerlo: rociar con un herbicida, limpiar la superficie con una azada o cubrirla con polietileno durante varios meses.

2 Cave la primera zanja con la profundidad de la pala en todo el terreno, y traslade la tierra una vez retirada al otro extremo del terreno usando una carretilla. Resérvela porque deberá usarla para rellenar la zanja final.

3 Aplique una capa de compost bien preparado o estiércol en el fondo de la zanja para mejorar la estructura del suelo y aportar nutrientes a las plantas, para que crezcan sanas y fuertes una vez que hayan sido plantadas.

4 Cave la siguiente zanja en el terreno, echando la tierra sobre el compost de la primera zanja. Añada compost a la nueva zanja y después cave la siguiente.

5 Continúe hacia el borde hasta haber removido toda la superficie. Añada algo de compost a la zanja final y después rellénela con la tierra que sacó de la primera.

6 Si fuera posible, cave en otoño y deje que el tiempo invernal descomponga el suelo. En primavera, quite las malas hierbas y rastrille el cuadro.

Arriates elevados

Aunque su construcción lleva tiempo y es cara, los arriates elevados pueden resolver bastantes problemas habituales de la jardinería, como deficiencias en el drenaje o baja calidad de la tierra, pero también son útiles para añadir interés a terrenos planos o para nivelar algunas zonas en jardines en pendiente.

Diseño con arriates elevados

Los arriates elevados ofrecen tantas ventajas que sorprende que no adornen todos los jardines. Son idóneos para dar altura e interés a solares demasiado planos y aburridos, y además constituyen una práctica solución para nivelar zonas de terreno en pendiente. En jardines pequeños pueden combinarse con pavimento para conseguir un patio-jardín recogido. Los arriates elevados pueden ser cuadrados o rectángulos funcionales, o bien diseñarse específicamente para caber en una esquina del jardín.

Elección de la tierra correcta

Los arriates elevados pueden albergar bastante más tierra que tiestos y jardineras, por lo cual son mucho más fáciles de cuidar y permiten cultivar plantas más grandes. También ofrecen la oportunidad de cultivar plantas en el jardín que, en otras circunstancias, difícilmente prosperarían. Por ejemplo, si el suelo es pobre o tiene mal drenaje, los arriates elevados pueden rellenarse con limo importado de buena calidad. De hecho, si disfruta cultivando plantas que precisan este tipo de tierra,

CÓMO PREPARAR UN ARRIATE ELEVADO CON LADRILLOS

1 Marque la forma del arriate con estacas cortas en punta y una cuerda. Use un conjunto de escuadras (triángulos) para obtener los ángulos correctos. Defina las líneas con una delgada línea de arena fina o use una pintura de marcación de líneas.

2 Cave a lo largo de las marcas a una profundidad de unos 30 cm y con una anchura de unos 15 cm. Llene con hormigón hasta unos 5 cm de la parte superior. Afirme la masa, nivélela y déjela reposar durante 24 horas. Para el hormigón use una parte de cemento por cuatro de arena gruesa.

3 Levante cuatro o cinco hileras de ladrillo y ceméntelas con mortero, comprobando la altura con un nivel a cada paso.

4 Limpie el mortero mientras esté húmedo con una llana. Deje que se endurezca antes de seguir.

5 Antes de rellenar con tierra, cubra el interior del murete con pintura de intemperie para protegerlo.

6 Coloque una capa de grava rematada con gravilla para el drenaje. Rellene con tierra y remueva la capa en un buen medio para cultivo.

7 Coloque las plantas en el arriate elevado de la forma habitual y riéguelas muy bien al principio.

8 Este es el resultado final del arriate, con una selección de plantas comestibles y fresas silvestres.

como los rododendros de suelos ácidos, los arriates elevados rellenos de tierra para ericáceas harán posible ver cumplido este deseo aun cuando la tierra del jardín no sea la más apta.

La tierra de los arriates elevados se calienta más deprisa que la del jardín, por lo que puede empezarse el cultivo antes en primavera, un aspecto útil para cultivar verduras o flores tempranas. Para personas con dificultad para inclinarse los arriates elevados son una solución muy agradecida.

¿Qué material?

Los arriates elevados permanentes tradicionales hechos de ladrillo o bloque se construyen de igual manera que los muros de contención sólidos, con la única diferencia de que las paredes del arriate son verticales y no ligeramente inclinadas. Se preparan con ladrillos o bloques asentados juntos con mortero, con «orificios» (juntas verticales sin mortero) a cada metro, aproximadamente, a lo largo de la base de cada muro para facilitar el drenaje del agua. Cerciórese de que los ladrillos son a prueba de heladas; los ladrillos corrientes pueden no resultar adecuados. En un jardín campestre, los muros de mampostería sirven también como sostén de unos buenos arriates elevados, donde las grietas y hendiduras sirven para que rebosen las plantas.

Los arriates elevados pueden hacerse también de madera. Se recomiendan tradicionalmente las viejas traviesas de ferrocarril, si bien pueden encontrarse travesaños semejantes de forma más asequible en las tiendas de jardinería, ya sea como tablas individuales que se clavan a medida para cubrir cualquier posición o como parte de un kit de arriate elevado, que puede montarse con facilidad. Las tablas de madera blanda tratada por presión, muy resistentes a la humedad, conforman un material económico para preparar sencillos arriates elevados para el huerto. Alternativamente, una vez teñidos los tablones, aportarán al patio un espacio ornamental atractivo.

El cultivo de una diversidad de hierbas aromáticas en un arriate elevado acercará los perfumes, colores y texturas al visitante, dotando de gran atractivo a esta parte del jardín.

CÓMO PREPARAR UN ARRIATE ELEVADO CON MADERA

1 Coloque los bordes de la madera en su posición y golpéelos levemente para asentarlos. Compruebe la altura con un nivel. Si usa bordes flexibles, enderécelos con estacas a las que los clavará.

2 En formas geométricas, como la que aquí se muestra en la imagen superior, clave las esquinas con clavos inoxidables. Si no lo hace así, toda la estructura se puede venir abajo en cualquier momento.

3 Rellene con tierra, asegurándose de crear las condiciones correctas para los tipos de plantas que pretende cultivar. Los brezos necesitarán un suelo ácido para prosperar.

4 Plante el arriate elevado y riegue las plantas profusamente. Cubra el suelo con cortezas desmenuzadas o gravilla para que se conserve la humedad.

Caminos

Los caminos ejercen una profunda influencia en el diseño y la sensación de movimiento de un jardín, por lo que ha de considerarse tal efecto durante el proceso de planificación. También es esencial equiparar la construcción con el tipo de uso que recibirá el camino.

Diseño de caminos

El diseño de un camino debe reflejar el motivo general del jardín. En una configuración formal, los caminos rectos con líneas claras reforzarán la formalidad del diseño, mientras que en un jardín informal resultarán más apropiados los senderos suavemente sinuosos. Evite los caminos rectos que desemboquen directamente en el fondo del jardín, ya que invitarán menos a recorrerlos y harán parecer más pequeño el conjunto. Mitigue la sensación de movimiento añadiendo cambios de dirección a lo largo del camino y cree un ambiente de misterio ocultándolo de la vista, por detrás de una estructura fija o por un borde.

Sendas temporales

Los caminos de láminas de plástico desenrollable son prácticas para proteger zonas del jardín mientras se realizan los proyectos de construcción o se están efectuando tareas intensivas de mantenimiento estacional. Resultan útiles sobre todo para proteger el césped en los meses de otoño e invierno. Otra opción es tender tablas (tarimas).

¿Qué clase de camino?

Existen tres clases principales de caminos: funcionales, que se usan constantemente, llueva o haga sol; ocasionales, de diseño básicamente ornamental y de uso infrecuente o inexistente, y temporales, que se despliegan para tareas concretas. Todos ellos han de tener una ligera pendiente o inclinación para que no se formen charcos cuando llueva.

Caminos de uso cotidiano

Un camino de uso frecuente ha de tener al menos 60 cm de ancho y una superficie apta para todas las estaciones. Si se diseñara junto al lateral de la casa, debería estar como mínimo a 15 cm por debajo del curso de los desagües e inclinarse ligeramente hacia el

CÓMO PREPARAR UN CAMINO DE GRAVILLA

1 El pimer paso para elaborar un camino de gravilla, es cavar la zona por donde va a pasar hasta una profundidad de unos 15 cm y apisone bien la base para que quede lo más compacta posible.

2 Proporcione un borde robusto para que no se disperse la gravilla. Para un camino recto, fije tablillas con estacas separadas aproximadamente 1 m unas de otras como un método sencillo y económico.

3 Coloque una capa de lecho de grava compactado. Añada una mezcla de arena y grava gruesa (puede usarse la mezcla de arena y grava que se vende en los comercios). Rastrille el conjunto para nivelarlo y apisónelo para que quede bien firme.

4 Cubra la parte superior a unos 2,5 cm del borde o las tabillas con la gravilla elegida. En jardines pequeños, el tamaño de gravilla de tipo guisante puede ser adecuado, al proporcionar un caminar fácil. Rastrille la gravilla para nivelarla.

Un camino serpenteante de gravilla, bordeado por plantas elegidas minuciosamente, es un modo de invitar a entrar por la puerta principal y no pisar otras zonas del jardín que no queremos que sufran en exceso.

exterior de la vivienda para desalojar el agua.

La cantidad y el tipo de tráfico que soportará un camino es una de las consideraciones principales que han de hacerse cuando se decida el tipo concreto preferido. Los caminos empedrados, con losas de hormigón sobre base de mortero en una base sólida de lecho de grava apisonada, constituyen la mejor opción para un camino para todas las estaciones y que se use habitualmente para transitar a pie o sobre vehículos de ruedas ligeros (bicicletas, carretillas, etc.). Esta clase de camino es cara, necesita mucho trabajo y no resulta muy adaptable.

Los caminos empedrados con pequeñas losetas embebidas en una capa de arena sobre tierra bien asentada resultan menos caros y más fáciles de construir. Se adaptan a cualquier diseño, pero se necesitan bordes sólidos para que el empedrado no se mueva. Podrían ser también de madera, o bien de hormigón, o simplemente de una fila de bloques sobre una base de hormigón.

Los caminos de gravilla son sencillos de construir sobre un suelo firme con una capa inferior de membrana. Pueden prepararse en cualquier forma, e incluir curvas complicadas. Requieren escaso mantenimiento, aparte de retirar las malas hierbas y de rastrillarlos ocasionalmente para mantener un buen aspecto. Por desgracia, la gravilla tiende a dispersarse hacia los bordes, y se lleva en los zapatos al interior de la casa.

Caminos ocasionales

Los caminos construidos principalmente con fines ornamentales pueden prepararse con una amplia variedad de materiales. En general, se elegirá el que case mejor con el entorno y ofrezca un soporte sólido. Piedras dispersas del pavimento usado en otras partes del jardín pueden combinar bien con el césped para poder acceder a la tubería de riego. Por debajo de los árboles o en los arbustos, piedras sueltas o un camino de corteza quizá resulten más adecuados.

Bordes limpios

Para un jardín de época es adecuado un estilo de bordes al modo victoriano. Se puede usar para que no se disperse la gravilla o como borde de un camino empedrado.

Los bordes ondulados, como el de la imagen, recuerdan también estilos antiguos de jardín, pero pueden usarse asimismo en diseños más modernos para crear un efecto formal.

CÓMO COLOCAR LADRILLOS Y BLOQUES

1 Cave la zona y prepare una base inferior de unos 5 cm de lecho de grava compactado o mezcla de arena y grava. Prepare un borde en un extremo y uno de los lados primero. Compruebe que está nivelado y aplique los adoquines o losetas en un lecho de mortero.

2 Una vez colocado el borde, extienda una capa de 5 cm de arena dura sobre la zona. Use una pieza de madera de bordes rectos para nivelar la superficie. Coloque los adoquines o losetas, bien apretados entre sí y con el borde.

3 Cepille la arena suelta en las juntas de los adoquines o similar con una escoba. Consiga un vibrador de lámina plana para consolidar la arena o apisonar los adoquines o losetas con un martillo pilón usado sobre un pedazo de madera.

4 Cepille la arena y repita el proceso de vibración una vez más para lograr un acabado firme y limpio. Para no dañar el conjunto, no se acerque demasiado con el vibrador a un borde sin soporte. El camino debe quedar listo para usar.

Muros

Aunque se piensa principalmente en los muros como una estructura que da seguridad e intimidad a lo largo de una linde, también son útiles en el interior del jardín para construir terrazas en un terreno en pendiente o para acoger otros muchos elementos, como arriates elevados, barbacoas, separaciones, asientos y soportes para jardineras, tiestos y adornos.

Diseño con muros

Los muros pueden estar hechos de una amplia variedad de materiales, de forma que puedan construirse adecuados a cualquier estilo. Los más sustanciales o prominentes, como los que se usan para delimitar las lindes, se asimilarán mejor al resto del jardín si se construyen del mismo material que la casa. Los muros más pequeños e interiores pueden diseñarse de manera que sean reflejo del diseño global del jardín. También pueden combinarse con otros materiales, del estilo de varasetos de madera, para suavizar el efecto general.

¿Qué muros existen?

Existen básicamente cuatro clases de muros: exentos para las lindes y las separaciones; de contención para aterrazado; de mampostería, también para aterrazado, y de contención para arriates elevados. Todos ellos requieren ciertos conocimientos para su construcción, por lo que en caso de duda conviene consultar con un profesional.

La mayoría de los centros de materiales de construcción cuentan con una gran diversidad de ladrillos adecuados para muros de jardín. Los ladrillos se venden en muchos colores y acabados, y en la imagen se muestra sólo un surtido de los muchos modelos disponibles.

Plantas para grietas en los muros

Aubrieta deltoidea
Campanuda portenschlagiana
Dianthus deltoides
Erinus alpinus
Erodium reichardii
Geranium sanguineum var. striatum
Mentha requienii
Pratia pedunculata
Saxifraga paniculata
Scabiosa graminifolia
Sedum spathulifolium

Cimientos

Todos los muros necesitan un cimiento de hormigón en toda su longitud. Cuanto más altos sean, más ancho y profundo ha de ser el cimiento. En muros de hasta 75 cm de altura, los cimientos tendrán una profundidad de 10 cm y casi el doble de anchura que el muro en sí. En muros de más de 75 cm de alto, los cimientos serán de 15 cm de hondo y unas tres veces la anchura del muro.

Muros de separación

La forma en que se construya un muro de separación dependerá asimismo de la altura que se le quiera dar. Un muro pequeño en la parte delantera de la casa podría estar hecho de ladrillo simple, de 10 cm de grosor, si es de hasta 45 cm. Para muros más altos habrá que usar un muro de ladrillo doble, de 23 cm de grosor, o erigirse sobre pilares de apoyo por cada par de metros a lo largo de un muro de ladrillo simple. Los muros de más de 1,2 m necesitan una construcción de ladrillo doble. Conviene añadir albardillas sobre el muro para evacuar el agua y proteger los ladrillos.

Muros de contención

Los muros de contención sólidos están hechos de ladrillos o bloques

ENTRELAZAMIENTO DE LOS LADRILLOS

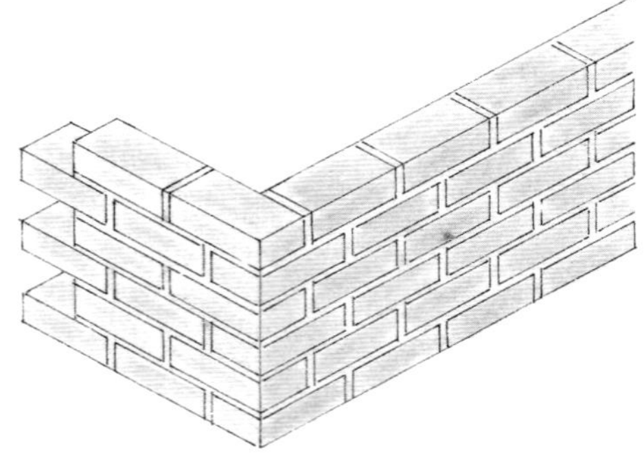

Aparejo a soga. La forma más simple de entrelazamiento usada en los muros de ladrillo simple es el llamado aparejo a soga.

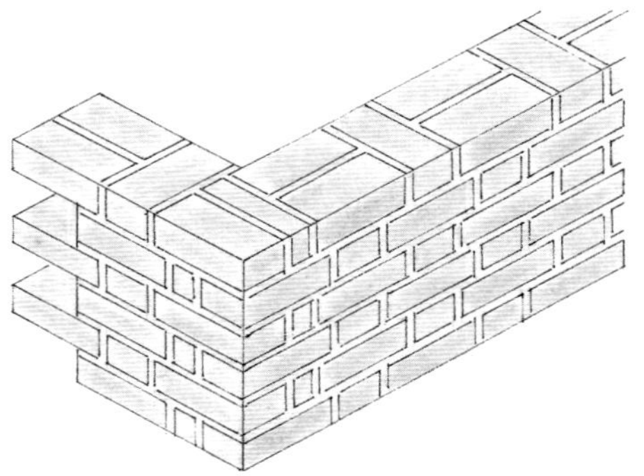

Aparejo flamenco. Crea un encaje sólido en un muro de dos ladrillos de anchura. Los ladrillos se extienden longitudinal y transversalmente al muro en la misma hilada.

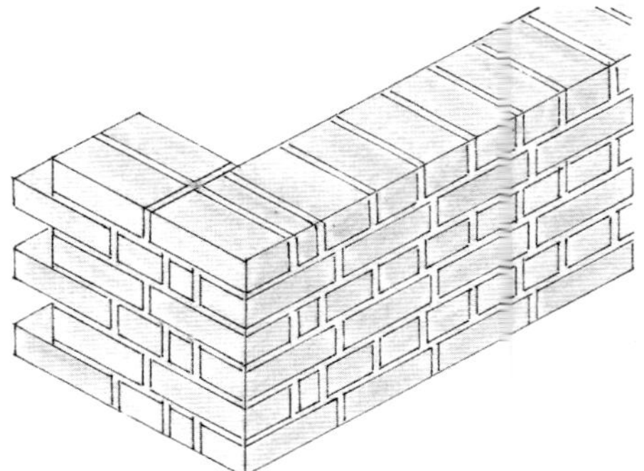

Aparejo inglés antiguo. Se usa en un muro grueso que necesita resistencia. Las hiladas alternas se extienden longitudinalmente y después transversalmente al muro.

asentados conjuntamente con mortero. El muro deberá tener suficiente resistencia para soportar el peso del suelo situado detrás. Por tal motivo, se usará siempre el método de construcción de doble ladrillo, pero esta vez los cimientos se extenderán y el muro se construirá se forma que se incline ligeramente hacia atrás. Deje orificios (juntas verticales libres de mortero) a distancias de 1 m, aproximadamente, a lo largo de la base del muro para que el agua drene desde la tierra. Compacte grava detrás de estos orificios y cúbrala con gravilla gruesa para evitar que entre tierra y termine por obstruir los orificios.

Los muros de mampostería son también buenos elementos de contención de hasta 1 m de alto. De nuevo, los muros han de construirse de manera que se inclinen ligeramente hacia atrás. Los bloques deben elegirse de forma que se entrelacen lo más posible, dejando pocos huecos. Compacte grava detrás del muro, para asegurarse de que cada capa permanece en su lugar. En las grietas grandes se pueden colocar plantas adecuadas.

Los muros de contención proporcionan una excelente oportunidad para experimentar con plantas trepadoras y arbustos.

Muro recubierto por las flores fragantes y blancas de *Rosa* «Iceberg trepador».

CÓMO CONSTRUIR UN MURO

1 Todos los muros necesitan una zapata. En un muro bajo tiene la anchura de un ladrillo; en muros más grandes y gruesos, las dimensiones aumentan. Excave una zanja de unos 30 cm de profundidad y ponga 13 cm de lecho de grava compactada en el fondo. Coloque estacas de manera que la parte superior de las mismas señale la altura final del cimiento. Use un nivel para comprobar la altura.

2 Para formar los cimientos, rellene la zanja con una mezcla de hormigón de dos partes de cemento, cuatro partes de arena y siete partes de árido de unos 2 cm. Vaya nivelándolos con la parte superior de las estacas a medida que lo realice. Use una tabla de bordes rectos para apisonar el hormigón y eliminar las posibles bolsas de aire.

3 Cuando el cimiento de hormigón se haya endurecido durante unos días, coloque los ladrillos sobre un lecho de mortero, añadiendo una cuña de mortero en un extremo de cada ladrillo al colocarlo. Para un muro de ladrillo único con pilares de soporte, estos deben colocarse en cada extremo y a intervalos de 1,8-2,4 cm, y pueden prepararse cruzando dos ladrillos.

4 Para las siguientes hiladas, extienda una cinta de mortero sobre la fila anterior, y después «amase» un extremo del ladrillo que va a colocar.

5 Golpee ligeramente los ladrillos para nivelarlos, comprobando constantemente la altura con un nivel para asegurarse de que el muro está nivelado y vertical.

6 Es mejor terminar la parte superior del muro con albardillas o ladrillos especiales adecuados que se venden con este fin en las tiendas especializadas.

Vallas

Como una de las opciones más populares para definir una linde, las vallas ofrecen intimidad y seguridad al instante. Resultan más económicas de construir que un muro y requieren menos mantenimiento que un seto.

Diseños con vallas

Existe una inmensa selección de estilos de vallas en una diversidad de distintos materiales, entre ellos varias maderas, metales y plásticos, por lo que no tendrá problemas para encontrar el que mejor realce su jardín. En las vallas delanteras se usan a menudo modelos con una estructura más abierta. Algunos ejemplos son la típica valla de estacas, la de poste y cadena, las de estilo rancho y las de poste y riel. No ofrecen intimidad ni demasiada seguridad, pero sí son un modo vistoso de delimitar la propiedad.

En la mayoría de los jardines traseros, las vallas deben protegerse de la vista, por lo cual han de tener la fuerza suficiente para sostener enredaderas y arbustos que sirvan para disimularlas. Sin embargo, en ciertas circunstancias las vallas en sí pueden servir de adorno. Es posible realzar su presencia pintándolas con tintura de madera usada en otras partes del jardín o para que se combinen con un motivo de planta cercano.

En este jardín, se ha levantado una valla para proteger este práctico rincón de los curiosos. La valla tiene la fuerza suficiente para sostener una enredadera.

¿Qué valla elegir?

El tipo más popular de valla es el panel preparado, que se comercializa en varias formas, ya sea en horizontal, en vertical o entrelazado. También se vende en diversas alturas, de 1,2 m, 1,5 m o 1,8 m. Los paneles para vallado son muy económicos y fáciles de instalar entre postes bien anclados y con una separación uniforme entre

CÓMO LEVANTAR UNA VALLA DE TIPO RANCHO

1 Los postes de una valla de tipo rancho deben asegurarse bien al suelo. Use postes cuadrados de 10 cm, dispuestos en intervalos de 2 m. Para mayor resistencia, añada postes cuadrados intermedios de 8 cm. Asegúrese de que los postes penetran al menos 45 cm en el suelo. Cemente los postes en su posición y después rellénelos con tierra.

2 Atornille o clave las tablas en su lugar, pero siempre con clavos o tornillos galvanizados. Use un nivel para comprobar que las tablas están en horizontal. Haga uniones a tope en las tablas del centro del poste, pero intente escalonar las juntas de cada fila, de manera que no quede ningún punto débil en toda la valla.

3 Coloque un remate sobre el poste para mejorar el aspecto y proteger el mismo poste. Pinte el conjunto con pintura de buena calidad recomendada para exteriores y que aguante las inclemencias de todas las estaciones. Elija con atención el color de la pintura; si es blanca, necesitará mantenimiento para conservar un buen aspecto.

ellos. La mayoría de estos paneles son bastante endebles y tienen un tiempo de vida de menos de diez años, aun cuando se cuiden bien. Para una valla de madera de más calidad y duración, puede optarse por materiales de mejor calidad. En ellos, antes de revestirla con los listones de madera se dispone una estructura de postes con dos o tres travesaños. A veces estos listones son más finos en un borde que en el otro y se solapan al clavarlos a los travesaños. Alternativamente, la valla puede ser regular, con las estacas clavadas a los travesaños rematadas juntas sin espacios entre ellas y sin solapamiento.

Postes

En todos los tipos de vallas, los postes deben ser duraderos. Preferentemente conviene elegir una madera dura resistente naturalmente a la corrosión, pero es más normal acceder a madera blanda tratada por presión. Las vallas de paneles se basan en una separación de 1,8 m para que quepa el panel. Pero en las vallas de paneles reforzados la separación es mayor, de unos 2,4 a 3 m. Ambas llevan postes de longitud suficiente como para que la sección inferior se entierre en el suelo y se afirme con hormigón, o postes de igual altura que la valla y asegurados con espigas especiales para vallas.

Permisos de construcción

Revise las ordenanzas locales de construcción antes de levantar un muro o una valla, para estar seguro de que no hay restricciones. En algunas circunstancias, sobre todo en los jardines delanteros cerca de una carretera o en zonas designadas de conservación urbanística, pueden imponerse limitaciones al tipo y la altura de la separación que desea levantar. En algunas zonas puede necesitarse permiso para cualquier muro de más de 1,8 m de altura y para muros de más de 1 m que den a una carretera.

CÓMO LEVANTAR UNA VALLA DE PANELES

1 Las picas ofrecen una opción más sencilla que clavar agujeros y llenar de cemento el poste para fijarlo. Use una herramienta especial para proteger la parte superior de la pica, y después clávela con un martillo pesado. Compruebe la altura con un nivel para asegurarse de que está completamente en vertical.

2 Introduzca el poste en la pica, verificando de nuevo la vertical, y después extienda el panel en su posición sobre el suelo y marque la posición del siguiente poste. Clave la pica siguiente, verificando de nuevo la vertical para que no se tuerza y el resultado sea el deseado.

3 Hay varias formas de fijar los paneles a los postes, si bien los más fáciles de usar son los provistos de escuadras. Basta con clavar las escuadras a los postes.

4 Levante el panel y clávelo en su posición, a través de las escuadras. Introduzca el poste en el otro extremo y clave el panel también en esa posición.

5 Compruebe que el panel está completamente horizontal antes y después de clavar, y haga los ajustes necesarios, antes de pasar al siguiente panel.

6 Termine el conjunto clavando unos remates en la parte superior de cada poste. Así impedirá que entre agua al grano de la madera y prolongará su vida útil.

Otras estructuras

Pérgolas, varasetos y arcos no son sólo rápidos y fáciles de construir sino que, si se colocan de modo correcto, pueden transformar de manera eficaz el aspecto de un jardín. En la actualidad puede disponerse de kits en una multiplicidad de materiales y estilos adecuados tanto a los jardines tradicionales como a los contemporáneos.

Diseño con arcos, varasetos y pérgolas

Los arcos pueden cumplir varias funciones en un jardín. Dan espléndidos resultados sobre un camino, adornados con vistosas enredaderas. Lo mejor es que la estructura enmarque un objeto distante, como un adorno, o concentre la mirada hacia el camino según se pierde de vista hacia la siguiente zona del jardín. Los arcos pueden usarse asimismo para unir los bordes de ambos lados de un jardín y dotar a éste de coherencia.

Los varasetos se emplean para dividir el jardín en «estancias» separadas y añadir una intensa dimensión vertical a un diseño que sea, por lo demás, bastante simple. Si está buscando una aplicación más sutil, el varaseto puede ofrecer un rincón retirado para sentarse, creando una zona de descanso tranquilo o un emparrado.

Una pérgola no es sino una estructura abierta, a menudo colocada sobre un patio contiguo a la casa, para crear una zona íntima para estar al aire libre. Puede cubrirse con materiales que den sombra, ya sean pantallas de malla o de bambú, o con una cubierta más natural de plantas trepadoras. Las pérgolas se usan también lejos de la casa, como una especie de camino cubierto en el lado soleado del jardín o como un punto de atención en medio del conjunto. Al ser una estructura más grande, se presta a servir de soporte de enredaderas muy vigorosas, como la wisteria o glicinia, que podrían pesar demasiado para un arco o un varaseto.

Con una valla o un varaseto se consigue no sólo mejorar el diseño del jardín, sino también una excelente oportunidad para cultivar enredaderas.

Elección de los materiales

En un estilo informal o local de jardín, las estructuras de madera rústica se combinan de forma natural con el entorno. Pueden adquirirse como estructuras preparadas a partir de proveedores especializados o fabricarse con madera recién cortada. Los postes rústicos suelen unirse y clavarse con clavos galvanizados de manera informal. Las estructuras rústicas no suelen ser tan resistentes como las de otros tipos, y a menudo necesitan elementos transversales que mejoren su rigidez y resistencia.

Si va a usar madera aserrada para arcos y pérgolas, elija un material que haya sido sometido a tratamiento por

CÓMO MONTAR UN ARCO

1 La forma más sencilla de hacer un arco consiste en usar un kit que sólo tenga que ensamblarse. Primero, fije las posiciones de los postes, dejando un hueco entre el borde del camino y el poste, para que las plantas no obstruyan dicho camino.

2 Cave cuatro orificios de 60 cm de profundidad para sujetar los postes. Alternativamente, elija un kit con postes más cortos para usarlos con picas de vallas. Introduzca las picas con una herramienta especial, usando un nivel para asegurarse de que están verticales.

Trepadoras aromáticas para estructuras de jardín

Akebia quinata
Clematis armandii
Clematis montana
Clematis rehderiana
Jasminum officinale y «Fiona Sunrise»
Lonicera x americana
Lonicera japonica «Halliana»
Lonicera periclymenum «Bélgica» y «Serotina»
Rosa «Bobbie James», «Gloire de Dijon», «Madame Alfred Carrière», «New Dawn» y «Zéphirine Drouhin»
Trachelospermum jasminoides y «Variegatum»
Wisteria sinensis

presión con conservantes para que no se pudra. Existen dos estilos principales de pérgolas de madera: tradicional y oriental. El estilo tradicional tiene menos maderas de cubierta, con extremos cuadrados, mientras que las pérgolas orientales se distinguen por sus extremos en bisel.

También es posible hacerse con arcos, emparrados y pérgolas de metal tubular con recubrimiento plástico. Son ligeros y más sencillos de montar que las versiones en madera. Por su estilo vanguardista parecen más adecuados en diseños de jardines contemporáneos.

CÓMO UNIR POSTES RÚSTICOS

Si necesita unir un poste horizontal a uno vertical, prepare una muesca del tamaño adecuado en la parte superior del vertical de manera que el horizontal encaje bien encima.

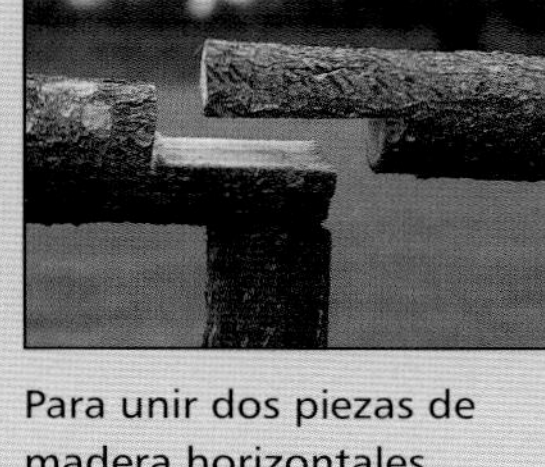

Para unir dos piezas de madera horizontales, sierre dos muescas opuestas que coincidan, de manera que una se asiente sobre la otra. Fije las dos piezas con clavos o tornillos galvanizados.

Para fijar piezas atravesadas con horizontales o verticales, prepare una muesca en V, usando un cincel si fuera necesario, para conseguir un encaje ajustado. Después clave las piezas con clavos galvanizados.

Use juntas empalmadas aproximadamente en la mitad del poste a media madera en cruces entre dos postes. Haga dos cortes de sierra hacia la mitad del poste y después retire la madera que sobra con un buen cincel. Fije las dos piezas con clavos o tornillos galvanizados.

Las juntas embarbilladas son útiles para unir piezas horizontales o diagonales con otras verticales. Corte una muesca en forma de V de unos 3 cm de profundidad y sierre la otra pieza de madera para que encaje en la forma. Tal vez necesite un cincel para lograr un buen acabado.

Pruebe a hacer el montaje en el suelo, y después introduzca las piezas verticales en los orificios preparados, cerciorándose de que están bien seguras antes de añadir más. La mayoría de estas piezas pueden clavarse, pero las secciones sometidas a más tensión deberían atornillarse. Utilice clavos y tornillos resistentes a la corrosión.

3 Coloque las patas del arco en los orificios. Rellene los agujeros con la tierra extraída y compácte a con el talón. Verifique con un nivel que las patas están verticales. Si usa picas de vallas, introduzca las patas en las mismas y después apriete los pernos de seguridad.

4 La siguiente etapa consiste en construir las vigas superiores del arco. Extienda las dos mitades en una superficie plana grande y atornille con minuciosidad las juntas en el ángulo correcto. Utilice tornillos galvanizados para proteger el arco de la corrosión.

5 Cuando esté terminada la base, encaje las vigas superiores en los postes. En el ejemplo de la imagen, se ha optado por introducir en la parte superior de los postes y después se clavan bien para que no se separen en ningún momento.

Preparación del suelo

El cultivo es la base de toda buena agricultura y el punto de partida de la mayor parte de las actividades de jardinería. Hasta un jardín basado en sistemas sin labranza necesita un buen cultivo para un aprovechamiento adecuado desde el principio.

La mejor manera de eliminar las malas hierbas y otros materiales no deseables del suelo es labrarlo, desmenuzar las capas compactas e incorporar materia orgánica. Esta tarea saca también los insectos a la superficie, que pueden así ser pasto de los pájaros evitando las plagas, e introduce aire en el suelo. Sin embargo, una vez plantado y acolchado con una gruesa capa de materia orgánica, no habrá que volver a cavar, siempre y cuando no se camine sobre este suelo, que se apelmazaría.

Uno de los mejores acondicionadores para el suelo es el compost bien elaborado. Todo jardín que se precie debe tener un contenedor de compost, en la que la hierba cortada, las hojas y otra materia vegetal puedan dejarse para que se pudran. Este material no sólo resulta totalmente gratuito, sino que su uso es una práctica muy recomendable para respetar el medio ambiente.

Cuide la tierra y ella le cuidará a usted, pues requerirá menos esfuerzo y le ofrecerá cosechas más abundantes.

Conocimiento del suelo

Es esencial conocer el tipo de suelo que se tiene en el jardín y su grado de fertilidad antes de iniciar cualquier proyecto de mejorarlo. Existen varios kits en el comercio para comprobar la calidad de la tierra que pueden servir de ayuda.

Es esencial elegir plantas aptas para las condiciones dominantes del suelo del jardín. El heliantemo (*Helianthemum*), por ejemplo, prosperará en sustratos neutros o alcalinos y en lugares soleados.

Cómo conocer el suelo

Todos los suelos están compuestos por los mismos ingredientes básicos: arcilla, limo y arena. Son sus proporciones las que determinan el tipo de suelo que se tiene.

- **Suelo arcilloso.** Este suelo pesado suele ser fértil, aunque denso y difícil de trabajar. Las diminutas partículas de arcilla se apelmazan dejando entre ellas muy poco espacio para el aire, con lo que no resulta sencillo drenar la tierra, que mantendrá la humedad durante mucho tiempo. Ello da problemas en primavera, ya que el suelo está demasiado húmedo para el cultivo y conserva más la frialdad. Los suelos con alto contenido en arcilla tienen una estructura deficiente y se apelmazan con facilidad al andar sobre ellos, lo que impide aún más el drenaje. Cuando se secan en verano, se agrietan y forman terrones.
- **Suelo arenoso.** Las partículas de un suelo arenoso son básicamente más grandes y de forma irregular, lo que significa que drenan el agua con libertad y dejan muchos espacios para el aire entre ellas. El lado negativo de este drenaje libre es que los nutrientes de los suelos arenosos se lixivian (lavan) con facilidad, lo cual los empobrece. Los suelos de fácil drenaje son también más propensos a la sequía durante los meses sin lluvias. Sin embargo, se calientan antes en invierno y son más fáciles de trabajar, con lo que resultan ideales para los primeros cultivos de primavera.
- **Suelo limoso.** En términos de tamaño de partículas, se sitúan entre los suelos arcillosos y los arenosos. Suelen ser fértiles. Los suelos limosos drenan el agua con libertad razonable pero, como los arcillosos, se apelmazan con facilidad.
- **Suelo franco.** Este tipo de suelo contiene partículas de arcilla y de arena, al igual que el limoso, y en muchos

CÓMO COMPROBAR LOS NUTRIENTES DEL SUELO

1 Recoja una muestra de tierra de 10 cm por debajo de la superficie. Tome varias muestras, y mézclelas para conseguir una prueba representativa.

2 Siga las instrucciones del kit adquirido. Mezcle una parte de tierra con cinco de agua. Agite bien la mezcla en un bote y deje el agua reposar.

3 Tome un poco de líquido de los primeros centímetros superiores de la muestra (aproximadamente unos 2,5 cm) para hacer la prueba.

sentidos ofrece lo mejor de ambos mundos, al ser fértil y razonablemente bien drenado. Sin embargo, retiene bastante la humedad. Los suelos francos también se calientan rápidamente en primavera, por lo cual son adecuados para los cultivos tempranos.

El otro factor esencial acerca del suelo que afecta a las plantas que se pueden cultivar tiene que ver con su acidez o alcalinidad. Este factor se mide en una escala de pH, en la que el punto central, 7, significa neutro. Para valores superiores es cada vez más alcalino, e inferiores, cada vez más ácido. La mayoría de las plantas prefieren un suelo neutro o ligeramente ácido (pH inferior a 5,5). Algunas plantas, como las azaleas, necesitan condiciones ácidas para su supervivencia; otras, como los lilos, prefieren suelos ligeramente alcalinos.

Acceso al suelo

Si se tiene un jardín nuevo o se está plantando en una zona virgen, merece la pena saber la clase de suelo que contiene para ver si conviene mejorarlo antes. El primer paso consiste en comprobar el drenaje cavando hoyos de unos 30 cm de profundidad al azar por la zona. Se llenará cada hoyo con agua para ver con qué rapidez se drena. Si toda el agua desaparece en 24 horas, las cosas irán bien. Cuando el hoyo siga parcialmente lleno al cabo de ese tiempo, habrá problemas de drenaje. En la mayoría de los casos, estos problemas se superarán cavando hondo y aportando una buena cantidad de materia orgánica bien descompuesta y arena gruesa al suelo. En caso contrario, será preciso instalar drenajes de la tierra o levantar arriates elevados.

Reducir la acidez del suelo

La acidez del suelo puede reducirse añadiendo cal unas semanas antes de plantar y labrándolo bien con un rastrillo. Antes compruebe el suelo con un aparato al efecto para calcular cuánta cal se necesita.

Prueba del suelo

Existen en los centros de jardinería kits económicos y fiables para medir la calidad del suelo, que indicarán el equilibrio de nutrientes del mismo y su nivel de pH. Para que su uso tenga valor primero deben probarse con una muestra de tierra representativa. La manera más fiable de hacerlo consiste en colocar cuatro cañas en la superficie del suelo en forma de W, y después usar una pala para cavar un pequeño hoyo, de unos 15 cm de hondo, en cada punto de la W, hasta tener en total cinco hoyos. Se tomarán muestras de tierra de cada hoyo y se colocarán en un cedazo o red sobre un cubo. Así se eliminarán los residuos extraños y los fragmentos grandes de materia orgánica. Se mezclará bien el suelo de diferentes hoyos antes de la prueba. Conviene asegurarse de que no se toman pruebas de zonas contaminadas, como aquéllas en las que hubiera antes un contenedor de compost, pues no serían representativas del jardín en su conjunto.

COMPROBAR EL PH

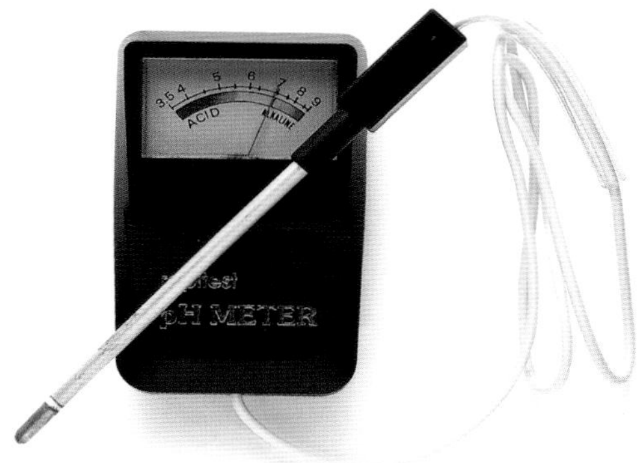

Los kits de medida del suelo, en diversos grados de sofisticación, son muy fáciles de conseguir, como sucede con este instrumento electrónico de medida del nivel del pH.

4 Use una pipeta para transferir la solución a la cámara de prueba en el recipiente de plástico suministrado con el kit porque así no se derramará.

5 Elija una cápsula de código de color (debe er una por nutriente). Ponga el polvo en la cámara, coloque el tapón y agite de forma enérgica.

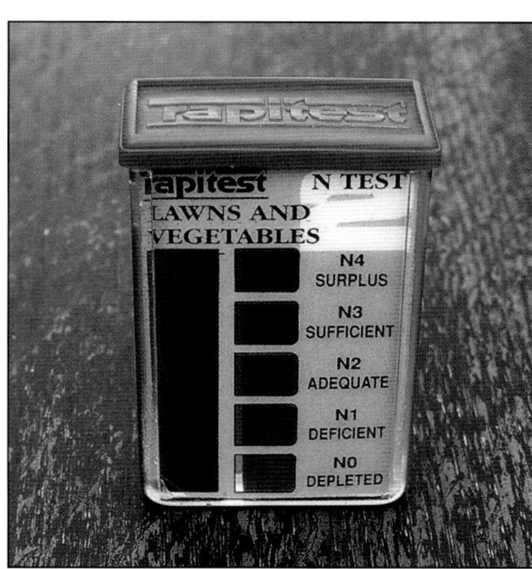

6 Al cabo de unos minutos, puede comparar el color del líquido con el panel de sombreados que se muestra en el recipiente, como el de la imagen.

Mejora del suelo

Sabiendo lo que se quiere de la tierra, pueden darse pasos positivos para mejorarlo mediante la incorporación de estiércol bien descompuesto y compost y una labranza minuciosa.

Acondicionamiento del suelo

La materia orgánica, como un buen estiércol, compost de jardín o de champiñón, favorece a todos los suelos, salvo los de turba, ya de por sí ricos en materiales. Mejora la estructura de los suelos pesados facilitando la entrada de agua y aire, y ayuda a los arenosos al actuar como una esponja, reteniendo humedad. También aporta nutrientes a las criaturas beneficiosas del suelo, como las lombrices, que lo airearán todavía más.

Cuando está bien descompuesta, la materia orgánica prácticamente no huele y puede añadirse al suelo. No use materia orgánica fresca ni parcialmente descompuesta, pues los microorganismos usarán nitrógeno para completar el proceso y lo extraerán de la tierra.

Los suelos pesados se labran mejor a finales del otoño, para que los terrones grandes se descompongan mejor. Los suelos francos pueden cavarse en cualquier época en invierno, siempre y cuando las condiciones del suelo lo permitan. Los suelos ligeros y arenosos se labrarán mejor en primavera, para evitar que pierdan nutrientes por lixiviación durante el invierno.

Trabajo con la horca

Los suelos ligeros y recién labrados pueden trabajarse sencillamente con la horca o tridente hasta donde esta herramienta alcance, incorporando materia orgánica entre tanto. El suelo se roturará y repondrá en su misma posición. Las malas hierbas y otros desechos se quitarán a mano.

Cavado

Existen tres métodos principales para cavar el jardín: cavado simple, único y doble, si bien cabe aplicar diversas variantes.

CÓMO REALIZAR UN CAVADO DOBLE

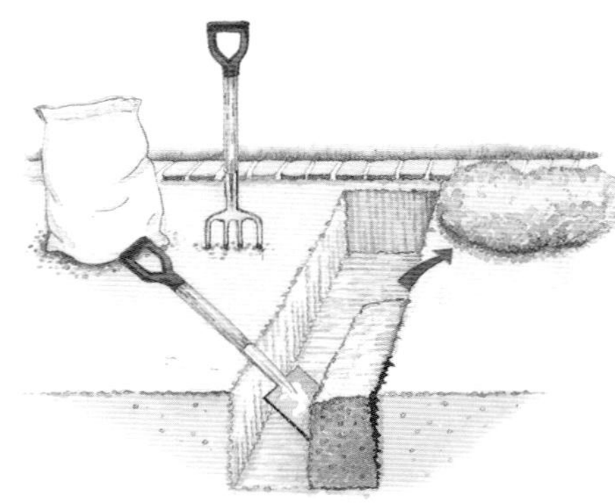

1 Cave una zanja ancha, colocando el suelo sacado en una lámina plástica a un lado porque se usará más adelante para rellenar la última zanja.

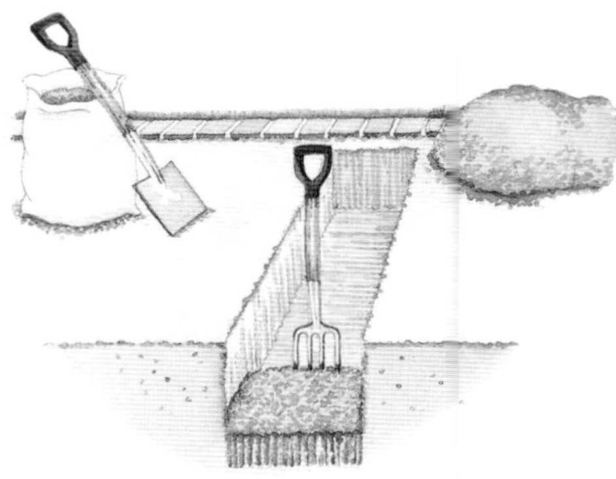

2 Abra el suelo en la parte baja de la zanja, añadiendo estiércol, que ya tendrá preparado, a medida que avanza en la labor.

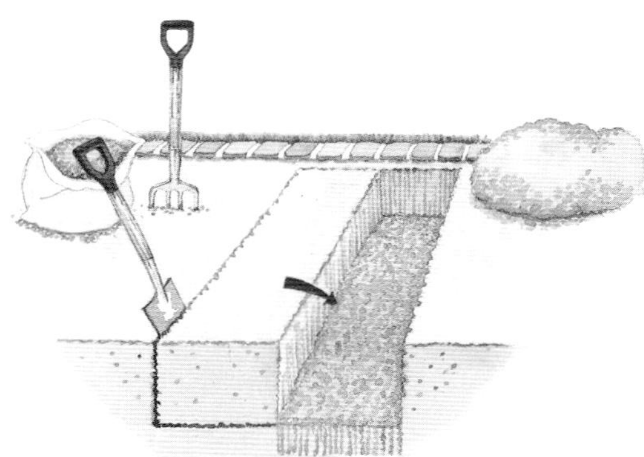

3 Una vez finalizado el paso anterior, cave la zanja siguiente, vertiendo la tierra sacada sobre el subsuelo abierto de la primera zanja.

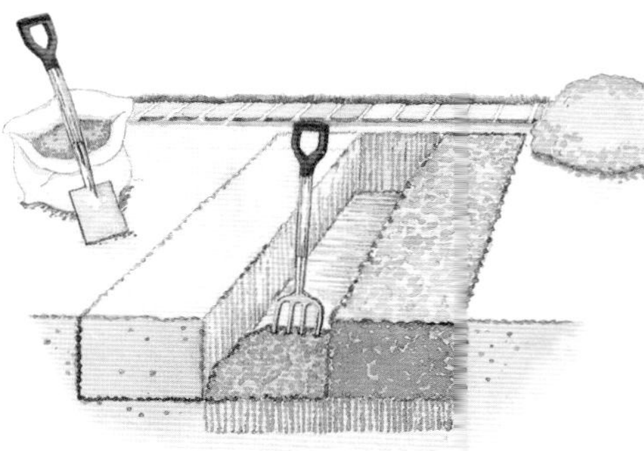

4 Repita el proceso a lo largo del terreno, teniendo cuidado de que el suelo del fondo de la zanja no se mezcle con la tierra sacada de la parte de arriba.

• **Cavado simple.** Como sugiere su nombre, es el menos complicado de los tres. Resulta útil para suelos ligeros y para arrancar las malas hierbas. Se fuerza la pala verticalmente en el suelo hasta donde quepa la hoja y se hace palanca sobre el mango para levantar la tierra. La pala se gira y se deposita la tierra en el lugar en que estaba pero invertida, enterrando las malas hierbas anuales en el fondo de la cava. Las malas hierbas perennes y otros desechos se eliminan con la mano, y los terrones se desmenuzan dando golpes con el filo de la hoja. Se repite esta técnica por todo el terreno. Cuando se haya llegado al otro lado, se retrocederá unos 15 cm y se repetirá el procedimiento.

Prepararse para plantar

La tierra para plantar se debe preparar en primavera, cuando la superficie está seca. Basta con rastrillarla, retirando las piedras que pudieran estorbar en la superficie y las plántulas de las malas hierbas. Los terrones han de poder desmenuzarse con facilidad para formar una estructura parecida a miga de pan (la llamada tierra fina), que es ideal para sembrar y plantar. En caso necesario, en esta fase pueden añadirse abonos adecuados.

Procure no caminar sobre la tierra en ningún momento, pues al pisarla provocaría su apelmazamiento. Extienda unos tablones en su superficie para repartir el peso y trabaje encima de ellos.

• **Cavado único.** Usado en suelos pesados, constituye una técnica excelente para incorporar materia orgánica en la capa superior del suelo. Sigue el mismo proceso que el cavado simple, con la salvedad de que se abre una zanja de unos 30 cm de ancho en todo el terreno y de que el suelo se deposita a un lado. En el fondo de la zanja se coloca una capa de compost o estiércol bien descompuesto. Retrocediendo 15 cm se prepara la siguiente fila, pero en este caso la tierra cavada se arroja hacia delante para rellenar la primera zanja. Después de dos pasadas por todo el terreno, se habrá llenado la primera zanja y creado una segunda. El proceso se repite hasta haber cavado todo el terreno. La tierra sacada de la primera zanja se traslada al otro extremo del terreno para rellenar la última.

• **Cavado doble.** Esta técnica va un paso más allá y se usa para desmenuzar el subsuelo compacto o para preparar camas profundas para cultivos exigentes. Después de cavar cada zanja, se usa una horca o tridente para acolchar el subsuelo y mezclar materia orgánica bien descompuesta o arena gruesa para mejorar el drenaje, si fuera necesario. A continuación se continúa con el procedimiento del cavado simple. Es importante no mezclar la tierra de cada capa.

Este borde se preparó con todo cuidado antes de plantar. Se cavó el suelo y se eliminaron las malas hierbas y las piedras, a la vez que se mejoró su estructura. Se añadió una generosa cantidad de compost orgánico para favorecer el drenaje. El resultado final es un macizo repleto de plantas fuertes y sanas que necesitan poco mantenimiento.

Uso de la cultivadora

Merece la pena pensar en aplicar un cavado mecánico si se tiene que labrar un terreno grande. Sin embargo, siempre habrá que arrancar antes las malas hierbas perennes, y las cultivadoras son difíciles de manejar, además de muy ruidosas. Si se usa repetidamente una pala mecánica en un mismo terreno, la estructura del suelo sufrirá y podría formarse una capa compacta justo por debajo de la profundidad máxima de penetración de las cuchillas.

CÓMO PREPARARSE PARA PLANTAR

1 El primer paso es deshacer el suelo para formar una estructura fina y desmenuzadas, y nivélelo con un rastrillo antes de empezar a sembrar.

2 Cualquier resto de terrón que quede se romperá con una pala o una horca, o con la parte posterior del rastrillo. Procure no pisar la tierra que trabaja, pues la apelmazaría.

3 Una vez que el suelo sea razonablemente fino, rastríllelo y nivélelo. Aproveche al mismo tiempo para retirar piedras grandes y otros desechos.

Compost y mantillo

El compostaje es positivo para el jardín y para el medio ambiente. Ofrece una forma cómoda de deshacerse de los materiales de desecho del jardín y ahorra dinero al propietario, por lo cual es una labor siempre valiosa.

Compost de jardín

Preparar el propio compost es muy útil. Devuelve al suelo una materia orgánica y unos nutrientes que, en otro caso, se perderían. Además, es una forma muy cómoda de deshacerse de los residuos. Se le asocian también ventajas ambientales, ya que con el compost se reciclan materiales que en caso contrario terminarían en los vertederos. Producir su propio compost le ahorrará dinero, pues tendrá menos necesidad de comprar materia orgánica con que enriquecer la tierra de su jardín.

Para preparar compost de forma adecuada y eficaz se necesita un equipo correcto y conocer los principios del proceso de descomposición. Aunque se puede obtener compost orgánico perfectamente en un mantón suelto, el resultado es bastante sucio y promueve una descomposición desigual, a menos que se trate con mucho cuidado. En la mayoría de los jardines la mejor opción es un compostador o contenedor.

CÓMO SE HACE EL COMPOST

Es posible preparar compost con una amplia variedad de material orgánico, tanto del jardín como de la casa; por ejemplo (desde arriba a la izquierda, en el sentido de las agujas del reloj): desperdicios de la cocina, malas hierbas, restos de poda y hierba cortada.

Lo mejor es que este compostador tenga cabida para 1 m^3 de residuos, de manera que permita un calentamiento adecuado y una formación rápida del compost. Puede ser de estructura simple de tablas viejas clavadas para formar el cubo abierto por arriba o una versión doméstica de segunda mano hecha, por ejemplo, con la madera de las vallas usadas. No utilice madera sin tratar, pues se corrompería con el contenido. Alternativamente, puede comprar un compostador comercial, si bien en tal caso debería elegir uno que le permitiera almacenar suficiente materia orgánica. Deberá poder accederse fácilmente al compost cuando esté listo.

Un cultivo extra

Después de haber vertido el compost en el compostador, puede usarse para obtener un cultivo vegetal extra. Basta con cubrir la parte superior del compost con unos 15 cm de tierra de jardín y plantar especies agresivas, como calabacines, calabazas o pepinos. Estas plantas agradecerán el calor generado por el compost en descomposición y la aportación extraordinaria de nutrientes.

¿Con qué se hace el compost?

Casi todo el material orgánico de desecho del jardín y de la casa puede reciclarse. Pero para que se descomponga con rapidez y forme un material fibroso, desmenuzable y de olor dulzón, deben combinarse los ingredientes correctos. Lo ideal es añadir material seco, como restos de poda, periódicos viejos y paja, con cantidades equivalentes de residuos orgánicos verdes y húmedos, como

CÓMO PREPARAR COMPOST

1 Como caja para almacenar puede prepararse usted mismo un sencillo compostador, que debería ser un cuadrado de 1 m, con madera de vallas económica y tratada por presión o bien clavando con clavos cuatro palés hasta que fomen la caja.

2 Cuando tenga terminada la caja, vaya echando los residuos en la caja, pero teniendo cuidado de que no haya acumulaciones grandes del mismo material. Por ejemplo, la hierba cortada no se pudrirá si la capa es demasiado gruesa, ya que el aire no podrá llegar hasta ella.

3 Es importante mantener el compostador cubierto con una alfombra vieja o una lámina de polietileno (vinilo o plástico). Así se conservará el calor generado por el proceso de descomposición y se evitará que el compost se humedezca demasiado en invierno.

hierba cortada. Antes de añadirlo al conjunto de compost, compruebe que el material seco y leñoso está bien troceado con tijeras de podar o con una desbrozadora. No incluya carne, pescado, grasas ni alimentos cocinados en el compostador, pues atraerían bichos. Deseche también raíces de malas hierbas perennes y malas hierbas anuales, portadoras de semillas, que podrían sobrevivir al proceso de formación de compost y arraigar.

Mezcle bien el material antes de verterlo sobre el compostador o añada el material en capas de no más de 15 cm de espesor.

Acelerar el compostaje

Pueden adoptarse varias acciones para reducir el tiempo necesario para que se complete el compostaje. Dé un impulso al proceso de descomposición añadiendo un activador de compost o una palada de compost bien descompuesto de una hornada anterior a cada capa de material que añada. Así aportará una cantidad adicional de nitrógeno e introducirá los microorganismos necesarios para la descomposición. Rellene el compostador con la máxima rapidez posible, con lo que habrá suficiente materia orgánica para que se caliente y descomponga deprisa. Cerciórese de que el material está suficientemente húmedo al verterlo. Compruebe la situación al cabo de unas semanas para ver si se ha secado y si necesita agua.

Si el material no estuviera suficientemente húmedo, cúbralo con una tapa, un pedazo de alfombra vieja o una lámina de plástico. Si estuviera demasiado húmedo, remueva el compostador y mezcle el contenido con más material seco antes de rellenarlo. Aísle el compostador en invierno con polietileno de burbujas o una alfombra vieja, de manera que no se enfríe la parte central de la pila. Remueva la materia orgánica en descomposición al cabo de un mes, para que el material del exterior pase a ocupar el centro de la caja. Así aportará aire y producirá un compost más uniforme al término del proceso. Transcurridos uno o dos meses en verano, y hasta seis en invierno, el compost debería estar listo para su uso.

Preparación del mantillo foliar

Las hojas de otoño constituyen otra fuente de materia orgánica de gran utilidad. Si tiene un jardín pequeño, puede llenar bolsas de plástico negro con las hojas caídas, añadir un poco de agua si están muy secas y cerrar las bolsas anudando las puntas. Haga algunos orificios pequeños en los laterales con una horca para dejar que entre aire antes de dejar las bolsas en un lugar al exterior, por ejemplo detrás de un cobertizo. Hace falta que transcurra un año para que las hojas se descompongan en una textura rica y desmenuzable, susceptible de usarse en el jardín. Acelere el proceso añadiendo algunos puñados de hierba cortada a cada bolsa antes de cerrarla.

En un jardín grande, prepare un recipiente especial con tela metálica y unos palos verticales. Cúbrala con un trozo de tela, para que las hojas no se vuelen.

CÓMO HACER MANTILLO

Esta tela metálica unida a cuatro palos es un recipiente ideal para guardar las hojas del otoño. El mantillo foliar puede usarse en el jardín al cabo de un año, aproximadamente.

4 Al cabo de un mes, remueva el contenido con una horca para dejar que entre aire y para desplazar el material del exterior, que se descompone más lentamente, al centro con el fin de acelerar el proceso. Si tiene varios compostadores, la tarea le será más fácil si vuelca el contenido de uno en otro.

5 Cuando el compostador esté lleno, tal vez quiera cubrir la superficie con una capa de tierra y usarla para cultivar calabacines, calabazas o pepinos. Si quiere aprovechar el contenido lo antes posible, omita esta acción y mantenga el compost cubierto con un plástico.

Compost

Un buen compost de jardín es de color marrón oscuro, fibroso y desmenuzable. Tiene un olor dulzón a tierra, no a podredumbre. El compost puede usarse directamente o dejarse cubierto hasta que se necesite.

Elección y uso de abonos

Las plantas necesitan una serie de nutrientes esenciales para crecer adecuadamente. La cantidad de abono que se usa y la frecuencia con que debe aplicarse dependerá del suelo y de los tipos de cultivos que se pretenda conseguir.

Si año tras año se quieren tener flores, plantas perennes y arbustos, como esta camelia, es preciso aportarles los nutrientes que necesitan. El abono rico en potasio facilita una buena producción de flores.

Nutrientes esenciales

En la naturaleza tiene lugar un ciclo en el que las plantas toman nutrientes del suelo al crecer y, más tarde, cuando mueren y se pudren, dejan que esos nutrientes regresen a la tierra. En el jardín es posible imitar este proceso en cierta medida reciclando todo el material orgánico residual en una pila de compost y usando el compost para devolver los nutrientes al suelo. Sin embargo, una parte de la materia orgánica no se devuelve, con lo que es preciso reponerla a partir de otras fuentes. Los abonos ofrecen un método cómodo de aportar los nutrientes necesarios para un crecimiento saludable. La elección dependerá de los nutrientes que tenga ya el suelo y del tipo de crecimiento que se desee estimular.

Los tres nutrientes primarios, o macronutrientes, son nitrógeno (N), fósforo (P) y potasio (K), cuyas proporciones se expresan como una relación N:P:K en las etiquetas de los envases de abonos. Cada macronutriente promueve un tipo diferente de crecimiento.

- **Nitrógeno.** Este nutriente estimula el crecimiento de las hojas, por lo cual es útil para cultivos de gran follaje, como las espinacas y las coles.
- **Fósforo.** Un nutriente esencial para el crecimiento de las raíces, el fósforo promueve también la maduración del fruto.
- **Potasio.** Disponible en forma de potasa, promueve la floración y una buena producción de frutos.

Otros tres nutrientes, calcio, magnesio y azufre, son necesarios en cantidades pequeñas y se conocen como nutrientes secundarios, y siete más, boro, cloro, cobre, hierro, manganeso, molibdeno y cinc son asimismo esenciales, aunque en cantidades muy pequeñas. Se conocen como micronutrientes o elementos traza.

Tipos de abono

Los abonos se agrupan de acuerdo con su modo de fabricación u origen. Los orgánicos proceden de materia orgánica natural, como animales y plantas. Algunos de los más utilizados son harina de huesos (rica en fósforo), harina de pescado, sangre y

CÓMO AÑADIR MATERIAL ORGÁNICO

1 El material orgánico, como compost de jardín bien descompuesto o estiércol de granja, es rico en nutrientes. Aplíquelo cuando remueva el suelo. En suelos pesados, es mejor hacerlo en otoño.

2 Si el suelo está ya removido, puede aplicarse el abono ligeramente dentro o sobre la superficie. Las lombrices completarán la tarea aireando el suelo y dispersándolo a su alrededor.

3 Durante la estación del otoño, y de nuevo durante la primavera con la llegada de la floración, refuerce las plantas ya asentadas con una capa de materia orgánica bien descompuesta.

hueso, pezuña y cuerno (ricos en nitrógeno) y harina de algas (también abundante en nitrógeno). Son de acción lenta, ya que han de descomponerse por la acción de microorganismos en el suelo antes de que sus nutrientes queden a disposición de las plantas. El ritmo de descomposición del abono varía según las condiciones reinantes: en tiempo cálido y húmedo, el proceso se acelera, y en tiempo frío y seco se frena. De esta forma, los nutrientes se liberan cuando las plantas más los necesitan y crecen fuertes. Por estas razones, los abonos orgánicos son aceptables para la mayoría de los cultivos orgánicos.

Los abonos inorgánicos son artificiales. En su mayoría se producen en fábricas aunque algunos, como la potasa de roca, son minerales naturales que se obtienen de las minas. Son agentes concentrados y, por lo común, de rápida acción, ya que, al disolverse en agua, quedan de inmediato a disposición de las plantas. Aunque los efectos pueden ser inmediatos, estos abonos son arrastrados fácilmente por las lluvias intensas, sobre todo en invierno y en suelos con buen drenaje.

Estos abonos pueden agruparse asimismo según la cantidad de N, P y K que contienen. Como sugiere su nombre, los abonos equilibrados (también llamados completos) contienen proporciones equivalentes de cada macronutriente, con una N:P:K típica de 7:7:7. Los abonos típicos, por otra parte, poseen diferentes proporciones de N:P:K. En general se venden etiquetados como beneficiosos para determinadas plantas, como césped o rosales. Los abonos simples constituyen el grupo final, y aportan sólo uno de los macronutrientes, como sucede con el superfosfato (fósforo) o con el sulfato de potasio (potasio).

Para complicar aún más la elección, algunos abonos se suministran en combinación con otros agentes químicos, como fungicidas, insecticidas o herbicidas. Constituyen un medio cómodo, aunque por lo común costoso, de hacerse con un abono.

Los fertilizantes de liberación lenta son abonos inorgánicos que se han recubierto de una resina especial, de manera que los nutrientes se liberan con lentitud con el paso del tiempo. Imitan así a los abonos orgánicos, ya que liberan más nutrientes cuando la tierra está caliente y húmeda, justo cuando las plantas los necesitan.

Se pueden comprar abonos de liberación lenta que duren sólo unas semanas, o que persistan durante toda la estación. Dado que no pueden lixiviarse, son adecuados en recipientes que se riegan con regularidad durante la temporada de crecimiento.

También existen abonos en formulaciones líquidas. Los extractos líquidos de algas promueven el crecimiento general de la planta, mientras un nutriente rico en potasa, como el abono especial de rosales o de tomates, estimula la floración y la formación del fruto.

Abono foliar

Las soluciones de abonos diluidos pueden aplicarse, o absorberse, en el follaje de las plantas. Son de acción rápida y útiles para dar a las plantas un impulso en la estación de crecimiento, o bien para corregir una carencia.

Césped

El césped tiene un efecto espectacular sobre la atmósfera de un jardín. Cuando está bien cuidado y recortado, mejora enormemente el aspecto general, y actúa como un contrapunto visual tranquilizador frente al colorido y la profusión de plantas de los bordes y los macizos. Si acaba de trasladarse a una casa nueva, la mejor manera que empezar con el jardín es plantar césped. En esta fase no tendrá que preocuparse por la forma o el tamaño, ya que podrá modificarlos fácilmente con posterioridad cuando haya decidido el diseño general del jardín.

Al diseñar un césped nuevo es importante mantener una forma sencilla para reducir el tiempo que habrá que invertirse con el cortacésped o recortando los bordes. Las curvas acusadas y las esquinas ofrecen un resultado espectacular, pero resultan difíciles de segar. Si el césped discurre recto hacia la base de un muro o una valla, piense en una vía alternativa para no tener la sensación de chocar contra el muro. Es buena idea también dejar una franja en los bordes que reduzca aún más el tiempo de mantenimiento.

Un prado largo de césped lleva la mirada hacia el final del jardín. Los rododendros salpicados en los bordes ayudan a suavizar el efecto.

Preparación de un césped nuevo

La decisión de preparar un césped nuevo no debe tomarse a la ligera, ya que ofrece la oportunidad de dotar al jardín de una superficie de alta calidad. Lo mejor es extender el nuevo césped en primavera o a principios del otoño.

¿Semillas o tepes?

La primera consideración sobre la cual ha de tomarse una decisión al preparar un césped nuevo es si merece la pena sembrarlo o extenderlo en tepes. La siembra es más barata, pues supone la cuarta parte del coste del uso de tepes, y también más sencilla. Igualmente ofrece mayor flexibilidad, ya que puede esperarse hasta que las condiciones meteorológicas y del suelo sean las idóneas. Por su parte, el césped en tepes ha de aplicarse prácticamente en cuanto se recibe y es más difícil de extender.

Preparación del terreno

Cave primero la zona, despejando el terreno de malas hierbas, incluidas las raíces de las plantas perennes. Si opta por la siembra, deje transcurrir una o dos semanas para que germinen posibles malas hierbas. Tendrá entonces que erradicarlas con un herbicida (elija un tipo que no afecte al suelo cuando vaya a replantarlo al cabo de unos días) o con la azada.

Crear una superficie nivelada

Unos días después de haber limpiado la superficie de malas hierbas, nivele el suelo usando un rastrillo y retire las piedras u otros restos que puedan haber quedado en la superficie. Después, pise toda la zona dando pasos cortos y dejando caer el peso en los talones. Repita este proceso hasta lograr una superficie uniforme, nivelada y firme. Merece la pena invertir el tiempo y el esfuerzo necesarios para crear una cama perfectamente nivelada si se pretende

CÓMO SEMBRAR UN CÉSPED NUEVO

1 Cave bien la tierra, eliminando las malas hierbas perennes de raíces profundas. Rastrille el suelo para nivelarlo. Utilice estacas marcadas con líneas tomadas 5 cm de la parte superior como guía, comprobando con un nivel de carpintero que las estacas están a la misma altura.

2 Deje reposar el terreno durante una semana, y después consolídelo pisándolo de manera uniforme para eliminar las bolsas de aire grandes. La mejor manera de hacerlo es pisar con los talones toda la zona, primero en una dirección y después girando en ángulo recto.

3 Rastrille la tierra consolidada para producir una estructura fina y desmenuzable adecuada para la siembra. Puede dejar la zona un par de semanas para que las malas hierbas germinen. Elimínelas después con la azada o un herbicida que deje el suelo seguro para replantarlo al cabo de unos días.

4 Utilice una cuerda para dividir la zona en franjas de 1 m de anchura y después divida las franjas en cuadrados usando estacas o cañas de bambú. Mueva las cañas a lo largo de las franjas a medida que haya sembrando.

5 Use un pequeño recipiente en el que quepan semillas suficientes para 1 m^2. Haga una marca si la cantidad sólo llena parcialmente el recipiente. Disperse las semillas con la máxima uniformidad posible con un movimiento de barrido con la mano.

6 Alquile o compre un dispensador calibrado de abono granular para sembrar grandes zonas con rapidez. Compruebe primero la velocidad de suministro anotada en las hojas de papel y ajuste el dispensador hasta que se aplique la cantidad correcta por metro cuadrado.

CÓMO PREPARAR UN CÉSPED CON TEPES

1 Cave y prepare el suelo según se ha descrito para la siembra, aunque no hace falta que lo deje descansar una semanas para que germinen las malas hierbas: el tepe las impedirá brotar. Empiece extendiendo los tepes a lo largo de un borde recto.

2 Apóyese sobre una tabla mientras extiende el siguiente tepe, ya que distribuirá mejor el peso. Escalone las uniones entre tepes para crear un encaje semejante al de los ladrillos. El tepe en tiras largas tendrá menos uniones, si bien éstas no deberían estar alineadas.

3 Apisone cada tira de tepe para eliminar las bolsas de aire, con la cabeza de un rastrillo, y después desplace la tabla hacia delante a la siguiente tira. Extienda suelo arenoso, o una mezcla de turba y arena, en las uniones para ayudar a que se aglomeren los tepes.

sembrar o usar tepes, pues así se mejorará notablemente su aspecto posterior.

Plantar el césped

Un par de días antes de colocar los tepes o esparcir las semillas, extienda por la zona un abono general en la proporción recomendada y rastrille ligeramente la superficie del suelo. Si prefiere la siembra, elija un día sin viento, preferiblemente cuando se prevea lluvia, y rastrille ligeramente las semillas en la superficie. Es buena idea proteger la zona con una red de malla fina para alejar a los pájaros y los gatos.

Tanto en semillas como en tepes, hay que mantener la zona bien regada, si no llueve lo suficiente, hasta que el césped esté bien asentado. En el caso de tepes, debe hacerse durante unas dos semanas, mientras que para las semillas se necesita bastante más tiempo.

Un césped de buena calidad invita a recorrer el jardín, llevando la mirada suavemente a los macizos y bordes de flores. Si el césped se encuentra en muy mal estado, conviene empezar de nuevo y sembrarlo o trasplantarlo en tepes para conseguir el efecto que se desea.

Cuidado del césped

El césped necesita una siega regular durante la temporada de crecimiento. Pueden ser necesarias otras tareas de mantenimiento, como eliminar el musgo y las malas hierbas, el abono y el riego estacional y otros tratamientos adicionales, para mantener el césped en buen estado.

Siega y recorte

Desde el momento en que el césped empieza a crecer a principios de primavera será preciso segarlo y cortarlo con regularidad hasta el final de la temporada de crecimiento. El primer corte de primavera se realizará con el césped seco después de que haya alcanzado unos 8 cm de largo. Elimine todos los restos extraños antes de cortar el césped. Cerciórese de que las cuchillas del cortacésped están lo bastante altas para cortar apenas un par de centímetros. Rebaje gradualmente la altura del corte en las siguientes siegas hasta lograr un césped de unos 4 cm. Recoja los sobrantes de los primeros cortes. Después, corte el césped cada vez que crezca unos 2 cm. No es preciso que recoja siempre la hierba cortada, pues podría dejarla sobre el césped como una cubierta que devuelva nutrientes al suelo.

Control del musgo

Un césped con demasiada cantidad de musgo debe tratarse aplicando un musguicida de formulación especial en otoño o primavera. Use un tratamiento recomendado para la temporada. La mezcla conocida como arena de césped, usada a veces para destruir el musgo, es adecuada en primavera, pero contiene demasiado nitrógeno para su uso en otoño. El musgo es bastante fácil de eliminar aplicando un tratamiento correcto, pero para conseguir un control a largo plazo se debe atacar la causa subyacente que impulsa su crecimiento. El césped puede verse colonizado por musgo porque no crece con el suficiente vigor. Ello podría deberse a un mal drenaje, a un exceso de sombra o a un suelo demasiado ácido (si no está seguro de esto, puede comprobarlo con un sencillo kit de pH). Cuando el problema es la sombra, corte algunas ramas de los árboles próximos o recomponga los arbustos.

Las malas hierbas

Las malas hierbas aisladas pueden arrancarse con un viejo cuchillo de cocina o tratarse con herbicidas. También puede ser necesario tratar zonas de malas hierbas perennes bien asentadas varias veces para destruirlas por completo. Cuando el problema es más serio, se usará un tratamiento general para el césped. En una extensión pequeña puede aplicarse un herbicida granular con mochila o aplicar un herbicida líquido con una regadera provista del dispersor adecuado. Los prados de césped más extensos se tratan de manera más rápida y sencilla aplicando un herbicida granular con un dispensador de abono calibrado. Las malas hierbas más gruesas pueden echar también a perder la estética del césped y no verse afectadas por los herbicidas corrientes. Habrá que cavar entonces a su alrededor y resembrar las zonas despobladas, o bien debilitar la mala hierba ahondando en

CÓMO ELIMINAR LAS MALAS HIERBAS

1 Use una herramienta especial o un cuchillo para arrancar las malas hierbas aisladas. Empuje con la herramienta junto a las raíces y levante la planta con una acción de palanca a la vez que tira de ella con la otra mano. Con este método pueden arrancarse hasta las plantas más arraigadas.

2 Las malas hierbas extendidas se controlan mejor con un herbicida selectivo, preferiblemente en primavera. Se aplica normalmente en forma líquida, usando un dispersor acoplado a una regadera. Mezcle siempre el producto y aplíquelo siguiendo las instrucciones del fabricante.

3 Si sólo algunas malas hierbas le resultan problemáticas, puede ser más económico y rápido aplicar un tratamiento puntual. Extienda o frote la hierba con un herbicida selectivo. Tenga cuidado de no matar también el césped.

4 Haga las reparaciones necesarias en el césped. Si tiene que arrancar muchos hierbajos juntos, le quedará una calva, con lo que deberá resembrar la zona que ha quedado sin césped.

ABONO DEL CÉSPED

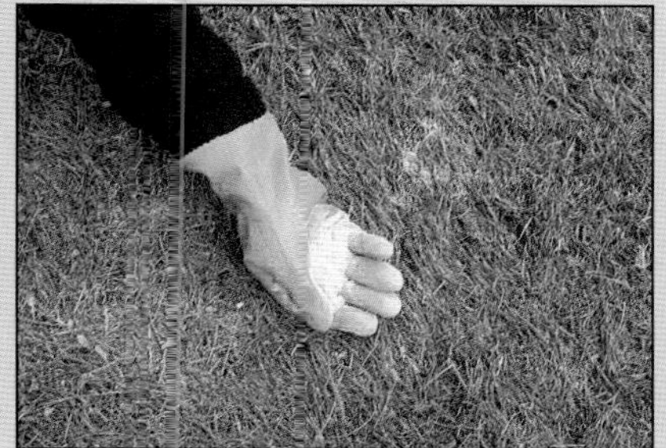

Si el césped se encuentra en mal estado y necesita revitalizarse, aplique un abono especial. Elija una fórmula adecuada para la temporada; los abonos de primavera y verano tienen mucho más nitrógeno que los de otoño.

Si quiere que su césped esté verde durante todo el verano, tendrá que regarlo con regularidad durante los periodos secos. Un aspersor le aliviará de la pesada carga que supondría esta penosa tarea.

la zona afectada con cuchilla cada vez que se siegue.

Abonado y riego

Un césped de crecimiento vigoroso es menos propenso a la colonización por musgo y malas hierbas. Mantenga el césped en buen estado garantizando que recibe suficientes cantidades de agua en los periodos largos de sequía. Aplique un abono especialmente rico en nitrógeno una vez al año en primavera y use un fertilizante de fórmula de liberación lenta en la temporada de crecimiento. Si tiene problemas con el musgo o las malas hierbas, use una combinación de abono y herbicida, o de abono, herbicida y musguicida.

Limpieza del césped

Cuando no existan signos evidentes de musgo, pero el césped parezca esponjoso al andar sobre él, es probable que se hayan acumulado tallos muertos en la base de la hierba, formando una paja. Si la paja alcanza más de 1 cm de grosor, empezará a asfixiar al césped y deberá eliminarse, en una técnica conocida como escarificación. Use un rastrillo o herramienta similar especial para césped y rastrille la paja con fuerza. Es un trabajo duro, por lo que si la extensión es muy grande considere la posibilidad de comprar o alquilar una herramienta eléctrica. Escarifique el césped con minuciosidad una vez al año en otoño.

Las hojas caídas constituyen también un problema frecuente y deben retirarse, pues en caso contrario el césped de debajo amarilleará y será más propenso a enfermedades.

CÓMO ELIMINAR LA PAJA

La hierba cortada, las hojas y otros residuos forman una paja en la base del césped que puede perjudicarlo. Retire la paja con un rastrillo especial. El rastrillado eliminará también el musgo.

CÓMO RECOGER LAS HOJAS

1 No deje las hojas de otoño en el césped durante mucho tiempo, pues la parte que esté cubierta por ellas sufrirá en exceso. Retire las hojas con un rastrillo especial para césped.

2 Con el rastrillo, amontone las hojas y recójalas con un par de tablas porque es la mejor manera de hacerlo. Elija un día sin viento, cuando las hojas estén secas y la tarea le resulte más agradable.

Remiendos en el césped

Muchas extensiones de césped sufren un fuerte desgaste, sobre todo en los meses de verano. Por suerte, el otoño es un periodo ideal para los remiendos. Aplique las técnicas siguientes para componer los hoyos y baches, las zonas de terreno mal drenado, las calvas, los bordes estropeados o, simplemente, las áreas de mayor desgaste.

Recomponer los bordes estropeados dará un acabado perfecto a sus macizos y cuadros de plantas, algo esencial cuando el impacto visual del jardín depende de las líneas rectas.

Hoyos y baches

Cuando se corta un césped irregular, los puntos más altos se verán con un verde claro, ya que se habrá cortado demasiado poco, y los bajos se observarán como un verde oscuro. Si el problema se ha extendido, lo mejor será replantar todo el césped, pero si se trata de zonas aisladas se puede remediar aplicando la técnica siguiente. Use una pala de hoja afilada o un cortabordes para realizar un corte en H en el césped, centrado en la irregularidad observada. Corte con cuidado el césped por debajo, en tepes, dejando visible la tierra. Después retire tierra suficiente para nivelar la zona una vez vueltos a extender los tepes, o cúbrala con tierra fina si está nivelando un hoyo. Rellene todos los huecos con una mezcla a partes iguales de tierra de jardín tamizada y arena de sílice.

Calvas

Componga las posibles calvas del césped usando una horca para rascar la superficie y esponjar un poco la tierra. Después aplique un abono general, en una proporción de 50 g por metro cuadrado, antes de compactar el suelo con la parte posterior del rastrillo. Esparza las semillas de césped sobre la parte superior del suelo en una proporción de unos 35 g por metro cuadrado en zonas muy calvas, y de unos 20 g por metro cuadrado cuando la calva no sea

Aireado

El drenaje de la superficie puede verse obstaculizado cuando el césped se apelmaza por un desgaste excesivo. Este problema puede superarse con la técnica llamada de aireado. Para zonas pequeñas es mejor usar una horca con púas. Basta con pinchar con ella el césped, clavando las púas en el suelo hasta una profundidad de unos 15 cm, separando los agujeros unos 5 cm. Para extensiones mayores de césped, quizá convenga conseguir en su lugar un rulo o una máquina aireadora. Rellene los agujeros con arena de sílice y una mezcla de tierra y arena para suelos mal drenados, o use turba o tierra muy fina y bien descompuesta cuando el terreno sea arenoso. El otoño es el mejor momento para airear el césped.

1 Si el crecimiento de la hierba es deficiente, podría deberse a un mal drenaje. Airee el césped clavando las púas de una horca en el suelo.

2 Extienda suavemente una enmienda de arena de sílice o una mezcla de tierra y arena en los agujeros que se hayan hecho con la horca.

tan acusada. Cubra las semillas con un poco de tierra de jardín cribada y después riéguelas con regadera de paso fino. Proteja la zona de los pájaros y los gatos cubriéndola con tela de lanilla, sujeta con piedras. Vuelva a regarlo durante los días secos hasta que el nuevo césped se haya asentado bien.

Fuerte desgaste

Las zonas que reciben un desgaste constante, como la zona de juegos infantiles o la base de unas escaleras al césped, han de reforzarse para que puedan resistirlo. Si el césped se toma como atajo hacia otra parte del jardín, conviene pensar en colocar piedras planas de paso para amortiguar el impacto. Cuando la zona de juegos infantiles no pueda moverse para repartir el desgaste, hay que reforzar el césped con una malla de plástico muy resistente. Corte bien el césped, y después clave la malla en la zona de forma que la cubra por completo. Deje crecer césped encima durante el invierno. Cuando tenga que segarlo a principios de primavera, la malla estará oculta de la vista, bastante por debajo de la altura de la hoja del cortacésped, con lo que podrá cortarse la parte superior.

CÓMO PERFILAR UN BORDE

Introduzca un cortabordes a una profundidad de unos 3 cm en el suelo. Haga palanca hacia delante para empujarlo, con un lado vertical mirando al césped y el otro curvo hacia el borde. Elimine las hierbas no deseadas para que no arraiguen.

CÓMO ARREGLAR UN BORDE DETERIORADO

1 Use un cortabordes o una pala de jardinero para cortar un rectángulo alrededor de la zona afectada.

2 Introduzca la pala bajo el rectángulo, empezando por el borde deteriorado. Mantenga el grosor del tepe lo más uniforme posible.

3 Dé la vuelta al tepe, de manera que la parte no dañada del mismo se sitúe en el filo y la rota esté dentro del césped. Rellene el hueco originado por la zona dañada con tierra cribada y refuércelo bien.

4 Extienda tierra en las uniones para ayudar a que el césped se anude con rapidez y riéguelo bien. Resiembre la zona, si es posible con el mismo tipo de especie. Cubra la zona hasta que haya germinado la semilla.

Bordes deteriorados

Los bordes que estén deteriorados y aislados en una pradera de césped, causados tal vez por un descuido al pisar o por el borde de la pala, son fáciles de recomponer. Utilice una pala de jardinero o un cortabordes para cortar un cuadrado del borde del césped que contenga la zona dañada. Saque un tepe y luego gírelo 180°, de manera que la zona rota quede dentro del césped y la parte recta se alinee con el borde. Cubra la zona dañada con tierra cribada, en caso necesario, y después nivélela y afírmela con la parte posterior de un rastrillo. Vuelva a sembrar tal y como se ha explicado para las calvas (ver más arriba).

Si el césped parece deteriorado y desigual en toda la longitud de un borde, será preferible cortarlo entero para mejorar el aspecto del jardín. Marque la línea de corte con una tabla usada como guía para los bordes rectos o un pedazo de manguera en zonas curvas. Introduzca una pala de jardinero o un cortabordes en la tierra. Haga palanca con el mango y empuje la tierra hacia delante para acumularla con un lado vertical mirando al césped y uno curvo hacia el borde. Retire las hierbas necesarias para evitar que arraiguen en el borde y se conviertan en malas hierbas.

Reducción del tiempo de mantenimiento

La forma de una pradera de césped, ya sea cuadrada, rectangular o irregular, tendrá gran influencia en el tiempo que se necesita para mantenerla bien cuidada, así como en el estilo de jardín que se quiere preparar.

Los bulbos crecidos espontáneamente en el césped pueden dejarse, si son bonitos.

Dimensión de la pradera

Obviamente, cuanto mayor sea la pradera de césped, más costará segarla. Sin embargo, la labor se simplifica si se adquiere un cortacésped con una anchura de corte adecuada para la dimensión. Para una extensión grande, de más de 250 m², lo mejor es hacerse con un cortacésped de anchura de corte de al menos 35 cm. Si la extensión es pequeña, inferior a 50 m², bastaría con una anchura de corte para el cortacésped de 25 cm. Una máquina con anchura de corte de 30 cm sería la mejor opción para praderas comprendidas entre estos dos extremos.

Los cortacéspedes más anchos suelen ser también más caros, por lo que ha de sopesarse si merece la pena el coste. La mejor maniobrabilidad de una máquina pequeña se agradecerá en los jardines pequeños, que requieran menos pasadas.

La forma del césped

Es posible reducir el tiempo y el esfuerzo necesarios para cortar el césped si éste tiene una forma sencilla. Estas soluciones simples a menudo son también más vistosas que las demasiado complicadas. Si tiene que hacer frente a obstáculos como macizos de flores y alcorques de árboles, podría reducir la cantidad de operaciones de parada y rearranque, y la longitud de los bordes que han de cortarse, reuniendo los macizos o extendiendo los bordes desde los laterales para abarcarlos.

CÓMO CREAR BORDES EN EL CÉSPED

1 Un borde de ladrillos o losetas impedirá que las flores cuelguen péndulas sobre el borde del césped. Marque la zona de hierba que se debe levantar usando las losetas como guía. Para conseguir un borde bien recto utilice un cortabordes o un palín aplicado sobre el filo de la loseta. Después levante el césped que va a retirar con una pala.

2 Retire suficiente cantidad de tierra para que quepa la loseta o ladrillo, y prepare una base firme con gravilla compactada o una mezcla de arena y gravilla sobre la que se colocará el pavimento. Use una tabla de madera para asegurarse de que se ha nivelado bien. Deje espacio para el grosor del pavimento y el mortero.

3 Lo mejor es apoyar el borde sobre el mortero para darle estabilidad, pero como no deberá soportar demasiado peso bastará con apretar las losetas en el mortero y golpear levemente con un mazo. Las losetas deben quedar uniformes y alineadas, o ligeramente por debajo, del césped. Use un nivel de carpintero para asegurarse.

Ahorre tiempo al recomponer su césped

El césped en suelos muy ligeros y arenosos puede perder pronto la forma en los filos de los macizos y desmenuzarse por los bordes. Incluso en otros tipos de suelo, el borde del césped resulta dañado por las pisadas. El perfilado de los bordes es una tarea que lleva su tiempo (quizá deba repetirse todas las primaveras), pero es necesaria si en el jardín se usan macizos de flores y arbustos como parte integrante del diseño. Para reducir la necesidad de arreglos, se puede instalar una tira de borde. Sin embargo, recuerde que estas soluciones son difíciles de segar hasta el filo del macizo. Así que piense bien si le merece la pena el trabajo adicional que supone.

Si en su jardín hay más de una pradera de césped, piense en la posibilidad de reunirlas todas en una. Las extensiones pequeñas de hierba en el jardín delantero necesitan a menudo más tiempo de cuidado que una grande en el jardín trasero. Quizá sea una buena solución deshacerse del césped delante y sustituirlo por una zona de gravilla.

Bordes de césped

Es buena idea preparar un borde para el césped, si el jardín está rodeado por plantas o caminos. Ello significará que el césped siempre tendrá una línea clara de delimitación, y que no se dañarán las plantas que cuelguen péndulas sobre él al segarlo. En praderas grandes, el borde será ancho, sobre todo si se tienen plantas rastreras que pudieran ocupar su espacio. Sin embargo, en extensiones pequeñas se usarán bordes estrechos, de modo que estén proporcionados con el resto del jardín.

Cortes a diferentes alturas

Si tiene un césped grande puede optar por dejar que una parte crezca más alta que otra, de forma que reduzca la carga de trabajo. Los «caminos» deben cortarse con regularidad, mientras otras zonas pueden trabajarse con la cuchilla más alta, para segarlas sólo una vez de cada dos o de cada tres. Ciertas zonas se dejarán siempre sin cortar, salvo un par de veces por temporada, con lo que podrán nacer en ellas flores silvestres. Recuerde que la hierba muy alta no puede cortarse con un cortacésped corriente, sino que habrá que hacer uso de una desbrozadora con hilo de nailon.

Un borde que delimite el césped reducirá el trabajo de mantenimiento, pues la segadora podrá usarse en dirección recta en paralelo a las plantas. Habrá que recortar las que sobresalgan, aunque esta labor sólo se precisará de modo ocasional.

CÓMO AJUSTAR UNA TIRA DE BORDE

1 Prepare una zanja superficial a lo largo del borde del jardín con una pala, y extienda la tira a lo largo cortándola a la longitud necesaria. Coloque la tira en la zanja con holgura.

2 Rellene con tierra para conseguir un encaje firme. Apriete la tira suavemente. Termine el trabajo golpeándola hasta nivelarla con un martillo sobre una pieza recta de madera.

CÓMO AJUSTAR UN BORDE DE MADERA

Corte la longitud necesaria usando unos alicates potentes e introduzca el borde en una estrecha zanja. Una las piezas con alambre. Rellene con tierra para conseguir un ajuste firme. Use un martillo sobre una pieza de madera para golpearlo. Compruebe la altura con un nivel de carpintero.

Plantas en el césped y a su alrededor

Añadiendo plantas al césped podrá transformarse el aspecto del jardín. Los bulbos y las flores silvestres aportan un interés estacional al conjunto, mientras que árboles y arbustos le dan vuelo y estructura. Recuerde que cuantos más obstáculos interponga en la pradera, más difícil le resultará segarla y recortarla, además de arriesgarse a tener una pradera mal cuidada.

Bulbos naturales

En la naturaleza, los bulbos forman espectaculares grupos de color bajo los árboles. Este efecto puede reproducirse en el jardín plantándolos al estilo natural. Los bulbos de principios de primavera son particularmente adecuados, ya que no sólo ofrecen un magnífico espectáculo sino que también desaparecerán antes de que la siega alcance su peor momento. Habrá que esperar seis semanas después de la floración y antes de la siega de una zona con flores plantadas. Si se quiere cultivar bulbos de floración más tardía, sería preferible crear un prado silvestre, que no deba segarse hasta finales del verano.

Para conseguir una distribución natural de los bulbos, tírelos por el césped y plántelos allí donde hayan caído. Los macizos de bulbos se plantan mejor retirando todo el tepe con una pala de jardinero, plantándolos a la profundidad correcta, afirmando el suelo y volviendo a extender el tepe. Si se aplica este procedimiento, se tendrá con seguridad una distribución informal de estas flores. Pueden plantarse también bulbos individuales usando una plantadora de bulbos cilíndrica. Si va a plantar muchas plantas bulbosas, elija un modelo con mango largo y barra de pie, que puede usarse a modo de pala. Empuje la plantadora en vertical sobre el suelo y saque un terrón suficientemente profundo para plantar el bulbo. Después de colocar el bulbo, vuelva a introducir el terrón y nivélelo pisándolo con cuidado. Los bulbos que puedan pudrirse deben plantarse sobre gravilla, para mejorar el drenaje.

Prado de flores silvestres

La forma más sencilla de conseguir un prado de flores silvestres es sembrarlas

Bulbos naturales en el césped

Camassia	*Galanthus*
Chionodoxa	*Leucojum*
Colchicum	*Muscari*
Crocus	*Narcissus*
Erythronium	*Ornithogalum*
Fritillaria	*Scilla*

CÓMO PLANTAR BULBOS EN EL CÉSPED

1 Si tiene muchos bulbos que plantar en una zona limitada, levante unos tepes. Use una pala o un cortabordes para conseguir una forma parecida a una H.

2 Levante la hierba con la pala hasta que pueda doblar el tepe para plantar. Intente mantener el nivel de la pala, para que la tierra levantada sea de grosor uniforme.

3 Esponje el suelo, que estará muy apelmazado. Si quiere aplicar un abono de acción lenta, como harina de huesos, trabájelo al mismo tiempo que la tierra.

4 No plante en filas o según patrones rígidos. Preferirá que los bulbos adopten unas formas naturales e informales, así que es mejor que deje las plantas conforme caigan.

5 Use una plantadora de bulbos, comprobando que el bulbo queda cubierto con doble cantidad de tierra al recolocar el césped.

6 Afirme el suelo y reponga el césped. Asiéntelo, hasta que quede muy plano, y riéguelo bien. Vuelva a regar el césped en temporada seca.

7 Pueden usarse plantadoras especiales para bulbosas grandes. Las plantadoras extraen un terroncito con forma cilíndrica.

8 Coloque el bulbo en el fondo del agujero sobre una cama de gravilla para mejorar el drenaje, si fuera necesario, y vuelva a recolocar el montoncito de tierra.

Un hábitat silvestre

El número de flores que crecen en la naturaleza está disminuyendo. Una manera de ayudar a resolverlo consiste en crear un jardín silvestre. La visión de grandes volúmenes de flores naturales es maravillosa, y aporta un refugio a los insectos autóctonos, como las mariposas.

en el césped usando una mezcla especial de hierba y flores. Es posible convertir una pradera de césped despejando algunas zonas y sembrando una mezcla de semillas de flores campestres, o bien plantando especies cultivadas en maceta directamente en la hierba.

Abone estos prados o praderas con flores silvestres en primavera, pero use una fórmula propia del otoño, que contenga menos nitrógeno que las de primavera, para controlar el crecimiento de la hierba.

El prado habrá de segarse dos veces al año: una a principios de primavera y la segunda a mediados o finales del verano, cuando las flores hayan dado semillas. Las zonas pequeñas pueden segarse con una desbrozadora con hilo de nailon, pero las grandes se siegan más fácilmente con una cortadora eléctrica, que puede comprarse o alquilarse.

CÓMO PLANTAR UN ÁRBOL EN EL CÉSPED

1 Prepare un círculo de 60 a 120 cm de diámetro, usando marcas de arena. Levante el césped, retirando unos 15 cm de suelo al mismo tiempo.

2 Introduzca un palo en el lado del viento dominante. Colóquelo un poco descentrado para que el cepellón ocupe la posición central.

3 Compruebe que el hoyo tiene la profundidad suficiente para el cepellón colocando el árbol con el tiesto en el agujero. Después de plantar, debe nivelarse el suelo con la marca original del tronco.

4 Vuelva a colocar la tierra en capas, apisonándola con cuidado con el talón de la bota. Fije el árbol al palo, y después riéguelo bien. Cubra la zona para erradicar las malas hierbas.

Árboles y arbustos

La hierba situada bajo un árbol o un arbusto a menudo es de menor calidad. Las hojas de estas plantas bloquean la luz y pueden asfixiar el césped al caerse en otoño. Es mejor cultivar árboles y arbustos en un arriate o macizo delimitado en la extensión de hierba.

CÓMO SEMBRAR Y PLANTAR FLORES SILVESTRES

1 La forma mas satisfactoria de crear un prado con flores es sembrar una mezcla especial de semillas de plantas silvestres. Recuerde despejar completamente el suelo de todas las posibles malas hierbas perennes antes de empezar.

2 Para enterrar las semillas, rastrille simplemente en una dirección y después en la otra. No importa que algunas semillas queden en la superficie. Mantenga la zona bien regada hasta que las semillas germinen. Protéjala de los pájaros, si fuera necesario.

3 Para una zona muy pequeña, las plantas con flores silvestres pueden ser la solución más cómoda. Se pueden conseguir a partir de semillas o bien comprarse. Plántelas directamente en el suelo o en una zona de césped. Manténgalas bien regadas hasta que se asienten.

Árboles y arbustos

Elemento esencial en la mayoría de los jardines, los árboles y arbustos le dan vuelo y estructura, además de actuar como contraste con otras plantas. Los ejemplares atractivos seducen la mirada, mientras que otros menos vistosos pueden emplearse con fines específicos, como crear un entorno vivo o sembrar el terreno con una alfombra de hojas. Es fundamental elegir la planta correcta para la función y la posición que se tiene en mente.

Árboles y arbustos deben ser contemplados como elementos permanentes del jardín, por lo que para lograr el éxito es básico preparar bien el terreno y plantarlos correctamente. Con estas armas conseguirá que se asiente con rapidez la mayoría de las variedades óptimas de jardín, que más adelante se cuidarán básicamente solas. En un jardín maduro habrá que aprender técnicas para confinar las plantas dentro de sus límites o incluso trasplantar un ejemplar demasiado presionado a un lugar en el que tenga más espacio para crecer y desarrollar todo su potencial.

Árboles y arbustos forman parte vital del jardín, con una sorprendente variedad de colores y formas que le dan estructura y, en el caso de las coníferas, despiertan interés durante todo el año.

Compra de árboles y arbustos

Árboles y arbustos son elementos permanentes del jardín y, por tanto, han de elegirse con detenimiento. Muchos llegan a ser ejemplares de gran tamaño, con lo que ocupan mucho espacio, así que conviene asegurarse de elegir variedades que ofrezcan más de una estación de interés para obtener una mejor rentabilidad de la inversión.

Comprar las plantas

Los árboles y arbustos pueden comprarse de cultivo en maceta, cultivados en el terreno e introducidos en maceta para la venta, con cepellón en las raíces (cultivados en el terreno y extraídos con tierra alrededor de las raíces) o a raíz desnuda (cultivados en el campo, levantados sin tierra en las raíces), según el tipo de planta y el proveedor. En general, las plantas cultivadas en maceta se asentarán con más rapidez, pero son más caras. Las de cepellón y raíz desnuda suelen estar disponibles en otoño o principios de primavera, mientras que las de maceta se obtienen durante todo el año.

Elegir los árboles

La mayoría de los jardines tienen sitio para uno o dos árboles de tamaño adulto, los cuales pueden ocupar una gran proporción del espacio disponible para plantas. Es vital, por tanto, hacer la elección correcta. Existe una variedad muy amplia de árboles en los centros de jardinería, y todavía mayor en viveros especializados y en pedidos por correo o por internet.

Para facilitar la elección, lo primero que ha de hacerse es descartar los tipos de árboles que, simplemente, no resulten adecuados. A menos que se tenga un jardín grande, la mayoría pueden rechazarse pensando en su tamaño final. Otros criterios, como la posición preferida (sol o sombra) y el tipo de suelo, pueden servir asimismo para reducir la lista de opciones disponibles. Las etiquetas, catálogos y sitios web dedicados ofrecen esta información, que puede consultarse también en una enciclopedia de plantas.

Con una lista ya muy limitada de posibles candidatos, el siguiente paso es considerar qué características se desean para el árbol. ¿Será de hoja perenne? ¿Con flores o con frutos? ¿Es importante el olor? ¿Se busca colorido en otoño, o una corteza o un tronco interesantes en invierno? Use esta información en el punto de venta como ayuda para tomar la decisión.

Una vez hecha la elección, la siguiente decisión es el tamaño del árbol que se va a comprar (ver página siguiente). Los árboles grandes causan un impacto instantáneo y pueden ser la mejor opción cuando el jardín se está haciendo de nuevas, y agradecerá la altura y el orden visual que le aportará un ejemplar grande. Sin embargo, las plantas más jóvenes, de tres a cinco años, por ejemplo, suelen asentarse más rápidamente que las viejas. Al cabo de unos años, los árboles jóvenes habrán alcanzado e incluso superado a los antiguos. Además, son mucho más baratos.

PLANTAS PEDIDAS POR CORREO

Muchos árboles y arbustos pueden pedirse por correo. Los plantones se envían en paquetes especiales que reducen al mínimo los daños durante el transporte hasta su destino.

PLANTAS CON CEPELLÓN

Ejemplar de *Taxus* (tejo) con cepellón. El terrón que rodea a las raíces de la planta se sujeta con una red y cintas elásticas resistentes. Así se protegen las raíces y se evita que se sequen.

PLANTAS A RAÍZ DESNUDA

Durante la temporada específica, se venden plantas a raíz desnuda con una envoltura para proteger las raíces. Si hace frío o humedad para plantarlas, se dejarán con estas envolturas hasta que mejoren las condiciones.

Los viveros especializados ofrecen una amplia variedad de árboles y arbustos. Muchos tienen servicio de pedido por correo, de incalculable valor cuando sus instalaciones no resultan de fácil acceso para el comprador.

¿Cuál es el mejor tamaño?

Los árboles se venden normalmente en dos tipos: estándar y semiestándar, aunque se pueden encontrar diversas variantes según los proveedores. Los ejemplares estándar tienen un tronco limpio de 1,8 m, aproximadamente, y son ideales para árboles grandes que medrarán en una pradera o en la parte posterior de un borde. Los semiestándar presentan un tronco único y limpio, de al menos 1,2 m, y son útiles cuando se plantan en un macizo mixto o para llevar el punto de atención visual más cerca del borde. También se pueden adquirir árboles como plantas jóvenes de un solo tronco o con ramas laterales nuevas, que pueden conformarse en un modelo estándar o semiestándar eliminando las ramas bajas según vaya creciendo el árbol.

Elegir los arbustos

Un jardín o zona del jardín pueden tener cabida para más arbustos que árboles, por lo que se pueden elegir plantas que ofrezcan vistas espectaculares para un periodo relativamente corto. Sin embargo, es importante crear colecciones de arbustos que florezcan en momentos diferentes para dilatar el periodo de interés. Si se está plantando una zona extensa, se agruparán los arbustos en grupos de tres o cinco para conseguir un aspecto global más semejante al natural. También se incluirá una proporción de plantas perennes para conseguir estructura y color en los bordes en invierno; como regla general, se plantarán dos terceras partes de especies perennifolias y una tercera parte de plantas deciduas.

Saber lo que se busca

Cuando se compran árboles o arbustos, ya sea en maceta, con cepellón o a raíz desnuda, los signos que se deben investigar son siempre los mismos. Ha de elegirse una planta con forma equilibrada y un follaje de aspecto saludable, sin signos de plagas ni de enfermedades. Las plantas injertadas deben tener una unión robusta y que haya cicatrizado bien. Busque plantas que estén bien asentadas en sus macetas, pero evite las que tengan raíces que sobresalgan por debajo del tiesto o que formen círculos en el interior, ya que tal vez lleven demasiado tiempo en este recipiente. Evite también las plantas con hojas indebidamente amarillas o con hierbas en la maceta, pues podrían haber sido mal cuidadas. Las etiquetas desvaídas son también señal de que la planta se ha descuidado en la maceta durante mucho tiempo.

Busque plantas sanas de hábito arbustivo (centro) sin signos de amarilleamiento de las hojas (derecha) ni de crecimiento achaparrado, disperso (izquierda) o con caída prematura de las hojas, lo que podría deberse a un riego irregular.

Cómo plantar árboles y arbustos

Los árboles y arbustos deben llevar la mejor vida posible desde un principio, si se desea que se asienten con rapidez. Los secretos del éxito son la buena preparación del terreno, la inexistencia de otras plantas competidoras y un riego conveniente del nuevo ejemplar.

Cuándo plantar

En general, cuanto mayor es el ejemplar, más trabajo habrá que invertir para plantarlo con éxito. Las plantas deciduas cultivadas en maceta pueden plantarse en cualquier época del año, pero se asentarán más rápidamente y serán más fáciles de cuidar si se plantan en primavera o en otoño, cuando el suelo está húmedo y cálido, lo cual estimula un rápido crecimiento de las raíces y un buen arraigo. Sin embargo, los ejemplares de raíz desnuda han de plantarse en la época de menor actividad, entre el otoño y la primavera. Las plantas perennes, en particular las coníferas, se plantarán mejor a finales de la primavera, con lo que tendrán tiempo para asentarse antes de la llegada del invierno.

Cómo plantar

Si se planta en un prado, hay que retirar un círculo de tepes de 1 m de diámetro. Se cavará un hoyo suficientemente grande para que quepa toda la extensión de las raíces (en plantas de raíz desnuda) o equivalente al doble del cepellón, en todos los demás tipos. El hoyo debe tener la misma profundidad que el cepellón. Se pinchará con la horca el suelo en el fondo del hoyo. Se colocará toda la tierra sacada en una sábana o similar junto al mismo. Tradicionalmente, el suelo debía enriquecerse con estiércol bien descompuesto y un puñado de harina de huesos, pero las investigaciones recientes han demostrado que es más beneficioso cubrir la tierra del árbol después de plantado para evitar la competencia de las malas hierbas y para ayudar a mantener la humedad del suelo en torno a las raíces.

Los árboles tienen su mejor aspecto a menudo plantados en solitario en un prado. En la imagen, las piedras blancas de la base del árbol atraen la mirada hacia éste y realzan el valor decorativo de sus hojas rojizas.

Se regará el cepellón detenidamente antes de plantar y se dejará drenar el agua. Si se va a usar un palo de guía, se clavará en el suelo en este momento. Se colocará el árbol o arbusto con la misma profundidad que tenía en la

CÓMO PLANTAR UN ARBUSTO CULTIVADO EN MACETA

1 Antes de empezar, verifique que la planta está bien regada. En caso contrario, déle un buen riego, preferiblemente como mínimo una hora antes de plantarla. Así se asegurará de que el cepellón está húmedo y tiene capacidad para absorber agua una vez plantado.

2 Si el suelo en la cama no se ha preparado recientemente, trabájelo con la horca, retirando las piedras, malas hierbas y otros residuos. Añada un abono de liberación lenta y trabaje bien el suelo con la horca. Si usa harina de huesos, aplique el abono con guantes de caucho o de vinilo.

maceta o en la cama del vivero (por lo común hay una marca oscura en el tallo de unos 5 cm por encima de la raíz más alta). Con ejemplares cultivados en maceta, se compondrán las raíces alrededor del cepellón antes de plantar para inducirlas a que se extiendan por el suelo circundante. Se comprobará la profundidad de la plantación con una caña dispuesta alrededor del hoyo, y se añadirá o extraerá tierra, según se necesite.

Se rellenarán los primeros centímetros del hoyo con la tierra extraída, y se sacudirán un poco los árboles y arbustos de raíz desnuda para asentar la tierra. Se afirmará la primera capa alrededor de las raíces pisándola con el talón antes de añadir una segunda capa y de repetir el proceso hasta llenar el hoyo. Así se evitará que se formen bolsas de aire. También se comprobará que el ejemplar está en vertical, según se vaya trabajando. Con árboles con apoyo sobre un palo, se anudarán a éste. Se regarán bien, y se cubrirá el suelo alrededor del nuevo árbol o arbusto con una capa de 8 cm de profundidad de mantillo orgánico bien descompuesto y suelto. En los jardines expuestos, se protegerá el árbol o arbusto después de plantarlo levantando un cortavientos y se añadirán protecciones contra conejos si éstos suponen una plaga en el jardín.

Cómo guiar un árbol

Si va a plantar un árbol de más de 1,5 m de alto, clave un palo o estaca en el lado de donde viene el viento junto al árbol para dejar sólo 60 cm sobre el nivel del suelo. Normalmente, se hará esta tarea antes de colocar el árbol. Si va a plantar un ejemplar grande, tal vez necesite poner la estaca después, en un ángulo para evitar el cepellón. Cuando plante ejemplares a raíz desnuda, extienda las raíces alrededor de la estaca.

1 Coloque en el hoyo una estaca resistente de madera o tratada con conservante, golpeándola y clavándola bien para que no se mueva.

2 Coloque el árbol en el hoyo, empujando el cepellón contra la estaca, de manera que el tronco y la estaca estén separados unos 8 o 10 cm.

3 Afirme el suelo alrededor de la planta; para hacerlo puede utilizar el talón de la bota. Puede usar alguna herramienta disponible.

4 Aunque es posible usar una cuerda, las cintas adecuadas para atar árboles y rosales ofrecen el mejor agarre. Fije la inferior a unos 15 cm por encima del suelo.

5 Fije la segunda cerca de la parte superior de la estaca, ligeramente por debajo de la copa de la planta, porque es la zona que se vencerá antes.

6 Riegue con bastante cantidad de agua la tierra alrededor de la planta y cúbrala con corteza troceada o un material similar.

3 Cave un hoyo de doble anchura que el cepellón. Ponga la planta, sin sacarla del tiesto, en el hoyo y compruebe que éste es suficientemente profundo colocando un palo o vara transversalmente: la parte superior del tiesto debería estar alineada con la altura del suelo. Ajuste la profundidad del hoyo.

4 Saque la planta del tiesto, pero teniendo mucho cuidado de no dañar el cepellón. Si el cepellón está en una bolsa de plástico, corte la bolsa, sin intentar tirar de ella. Coloque el arbusto en el hoyo y tire tierra alrededor. Afirme el suelo circundante y riéguela bien.

5 Por último, cubra el arbusto con tierra de 5 a 8 cm, corteza troceada o un material similar. Así, no sólo ayudará a conservar la humedad del suelo, sino que también evitará que germinen las semillas de las malas hierbas que le quitarían el alimento a su planta.

Trasplante de árboles y arbustos

Sin duda, lo mejor es plantar un árbol o arbusto en su posición final, pero incluso en el jardín bien diseñado no siempre resulta práctico. Trasplantar especies ya asentadas, por pequeñas que sean, es siempre una labor difícil y requiere una cuidadosa planificación. Sin embargo, con algún ayudante y una mínima preparación, muchas plantas pueden trasplantarse sin problemas.

Cuándo trasplantar árboles y arbustos

El mejor momento para trasplantar los árboles o arbustos más arraigados es durante la estación de baja actividad (de finales de otoño a principios de primavera). Sin embargo, el suelo no debe estar anegado ni congelado, ya que se dañaría su estructura y se haría más difícil que la planta volviera a enraizar. Si se trasplanta en primavera, se tendrá toda una estación de crecimiento antes del invierno; un trasplante en otoño permite que la planta desarrolle un buen sistema de raíces antes de la primavera. Las plantas perennes, incluidas las coníferas, se trasplantan mejor mediada la primavera, cuando el suelo está suficientemente húmedo y cálido para estimular un rápido crecimiento de las raíces.

¿Qué tamaño dar al cepellón?

El diámetro y la profundidad del cepellón dependerán del tamaño de la planta que se pretende trasplantar. El diámetro debería ser aproximadamente igual a la envergadura de las ramas de los arbustos y la mitad de la altura de un árbol. La profundidad del cepellón depende del tipo de suelo del jardín. Cuanto más ligero es éste, más penetrarán las raíces, y más profundo deberá ser el cepellón. Por ejemplo, un cepellón a 30 cm de profundidad en suelo de arcilla puede necesitar el doble de profundidad en un suelo ligero y arenoso. Recuerde que los cepellones con tierra pueden pesar, literalmente, una tonelada si se trasplanta un árbol pequeño o un arbusto grande. No olvide buscar ayuda suficiente para esta labor.

CÓMO TRASPLANTAR UN ARBUSTO PEQUEÑO

1 Antes de trasplantar un arbusto, cerciórese de que ha preparado bien el lugar de destino y de que ha cavado el hoyo. Riegue bien la planta el día anterior al trasplante.

2 Cave una zanja alrededor de la planta, dejando un cepellón grande (el tamaño depende de la dimensión de la planta). Corte con cuidado las raíces que se encuentren para liberar el cepellón.

3 Inmediatamente después puede empezar a cavar por debajo del arbusto, atravesando las raíces verticales que lo están sujetan al suelo.

4 Incline la planta hacia un lado y meta un saco o una bolsa de plástico hasta donde pueda por debajo de la planta. Doble el saco o bolsa varias veces debajo del cepellón.

5 Incline el arbusto en dirección opuesta y tire del saco o la bolsa de plástico, de forma que quede completamente bajo la planta para proceder a cerrarlo, como se explica en el paso siguiente.

6 Tire del saco alrededor del cepellón y átelo bien en el cuello de la planta. El arbusto está ya listo para el trasplante. Si es una planta bastante pequeña, podrá levantarla una sola persona para sacarla del hoyo y trasladarla al nuevo emplazamiento.

7 Si la planta más la tierra pesan demasiado, lo mejor es moverlas entre dos personas. Ate una madera o barra de metal al saco. Con la ayuda de una persona en el otro extremo, levante el arbusto del hoyo.

8 Baje el arbusto al hoyo preparado donde lo trasplantará. Desenvuelva el saco y retírelo del cepellón. Cerciórese de que la planta está en la posición correcta, vuelva a llenar el hoyo y riéguelo bien.

Poda de las raíces

Las posibilidades de trasplantar con éxito árboles o arbustos muy grandes puede mejorarse si se podan las raíces con antelación, con una técnica conocida como poda de raíces. Debe hacerse un año antes del trasplante. Para podar raíces, cave la zanja vertical a la distancia correcta del árbol o arbusto y corte las raíces que encuentre, y después rellene la zanja con tierra. La planta producirá raíces más fibrosas en el suelo cercano al tronco, y éstas pasarán a formar parte del cepellón, aumentando las posibilidades de que la planta sobreviva al trasplante.

Un arbusto puede tener que trasplantarse a otro lugar por ser demasiado fuerte y estar asfixiando a otras plantas, o porque el rediseño de su macizo hace deseable esta operación. Pode el arbusto después de plantarlo si quiere conseguir una forma equilibrada. Riegue bien el arbusto durante toda la estación de crecimiento.

El trasplante

Antes de empezar, decida cuál es la nueva posición de la planta y prepare el hoyo, que debería tener el doble de anchura e igual profundidad que el cepellón. Trabaje con la horca el fondo del agujero, aportando el contenido de un cubo de arena gruesa en suelos pesados para favorecer el drenaje.

Use una pala para hacer una marca alrededor del árbol o arbusto que va a trasplantar para señalar el tamaño del cepellón y corte las raíces cercanas a la superficie. Después, haga una segunda marca a unos 30 cm y cave el suelo entre medias para formar una zanja alrededor del ejemplar. Prepare esta zanja con la misma altura que el cepellón.

Corte el cepellón por debajo de la zanja introduciendo la pala en un ángulo de unos 45° alrededor. Los cepellones pequeños deben cortarse por completo y pueden envolverse. Los grandes quizá necesiten que se cave más hondo para dejar libres algunas raíces verticales en el centro del cepellón.

Después de haber liberado el cepellón, incline con cuidado el ejemplar hacia atrás y deslice una lámina de polietileno o arpillera plegada muy resistente bajo un lado, y después incline el ejemplar al otro lado y tire de la lámina plegada. Ate las puntas de la lámina por encima del cepellón alrededor del tallo principal para formar un paquete limpio, de manera que el suelo se compacte con firmeza. Utilice una cuerda resistente para reforzar el cepellón en todos los lados.

Trasplante el árbol o arbusto tirando de la lámina de polietileno, no del tronco. Utilice una tabla corta o un par de tablas como rampa en el hoyo y después arrastre el ejemplar hasta la nueva posición o pida ayuda a otras personas para levantarlo. Tal vez le sea más fácil fijar un poste como ayuda para transportar el árbol o arbusto.

Vuelva a plantar el ejemplar de inmediato y riéguelo y cúbralo bien. Guíelo con un palo, si fuera necesario. Rocíe con agua las hojas de las plantas perennes después de plantarlas y cada pocos días durante el primer mes para que no se quemen. También merece la pena disponer un cortavientos alrededor de las coníferas. Mantenga todas las plantas trasplantadas bien regadas durante la primera estación de crecimiento.

Incluso coníferas muy pequeñas como esta *Chamaecyparis lawsoniana* «Bleu Nantais» son difíciles de trasplantar. Compruebe siempre la altura final y la envergadura de la planta antes de elegir dónde colocarla.

Cuidado de árboles y arbustos

Una vez asentados, la mayoría de los árboles y arbustos se cuidan solos. Sin embargo, pueden necesitar más de una estación de crecimiento para alcanzar este punto de independencia. También existen algunos tipos ornamentales que lucen mucho mejor si se les mima un poco.

Esta planta perenne de *Pieris japonica* tuvo agua suficiente en el primer año después de plantada, y ahora produce un espectáculo visual de hojas siempre cambiante con muy poco mantenimiento.

Técnicas de riego

El motivo principal por el que los árboles y arbustos nuevos fracasan en su primera temporada es por la insuficiencia de agua. Dado que no han tenido tiempo de echar buenas raíces, los ejemplares nuevos deben tratarse como las plantas cultivadas en maceta de otras partes del jardín. Riéguelos a conciencia una vez por semana en tiempo seco o si el suelo tiene buen drenaje, en vez de rociarlos ligeramente con agua cada día. En cada riego intente echar a los arbustos nuevos al menos una regadera de agua y a los árboles recientes, dos veces esta cantidad.

Es esencial que el agua empape el suelo alrededor de la planta y no se desvíe a otro lugar. Para asegurarse de que suceda así, se pueden emplear diversas técnicas. Introduzca un tubo de plástico en ángulo en el suelo, de manera que la parte inferior del mismo esté en la zona de las raíces y la superior asome justo sobre la superficie. Llene el tubo con gravilla de manera que no le entre otro tipo de suciedad y vierta agua en el mismo cada vez que riegue.

Alternativamente, levante la tierra a unos 30 cm del tronco principal en cada riego. Así, el agua tendrá tiempo de empapar la tierra tal y como se necesita. Un método más sofisticado consiste en usar círculos de manguera que rezume o un tubo con fuga con el conector de ajuste ubicado en la zona de las plantas individuales, que se unirá a una manguera en cada riego. El agua irá saliendo lentamente sin perderse. Si va a plantar un jardín completo, piense en la posibilidad de instalar un sistema de riego automático.

Acolchado

Al usar una cubierta con materia orgánica sobre árboles y arbustos nuevos se obtienen muchas ventajas. Se mulle el suelo y se evita que las malas hierbas germinen y se establezcan. También se impide que se evapore el agua de la tierra, ayudando a conservar la humedad. Cuando se asimila al suelo por la acción de criaturas como las lombrices de tierra, este acolchado ayuda a mejorar su estructura y libera valiosos nutrientes para las plantas al descomponerse. También ayuda a aislar la tierra del

CÓMO CUIDAR ÁRBOLES Y ARBUSTOS DESPUÉS DE PLANTADOS

Un árbol o arbusto recién plantado necesita un buen riego para asentarse.

Cubra con paja o compost para conservar la humedad del suelo.

calor excesivo en verano y del frío en invierno.

Puede usarse una amplia gama de materiales para la cubierta. Aplique una capa de 5 a 8 cm de profundidad alrededor de las plantas nuevas y cubra esta capa cada primavera. En torno a los arbustos y árboles ya establecidos puede usar hierba cortada como cubierta de acolchado. Aunque los microorganismos extraen parte del nitrógeno del suelo cuando se descompone esta hierba, sólo se ve afectada la capa más superficial.

Control de malas hierbas

Es importante limitar el crecimiento de malas hierbas en los primeros años, pero este problema es menor cuando se va poblando la copa. Mantenga controladas las malas hierbas durante los primeros años. Utilice una azada superficialmente alrededor de cada planta, para no dañar las raíces, y arranque a mano las hierbas que estén cerca de las plantas con raíces superficiales, como las azaleas, así como en árboles y arbustos, como los lilos, que sean proclives a retoñar (enraizando brotes desde debajo del nivel del suelo) si sufren daños en las raíces. Cuando una mala hierba se ha asentado bien, conviene usar un herbicida químico local para terminar con ella.

Como su nombre indica, el *Hippophaë rhamnoides* (espino marino) es tolerante a los vientos fuertes y salinos y puede plantarse como cortavientos para proteger plantas más frágiles. Sus hojas largas, de un verde plateado, sus flores amarillas y sus bayas naranjas son, además, decorativas.

QUITAR LAS MALAS HIERBAS

El uso de la azada para retirar las malas hierbas de alrededor de los árboles y arbustos jóvenes es el modo más seguro de mantenerlas bajo control. Lo mejor es hacerlo en pleno verano, momento en el que pueden arrancarse con más facilidad.

Cortavientos

Un temporal de viento puede producir un daño considerable en los árboles y arbustos, a veces quebrando ramas enteras. Si su jardín está muy expuesto, piense en levantar algún tipo de cortavientos. A corto plazo, puede usarse un cortavientos de plástico, pero a la larga será mejor, probablemente, una solución más permanente plantando un cortavientos vivo. Para este fin pueden usarse muy diversos árboles y arbustos, y le será fácil encontrar alguno que encaje a la perfección en el diseño de su jardín.

El ciprés de Leyland crece muy deprisa y, por este motivo, se usa a menudo para parar el viento, aunque puede sustituirse por alternativas más adecuadas. Es una planta de crecimiento rápido que consume muchos nutrientes del suelo a cierta distancia a través de su sistema de raíces. Además, no deja de crecer, superando la altura necesaria.

Es preferible preparar los cortavientos antes de plantar los árboles y arbustos, pero si no tiene tiempo, plántelos a la vez, quizá con una protección artificial temporal.

Especies adecuadas como cortavientos

Acer pseudoplatanus (sicomoro)
Berberis darwinii
Buxus sempervirens (boj)
Cotoneaster simonsii
Fraxinus excelsior (fresno)
Griselinia littoralis
Hippophaë rhamnoides (espino marino)
Ilex (acebo)
Ligustrum ovalifolium (aligustre de California)
Lonicera nitida (madreselva del Japón)
Pyracantha (espino de fuego)
Rosmarinus officinalis (romero)
Sorbus aucuparia (serbal)
Taxus baccata (tejo)

Coníferas

Después de años en la naturaleza, las coníferas enanas de crecimiento lento se han puesto de moda. Son fáciles de cultivar, prácticamente no necesitan mantenimiento y están preciosas durante todo el año.

Grupos de coníferas

Las coníferas pueden cultivarse como ejemplares aislados o en grupo, en un macizo mezcladas con otros arbustos, plantas perennes y bulbos o en una zona especial para coníferas, donde pueden combinarse en diversas formas para lograr un buen efecto. Aunque una agrupación de coníferas requiere muy poco mantenimiento y presenta un aspecto atractivo durante todo el año, puede dar una impresión estática, ya que permanece exactamente igual durante todas las estaciones.

Elegir la posición

La mayoría de las coníferas prefieren una posición a pleno sol, pero muchas toleran bien la sombra parcial o pueden estar en sombra durante parte del día. No crecerán bien en áreas de sombra intensa ni en suelos empapados. Si el suelo es pesado, convendría drenarlo, mejorar su estructura, añadirle buenas cantidades de materia orgánica y grava antes de plantar o crear un arriate elevado especial para coníferas. Muchas especies enanas de crecimiento lento se dan bien en macetas y jardineras.

Las coníferas desarrollan una serie de hábitos diferentes, ya sean verticales, cónicos o extendidos. Si se plantan juntas en el jardín, formarán grupos espectaculares.

CÓMO PLANTAR UNA CONÍFERA

1 Coloque la conífera en el hoyo preparado y verifique la profundidad de la planta. La marca de tierra debe estar a la misma altura que el suelo de alrededor.

2 Cuando la planta esté en la posición correcta, desate la envoltura y deslícela en el hoyo. Procure no tocar el cepellón que rodea a las raíces.

3 Reponga el suelo alrededor de la planta y apisónelo para eliminar bolsas grandes de aire. Abónelo, si fuera necesario, y riéguelo bien.

Plantación

El mejor momento para plantar coníferas es a mediados de primavera, cuando el suelo está húmedo y empieza a calentarse. Ello permite que las plantas se asienten antes del inicio del invierno. Sin embargo, las coníferas cultivadas en maceta también pueden plantarse en otras épocas del año (sobre todo a principios de otoño), siempre que se mantengan bien regadas en verano y se protejan de los vientos fríos de invierno. Si el tiempo o las condiciones del suelo no son adecuados para plantar cuando llegan las coníferas, plántelas de forma provisional en una zanja en un lugar abrigado hasta que mejoren las condiciones. No saque las plantas cultivadas en maceta de su recipiente hasta que pueda plantarlas del modo adecuado.

Plante las coníferas de igual modo que otros árboles y arbustos, pero después protéjalas del frío y de los vientos dominantes levantando una red de plástico sobre palos de madera a modo de cortavientos. Cuando comprobemos que está bien asentada la conífera, puede retirarse esta protección. Los árboles altos tal vez necesiten una guía para no sufrir daños irremediables con las tormentas.

No abone las coníferas salvo que muestren signos de agotamiento (follaje amarillento no natural). Si reciben demasiados nutrientes, las coníferas prosperan más deprisa, produciendo un crecimiento, a menudo no característico, que no resulta atractivo y que las hace más propensas a daños por la sequía y los vientos helados.

4 Merece la pena cubrir el suelo después de plantarlo para conservar la humedad. Algunas cubiertas, como la corteza troceada, son muy atractivas.

CÓMO ELIMINAR GUÍAS EN COMPETENCIA

Cuando en la horcadura de una conífera se han formado dos guías, deje la más fuerte sin podar. Corte la otra u otras en el punto donde nacen.

Si la guía restante no crece suficientemente en vertical, ate un palo al tronco principal de la conífera. Fije la nueva guía al palo para obligarla a crecer hacia arriba.

Poda

Las coníferas no necesitan una poda intensiva y es mejor dejarlas que adopten su forma natural, con podas ocasionales de brotes largos que sobresalgan. Sin embargo, a veces conviene emprender una poda más sustancial cuando la conífera empieza a ser demasiado grande para el lugar que ocupa.

Las plantas pueden recortarse una vez al año con tijeras para mantenerlas pequeñas y aseadas. No pode los vástagos hasta la parte desnuda y parda, pues podrían no volver a brotar. Corte tallos enteros para limitar el tamaño de las coníferas con ramas demasiado bajas, realizando la poda por debajo de un vástago nuevo y más corto que la ocultaría. Las coníferas que crezcan demasiado deben eliminarse.

Otro problema que instaría a una poda en cuanto aparezca es la inversión: el crecimiento de hojas verdes en formas variegadas. Utilice tijeras de podar para eliminar estos vástagos vigorosos, pues en caso contrario podrían dominar sobre el follaje más decorativo.

La mayoría de las coníferas producen una savia resinosa que fluye libremente desde los vástagos si no se cortan mientras el árbol se encuentra en la fase de crecimiento activo. Por tanto, la poda se realizará mejor desde el otoño a mediados del invierno, con el árbol en baja actividad. Utilice herramientas de poda limpias y bien afiladas, ya que las hojas romas trocearían la madera y podrían abrir puntos de entrada para enfermedades. Póngase guantes y gafas y, si usa maquinaria eléctrica, la ropa de protección recomendada.

Cuidados posteriores

Una vez asentadas, las coníferas se cuidarán básicamente solas. Los ácaros y los pulgones pueden dar problemas en los pinos y las píceas, respectivamente, provocando la caída de las acículas y dejando algunas ramas desnudas. Los pulgones se pueden controlar fácilmente con insecticidas, pero los ácaros son más persistentes (podría acudirse a un profesional para atender un ejemplar afectado). Los ácaros están activos sobre todo en los años secos y cálidos, cuando las coníferas sufren más tensión. Se pueden prevenir los brotes regando las coníferas en tiempo seco y rociando el follaje con agua ocasionalmente para elevar la humedad del aire. Hágalo por la tarde, para que las acículas no se abrasen con la luz solar.

Setos

Una pantalla viviente constituye un elemento excelente de delimitación para la linde de un jardín y un separador atractivo en el conjunto. Los setos vivirán bastante tiempo, por lo que es esencial una preparación minuciosa antes de plantarlos y un mantenimiento regular para conseguir una estampa atractiva.

Elección de un seto

Muchos arbustos y algunos árboles sirven perfectamente como setos, y la especie elegida depende en buena medida de las preferencias personales. Sin embargo, existen algunos asuntos que hay que tener en mente a la hora de realizar la elección.

Primero, se debe decidir si se quiere un seto perenne o caduco. Un seto perenne dará protección durante todo el año, pero uno caduco a menudo es más resistente y soporta mejor el frío y los lugares expuestos. Algunas plantas deciduas, como el carpe y el haya, ofrecen lo mejor de los dos mundos porque conservan las hojas muertas en la planta hasta la primavera. Además puede optarse por una estructura informal (no recortada) o formal (recortada).

Tal vez la consideración más importante es la altura deseada del seto, y se debe elegir una planta de fuerza y altura final adecuadas para este propósito. Si, por ejemplo, se opta por una variedad de crecimiento rápido para un seto pequeño, se obtendrán resultados muy deprisa, pero habrá que recortar el seto muchas veces al año y el aspecto global se deteriorará con el tiempo. Recuerde que cuanto mayor sea la altura del seto, más trabajo se precisará para mantenerlo; los setos de más de 1,5 m de alto son difíciles de podar.

Es preciso considerar asimismo el tiempo y el esfuerzo que se piensa dedicar al seto. Aunque pueda parecer atractivo elegir una variedad que sólo haya que recortar una vez al año, el crecimiento intermedio supone que la tarea de la poda será más trabajosa. Tal vez se prefiera distribuir el trabajo eligiendo un seto que responda a la poda varias veces en cada temporada de crecimiento. Alternativamente, si se quiere una opción de bajo mantenimiento se puede escoger una variedad compacta de crecimiento lento o decantarse por un seto informal sin poda.

Plantar un seto

Los setos se plantan de igual manera que otros árboles y arbustos. Sin embargo, en vez de preparar un hoyo para cada planta, se puede preparar una zanja para todo el conjunto. Recuerde que esta tarea puede ser dura, sobre todo en suelos pesados.

En otoño, cuando el tiempo y las condiciones del suelo lo permitan, cave una franja de 60–90 cm de ancho, con doble cava en toda su longitud. En setos más cortos y de menor vigor se puede hacer un cavado

CÓMO PLANTAR UN SETO

1 Prepare el suelo con detenimiento. Cave una zanja de al menos 60 cm de ancho y apórtele una cantidad generosa de estiércol o compost.

2 Añada un fertilizante en las proporciones recomendadas por el fabricante. Use un abono de liberación controlada cuando plante en otoño.

3 Instale una cuerda estirada por el centro de la zanja, que le resultará muy útil como guía para colocar las plantas. Si la zona es ventosa o se necesita un seto particularmente denso, plante una hilera doble.

4 Use un pedazo de madera cortado según la longitud adecuada como guía para la separación. Procure extender bien las raíces de las plantas de raíz desnuda. Si planta especies cultivadas en maceta, componga las raíces antes de plantar.

5 Afirme las plantas y riéguelas bien. Riegue el seto regularmente en tiempo seco durante la primera temporada. Acolche la zona para controlar las malas hierbas, hasta que el seto se adense, después de lo cual él mismo las suprimirá de modo natural.

único. Elimine las malas hierbas y demás residuos conforme realice el trabajo y aplique una cantidad generosa de estiércol o compost bien descompuesto en el suelo, y un poco de harina de huesos por cada metro de seto. Deje que la tierra se asiente durante 15 días antes de plantar, o retrase la operación hasta la primavera.

Cuidados posteriores

Los cuidados generales después de plantar un seto son exactamente los mismos que se dedicarían a cualquier otro árbol o arbusto. Sin embargo, como norma general, las plantas de seto caducas y vigorosas, como el aligustre, deben cortarse a 15 cm y los arbustos perennes y con flor se recortan aproximadamente en un tercio después de plantar para estimular el crecimiento en grosor desde la base de cada planta. No se requiere poda posterior a la plantación en las plantas caducas de crecimiento lento, como el haya, y todos los tipos de coníferas hasta que hayan alcanzado la altura deseada.

La poda anual de un seto asentado será distinta según la variedad. Como regla general, los setos con flores, como el membrillo y el espino de fuego, se podarán después de que haya terminado la floración y se usarán tijeras de podar en vez de tijeras grandes o podadoras para setos con plantas de hoja grande, como el laurel cerezo.

MODELADO DE UN SETO DE CONÍFERAS

Los setos de coníferas tienen una forma mejor con inclinación hacia dentro, para evitar que los dañen las nevadas fuertes, y dejar que la luz llegue a la parte inferior del seto.

CÓMO PODAR UN SETO

1 Para evitar la tediosa tarea de limpieza posterior a la poda, extienda una tela de plástico bajo la zona en la que va a podar y muévala según avance. De esta forma, todos los lados estarán sobre la tela.

2 Cuando use tijeras, intente mantener las hojas en paralelo al plano del seto, ya que así logrará un corte uniforme. Si inclina las tijeras hacia delante, como si apuñalara el seto, el resultado será bastante desigual.

3 Cuando recorte la parte superior de un seto de estilo formal, use unas varas y cuerdas como guía para que el resultado sea perfectamente plano y no quede desnivelado porque el resultado sería feo.

4 Debe mantener las tijeras en horizontal al cortar la parte superior del seto. Si es un seto alto, tendrá que usar una escalera, en vez de intentar podar desde abajo en ángulo porque no le resultará posible. Sepárese del seto cada cierto tiempo para ver si la poda es uniforme.

5 Las podadoras eléctricas son mucho más rápidas que las tijeras de mano y, por tanto, es más fácil equivocarse. Concéntrese en lo que hace y descanse si siente fatiga en los brazos. Lleve un equipo de protección adecuado y adopte las precauciones oportunas siempre que use herramientas eléctricas.

6 Algunas coníferas son de crecimiento lento y producen tallos dispersos, que pueden cortarse con tijeras de podar para asearlos. Las tijeras deben usarse en arbustos de hoja grande, como el *Prunus laurocerasus*. Así se evita cortar las hojas por la mitad, lo que sucedería con tijeras grandes, lo cual redunda siempre en una mayor confusión en la estética del seto.

Cuidados rutinarios

Algunos árboles y arbustos necesitan un mantenimiento regular para exhibir sus mejores galas. La poda es la tarea principal, pero hay otras técnicas importantes que merece la pena aprender.

Consiga resultados mejores y más duraderos en los arbustos con flor aplicando en primavera un abono rico en potasa.

Abonado

Los árboles y arbustos a menudo se abonan con harina de huesos en el momento de plantarlos pero, una vez asentados, no es necesario darles fertilizantes salvo en circunstancias muy especiales. Si el suelo es muy pobre o de drenaje libre, se aplicará una vez al año un abono general alrededor de cada planta en primavera. Algunos arbustos de floración libre, como los rosales y los lilos, producirán un mejor espectáculo si reciben un abono rico en potasa, como el usado para tomates o rosales, en primavera y a principios del verano.

El abono foliar puede aplicarse también como medida de emergencia cuando existe escasez de nutrientes en el suelo o una sequía acusada, incluso para plantas y extensiones bastante grandes, usando un dispensador acoplable a una manguera. Los nutrientes son absorbidos fácilmente por las hojas.

Hojas y flores muertas

La eliminación de las flores muertas, secas o deterioradas después de la floración no sólo mejora la visión del conjunto directamente, al asear la planta, sino que prolonga y mejora también la floración para el futuro al estimular a la planta a invertir su energía en el crecimiento y la producción de flores en vez de fabricar semillas. Con casi todos los árboles y la mayoría de los arbustos no es practicable esta tarea, pero el esfuerzo resulta muy agradecido, sobre todo en arbustos de varias floraciones, como los rosales de flores grandes (híbridos de té) o de flores en racimo (floribunda), así como las plantas de floración libre como los lilos. Despunte las flores antiguas con el índice y el pulgar o use unas tijeras de podar para los tallos más fuertes. Los arbustos que producen gran cantidad

CÓMO LIMPIAR LOS RODODENDROS

1 Las hojas y flores muertas privan a la planta de energía para la producción de semillas que podrían usarse para nuevas flores u hojas. Los nuevos brotes salen debajo.

2 Despunte las flores que están muertas, utilizando los dedos índice y pulgar, para reducir el daño potencial que infligiría a las nuevas hojas.

3 Después de retirar la flor, se observará con claridad el punto en el que brotarán hojas nuevas y tiernas, que en principio deben crecer sanas.

CÓMO LIMPIAR EL BREZO

Recorte el seto con tijeras después de la floración. Corte justo por debajo de las flores muertas, pero no dañe la madera vieja, porque no rebrotaría.

de flores pequeñas, como los brezos, suelen ser más fáciles de limpiar con tijeras.

Algunos arbustos, como las magnolias y los rododendros, producen los capullos del año siguiente justo detrás de los del año, con lo que se ha de tener cuidado para no romperlos. Las hortensias constituyen una excepción a esta norma, porque las flores antiguas deben dejarse en la planta para que protejan los brotes nuevos durante el invierno. Sólo a principios de primavera deberían retirarse las flores muertas.

Protección para el invierno

Si se tienen arbustos de resistencia límite en la zona, conviene protegerlos durante el invierno. Incluso los arbustos resistentes normalmente pudieran necesitar protección durante una ola de frío severa o inesperada. El frío y el viento, o una combinación de ambos, constituyen la principal amenaza. Las plantas perennes en particular pueden quemarse por la acción del frío en invierno, sobre todo si se congela el suelo, ya que la planta es incapaz de reponer el agua que pierde por las hojas. La forma más sencilla de proteger plantas individuales consiste en levantar un cortavientos sustentado en palos de madera. Los grupos de pequeños arbustos pueden protegerse cubriéndolos con una red anclada firmemente en todos los lados y resguardando las plantas con cañas rematadas con tiestos invertidos. Una solución más a largo plazo consiste en elegir árboles o arbustos resistentes como cortavientos.

Algunos arbustos, como las fucsias y eucaliptos resistentes, desaparecerán hasta el suelo en los inviernos fríos y rebrotarán en primavera. En periodos largos de tiempo frío, sin embargo, las raíces podrían morir, por lo cual merece la pena protegerlas con una capa aislante de hojas o paja. Prepare un envoltorio en la zona de las raíces con malla de plástico y rellénelo con hojas secas en otoño, o cubra las raíces con una capa de 15 cm de virutas de corteza. Esta capa puede retirarse en primavera y usarse como cubierta del borde.

Arbustos que conviene limpiar

Azalea	*Paeonia*
Camellia	*Pieris*
Choisya	*Rhododendron*
Erica	*Rosa*
Hypericum	*Syringa*
Kalmia	

CUIDADOS EN UNA NEVADA

Algunas plantas perennes, sobre todo las coníferas, pueden sufrir daños provocados por el peso de la nieve acumulada. La planta podría deformarse o romperse en alguna de sus partes. Prevenga los daños atando las plantas vulnerables antes del invierno o sacudiendo de forma sistemática la nieve de las plantas expuestas antes de que sea demasiado tarde.

En algunos arbustos, como el laurel, las plantas del género *Cordyline* y el mirto, conviene envolverlas en invierno. Prepare un aislante con dos capas de red de malla fina revestidas con material aislante. Envuelva las plantas al final del otoño o principios del invierno y destápelas a principios de primavera.

CÓMO APORTAR PROTECCIÓN EN INVIERNO

1 Para proteger un arbusto sensible con una guarda, introduzca tres palos resistentes firmemente en el suelo alrededor de la planta, y después envuelva ésta con un plástico o con varias capas de tela de lanilla por fuera de los palos. Ate y clave la guarda por debajo como seguridad.

2 Si no quiere levantar una guarda como la anterior, tal vez por motivos estéticos, cubra la planta con una bolsa de plástico grande o con tela de lanilla, clavada al suelo, cuando prevea que va a llegar mal tiempo. En cuanto pase la temporada fría, puede quitar la protección.

Fundamentos de la poda

La mayoría de los árboles y arbustos necesitarán una poda ocasional para mantenerlos sanos, controlar su tamaño y mejorar el aspecto de las flores o el follaje. Es un proceso sencillo, siempre que se use la técnica de poda correcta y se haga en el momento adecuado.

Herramientas de poda

Pese a haber adquirido la reputación de difícil, toda poda sigue unas reglas básicas, que son fáciles de entender y de llevar a la práctica. La primera regla es tener herramientas de buena calidad con hojas limpias y afiladas. Las hojas cortantes afiladas y bien mantenidas realizan cortes limpios sin dañar los tejidos circundantes que queden en la planta. Al mantener los filos en buen estado se reducirá al mínimo también la posibilidad de que se extiendan las enfermedades al podar. Si se está eliminando una parte enferma, es buena idea usar un desinfectante de jardín para limpiar los filos entre cortes.

También es importante emplear las herramientas de poda correctas para el grosor del tallo. Para cortar tallos de hasta 1 cm de espesor use un par de tijeras de podar; para tallos de 1 a 3 cm de grosor lo adecuado sería usar unas recortadoras de bordes. En tallos de más de 3 cm de grosor se necesitará una sierra de podar.

Los cortes de poda deben realizarse en la forma correcta. Como regla general, se cortará justo por encima de los brotes (o pares de brotes) sanos que miren hacia fuera, de manera que los nuevos desarrollos no aumenten la congestión en el centro de la planta. El corte se realizará en ángulo hacia el exterior desde el brote, para que el agua salga hacia fuera de la planta. En arbustos como la cincoenrama y la espirea, que tienen gran número de tallos finos y ensartados, la poda por este método no es practicable. Sólo se obtendrá un buen resultado si se usan tijeras. Una investigación reciente ha demostrado que incluso los rosales de tallo grueso pueden «podarse someramente» sin un declive perceptible en su salud o su potencial de floración.

Poda simple

La mayoría de los arbustos y árboles no requieren una poda regular, pero

BUENOS Y MALOS CORTES DE PODA

1 Un buen corte de poda siempre es el que se realiza unos 3 mm por encima de un brote fuerte. El corte debe ser siempre oblicuo, con el extremo superior por encima del brote escogido. Dicho brote mirará normalmente hacia fuera, y no hacia la planta; si se hiciera hacia fuera, el corte aplicado llevaría el vástago hacia la planta, cruzándose y enmarañándose con otros brotes, lo cual debe evitarse siempre para beneficio de la planta y su posterior crecimiento. Es una técnica bastante sencilla y puede aplicarse en cualquier tipo de tallo de los que tenemos en el jardín.

2 Si el tallo tiene yemas u hojas opuestas, realice el corte en horizontal, a unos 3 mm por encima del brote.

3 Use siempre un par de tijeras de podar afiladas. Las romas producirán un corte irregular o imperfecto, con lo cual podrían abrir una vía de entrada para las esporas productoras de enfermedades.

4 No corte demasiado por encima de un brote. El trozo de tallo sobre el brote puede morir y el resto del tallo podría también deteriorarse, incluso hasta llegar a perderse.

5 No corte demasiado cerca del brote, pues éste podría resultar dañado por las tijeras o convertirse en punto de entrada de enfermedades. Un corte demasiado próximo podría provocar la pérdida del tallo en el brote siguiente.

6 No es bueno inclinar el corte de poda hacia el brote, ya que haría el tallo por encima del mismo demasiado largo, lo cual provocaría su pérdida. También actuaría como embudo para el agua, y podría acumularse humedad en el nudo, con lo cual causaría problemas de pudrición y otros.

CÓMO PODAR

1 Corte la madera enferma o dañada para conseguir unos tallos sanos, justo por encima de un brote fuerte. Tal vez sea necesario cortar todo el tallo principal. La madera es bastante fácil de ver. Puede no estar seca, pero sí dañada, y entonces es cuando se vuelve parda o negra. La madera dañada no crece y puede abrigar enfermedades muy fácilmente.

2 Debe eliminar los tallos cruzados mientras todavía son jóvenes, pues en caso contrario el rozamiento los dañaría y dejaría una vía abierta a las esporas productoras de enfermedades. También congestionan la estampa del arbusto si se dejan en su sitio y dificultan la poda. Use tijeras de podar para cortar el tallo por la base, allí donde se une con la rama principal.

3 Las puntas de los tallos a menudo están muertas, sobre todo cuando han soportado inflorescencias. Otra causa de deterioro se da cuando los crecimientos jóvenes en el extremo de los vástagos se ven afectados por las heladas. Si no se podan estas zonas muertas, terminarían por afectar a todo el vástago. Corte el vástago para conseguir madera sana, justo por encima de un brote fuerte.

algunos producirán flores mejores y más grandes si se podan del modo correcto y en el momento oportuno. Sin embargo, si se dejan a su ritmo, hasta los tipos que normalmente no necesitan poda acabarán atestados e improductivos. Por este motivo, la forma más elemental de poda puede aplicarse a todas las plantas leñosas, y consiste en la eliminación de las partes muertas, enfermas y dañadas. Esta poda puede realizarse en cualquier momento del año.

Si se quiere dar un paso más, el método de poda que se emplea y el momento oportuno dependerán de lo que se intenta conseguir. Por ejemplo, si se va a podar para mejorar la floración, se tendrá que saber si el arbusto en cuestión produjo capullos en la zona durante la temporada precedente o en la madera nueva de la actual. Si no conoce la respuesta con certeza, puede aplicar el método uno de cada tres, seguro y eficaz: pode una tercera parte del arbusto hasta el suelo cada año, eligiendo los tallos más antiguos, con lo que no tendrá nunca un tallo de más de tres años. Esta técnica es útil también para rejuvenecer los arbustos viejos.

Arbustos que no hay que podar

Aucuba japonica
Berberis thunbergii
Choisya ternata
Cordyline australis
Cotoneaster microphyllus
Euonymus fortunei
Fatsia japonica
Genista lydia
Magnolia stellata
Prunus laurocerasus
Skimmia japonica

Esta *Olearia x haastii* exhibe una vista imponente de flores blancas en verano. Después de la floración, pode un tercio del arbusto antiguo siguiendo el método de uno de cada tres.

Poda de arbustos comunes

La mayoría de los arbustos populares pueden agruparse según sus necesidades de poda. Pode poco y con frecuencia, en el mejor de los casos una vez al año, en vez de esperar varios años hasta que la planta haya crecido y sea inmanejable.

Mejor floración

Arbustos como *Buddleja davidii*, hebes de hojas grandes, *Hydrangea paniculata*, malva y *Potentilla fruticosa*, que florecen en el crecimiento del año actual y eclosionan desde finales del verano, necesitan una poda a principios de primavera, justo antes de que nazcan los nuevos brotes. Corte buena parte de las formaciones del año anterior, pues cuanto más intensa sea la poda mayor crecimiento tendrá la planta.

Los arbustos de floración temprana, como escalonia, campanita china, *Kerria japonica* y celindo, que eclosionan antes de mitad del verano, producen en general las flores sobre madera producida en la temporada anterior. En tal caso, haga la poda en cuanto termine la floración, recortando uno de cada tres de los vástagos antiguos hasta la altura de los nuevos. Los nuevos desarrollos nacidos en los meses de verano florecerán al año siguiente.

Salix integra «Hakuno-nishiki» debe podarse todos los años a principios de primavera para garantizar el mejor aspecto de su vistoso follaje.

Mejor follaje y vástagos

Muchos arbustos, como *Cornus* (cornejo), *Rubus cockburnianus, Salix alba, Sambucus nigra* y *Spiraea japonica* «Goldflame», se cultivan principalmente por su follaje o por sus brillantes tallos de colores. Estos arbustos deben podarse al principio de la primavera eliminando todos los desarrollos del año anterior hasta casi el nivel del suelo o hasta una estructura baja de tallos leñosos. Esta poda estimulará un follaje mayor y más brillante en primavera y verano y más tallos vistosos en invierno.

Hojas perennes

La mayoría de los arbustos cultivados por su follaje perenne se podan sólo cuando debe limitarse su extensión o si están enfermos o se encuentra madera dañada. Sin embargo, algunos arbustos, como *Elaeagnus pungens, Griselinia littoralis, Lonicera nitida, Photinia x fraseri, Prunus laurocerasus, Prunus lusitanica* y *Viburnum tinus*, pueden necesitar una poda para mantener su forma. Corte bastante los tallos largos y aligere los superpoblados a finales de la primavera. Las plantas perennes de hoja pequeña

CÓMO HACER UNA PODA INTENSA EN HOJAS Y VÁSTAGOS DE COLORES

1 Plantas como esta *Rubus cockburnianus* se cortan hasta el suelo todos los años en primavera para evitar que los nuevos desarrollos estén superpoblados. El color de los vástagos jóvenes es más vivo, con lo que la planta se hace más atractiva cuando todos sus tallos se han producido en el año actual.

2 Corte los tallos antiguos hasta un poco por encima del suelo usando tijeras de podar. La altura del corte no es fundamental, ya que los nuevos vástagos crecerán desde la base. Aunque la poda es sencilla, no está libre de riesgos. Protéjase las manos de los tallos espinosos con unos guantes gruesos.

3 Tal vez le resulte más fácil usar tijeras de mango largo para podar tallos gruesos porque de esta forma se puede hacer mucha más fuerza. Para que el corte sea horizontal, tendrá que agacharse o arrodillarse al máximo. No se preocupe por cortar encima de los brotes, ya que los nuevos vástagos saldrán de la base.

4 Queda poco visible y atractivo, pero si se poda en primavera aparecerán los vástagos nuevos en unas semanas. Hacia el final de la estación de crecimiento, los nuevos vástagos serán tan largos como los que se habían eliminado en la poda, formando una planta compacta y densa.

CÓMO PODAR ARBUSTOS DE HOJAS GRISES

1 Las plantas con follaje gris, como esta *Brachyglottis,* lucen mejor con una buena cantidad de brotes nuevos en plantas compactas. Se podarán anualmente desde edad muy temprana para que tengan un aspecto excelente y una imagen inmejorable en el jardín.

2 Las plantas pequeñas como el abrótano hembra, *Santolina chamaecyparissus,* pueden podarse intensamente a principios de primavera siempre que no sean demasiado viejos y leñosos. Si los nuevos brotes son visibles cerca de la base, corte los tallos hasta unos 5-10 cm del suelo.

3 Corte justo por encima de un nuevo vástago o una yema en desarrollo. No corte madera demasiado gruesa y vieja. Limite la poda intensa a los vástagos que han crecido en el último verano. La planta parecerá desnuda cuando termine, pero pronto rebrotará.

pueden recortarse con tijeras de mano (setos), pero para las clases de hoja grande es mejor usar tijeras de podar. Los arbustos formales tal vez necesiten una poda más frecuente si empiezan a perder su buen aspecto. Evite cortar la madera antigua si puede.

Arbustos de hojas grises

Pode los arbustos de hojas grises, como espliego, *Santolina chamaecyparissus, Artemisia abrotanum, Helichrysum italicum* subesp. *serotinum* y *Senecio,* para mantener las plantas compactas y el follaje denso. Recórtelos ligeramente en primavera una vez que las plantas hayan arraigado bien y repita la operación cada primavera recortando los nuevos crecimientos para dejarlos en apenas un par de hojas, de unos 5 a 10 cm desde la madera antigua. No corte hasta la madera vieja, porque es poco probable que rebrote.

Poda de arbustos grandes

Cuando pode tallos viejos y gruesos en arbustos y ramas de árboles, lo mejor es usar una sierra de podar. El problema principal al cortar ramas grandes es que su peso tiende a doblar la rama libre antes de que se haya completado la poda, produciendo un acabado imperfecto y desgarrando la rama y la corteza a bastante distancia del corte. Este punto puede ser una vía de entrada para enfermedades. Para evitarlo, haga un primer corte más allá en la rama aproximadamente hasta la mitad del grosor. Después, corte hacia abajo, a unos 2,5 cm del primer corte. La rama se romperá y el corte podrá entonces completarse.

CÓMO PODAR TALLOS GRUESOS

1 Elija un punto a unos 5 cm o más de la posición del corte final y haga un corte con la sierra desde debajo de la rama. Siga cortando con la sierra hasta que esté a medio camino, o hasta que el peso de la rama empiece a doblar la sierra.

2 Después haga un corte descendente desde arriba de la rama a unos 2,5 cm más allá del primer corte. Cuando la sierra haya cortado hasta el nivel del primer corte, el peso de la rama probablemente la partirá o la desgarrará.

3 A continuación debe serrar desde arriba para poder cortar la rama en el punto deseado. Ahora tendrá que eliminar casi todo el peso de la rama; para ello podrá realizar un corte limpio y terminar así la poda.

Poda de rosales

Durante años, la poda de rosales se ha presentado como un asunto complejo con normas bien definidas y cortes muy precisos y en momentos estrictos. Pero desde hace unos años la investigación ha demostrado que esta excesiva rigidez es una pérdida de tiempo. Ahora vamos a ver cómo podar los rosales.

¿Por qué hay que podar los rosales?

La poda de los rosales es importante por dos motivos principalmente. El primero es que, si no se podan, la planta crece demasiado y queda desaliñada, con una base desnuda poco atractiva; la segunda es que los tallos darán flores sólo durante unos años antes de agotarse. La poda resuelve ambos problemas a la vez, manteniendo la planta pequeña y los vástagos jóvenes y vigorosos.

Poda correcta de los rosales

Para la poda de los rosales se aplican las mismas reglas básicas que para cualquier otro arbusto, por lo que hay que usar filos limpios y cortantes y un par de guantes resistentes.

- **Híbridos de té y floribunda.** El método tradicional de poda de los rosales arbustivos es probablemente todavía el más fiable. Se cortan todos los tallos de los rosales de flores grandes (híbridos de té) aproximadamente por la mitad. Los tallos viejos de los rosales de flores agrupadas (floribunda) se cortan por la base. Los tallos jóvenes restantes de los rosales floribunda deben podarse hasta unos 45 cm.

Todos los cortes se realizarán justo por encima de un brote sano que mire hacia fuera usando un corte ligeramente inclinado desde el brote, de manera que el borde inferior del corte siga estando encima de la yema. También deben eliminarse todas las partes muertas o dañadas y aligerarse el centro de la planta. La poda se realizará todos los años en primavera.

Hoy se sabe que, aunque los resultados no son tan buenos, todos los rosales arbustivos pueden podarse someramente, cortando todos los tallos a unos 15-20 cm una vez cada ciertos años sin preocuparse porque el corte esté justo encima de un brote. Se puede usar incluso una recortadora de setos si se tienen muchos rosales y poco tiempo.

- **Rosales de pie alto.** Se podan ligeramente, pues si la poda es intensa, los vástagos extremadamente vigorosos que saldrán pueden echar a perder la forma de la planta. Acorte los tallos principales por arriba y los posibles vástagos laterales. Pode estos rosales a finales del invierno o principios de primavera, pero los

HÍBRIDO DE TÉ DE FLORES GRANDES

Corte la madera mal colocada, enferma o muerta (mostrada aquí en color pardo anaranjado) cerca de la base. Así dejará menos tallos sobre los cuales tener que tomar decisiones de poda, y el espacio libre facilita el trabajo. Acorte los tallos restantes hacia la mitad de su longitud, cortando en un borde que mire hacia fuera.

HÍBRIDO DE TÉ DE FLORES EN RACIMO

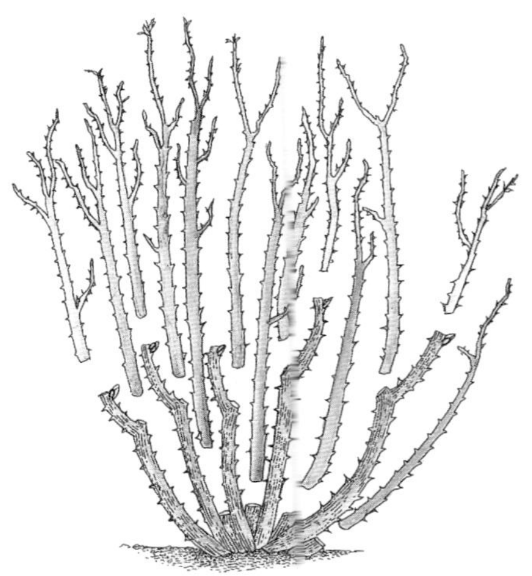

Primero corte los vástagos muy viejos o mal colocados, que muestren signos de deterioro o enfermedad (color pardo anaranjado en la imagen), y después acorte los vástagos principales restantes a unos 45 cm o aproximadamente a un tercio de su longitud. Si es posible, corte sobre un brote que mire al exterior.

ROSALES DE PIE ALTO

Pode un rosal de pie alto corriente (izquierda) acortando los crecimientos del verano hacia la mitad. Pode el rosal llorón (derecha) cortando los vástagos largos hasta un punto en el que haya uno nuevo para sustituirlo. Si no encuentra sustitutos adecuados, corte los vástagos laterales en los tallos florecidos dejando dos brotes.

ROSALES ARBUSTIVOS

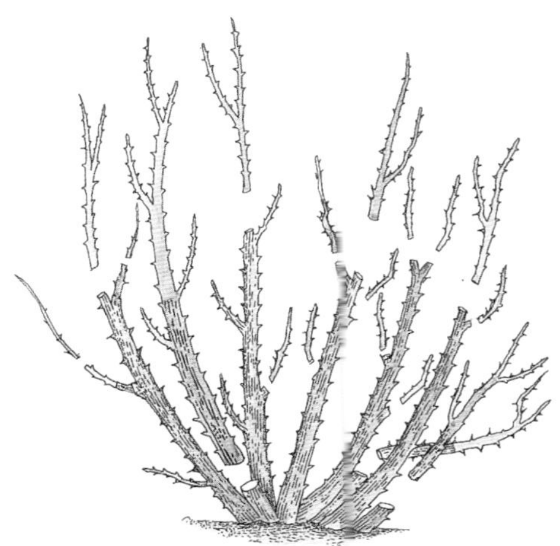

La poda debe modificarse siempre para adecuarse a las características de crecimiento de la planta pero, como guía, corte los tallos principales entre una cuarta parte y la mitad, y los vástagos laterales que queden, unas dos terceras partes. Corte completamente los desarrollos débiles o mal colocados, enfermos o deteriorados.

Rosales recién plantados

Merece la pena podar los nuevos rosales a principios de primavera para estimular el crecimiento de nuevos vástagos desde la base. Al reducir la cantidad de crecimiento superior se da también ocasión a las raíces de que se asienten bien. Los tallos de los rosales híbridos de té y los desarrollos nuevos de los rosales de pie alto deben cortarse a la mitad de su longitud, mientras que los de rosales arbustivos y en miniatura se cortarán una cuarta parte.

rosales llorones deben podarse después de la floración, en verano.

- **Rosales arbustivos.** Se podan ligeramente, una vez al año o cada dos años. Se elimina entre la cuarta parte y la mitad del nuevo crecimiento y las partes muertas, enfermas o atestadas de la planta.
- **Rosales en miniatura.** Requieren una poda ligera, o ninguna poda, aparte de la necesaria para mantener una forma densa y compacta. Se usarán tijeras para recortar los nuevos brotes verticales en primavera. Se cortarán también las partes enfermas, muertas o débiles.

Este rosal floribunda se ha podado bien y ahora muestra todo su esplendor de tallos nuevos y abundancia de flores.

CÓMO PODAR LOS ROSALES

1 La poda moderada es la más apropiada para rosales de flores grandes bien asentados. Corte todos los tallos principales a la mitad, aproximadamente, o a unos 20-25 cm del suelo. Corte en un brote orientado hacia fuera, para mantener despejado el centro del rosal, sin congestión.

2 Puede tratar los rosales de flores agrupadas de la misma forma, pero si poda algunos vástagos intensamente y otros poco, la floración podrá extenderse durante un periodo mayor. Pode los vástagos viejos casi hasta la base, pero los del último año córtelos en un tercio de su longitud.

3 Sea cual sea el tipo de rosal que está podando, elimine los vástagos muertos o enfermos para dejar una madera sana. Elimine también los vástagos muy finos o enredados, cortándolos en su punto de origen o a dos o tres brotes desde la base del vástago.

Solución de problemas

Aunque los árboles y arbustos suelen ser poco problemáticos, a veces aparecen algunos inconvenientes, sobre todo cuando la planta no crece bien o si se produce una sequía prolongada.

Plagas y enfermedades

En términos generales, una buena planta de jardín vigorosa y que crece sin problemas combatirá por sí misma las plagas y las enfermedades. Si la planta sufre tensiones, como escasez de agua por una sequía, podría perecer. Sin embargo, cuando se elimina la fuente de tensión (por ejemplo, regándola), la mayoría de los árboles y arbustos asentados se recuperarán solos. Es una suerte, porque usar controles químicos en plantas grandes es caro y, a menudo, bastante impracticable. Muchas plagas atacarán a las hojas de los árboles y arbustos, agujereándolas o desfoliando ramas enteras. Este problema es casi siempre localizado y tiene un impacto escaso en el árbol en conjunto. Análogamente, las enfermedades suelen desfigurar la planta cuando las condiciones meteorológicas lo favorecen, pero el efecto suele ser temporal y la mayoría de las plantas se recuperan pronto. Existen algunas excepciones un poco más serias, como el añublo, el hongo de la miel, el chancro, etc. Si piensa que su planta tiene una de estas enfermedades, verifique los síntomas en una buena enciclopedia especializada antes de emprender ninguna acción.

BOTRITIS

La botritis es una masa fúngica blanda de color pardo o blando grisáceo que se forma en las plántulas o en desarrollos dañados de la planta por otras causas, como las heladas. En las plántulas utilice un fungicida. En las plantas maduras retire las partes afectadas, cortando hasta la madera viva y después rocíe un fungicida.

ABEJA CORTAHOJAS

Las hojas con cortes limpios en bocados indican la presencia en el entorno de abejas cortahojas. El daño es principalmente estético y no afectará a la salud de una planta que esté bien establecida. Las abejas son beneficiosas como polinizadores y el pequeño daño causado no justifica el uso de productos químicos.

La planta no consigue asentarse

Cuando una planta no consigue arraigar puede deberse a diversos problemas, aunque el más común es que las condiciones del suelo son inapropiadas para la planta en cuestión. Verifique el pH del suelo y la presencia de nutrientes como nitrógeno, potasio y fósforo. Busque cuáles son las preferencias de la especie en una buena enciclopedia especializada. Si las condiciones del suelo eran las correctas para la planta, el problema podría haberse dado por un fallo al plantar el arbusto. Otra razón de que las plantas no prosperen es la falta de agua después de plantarlas. Es importante siempre regarlas bien para que se asienten.

Problemas en el follaje

Las plantas variegadas a menudo producen espontáneamente hojas totalmente verdes, que son más fuertes que las ornamentales. Este fenómeno se conoce como inversión. Es importante cortar todos los vástagos de inversión lo antes posible, porque si se dejan terminarán por imponerse a

Chupones

Algunos árboles y arbustos son propensos a producir vástagos desde las raíces, por debajo del suelo (conocidos como chupones). Si la planta se cultiva en un portainjerto, como sucede con muchos rosales, el vástago del chupón tendrá las flores de la variedad del portainjerto, no de la planta ornamental. El portainjerto suele ser mucho más fuerte, y podría terminar por imponerse sobre la planta ornamental, con lo que debería retirarse el chupón. No pode el vástago al nivel del suelo, ya que así estimularía el nacimiento de más chupones. Use en su lugar la técnica siguiente:

1 Retire los chupones en su punto de origen: tendrá que cavar el suelo para dejar al descubierto la base del chupón.

2 Si es posible, tire del chupón para sacarlo; en caso contrario, intente cortarlo al nivel del tallo principal usando una cuchilla afilada.

CORTE DE INVERSIONES EN ARBUSTOS

En esta variedad de *Spiraea japonica* «Goldflame» han aparecido vástagos de hojas verdes. Si se dejan y no se podan, podrán imponerse sobre toda la planta. El remedio es muy sencillo y los resultados son excelentes. Retirar los vástagos intrusos hasta la parte del tallo o vástago, allí donde comience la inversión.

Las azaleas son una forma de rododendros. En un buen año, si se protegen de las últimas heladas de la estación, producen masas de flores para ofrecer una estampa espectacular.

los ornamentales, dominando la planta en su conjunto. Las plantas variegadas que se plantan en sombra profunda pierden también su condición. En este caso, habrá que mover la planta a un lugar más adecuado.

Las hojas descoloridas pueden suponer un problema para todas las plantas. Las hojas amarillas, por ejemplo, pueden deberse a diversos problemas. La falta de agua y la ausencia de nutrientes son las causas más comunes, pero la carencia de hierro puede ser el origen del problema cuando plantas no aptas para suelo calizo arraigan en este entorno. Es posible entonces dar a las plantas un estímulo con una dosis de hierro quelado o trasladarlas a una maceta llena con tierra ácida.

Las hojas con los bordes quemados suelen ser indicio de sequedad, pero también pueden darse por vientos cálidos en verano y, en las plantas perennes, por los vientos fríos del invierno. Algunas heladas tardías también abrasarán los bordes de los nuevos desarrollos en primavera. Las plantas bien asentadas se recuperarán y es posible podar los tallos desfigurados. Si el problema se repite año tras año, habrá que dar abrigo a la planta o trasladarla a una posición más recogida. Durante el tiempo seco y soleado del verano, los arbustos que prefieren condiciones ligeramente sombreadas pueden sufrir la quema de las hojas. Las plantas con follaje dorado son las más vulnerables.

Problemas en las flores

Muchos arbustos con flores no florecen bien durante años, hasta que se asientan, así que hay que tener paciencia. Si se observa un declive en la floración de la planta, podría tener que abonarse con un fertilizante de potasa. Si el arbusto se ha podado en fechas recientes, tal vez se haya aplicado un método de poda incorrecto o en un momento inoportuno.

Los arbustos de floración temprana pueden perder sus flores por las últimas heladas, mientras que los que florecen tarde en el año tal vez las pierdan por una sequía. Algunos arbustos de flores grandes, en particular los rosales, son también vulnerables en periodos prolongados de tiempo húmedo a un problema fisiológico que hace que las flores se pudran en la planta.

LIMPIEZA DE CAMELIAS

Algunos cultivares de *Camellia japonica* no se desprenden de sus flores cuando se marchitan y habrá que limpiarlos con asiduidad.

Enredaderas

Las enredaderas tienen mucho que ofrecer al jardinero moderno. Son bastante fáciles de cultivar y, por lo general, ocupan poco espacio. Muchas producen vistas espectaculares de flores, y otras aportan un atractivo telón de fondo para otras especies durante la mayoría del año antes de lucir con gloriosos matices en otoño.

Las plantas trepadoras ofrecen muchos usos y constituyen un elemento importante en la mayoría de los jardines. A menudo se guían para tapar los muros y las vallas o serpentean por estructuras exentas. Muchas son adecuadas para enredarse en árboles maduros y arbustos, o forman parte de una cubierta que suprime las malas hierbas en el terreno.

Existe una amplia gama de estas plantas, variables en fuerza y posición, por lo que es importante elegirlas con detenimiento. Adapte la enredadera al tamaño del soporte y a las condiciones reinantes en el jardín. Existen plantas trepadoras adecuadas casi para cualquier situación, incluidos casi todos los suelos expuestos al sol o a la sombra. Para comprar enredaderas, aplique las mismas normas explicadas para los arbustos.

Los muros ofrecen un perfecto soporte y protección para enredaderas como esta *Clematis montana* «Elizabeth», que produce una masa de flores a principios de primavera.

Cómo plantar enredaderas

La mayoría de las enredaderas deben plantarse de igual modo y al mismo tiempo que los árboles y arbustos, aunque la técnica varía ligeramente dependiendo del tipo de soporte sobre el que se guiará.

Preparación del suelo

El suelo cerca de superficies verticales, como muros y vallas, suele estar más seco que el del resto del jardín, porque se encuentra protegida de la lluvia en la sombra del muro o valla. Los muros también extraerán agua de la tierra, reduciendo aún más el contenido de humedad. Por tanto, es esencial mejorar la capacidad de retención de agua del suelo antes de plantar y colocar la enredadera un poco separada del muro para que las raíces tengan más ocasión de extenderse. Además, es también el mejor método cuando se planta cerca de soportes exentos. Antes de plantar una nueva enredadera, es buena idea colocar el soporte. Prepare el suelo cavándolo bien y retirando todos los desechos, lo que podría incluir cascotes de construcción si el borde no se cavó adecuadamente antes. Aplique mucha materia orgánica.

Cómo plantar

Una vez asentado el suelo, cave un hoyo a unos 30-45 cm del muro o valla, suficientemente grande para que quepan todas las raíces extendidas (en plantas a raíz desnuda) y aproximadamente del doble de tamaño que el cepellón para tipos cultivados en maceta. El hoyo debe ser de la misma profundidad que el cepellón.

Al cavar, ponga toda la tierra excavada en una lámina extendida junto al hoyo. Trabaje el suelo con la horca en su base. Añada estiércol o materia orgánica bien descompuestos, como compost, así como un puñado de harina de huesos, y trabájelo con suavidad (use guantes de látex para protegerse al manipular la harina de huesos). Saque los ejemplares cultivados en maceta de sus tiestos y componga las raíces alrededor del cepellón antes de plantar, para facilitar que se extiendan en los alrededores.

Elija enredaderas con la fortaleza adecuada para el espacio disponible. Esta *Rosa x alba* «Alba Semiplena» crece hasta una altura de 2 m.

Con la excepción de la clemátide, coloque la enredadera a la misma profundidad que tenía en la maceta o en el vivero, para lo cual debe buscar la marca de tierra del tallo, inclinándolo 45° hacia el fondo del soporte. Compruebe la profundidad de plantación extendiendo una caña transversalmente al hoyo, y después añadiendo o sacando tierra, según se necesite.

Rellene los primeros centímetros del hoyo con la tierra cavada y sacuda un poco las enredaderas de raíz desnuda para asentar el suelo. Afirme la primera capa alrededor de las raíces con las manos antes de añadir una segunda capa y repita el proceso hasta llenar el hoyo. Riegue bien y tape la tierra alrededor del nuevo ejemplar con una capa de 8 cm de profundidad de cubierta vegetal bien descompuesta, pero con cuidado de no apilarla contra los tallos.

CÓMO ELEGIR UNA ENREDADERA

1 Muchas enredaderas se venden en tiestos en los invernaderos o tiendas especializadas. Para hacer una buena elección, busque plantas de crecimiento fuerte, con muchos vástagos desde la base.

2 A menudo se ofrecen plantas pequeñas con pocos tallos. Normalmente son más baratas, pero es probable que necesiten más cuidados hasta que se asienten en el terreno definitivo. Estas plantas no constituyen una buena elección.

3 Compruebe el sistema de raíces sacando la planta del tiesto. Recházela si las raíces aparecen congestionadas o apretadas alrededor del tiesto. El sistema de raíces de esta planta se encuentra en buen estado.

CÓMO PLANTAR ENREDADERAS

1 Cave en el lugar propuesto, esponjando el suelo y retirando las malas hierbas. Si el terreno no se ha preparado recientemente, aplique materia orgánica bien descompuesta en la tierra para mejorar su textura y su fertilidad.

2 Añada un abono general o especializado para arbustos en la dosis recomendada en el paquete. Trabaje el suelo alrededor de la zona con una horca. Lo mejor es un abono orgánico de liberación lenta.

3 Riegue la planta en el tiesto. Cave un agujero mucho más ancho que el cepellón. El hoyo debería estar cerca de un soporte exento o al menos a 30 cm de un muro o valla e inclinado hacia el soporte.

4 Mantenga la planta en el hoyo y coloque una caña atravesando el mismo para verificar que está a la misma altura. Saque la planta del tiesto o corte la bolsa. Mientras sujeta muy bien la planta, proceda a rellenar el suelo. Apisónelo con las manos.

5 Guíe los tallos de la enredadera con cañas individuales hacia el soporte principal. Ate los tallos con cuerda o plástico. Hasta las plantas trepadoras o con zarcillos necesitarán esta ayuda inicial. Extiéndalas, de manera que terminen por cubrir el soporte.

6 Riegue muy bien la enredadera. Ponga una capa de cubierta vegetal alrededor de la planta, para ayudar a conservar la humedad y evitar que crezcan malas hierbas. No apile la cubierta contra los tallos de la enredadera.

Plantar cerca de otras plantas asentadas

El suelo cerca de los árboles y arbustos asentados a menudo está seco y lleno de raíces y para una enredadera puede ser un lugar difícil.

La mejor posición para una planta nueva es el borde de la copa de un árbol o arbusto, donde caerá el agua cuando llueva (zona de goteo). Al cavar el hoyo, intente en la medida de lo posible hacerlo sin afectar al suelo de alrededor o a las raíces principales. Corte las raíces pequeñas que queden expuestas en el hoyo. Mejore el suelo con compost bien descompuesto y harina de huesos, y después cubra los laterales del agujero con pedazos de madera vieja. Así dará a la enredadera la posibilidad de asentarse sin que sufra una competencia excesiva de las plantas circundantes. La madera se pudrirá sin que haya que sacarla.

Plantar clemátides

Es una buena práctica plantar las clemátides a unos 8 cm más profundas que otros tipos de enredaderas, de manera que los tallos estén muy por debajo del nivel del suelo. Así, si la clemátide se marchita, lo cual destruirá todas las partes superiores, aún podrá producir nuevos vástagos al año siguiente en las yemas no afectadas de la base de los tallos subterráneos.

Soporte en muros

Cuando se elige un soporte para una enredadera es importante tener en cuenta el método por el que trepará la planta. Algunas enredaderas, como la hiedra, pueden cultivarse en muros de ladrillo desnudo, pero la mayoría de las plantas trepadoras necesitarán un varaseto como sostén.

Tipos de enredaderas

Las enredaderas se agarran a sus soportes de varias maneras. Algunas trepan solas y pueden cubrir una superficie vertical sin necesidad de ningún soporte. Las hiedras y las hortensias trepadoras, por ejemplo, producen raíces modificadas en sus tallos que se fijan a las superficies rugosas, mientras que otras trepadoras, como la parra virgen, producen diminutos chupones que se adherirán a cualquier superficie, incluido el vidrio. Muchas trepadoras naturales necesitan un soporte u otra planta en que apoyarse, pero se sostienen solas. La clemátide, por ejemplo, tiene peciolos trepadores, y las pasionarias y las arvejillas de olor producen zarcillos. Algunas plantas, como la akebia, la madreselva y la wisteria, tienen tallos trepadores que se enrollan como serpientes alrededor de sus soportes. Hay también enredaderas, como los rosales trepadores y sarmentosos, que no trepan solas y han de atarse a sus soportes.

ENREDADERAS QUE TREPAN SOLAS

La *Hydrangea anomala* subesp. *petiolaris* trepa por las superficies murales por medio de raíces modificadas.

ENREDADERAS ENREDADAS

Las clemátides tienen peciolos enredados que crecen en torno a una estructura de soporte que las sujeta.

Soportes para superficies verticales

Existen varios tipos de soportes entre los que elegir, aunque es importante optar por uno que resulte proporcionado para el tamaño y la fuerza de la planta que sostendrá. Frente a un muro o una valla siempre existe la opción de fijar varasetos en paneles o mallas de plástico sobre la superficie o de extender una serie de resistentes alambres metálicos en paralelo.

- **Paneles de varaseto.** Los paneles de plástico o de madera son muy fuertes y tienen su atractivo. Son fáciles de levantar, pero bastante caros. Existen en una variedad de tamaños muy específica, por lo que sólo resultan adecuados para ciertas enredaderas y ciertos muros.
- **Paneles de expansión.** Se venden en forma compacta y son más fáciles de

CÓMO GUIAR UNA ENREDADERA O UN ARBUSTO TREPADOR CON ALAMBRES

1 Sin alambres de soporte o un varaseto, un arbusto trepador crecerá en todas direcciones, no siempre deseados.

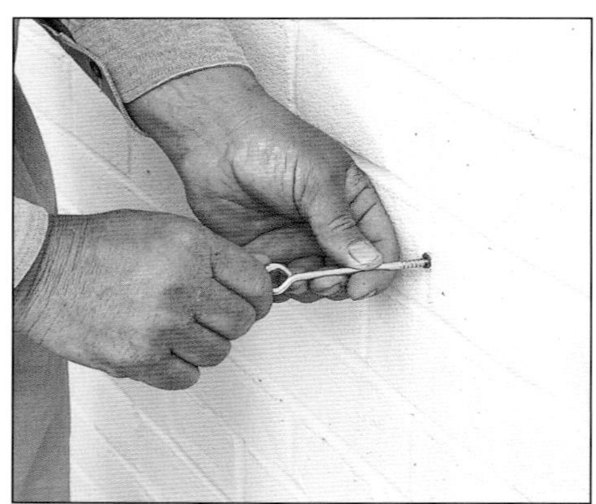

2 Taladre unos orificios de guía en el muro e introduzca ojales como soporte de los alambres. Si utiliza piezas atornilladas, primero introduzca un taco de plástico o madera en el muro. Estos ojales se pueden conseguir en varias dimensiones: los largos son necesarios para enredaderas fuertes que han de sujetarse más a la pared.

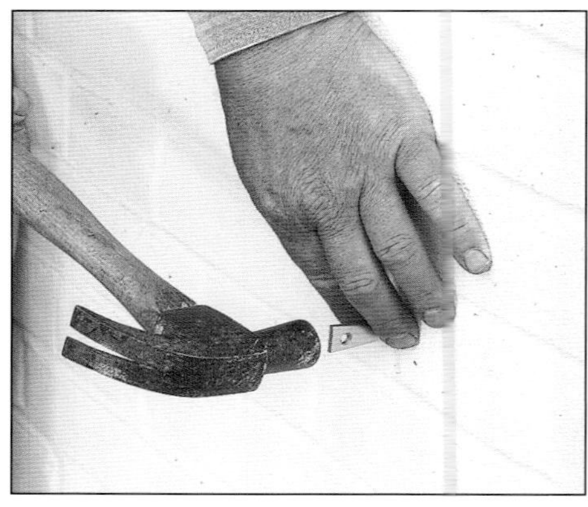

3 Los ojales más sencillos tienen forma de cuña. Clávelos directamente con el martillo en la pared de ladrillo y después pase el alambre a través del agujero. Aunque estos ojales en cuña son adecuados para muros de ladrillo y piedra, los atornillados resultan mejores para vallas y postes que sean de madera.

CÓMO FIJAR UN VARASETO A UN MURO

1 El varaseto debe ser robusto y estar en buen estado. Asegúrese de que se ha tratado con conservante de madera. Lleve el panel de varaseto al muro y marque su posición. La parte inferior del varaseto debe estar a unos 30 cm del suelo. Taladre unos orificios para fijar los separadores e introduzca tacos de madera o de plástico.

2 Taladre los orificios equivalentes en la tablilla y fíjela al muro, comprobando con un nivel que está horizontal. Use un taco de madera que sostenga el varaseto al menos a 2,5 cm del muro. Fije otra tablilla en la base, y una hacia la mitad del varaseto a más de 1,2 m de altura.

3 Taladre y atornille el varaseto a las tablillas, fijando primero la superior y trabajando hacia abajo. Compruebe que el varaseto está derecho usando un nivel. El varaseto terminado debería ser seguro, de manera que el peso de la enredadera y la acción del viento que sople sobre ella no lo saquen de sus elementos de fijación.

transportar, pero no tan resistentes como los anteriores. Se venden en tamaños específicos, pero pueden ajustarse para encajar bien en la zona.

- **Malla de plástico.** Es económica, pero menos robusta que los paneles de varaseto. También resulta menos agradable a la vista, hasta que se cubre de plantas.
- **Alambres y redes.** Fijar este sistema a un muro como soporte de alambre galvanizado es una labor tediosa, pero una vez hecha, los alambres extendidos servirán de buen sostén para las plantas trepadoras. Incluso si no están cubiertos por las plantas, apenas se verán, y son muy versátiles, pues pueden servir para cubrir cualquier forma o tamaño de superficie. Si va a cultivar enredaderas anuales, como el dondiego de día y la arvejilla de olor, como soporte adecuado puede recurrir a una red menos robusta o incluso a una cuerda.

Acceso para mantenimiento

Para facilitar el mantenimiento del muro en el futuro, piense en la posibilidad de unir la base del panel del varaseto a la tablilla separadora con bisagras galvanizadas, de manera que cuando se retiren los tornillos que fijan el panel a otras tablillas, el panel pueda retirarse del muro o valla, dejando un fácil acceso para arreglos, trabajos de pintura o bien para eliminarlo temporalmente.

4 Ensarte el alambre galvanizado a través del orificio en el ojal y enrósquelo sobre sí mismo para lograr una fijación firme. Ensarte el otro extremo por los ojales intermedios (a intervalos no superiores a 2 m, y preferiblemente menos) y fije el alambre alrededor del ojal del extremo, manteniéndolo lo más tenso posible.

5 Ahora es el momento de extender los tallos principales y únalos a los alambres, usando lazos de plástico o cuerda. Átelos en varios puntos a lo largo de la pared, si fuera necesario, de manera que los tallos queden en paralelo al muro y no aleteen con el viento. También se evitará que las ramas vayan donde no queremos, como, por ejemplo, a una ventana.

6 Cuando todos los tallos estén atados a los alambres, deberían formar una estructura regular en abanico. Atando así los tallos, en vez de dejar que la enredadera crezca naturalmente por el muro, se cubre mejor la pared y se incita a la planta a producir yemas de flores en todo el borde superior de los tallos.

Soporte exento

No siempre es conveniente cultivar una enredadera sobre un muro, y un soporte exento ofrece flexibilidad en la planificación de dónde y cómo colocar las plantas trepadoras. Las enredaderas pueden usarse para proteger una parte no vistosa del jardín, así como añadir variedad a zonas ya atractivas.

Cultivo en plantas asentadas

Si desea cultivar una enredadera a través de un árbol o un arbusto, debe cerciorarse de que tiene candidatos compatibles. Ninguna planta debería competir indebidamente por la humedad y los nutrientes, pues ambas sufrirían. La planta asentada debe ser suficientemente fuerte para soportar el peso de una trepadora de tamaño adulto, que puede ser considerable. Los setos y los manzanos son buenos candidatos para enredaderas grandes. El árbol no debe ser ni demasiado joven ni demasiado viejo: un árbol joven podría verse deteriorado por una planta trepadora fuerte, mientras que la carga adicional podría ser excesiva para un árbol más débil durante los temporales de invierno.

Coloque la planta en el lado de los vientos dominantes, de manera que sople sobre los tallos en el soporte mientras crecen. Después de plantar la enredadera, clave un palo corto con un martillo junto a ella y ate un extremo de un pedazo de cuerda en el palo. Ate el otro extremo de la cuerda en la copa de la planta de sostén. Desate la planta de su caña de sostén que se suministró al comprarla y desenmarañe los tallos. La enredadera puede atarse a continuación a la cuerda y los tallos más largos a la copa del árbol o arbusto. No siga el consejo dado a menudo de fijar la parte inferior de la cuerda envolviéndola por la parte inferior del cepellón, porque es probable que la planta sea arrancada del suelo a la primera racha de viento sobre la rama que sujeta el otro extremo de la cuerda.

Arcos y pérgolas

Las estructuras del jardín, como arcos y pérgolas, están disponibles en una amplia variedad de estilos. El escogido deberá casar bien con el resto del diseño del jardín y ser suficientemente resistente y grande para servir de apoyo a las plantas trepadoras elegidas. Existen muchos kits preparados a la venta en multitud de materiales.

CÓMO PLANTAR UNA ENREDADERA JUNTO A UN ARBUSTO ARRAIGADO

1 Elija un arbusto sano, como esta *Salix helvetica,* y preferiblemente uno que florezca en un momento diferente al de la enredadera.

2 Cave un hoyo en el borde del arbusto de soporte de manera que la enredadera reciba la lluvia. Mejore el suelo, si fuera necesario.

3 Con una caña, guíe la enredadera, como esta *Clematis alpina,* en el arbusto. Extienda los vástagos de forma que crezcan uniformemente por el arbusto.

4 Riegue generosamente la nueva planta y cúbrala, si fuera necesario. Siga regándola, sobre todo en tiempo seco, hasta que se asiente la enredadera.

Las flores blancas de este aromático rosal sarmentoso «Seagull» resultan espectaculares sobre el fondo verde de la conífera en la que se enreda.

Postes, trípodes y arcos

Muchas enredaderas son adecuadas para guiar en postes, o columnas, aunque es mejor probablemente evitar enredaderas muy vigorosas. Si el espacio lo permite, puede levantarse una serie de columnas a lo largo de un camino, unidas a modo de guirnalda con cuerdas a las que se enredará la planta. Las enredaderas pueden lucir mejor si se guían en trípodes o, alternativamente, se preparan soportes personalizados con palos.

Guiar una enredadera en arcos permite dirigir el crecimiento de forma que cubra el espacio disponible con una abundancia de flores. Al doblarse los nuevos desarrollos en arcos curvos se estimula la floración de los brotes formados en todo el tallo en vez de sólo en la punta. Un arco permitirá además mantener proporcionada la planta con el borde sobre el que crece, y es un método apropiado para plantas de fuerte crecimiento en un espacio limitado.

Siempre que se elija un soporte exento, es esencial que se ancle con seguridad al suelo.

Las brillantes flores moradas de la *Clematis* «Jackmanii» pueden verse claramente trepando por un trípode, lo que da un aspecto magnífico a una esquina del jardín que estaría descuidada. Una vez alcanzado su tamaño completo, la clemátide cubrirá totalmente el soporte, de manera que no puede verse el trípode.

CÓMO LEVANTAR UNA COLUMNA PARA UNA ENREDADERA

1 Cave un hoyo de al menos 60 cm de profundidad. Ponga el palo y compruebe que está recto. Rellene con tierra, apisonándola bien mientras lo trabaja. En jardines expuestos puede preparar una columna más sólida y resistente rellenando el hoyo con hormigón.

2 Las plantas pueden atarse directamente a la columna, si bien es posible crear un soporte más natural fijando una tela metálica al poste. Las enredaderas que trepan solas, como la clemátide, podrán ascender con poca atención del jardinero, que únicamente tendrá que ir atando los tallos conforme suban.

3 Plante la enredadera a una ligera distancia del poste. Lleve los tallos a la tela metálica y átelos. Las plantas que trepan solas se valdrán por sí mismas, pero otras, como los rosales, deberán atarse según vayan creciendo. Las plantas del tipo del lúpulo pueden cultivarse en la columna sin tela metálica.

Cuidados de las enredaderas

La mayoría de las enredaderas son fáciles de cuidar y, aparte de la poda, requieren muy pocas atenciones. Sin embargo, conviene revisar posibles problemas, pues adoptar una acción precoz siempre es lo más eficaz. Un poco de mantenimiento general ayudará a mantener las plantas en perfecto estado.

Riego y cubierta vegetal

La mayoría de las enredaderas se plantan en suelo seco en la base de los muros y las vallas, razón por la cual es más probable que sufran sequía durante periodos secos prolongados. Mantenga siempre las plantas bien regadas hasta que se asientan. Después, empape bien el suelo una vez cada quincena durante un periodo de sequía o si la planta muestra signos de estrés.

Cada primavera extienda una cubierta orgánica suelta de forma que alcance un grosor de unos 8 cm, pero que no se apile en los tallos de la enredadera. La cubierta no sólo ayudará a retener la humedad del suelo, sino que también evitará la competencia de las malas hierbas.

Abonado

Con las plantas nuevas, aplique un abono de uso general en la superficie del suelo en primavera. Después, si la tierra es muy pobre o de drenaje rápido, aplique una dosis anual de un abono general alrededor de cada planta en primavera. Algunas enredaderas de floración libre, como los rosales, producirán resultados aún mejores si reciben un abono rico en potasa, como un abono para rosales, en primavera y principios del verano. También puede aplicarse un abono foliar usando un dispensador ajustado a la manguera. Los nutrientes son absorbidos rápidamente por las hojas.

Buen aspecto de las plantas

Ate los nuevos desarrollos de la planta cuando todavía son suficientemente flexibles para poder doblarse en su posición frente al soporte. Pode las partes muertas, enfermas o marchitas, así como los tallos cruzados que molesten. Retire también los vástagos verdes que salgan en enredaderas variegadas (en el fenómeno de inversión) para evitar que estos vástagos verdes más fuertes dominen sobre el resto de la planta. Verifique las ataduras antiguas para cerciorarse de que son seguras y no están apretando los tallos.

La retirada de las hojas marchitas (en la operación de limpieza) en las enredaderas es deseable aun cuando no siempre pueda practicarse, sobre todo si la planta es grande o poco accesible. Esta limpieza no sólo da un aspecto de claridad a la planta, sino que estimula además una floración mejor y más duradera al interrumpir el gasto inútil de energía que lleva producir frutos y semillas no deseados. Cuando los frutos o semillas tienen valor ornamental, limpie sólo las partes de la planta que están ocultas a la vista, de forma que pueda conseguir lo mejor de las dos opciones.

Protección para el invierno

Aunque los muros y las vallas ofrecen algo de protección en invierno, las enredaderas que están en el límite de su adaptación al hábitat pueden necesitar una protección adicional durante los años fríos o en las zonas frías. Envuelva la enredadera con una arpillera o similar como método tradicional, aunque también puede usar una doble capa de tela de lanilla. Para una verdadera protección recurra a una protección aislante mediante paja u otro material similar. Retire toda la protección invernal cuando vuelva el tiempo apacible en primavera.

CÓMO ATAR EN VÁSTAGOS NUEVOS

Cuando estén definitivamente podados los vástagos antiguos de las plantas trepadoras y sarmentosas, ate los brotes nuevos y fuertes que los reemplazarán para que puedan crecer bien.

CÓMO LIMPIAR LAS ENREDADERAS

Cuando las flores mueren, habrá que retirarlas. Así no sólo la planta lucirá más limpia, sino que además se promoverán nuevas floraciones. Con las enredaderas altas, sin embargo, no siempre podrá hacerse.

Usar hierba cortada

Como cubierta orgánica use hierba cortada (no tratada con herbicida) en una zona que no se note, como la parte posterior de un borde o el fondo del jardín, para cubrir enredaderas ya asentadas en cada primavera. Cúbralas durante toda la estación de crecimiento. Éste es un método sencillo y eficaz, además de cómodo, para deshacerse de los sobrantes de hierba.

CLEMÁTIDES MARCHITAS

Algunas formas de clemátide, sobre todo los híbridos grandes con flores y la clemátide púrpura, son propensas a marchitarse. Esta enfermedad se debe al hongo *Ascochyta clematidina.* La punta de los nuevos desarrollos muere y, si no se controla, la enfermedad puede afectar a toda la planta. Si su clemátide muestra signos de marchitamiento, pódela bien. Si la ha plantado con suficiente profundidad, se recuperará. También puede ser de ayuda aplicar un insecticida con intervalos de un mes en la estación de crecimiento, pero si el problema persiste, lo mejor es sustituir la clemátide por otro ejemplar no vulnerable a la enfermedad.

CÓMO PROTEGER DE LAS HELADAS

Para una ligera protección contra heladas en épocas inesperadas puede usarse una cubierta temporal como esta red o una arpillera, con lo que se resguardarán los vástagos nuevos y las flores tempranas. Si la enredadera crece sobre un muro, cuelgue la cubierta del alero o de un soporte similar. Agarre bien la red de forma que no se desate incluso ante vientos fuertes.

Este *Solanum* ha sido bien cuidado y exhibe una excelente condición. La planta se ha atado firmemente al soporte y se ha guiado de forma que no tape la ventana ni el alero. Una cubierta vegetal y el abonado regular con un fertilizante rico en potasa ayudan a mejorar la floración.

Poda de clemátide y glicinia

La mayoría de las enredaderas pueden mantener una buena forma y pauta de floración simplemente retirando los brotes innecesarios y podando las partes muertas, marchitas o enfermas. Pero algunos tipos populares como clemátides, glicinias (wisterias) y rosales, necesitan una poda especial para mejorar el resultado.

Poda de las clemátides

Las clemátides se han ganado fama de difíciles de podar, sobre todo porque no todas se podan de la misma manera. Sin embargo, las cosas se simplificarán sabiendo cuándo florecerá la planta y en qué tallos nuevos o antiguos saldrán los capullos producidos durante el año actual.

Las clemátides pueden dividirse en tres grupos: las que producen todas sus flores en madera antigua (que conforman el grupo de poda 1); las que las dan en los vástagos nuevos y antiguos durante el año (grupo de poda 2) y las que sólo florecen en los nuevos desarrollos (grupo de poda 3).

- **Grupo 1.** A este grupo pertenecen las clemátides que florecen en

La especie *Clematis* «Pagoda» es una clemátide del grupo 3, por lo cual sólo florece en tallos nuevos. Se podará intensamente en invierno para que luzca sus mejores galas al verano siguiente.

GRUPOS DE PODA DE CLEMÁTIDES

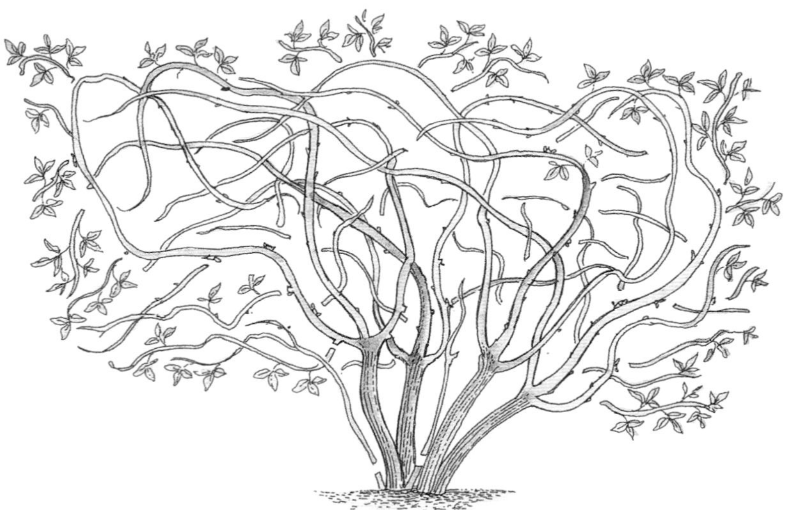

Grupo 1. Estas clemátides necesitan poda sólo cuando crecen demasiado. Basta con cortar suficientes ramas para reducir la congestión y llevar las que invaden el espacio hasta su punto de origen.

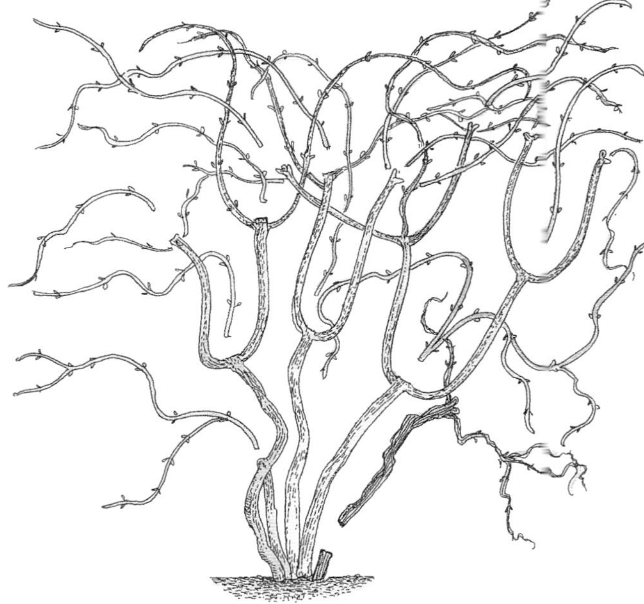

Grupo 2. Después de cortar todas las partes muertas, dañadas o débiles, se retirarán aquéllas que están congestionando la planta, hasta dejar un par de brotes.

CÓMO PODAR LAS «WISTERIAS»

1 A finales de verano se acortan los vástagos largos producidos en el año. Salvo que se requiera que la planta se extienda, se cortarán para dejar sólo cuatro o seis hojas.

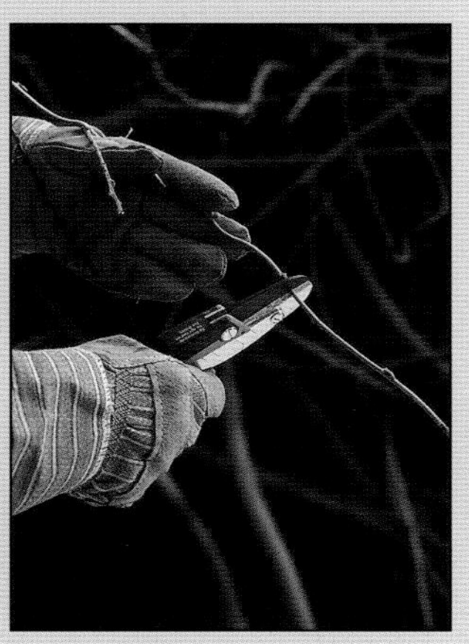

2 A mediados del invierno se cortan los desarrollos del verano aún más, para dejar sólo dos o tres brotes, de forma que los vástagos tengan una longitud de 8 a 10 cm.

PODA DE LAS «WISTERIAS» EN DOS FASES

La poda de las glicinias o «wisterias» es una operación en dos fases. Se cortan los nuevos desarrollos cada verano hasta dejar unas cuatro hojas y se reduce todavía más la estructura con una poda invernal.

primavera. Algunas son fuertes, como la *C. montana*, mientras otras son más contenidas. Corte las especies fuertes, en caso necesario, para mantenerlas bajo control, pero las demás de este grupo necesitan una poda ligera aparte de retirar los tallos muertos, dañados o enfermos. Pode los tallos no deseados hasta su punto de origen o dejando un par de brotes.

• **Grupo 2.** Este grupo incluye las variedades de finales de primavera y principios de verano que florecen principalmente en tallos viejos tempranamente en la estación y más tarde producen una floración en los tallos del año. Necesitan escasa poda, aparte de la retirada de los tallos muertos, dañados o enfermos. Los desarrollos atestados pueden aligerarse mediante la poda de los tallos hasta su punto de origen o hasta dejar un par de brotes. Alternativamente, pode la mitad de los tallos dejando un par de brotes antes de que empiece a crecer el número de capullos producidos tardíamente en el año.

• **Grupo 3.** Las clemátides de este grupo florecen al final del verano. Corte todos los tallos durante el invierno o a principios de primavera hasta el par inferior de brotes.

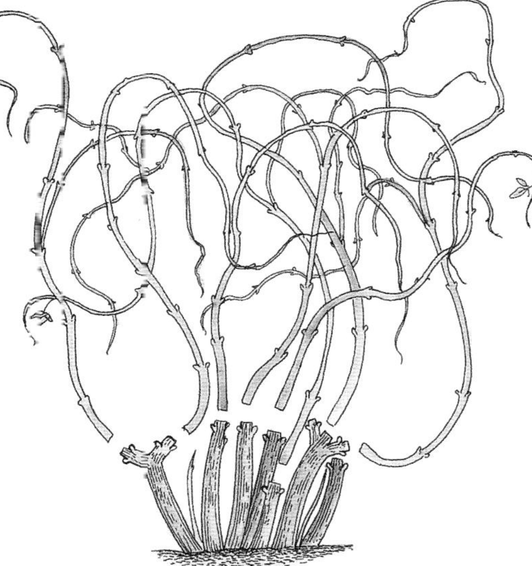

Grupo 3. Estas clemátides deben cortarse siempre en invierno o principios de primavera para dejar el primer par de brotes fuertes por encima del suelo.

Grupos de poda de clemátides

Grupo 1
C. alpina
C. armandii
C. cirrhosa
C. macropetala
C. montana

Grupo 2
«Barbara Jackman»
«Daniel Deronda»
«Ernest Markham»
«Lasustern»
«Marie Boisselot»
«Nelly Moser»
«The President»
«Vyvyan Pennell»

Grupo 3
«Abundance»
«Bill MacKenzie»
«Comtesse de Bouchaud»
«Duchess of Albany»
«Etoile Violette»
C. flammula
«Gravetye Beauty»
«Hagley Hybrid»
«Jackmanii»
«Perle d'Azur»
C. rehderiana
C. tangutica
«Ville de Lyon»
«Victoria»

Poda de glicinias

Las glicinias (*Wisteria sienensis*) tienen una inmerecida fama de ser difíciles de podar, pero en este caso es porque la poda se realiza en dos fases, al final del verano y en invierno. La poda en sí es bastante sencilla: basta con cortar todos los nuevos tallos hasta dejar dos o seis hojas al final del verano y, más tarde, cuando las hojas se hayan caído y sea más fácil ver lo que se está haciendo, se cortarán los mismos tallos para dejar dos o tres brotes en el tallo principal.

Poda de rosales trepadores y madreselvas

Las plantas trepadoras que se cultivan por sus flores, como los rosales y las madreselvas, necesitan sólo una poda ligera de vez en cuando para alcanzar una profusa floración.

Rosales trepadores

Cuando se guían por muros o por vallas, los rosales trepadores pueden no necesitar poda anual, aparte de limpiarlos de partes muertas o marchitas, pero la poda regular mantendrá la planta vigorosa y en buena floración, con las flores bajas, que es donde más se aprecian. Los rosales que se guían en soportes exentos necesitan poda anual para mantenerlos dentro de sus límites.

Los rosales trepadores pueden dividirse en dos grandes grupos: los que producen flores abundantes una sola vez en tallos secundarios cortos en una estructura de tallos ya asentada y los de floración repetida, con flores en una serie de oleadas que duran todo el verano. Los rosales de una sola floración deben podarse después de la misma eliminando un tercio de los tallos, empezando por los más antiguos. Se cortan casi hasta la base o hasta la altura de algún nuevo vástago lateral que haya nacido bajo. Si no hay demasiados vástagos nuevos, se cortarán las ramas viejas a unos 30 cm para estimular su nacimiento el año siguiente. Se recortarán los tallos secundarios y otros tallos para dejar sólo dos o tres hojas.

Los rosales de floración repetida o los que producen escaramujos atractivos deben podarse en invierno para eliminar los tallos más débiles y viejos. Recorte los vástagos secundarios en los restantes tallos para dejar sólo dos o tres brotes.

Rosales sarmentosos

Estos rosales tienen una única floración en verano, que se produce en los vástagos formados el año anterior. Producen tallos largos desde la base. Por cada vástago joven y nuevo que muestre fuerza corte uno viejo e improductivo hasta el nivel del suelo después de la floración. No pode los tallos viejos a no ser que haya otros nuevos que los sustituyan, aunque habrá de eliminar completamente toda madera demasiado vieja, muerta o enferma.

PODA DE UN ROSAL TREPADOR

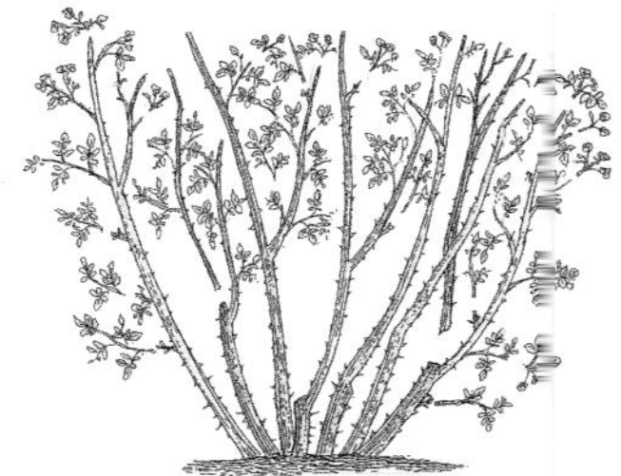

En un rosal trepador bien asentado, corte uno o dos de los tallos antiguos hasta un punto situado justo por debajo de los nuevos vástagos cerca de la base.

PODA DE UN ROSAL SARMENTOSO

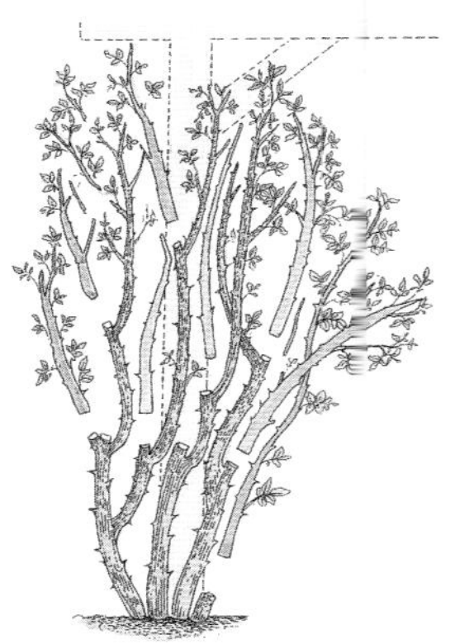

Los rosales sarmentosos son sencillos de podar. Corte los tallos viejos que hayan florecido, llevándolos a un punto en el que haya algún vástago nuevo que los sustituya.

CÓMO PODAR UN ROSAL TREPADOR UNA VEZ FLORECIDO

1 Estos rosales trepadores tienen una estructura estable de tallos leñosos y siempre podrán podarse en verano después de la floración, aunque la labor pueda parecer un tanto disuasoria. Por suerte, estos rosales suelen florecer incluso con una poda mínima, siempre que se mantenga la planta limpia de tallos muy viejos y de partes muertas o enfermas.

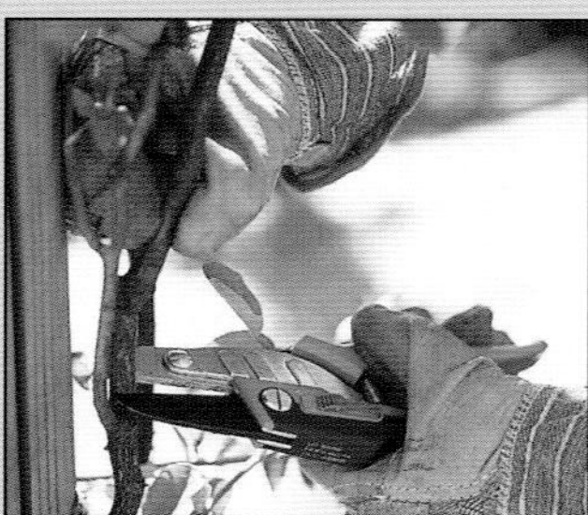

2 Corte uno o dos de los tallos más antiguos cada año para estimular nuevos desarrollos. Debe comenzar a cortar los tallos justo por encima de los vástagos nuevos que los sustituirán, cerca de la base. Si no hay vástagos de crecimiento lento, elija uno que nazca a 30-60 cm del tallo, y córtelo justo por encima de este nivel.

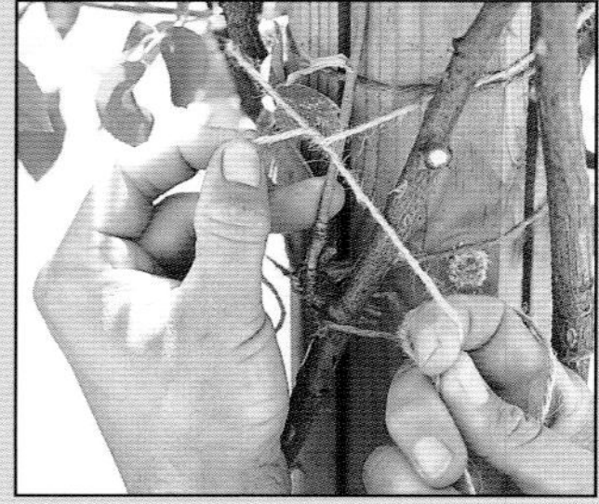

3 Si hay suficientes vástagos nuevos como sustitución, un buen consejo es podar una cierta proporción de los tallos que hayan florecido justo por encima del nuevo tallo. Átelos, pero exclusivamente si fuera necesario. Y si es posible, pode los brotes o vástagos mirando hacia fuera.

4 Prosiga con los restantes tallos de la planta y acorte los vástagos secundarios, podándolos para dejar dos o tres brotes. No elimine más de un tercio de los tallos, pues en caso contrario la floración sufriría al año siguiente y no lograría el objetivo deseado de una floración abundante.

CÓMO PODAR UN ROSAL SARMENTOSO

1 Pode el rosal sarmentoso después de la floración; un buen momento para hacerlo es al final del verano. Las plantas más antiguas y superpobladas pueden podarse más que las jóvenes, pero en todos los rosales sarmentosos esta tarea es bastante sencilla si se realiza metódicamente.

2 Una vez que el rosal está bien asentado, procure alcanzar un equilibrio entre los tallos que retira y los que están en disposición de reemplazarlos. Primero, corte todos los tallos muertos o dañados o los que vea demasiado débiles y finos. Pero nunca quite los más fuertes y jóvenes.

3 Corte los tallos viejos que hayan florecido, pero sólo cuando haya otros nuevos que los puedan sustituir. Esta situación será distinta de unas plantas a otras y variará cada año. Corte los vástagos secundarios de los tallos viejos que conserve (los que hayan florecido) dejando dos o tres hojas.

4 Ate los nuevos vástagos flexibles para dar soporte a la planta. Si fuera posible, átelos de forma no tirante en alambres horizontales o un varaseto. Después de la poda, el rosal sarmentoso producirá nuevos tallos desde la base, en vez de en los tallos existentes, lo que da a la planta un porte más bajo y extendido.

Madreselvas

Estas plantas trepadoras pueden dividirse en dos grupos: las que florecen en los tallos del año actual y las que producen los capullos en tallos del año anterior. Las que florecen en madera nueva no necesitan poda regular, salvo que ocupen un espacio superior al reservado para ellas. En tal caso, corte todos los tallos en invierno para que nazcan otros nuevos en la siguiente temporada. Si la planta llega a estar atestada, retire aproximadamente un tercio de los tallos antiguos, cortándolos casi al nivel del suelo. En las madreselvas que florecen en madera del año anterior deben podarse los tallos antiguos que hayan florecido para que los nuevos abran sus capullos más abajo.

CÓMO PODAR LA MADRESELVA

1 Pode la madreselva sólo si se ha quedado rala en la base y las flores están demasiado altas, o si la masa enmarañada de tallos se ha hecho excesivamente densa. A veces sucede así cuando la planta se cultiva en un varaseto de altura limitada: cuando los tallos llegan arriba, caen en cascada hacia abajo y empiezan a crecer en sentido ascendente, usando los tallos enmarañados como soporte.

2 Si poda mucho, la planta perderá las flores para una temporada o dos. Evítelo cortando sólo los tallos muertos o mal colocados, sobre todo por debajo del crecimiento sano. Puede usar tijeras de podar, pero la tarea sería muy tediosa, entre la masa de tallos enredados que tiene la madreselva. A pesar del trabajo que supone ir seleccionando los tallos a eliminar, el resultado será muy satisfactorio.

3 Si obra con cuidado, la planta no parecerá muy diferente, aunque se habrán eliminado muchos de los tallos redundantes. Con toda seguridad, tendrá algunos tallos dañados que estén enmarañados con los otros, y observará la presencia de madera muerta, que habría que eliminar; entonces corte los tallos en cuestión por varios sitios para desenredarlos.

Control de las enredaderas demasiado crecidas

Las plantas trepadoras demasiado grandes o improductivas pueden revivirse con una poda intensa. El método que aplique dependerá del tipo de planta de que se trate.

Poda de renovación

Si sus enredaderas están fuera de su control o producen todas sus flores lejos de la vista, en la parte alta de las plantas, tendrá que adoptar una acción enérgica. El mejor momento para esta poda drástica es durante la estación de latencia, entre otoño y primavera. Cuando no tienen hojas es más fácil ver lo que se está haciendo y realizar los cortes en los lugares correctos. Elija un día templado para que la tarea le sea lo más agradable posible y ármese con un buen par de tijeras de podar y recortadoras. En tallos de más de 3 cm de grosor necesitará también una sierra de podar especial.

CÓMO PODAR UNA ENREDADERA QUE CRECE SOLA

1 Las enredaderas fuertes que trepan solas pueden alcanzar gran altura si se plantan contra un muro alto. Tal vez haya que podarlas para retirar los tallos de las puertas y las ventanas, o en zonas en las que podrían causar daños, obstruyendo los canalones o aflojando las tejas.

2 La poda real, que ha de hacerse mejor a principios de la primavera, es muy sencilla, aunque quizá se necesiten escaleras para llegar a los tallos que molestan. En caso necesario, tire de los vástagos para ver el muro (lo cual puede requerir cierta fuerza) y poder usar libremente las tijeras de podar.

3 En este muro, es aceptable un corte brusco después de podar la planta, pero alrededor de las ventanas tal vez prefiera cortar los tallos en diferente magnitud para evitar que el resultado sea más recto o almenado de lo deseado.

4 Las plantas perennes, como esta hiedra «Green Ripple», pueden ser especialmente complicados de podar, ya que es difícil ver el tallo debajo de las hojas. Cuando la poda sea necesaria, proceda metódicamente, abriéndose poco a poco camino hacia el muro.

Clemátides demasiado crecidas

Las clemátides a veces se dejan sin podar durante años, con lo que la planta termina por convertirse en una masa de tallos desnudos sin flores en la base y apenas algunos capullos en la parte superior. Todas las clemátides responden bien a la poda intensa: corte los tallos hasta 1 m del suelo. Los que florezcan en madera nueva pueden cortarse todavía más, a 30 cm. Si la clemátide florece en madera vieja, no tendrá flores durante un año o dos, pero después florecerá con vigor renovado.

Rosales trepadores y sarmentosos

Si descuida sus rosales trepadores, éstos crecerán y crecerán, aunque con lentitud, hasta formar una maraña de tallos desnudos en la base con las flores producidas en las partes altas de la planta. Arregle este «monstruo» descomunal eliminando un tallo de cada tres hasta la altura de los vástagos nuevos o córtelos hasta la base, si no los hay. Repita la operación durante un periodo de tres años para revitalizar la planta por completo.

En cambio, los rosales sarmentosos arrojan nuevos vástagos desde la base, que desarrollan masas impenetrables de formaciones espinosas si se les deja seguir su tendencia natural. En tal caso, aclare la maraña de tallos eliminándolos todos salvo los más recientes.

Madreselvas

Estas plantas forman a menudo una masa superior de tallos finos, y cuando se cultivan sobre un soporte exento se ven sacudidas por el viento e inestabilizan el soporte. La mejor manera de dominar una madreselva demasiado crecida es recortar todos los tallos finos de la parte alta para dejar al descubierto los tallos principales. Después, es posible podar éstos con tijeras de podar. Reduzca el número eliminando primero los tallos mal colocados y los más viejos. Si lo

CÓMO RENOVAR UNA ENREDADERA DESCUIDADA

1 Este rosal trepador, que está descuidado, ha perdido su fuerza y florece muy poco, por lo que necesita una poda de renovación.

2 En este caso, utilice recortadoras para eliminar la madera vieja, ya que es demasiado gruesa para unas tijeras de podar tradicionales.

3 Los tallos gruesos tal vez deban cortarse con sierra. Apoye la rama para que no se desgarre la corteza del tallo principal.

4 Finalmente es aconsejable que utilice una cuchilla afilada para limar los bordes rugosos de las heridas importantes de la poda.

anterior no funciona, las madreselvas responden bien a una poda intensa, de manera que si se le van de las manos córtelas en invierno hasta unos 30 cm de la base. La planta rebrotará, aunque quizá tarde un par de años en dar flores.

RENOVAR UNA MADRESELVA

Si poda bien la madreselva, perderá las flores para una temporada o dos, pero a largo plazo tendrá tallos frescos que podrá controlar. Este tratamiento drástico significa que el soporte se verá desnudo durante un tiempo, pero las nuevas formaciones producirán hojas con relativa rapidez a principios del verano. Ate los vástagos o guíelos por el soporte para obtener un crecimiento uniforme y, relativamente, sin enmarañamientos.

Una poda intensa a veces revive la gloria perdida de un rosal, como en esta variedad «Frühlingsgold», que exhibe ahora un sano surtido de flores amarillas.

Flores

Bulbos, plantas anuales y perennes son los actores principales de la obra de cualquier jardín. En combinación con un fondo adecuado de árboles, arbustos y enredaderas, se adueñan del espectáculo con soberbias muestras de color.

Las flores son los principales atractivos de cada estación. En primavera, los primeros bulbos producen una sucesión de color hasta principios del verano, cuando los bulbos exóticos hacen su breve, pero triunfal, aparición. Las gloriosas plantas anuales toman entonces el relevo, junto con las perennes de floración temprana, unas estrellas fugaces que transfiguran la forma, el color y la impresión del macizo floral.

Conforme avanza el verano, los bancos de cuadros estivales quedan empequeñecidos ante la larga floración de las plantas perennes, que, a su vez, enlazan con los fuegos artificiales de las perennifolias del final de verano y el otoño. Después incluso de las primeras heladas, algunas flores resisten, confraternizando con las plantas bulbosas de vistosa floración otoñal. Las perennifolias aún persisten en el escenario de invierno, así como el sutil encanto de los elegantes bulbos de invierno para completar el ciclo.

Los iris y las prímulas producen una espléndida combinación de colores brillantes que dan vida a un macizo informal en primavera.

Compra de bulbos

Las plantas que se desarrollan a partir de bulbos son óptimas para dar el tan necesario colorido a los macizos de primavera, pero también hay otros tipos, que florecen en otros momentos del año, igualmente gratificantes. Es importante escoger bulbos adecuados a las condiciones que les ofrece el jardín.

Elección de los bulbos

Los bulbos pueden comprarse en centros de jardinería, páginas web en internet o por pedido por correo a especialistas. La mayoría se vende como bulbos secos durante la estación de latencia, ya sean sueltos o preempaquetados. Existen algunas variedades selectas como plantas cultivadas en maceta durante la primavera.

Los bulbos secos pueden deteriorarse rápidamente en el calor del centro de jardinería y, por ello, lo mejor es comprarlos en cuanto se reciben, preguntando al vendedor con antelación cuándo está previsto que llegue una remesa. En general, los bulbos sueltos son más variables en cuanto a calidad que los preempaquetados, pero con ellos se tiene la posibilidad de elegir el mejor y no escoger los menos recomendables, por lo tanto, es otra buena razón para comprar los bulbos pronto. Los bulbos sueltos suelen ser más baratos que los preempaquetados. Revíselos con detenimiento y cerciórese de que no están dañados y no se han mezclado con bulbos de los estantes o cajas contiguos. Incluso cuando los compre preempaquetados, merece la pena revisar los paquetes para elegir los mejores ejemplares. Si no puede ver o tocar los bulbos a través del paquete, será mejor que los compre en un lugar diferente, donde le sea posible inspeccionarlos, o que elija bulbos sueltos.

Bulbo es un término muy genérico que permite referirse a cormos y plantas tuberosas, además de a las plantas bulbosas verdaderas. La estructura interna y la forma exterior de un bulbo dan claves esenciales para identificarlos. Las bulbosas verdaderas (como el jacinto, mostrado arriba) tienen hojas del tipo de la cebolla en su interior, mientras que los cormos (como el gladiolo, abajo) presentan una carne sólida y, normalmente, un perfil regular como bulbo. Las plantas tuberosas (como la anémona, en el centro) también tienen carne sólida, pero su forma externa y su perfil son más grumosos e irregulares.

Qué hay que mirar

Los bulbos deben estar firmes al tacto, con la piel exterior (llamada túnica) lo más completa posible. La piel no debe estar suelta o agrietada ni mostrar signos de moho. Evite los bulbos blandos, que podrían estar podridos, o demasiado duros y momificados. Rechace también los que estén cubiertos de tierra o vástagos en los puntos de crecimiento o que produzcan raíces desde la base. Antes de realizar su elección final, presione la base de cada bulbo para asegurarse de que está firme; si la notara blanda, podría ser indicio de deterioro basal.

Cuando compre narcisos, tome los bulbos sólo con uno o dos puntos de crecimiento, «narices», evitando los que tengan más, porque probablemente no florecerán bien en la primera temporada.

Esta profusa exhibición de *Tulipa praestans* «Fusilier» es muy productiva, pues cada tallo tiene hasta seis flores.

Bulbos del campo

Vender bulbos de jardín es un gran negocio, por eso todos los años los comerciantes poco escrupulosos los arrancan de la naturaleza, los roban de sus bosques originales o bien los desarraigan de los terrenos campestres de diversas partes del mundo. No compre bulbos a gran escala, a no ser que conozca al vendedor, porque seguramente no crecerán bien

Elegir el bulbo correcto

Al estilo natural entre los árboles
Allium
Anemone (varias)
Chionodoxa
Crocus
Cyclamen
Eranthis
Erythronium
Fritillaria (algunas)
Galanthus
Leucojum
Muscari
Narcissus
Scilla
Tulipa

Macizos secos
Amaryllis
Iris (bulbosa)
Cyclamen
Gladiolus
Nerine
Tigridia

Macizos normales
Allium
Anemone (varias)
Chionodoxa
Colchicum
Convallaria
Crocus
Cyclamen
Eranthis
Erythronium
Fritillaria
Galanthus
Hyacinthus
Iris
Leucojum
Muscari
Narcissus
Ornithogalum
Oxalis
Puschkinia
Scilla
Trillium
Tulipa

El *Muscari armeniacum* (nazareno) prospera casi en cualquier lugar y se multiplica libremente. Es ideal para plantarlo en zonas despejadas entre arbustos o en los bosques.

¿Qué tipo comprar?

Cerciórese de que tiene una idea bien perfilada de lo que está buscando antes de comprar un bulbo, y no se deje llevar por el impulso. Las distintas especies de bulbos prefieren diferentes condiciones y es importante elegir el tipo adecuado para la posición que se tiene pensada. Piense también en el color, el tamaño y el momento de floración, de manera que los bulbos encajen en los planes de jardín que está desarrollando. Si va a combinar varias especies de bulbosas, puede elegir las que florezcan al mismo tiempo, para conseguir un brote espectacular de colorido o combinar formas que florezcan en momentos ligeramente diferentes, para lograr una sucesión de colores durante toda la temporada.

En verde

Algunos bulbos, sobre todo las campanillas de invierno (*Galanthus*) y las campanillas de primavera (*Leucojum*), no se trasplantan bien como bulbos latentes y a menudo no sobreviven a la sequedad. Por tanto, conviene comprarlos inmediatamente después de que haya terminado la floración, cuando aún están en la hoja «en verde». Pregunte en el centro de jardinería de su localidad si suministra esta clase de bulbos en verde, y cómprelos en cuanto estén disponibles. En caso contrario, tendrá que acudir a un proveedor especializado.

BULBOS A PARTIR DE SEMILLAS

Una extensión de campanillas da un matiz suave al terreno bajo la copa de un árbol. La vista es bastante confusa, con muchas plantas, dado que se ha dejado que estas campanillas germinen libremente. Ésta es una forma económica de conseguir un número elevado de plantas.

Cultivo de bulbos

Los bulbos se encuentran entre las plantas más fáciles de cultivar y, por tanto, son ideales para los noveles en las artes de la jardinería. Necesitan poco más que plantarse y regarse, y apenas requieren mantenimiento posterior.

Cómo plantarlos

Como norma, los bulbos se plantan inmediatamente después de comprarlos. Los tipos que florecen en otoño y primavera producen nuevas raíces en otoño y deben plantarse a finales de verano o principios de primavera. Las principales excepciones son los tulipanes, que se plantan óptimamente a finales de otoño. Plante los bulbos en suelo bien preparado y libre de malas hierbas. Si es pobre, fertilícelo con abono de liberación lenta, como harina de huesos.

La profundidad de la plantación y la separación dependen del tamaño del bulbo. Como norma, todos los bulbos deben plantarse en un hoyo que tenga tres veces su profundidad. Por ejemplo, un bulbo de narciso de 5 cm necesitará un hoyo de 15 cm, de modo que el bulbo quede cubierto por 10 cm de tierra. Análogamente, un crocus de 1 cm deberá plantarse en un agujero de 3 cm. Los bulbos pequeños se separarán de unos 2,5 a 5 cm entre sí, y los grandes, de 8 a 10 cm.

Crear un efecto natural

Para conseguir un efecto instantáneo habrá que plantar los bulbos bastante cerca, por ejemplo de 70 a 140 por metro cuadrado, dependiendo del tamaño de la planta. Algunos bulbos, como los narcisos, se extienden principalmente por renuevos, a partir de los cuales forman agrupaciones cada vez mayores. Otros, como *Crocus* y *Chionodoxa*, germinan solos, por lo que al cabo de cuatro o cinco años la estampa original se habrá transformado con una profusa aportación de nuevas plantas.

Si quiere crear un efecto natural, es importante plantar las flores de forma irregular. Si planta varias variedades

CÓMO PLANTAR UN BULBO

1 Trabaje la tierra con la horca antes de plantar, y si las plantas no se van a tocar durante algunos años, aporte una cantidad generosa de materia orgánica, como estiércol o compost bien descompuesto. Muchos bulbos prefieren un suelo bien drenado, aunque agradecerán, con todo, la profusión de materia orgánica, que les aportará humedad y nutrientes.

2 Evite añadir abonos de acción rápida en otoño. Pueden usarse fertilizantes de liberación controlada que aportan los nutrientes según la temperatura del suelo, aunque es mejor emplearlos en primavera. Rastrille un abono de acción lenta, como harina de huesos, que contiene principalmente fosfato, en la superficie, o aplíquelo a los agujeros donde plantará.

3 Cuando haya suficiente espacio y las plantas agradezcan una distribución en grupos informales, cave un hoyo de unas tres veces la profundidad de los bulbos y anchura suficiente para que quepan éstos bien separados. En este caso es mejor hacer un hoyo más grande que quedarse escaso.

4 Separe los bulbos de manera que parezcan seguir un patrón natural, usando como guía la separación indicada en el paquete. Una separación amplia permitirá que crezcan y se multipliquen. Pero si pretende levantar los bulbos después de la floración, con una separación menor logrará un efecto más espectacular.

5 Arrastre la tierra hacia atrás sobre los bulbos, pero debe hacerlo con mucho cuidado para no moverlos en el proceso. Afirme el suelo con la parte posterior del rastrillo en vez de pisarlos, porque podría dañarlos y apelmazar excesivamente el suelo.

6 Para no pisar los bulbos mientras arranque las malas hierbas, marque su posición con varas. Lo mejor es marcar el lugar exacto donde están los bulbos. Y no olvide poner una etiqueta para señalar cualquier indicación que deba tener en cuenta para su cuidado posterior.

juntas, no las mezcle, sino que póngalas en grupos separados irregularmente para lograr el mejor efecto. La manera más fácil de conseguir una distribución natural de bulbos es esparcirlos suavemente sobre el suelo y plantarlos allí donde caigan.

Los bulbos individuales pueden plantarse usando un plantador cilíndrico. Tire del plantador verticalmente para sacar tierra de profundidad suficiente para plantar. Después de colocar el bulbo, vuelva a poner la tierra y afírmela un poco. Las masas de bulbos se plantan mejor preparando una zanja o un hoyo con una pala, y plantándolos en el agujero.

Plantar bulbos de manera correcta

La mayoría de los bulbos tienen una parte superior evidente y no presentan problemas. Otros, sobre todo las plantas tuberosas, pueden no tener un punto de crecimiento obvio. En caso de duda, plántelos de lado: el vástago crecerá hacia arriba y las raíces hacia abajo.

Algunos bulbos que tienen parte superior evidente se plantan de lado porque la base tiende a pudrirse en suelo húmedo, aunque hay algunas raras excepciones. El *Fritillaria imperialis* se planta a veces de esta manera. Siempre merece la pena plantar bulbos vulnerables sobre una cama de arena o grava para facilitar un buen drenaje en torno a la base e impedir que se pudran.

Cuadro de bulbos

Tipo de bulbo	*Época para plantar*	*Profundidad*	*Separación*	*Época de floración*
Allium	principios de otoño	5-8 cm	15-30 cm	final de primavera a principios de verano
Anemone	principios de otoño	5 cm	10 cm	final de invierno a mediados de primavera
Arum	mediados de verano	15 cm	10 cm	mediados a final de primavera
Begonia	primavera	2,5 cm	23-30 cm	verano
Chionodoxa	principios de otoño	2,5-5	8 cm	final de invierno a mediados de primavera
Colchicum	final de primavera	8 cm	10-15 cm	otoño
Crocus, primavera	final de verano	5-8 cm	10 cm	primavera
Crocus, otoño	mediados de verano	5-8 cm	10 cm	otoño
Cyclamen	final de verano	2,5 cm	15 cm	otoño a primavera
Eranthis	final de verano	2,5-5 cm	10 cm	final de invierno a mediados de primavera
Erythronium	final de verano	5-8 cm	10 cm	mediados a final de primavera
Fritillaria	principios de otoño	5-8 cm	15-45 cm	primavera
Galanthus	final de verano	8-10 cm	10 cm	final de invierno a mediados de primavera
Gladiolus	mediados de primavera	8-10 cm	10-15 cm	mediados de verano
Hyacinthus	principios de otoño	10 cm	20 cm	primavera
Iris reticulata	otoño	8-10 cm	10 cm	mediados de invierno a principios de primavera
Leucojum	final de verano	8-10 cm	10-20 cm	mediados a finales de primavera
Lilium	mediados de otoño	10-15 cm	15-45 cm	final de primavera a final de verano
Muscari	final de verano	5-8 cm	10 cm	primavera
Narcissus	final de verano	5-12 cm	10-20 cm	primavera
Nerine	primavera	2,5 cm	15 cm	final de verano a principios de otoño
Ornithogalum	mediados de otoño	5-8 cm	10-15 cm	primavera
Puschkinia	principios de otoño	5-8 cm	8 cm	primavera
Scilla	final de verano	5-8 cm	5-10 cm	primavera
Sternbergia	mediados de verano	8 cm	12 cm	otoño
Tigridia	final de primavera	5-8 cm	15 cm	final de verano
Tulipa	finales de otoño	8-15 cm	10-20 cm	primavera

Cuidado de los bulbos

Los bulbos necesitan muy pocos cuidados sistemáticos, aunque si se limpian, se arrancan las malas hierbas y se abonan y riegan correctamente se tendrá la seguridad de que lucirán sus mejores galas en los años venideros.

Limpieza

La mayoría de los bulbos agradecen una limpieza regular para retirar las flores muertas o marchitas. Así no sólo se mejorará su aspecto, sino que además estos bulbos dejarán de usar energía para producir unas semillas no deseadas, lo cual mermaría sus reservas de alimento y podría afectar negativamente a la floración de la siguiente temporada. Algunos bulbos, entre ellos los ajos y las campanillas, deben limpiarse para evitar que produzcan semillas prolíficamente y se conviertan en plantas invasoras.

No retire el follaje de los bulbos hasta al menos seis semanas después de la floración. Así permitirá que el bulbo acumule suficientes reservas para la siguiente oleada de flores. En el mejor de los casos, debe dejarse la hoja en el bulbo hasta que empardezca.

La especie *Narcissus* «Tête-à-tête» se pone muy bonita en primavera. Cuando termina la floración, las hojas no deben cortarse durante al menos seis semanas para que los bulbos tengan la oportunidad de acumular reservas de nutrientes de cara a la floración del año siguiente.

Después de retirar el follaje de los bulbos de narciso, use una azada para mullir el suelo y rellenar los agujeros, lo que permitirá un más fácil acceso para combatir las moscas del narciso.

Control de malas hierbas

Los bulbos cultivados y los plantados superficialmente se limpian de malas hierbas preferiblemente a mano. En bulbos plantados a cierta profundidad es seguro quitar las malas hierbas con la azada cerca de la superficie.

Las malas hierbas perennes de raíces profundas pueden controlarse con un herbicida que contenga glifosfato, que se aplica directamente a las hojas de la hierba. Si el borde está demasiado invadido de plantas perennes no deseadas, sería mejor levantar los bulbos cuando estén en fase latente y cavar bien la zona para eliminar todo resto de las raíces de estas malas hierbas perennes antes de replantar.

Una vez liberado el suelo de malas hierbas, muchos bulbos, incluidos los narcisos, los tulipanes y los lirios, agradecen un buen acolchado de materia orgánica suelta, como estiércol o compost bien descompuesto. Así no

CÓMO LEVANTAR PLANTAS TUBEROSAS DE DALIAS

1 La dalias no son resistentes y deben levantarse y protegerse de las heladas. Levante las plantas cuando las heladas hayan oscurecido el follaje. Primero, corte los tallos a unos 15 cm del suelo y retire los palos.

2 Con una horca, levante el terrón de las plantas, introduciéndola lo suficientemente lejos para no dañar los tubérculos. Si le es posible, haga esta tarea cuando el suelo esté bastante seco.

3 Retire con cuidado toda la tierra posible antes de llevar los tubérculos a un cobertizo o invernadero para que se sequen. Esta labor es mejor hacerla con el suelo no demasiado húmedo.

sólo se impedirá que germinen más malas hierbas, sino que se ayudará además a retener la humedad del suelo. El acolchado mejorará el valor nutricional y la estructura del suelo, al ser descompuesto por las lombrices de tierra y otros organismos.

Abonado

A no ser que se vayan a cultivar los bulbos para una sola temporada y después se desechen, todas las plantas bulbosas, aparte de las que se incluyen en el césped, agradecerán el abono. Si se abonan los bulbos que crecen en una pradera, se estimulará un crecimiento más vigoroso de la hierba, que podría oscurecer la visión de las flores. En suelos pobres se dará a los bulbos una cubierta de sulfato de potasa dos o tres veces durante la temporada de crecimiento, o bien puede ser suficiente una aplicación de un fertilizante de liberación lenta bien equilibrado. No use abonos ricos en nitrógeno, pues incitarían un mayor crecimiento de la hierba a expensas del espectáculo floral.

Cuidados en invierno

Algunos bulbos, como las begonias tuberosas, son vulnerables a las heladas y morirán si se les deja a la intemperie en invierno. Otros, como las dalias y los gladiolos, se protegen bien bajo tierra y probablemente sobrevivirán a los inviernos suaves siempre que el suelo no esté demasiado húmedo. Excepto en lugares de inviernos benevolentes, donde las heladas no penetren más de unos centímetros en el suelo, es mejor levantar los bulbos vulnerables y guardarlos durante el invierno en un lugar fresco no expuesto a la helada.

Los lirios agradecen los cuidados y la atención con una estampa muy bella. Limpie las flores para conseguir el mejor aspecto del macizo y arranque regularmente las malas hierbas para que las plantas no deseadas no lo colonicen.

CÓMO GUARDAR LAS PLANTAS TUBEROSAS

1 Ponga los tubérculos boca abajo, para que la humedad drene fácilmente desde los tallos huecos. Déjelos secar en un soporte de tela metálica. Manténgalos en un lugar seco y sin heladas.

2 Al cabo de unos días, los tubérculos deberían haberse secado para guardarlos. Retire el exceso de tierra, recorte los trozos sueltos de raíces antiguas y acorte el tallo para dejar un pequeño tocón. Etiquételos.

3 Métalos en una caja bien aislada con turba, vermiculita, restos de madera o periódicos entre ellos. Guárdelos en un lugar protegido de las heladas. Deseche los que le parezcan blandos, pues podría ser signo de que se están pudriendo.

Compra de plantas anuales

La definición habitual de una planta anual es aquélla que crece y muere o es desechada dentro del año. Las plantas anuales pueden cultivarse a partir de semillas o comprarse ya crecidas en diversas etapas de su desarrollo. La forma de decidir el modo de compra dependerá del número que se necesite, del tiempo que se tenga y del dinero que se esté dispuesto a gastar.

Plantas anuales en el jardín

Ampliamente disponibles y fáciles de comprar, las plantas anuales ofrecen una forma rápida, sencilla y, sobre todo, económica de añadir un color instantáneo a su jardín. Estas plantas se dan en una amplia gama de colores, desde los tonos extremadamente brillantes a matices suaves y sutiles. Pueden usarse casi en cualquier lugar del jardín, desde los arriates y los macizos florales a las macetas de un patio, en cestas colgantes o en jardineras, e incluso para adornar un huerto.

Cultivar plantas desde semillas

Es una forma sencilla y económica de cultivar un gran número de plantas. Las anuales resistentes pueden sembrarse directamente en otoño, aunque las semirresistentes no deben plantarse en el exterior hasta que haya pasado la amenaza de heladas. Tal vez se necesiten cultivadoras y algún lugar para cuidarlas. Algunos tipos de plantas anuales se siembran a principios de primavera, para florecer en los inicios del verano, pero la mayoría se siembran a mediados de la estación vernal. Las semillas germinan normalmente a una temperatura comprendida entre 15 y 18 °C, pero algunas pueden necesitar hasta 21 °C para hacerlo con fiabilidad. Las plantas anuales de maduración rápida, como el canastillo de oro o los claveles moros, pueden sembrarse a finales de primavera y aún así darán un buen espectáculo.

Elección de las plantas anuales

Tradicionalmente, la mejor manera de conseguir plantas anuales era cultivarlas a partir de semilla. Aunque las plantas de los macizos florales se podían conseguir en centros de jardinería, la elección era limitada y la calidad, variable. Sin embargo, en los últimos años se ha producido una revolución en estas plantas, con una oferta de muchos tipos en forma de plántulas, plantitas individuales y ejemplares en floración en paquetes en celdillas o en macetas propias. La gama de la oferta aumenta de año en año, y en muchos casos corresponde a las variedades mejores y más recientes. Existe una forma ideal de comprar estas plantas sin tener que pasar por el riesgo de cultivarlas desde la semilla, y si se desea una diversidad de especies diferentes también puede ser rentable económicamente. Algunas plantas de macizos florales, sobre todo los pelargonios, son caras como semillas, y no es fácil cultivarlas al principio de la

CÓMO ELEGIR LAS PLANTAS ANUALES

1 Las plantas jóvenes a veces se cultivan en pequeños tiestos. Éstos son más baratos que los paquetes más grandes, pero pueden adherirse al recipiente. Si se dejan demasiado tiempo en él, se degradarán hasta formar una masa enmarañada de raíces que no pueden nutrirse. Las plantas deberían plantarse en maceta y dejarse crecer un poco antes de plantarlas en el terreno.

2 Cuando se cultivan individualmente en recipientes grandes, las plantas jóvenes tienen espacio suficiente para desarrollar un buen sistema de raíces. Las plantas pueden permanecer en estos recipientes durante más tiempo y con menos riesgo de deteriorarse que si se cultivaran en los pequeños tiestos. El crecimiento estará casi asegurado.

3 Algunas de las mejores plantas se venden en macetas individuales, pero son más caras porque se ha necesitado más trabajo para sacarlas adelante. Las plantas tienen más tierra donde crecer y pueden dejarse en maceta durante más tiempo que en los recipientes anteriores.

4 Cuando se eligen plantas, siempre ha de revisarse el sistema de raíces. Debe estar extendido de manera uniforme y no sobrecargado (derecha). Si las raíces se han enredado en el interior de la maceta y muestran evidencias de sobrecarga, la planta debe rechazarse.

Momentos para sembrar las plantas anuales

Tipo	*Época de siembra*	*Temperatura mínima de siembra*
Ageratum	mediados de primavera*	18 °C
Alyssum	final de primavera	15 °C
Antirrhinum	principios de primavera*	10 °C
Begonia	principios de primavera*	21 °C
Dianthus	mediados de primavera	18 °C
Gazania	principios de primavera	15 °C
Impatiens	mediados de primavera*	21 °C
Lobelia	principios de primavera*	15 °C
Nemesia	mediados de primavera	18 °C
Nicotiana	mediados de primavera*	18 °C
Pelargonium	principios de primavera	21 °C
Petunia	mediados de primavera*	18 °C
Salvia	principios de primavera	18 °C
Tagetes (africana)	mediados de primavera	15 °C
Tagetes (francesa)	final de primavera	15 °C
Verbena	mediados de primavera	21 °C
Viola x wittrockiana	mediados de primavera	15 °C
Zinnia	final de primavera	18 °C

Leyenda: * = siembra en superficie de tierra porque las semillas necesitan luz para germinar.

Algunas plantas de temporada comunes, como estas caléndulas, pueden comprarse como semillas, como plántulas, en pequeños tiestos o como plantas con flores.

temporada, así que comprarlas listas ya para cultivo puede tener sentido económicamente hablando. Sin embargo, la adquisición de plantas listas para su cultivo es cara si se quiere formar macizos con muchas flores.

Las primeras plantas con flores aparecen a menudo en los centros de jardinería antes de que se hayan terminado las heladas, por lo que conviene guardarlas en un lugar fresco y protegido hasta que puedan plantarse con toda seguridad. En caso contrario, espere a comprarlas y deje que sea el vivero el que corra el riesgo.

¿Por qué comprar plantas anuales?

La decisión de cultivar las plantas anuales desde semilla o comprarlas como plantas ya hechas dependerá de la cantidad de tiempo y de dinero de que se disponga, de la extensión de la zona que se desea cubrir y del tiempo del año en que se empiece.

- **Semilla.** Es adecuado para variedades poco corrientes y una forma económica de cultivar gran número de ejemplares de la misma variedad de planta.
- **Plántulas.** Evitan la necesidad de tener que comprar un equipo de propagación y ofrecen una forma económica de cultivar unas docenas de ejemplares de la misma variedad.
- **Semilleros.** Un modo barato de cultivar algunas plantas de la misma variedad. Más fácil que las plántulas o que cultivar desde semillas.
- **Paquetes celulares.** Plantas que se cultivan en pequeños tiestos individuales, adecuado para especies como la *Impatiens* de raíces sensibles al plantarlas.
- **Tiestos pequeños.** Plantas individuales un poco más grandes y caras que las anteriores, pero una buena opción para plantar una maceta o jardinera o una cesta colgante.
- **Macetas individuales.** Plantas maduras, a menudo en flor. Son caras, pero ideales para disfrutar del espectáculo.

Qué hay que mirar

Las plantas deben ser compactas y, salvo que tengan color natural, contar con hojas verdes y sanas. Evite plantas con follaje amarillento no natural, que es signo de falta de nutrientes, o con un ribete azul en las hojas exteriores, lo cual es indicio de que la planta ha sufrido los rigores del frío. No compre plántulas (o plantas) que sean demasiado altas y desmañadas, pues llevarán demasiado tiempo junto a otras, y compruebe la tierra para cerciorarse de que está húmeda pero no empapada. Evite plantas con signos de ataque de plagas y enfermedades, como pulgones en las puntas de crecimiento y debajo de las hojas. Compruebe siempre que las plantas han sido cuidadas en el centro o vivero; pregúntelo si no está seguro.

Las plantas anuales no estarán en flor salvo que se vendan en verano, en paquetes celulares o en macetas individuales. Quite las flores y los capullos al plantarlas para que el nuevo ejemplar se asiente con rapidez.

Siembra de plantas anuales

Las plantas resistentes, semirresistentes y vulnerables ofrecen un modo sencillo y económico de dar colorido al jardín. Son perfectas para llenar los huecos y conseguir una estampa seductora en un jardín nuevo antes de tener la posibilidad de poner en marcha planes más a largo plazo o de que las plantas perennes y los arbustos hayan ocupado el espacio que se les ha asignado.

Tipos de plantas anuales

Las plantas anuales resistentes pueden sembrarse directamente en el suelo en otoño y sobrevivirán al invierno sin protección prestas a producir sus flores a final de primavera o principio de verano. Las semirresistentes no tolerarán las heladas, por lo que deberían cultivarse en invernadero, adaptarse y plantarse a final de primavera, o sembrarse directamente en el suelo una vez que haya pasado el peligro de helada.

Las plantas anuales vulnerables deben cultivarse en invernadero para que florezcan tempranamente en el año.

Siembra directa

Algunas personas se resisten a cultivar plantas anuales porque las sembraron in situ en el exterior y las semillas no germinaron o los resultados fueron escasos y dispersos. El secreto del éxito es una buena preparación del suelo y una siembra cuidadosa.

El suelo no necesita ser demasiado fértil, porque muchas plantas anuales toleran condiciones bastante pobres. Una o dos semanas antes de la siembra, labre el suelo y retire las malas hierbas, las piedras y otros residuos. Rastrille la tierra y elimine los montículos. Cubra con un plástico limpio para calentar la tierra y estimular la germinación de las semillas de malas hierbas. Escarde ligeramente con la azada antes de sembrar para terminar con la nueva oleada de plántulas de malas hierbas.

La forma más fácil de sembrar directamente es dispersar las semillas en hileras. Para lograr un efecto más natural, combinando varias variedades, delimite el terreno en bloques irregulares. Se recomienda señalar una serie de arcos con arena, aunque puede valer cualquier forma.

Introduzca una vara en el suelo para preparar orificios con separaciones correctas (lea el paquete de semillas, para tener más datos), variando la dirección de los orificios en cada bloque. Siembre las semillas con las separaciones recomendadas, y cúbralas ligeramente con tierra. Elimine las malas hierbas, si fuera necesario, y cuando las plántulas sean suficientemente grandes como para manipularlas, retire las más débiles y deje la separación adecuada entre las restantes.

SIEMBRA DE PLANTAS ANUALES RESISTENTES

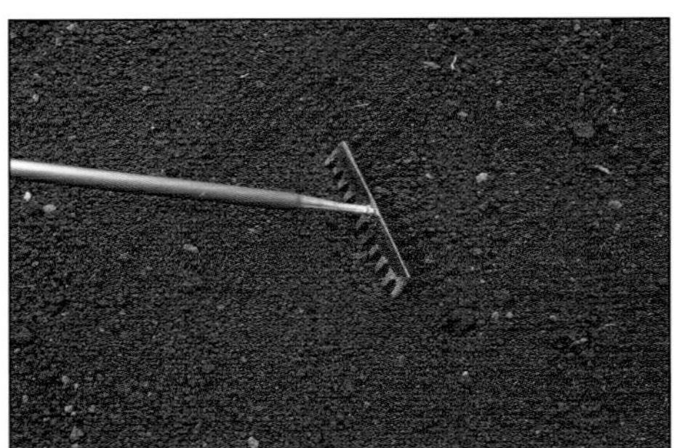

1 Inicialmente es preciso preparar minuciosamente el terreno limpiándolo de malas hierbas y rastrillando la superficie para conseguir una tierra fina y desmenuzada.

2 Si va a cultivar sólo para cortar, siembre en filas en un terreno disperso, pero si quiere conseguir un macizo brillante de plantas resistentes de temporada «dibuje» un diseño en el suelo con arena o grava.

3 Utilice el ángulo de una azada o un rastrillo para trazar orificios superficiales, pero cambie su dirección de un bloque al siguiente para que el resultado no sea rígido. Lea en el paquete las instrucciones sobre separación entre filas.

4 Esparza las semillas lo más uniformemente posible en cada zona marcada. En tiempo seco, deje correr el agua hacia el fondo de cada orificio, primero, y después permita que se empapen.

5 Escriba y aplique una etiqueta, y después cubra las semillas rastrillando el suelo de nuevo hacia los orificios. Procure no tocar las semillas innecesariamente.

6 Riegue la zona con detenimiento, sobre todo si el suelo está seco y no se prevén lluvias. Siga regando en tiempo seco hasta que hayan salido las plántulas.

Si tiene poco tiempo o una zona muy extensa que cubrir, puede sembrar indistintamente. En tal caso, mida una cantidad suficiente de semillas para cada sector y póngaselas en la palma de la mano. Después espárzalas minuciosamente en toda la zona con la mayor uniformidad posible sacudiendo suavemente la mano. Utilice un rastrillo para mezclar las semillas con la tierra superficial. Arranque las malas hierbas y aclare las plantas sobrecargadas, como antes.

Limpiar de malas hierbas el terreno alrededor de una siembra a voleo de plantas anuales puede ser una pesadilla, ya que es difícil distinguir las plántulas unas y de otras. Si siembra en hilera se evitará en parte este problema, sobre todo si usa tierra vegetal esterilizada para cubrir los orificios después de la siembra. Las líneas de plántulas de flores se distinguen con claridad, haciendo menos problemático identificar las malas hierbas.

Uso de un invernadero

Los suelos pesados, el tiempo húmedo y las épocas de frío prolongadas se cobran su peaje, incluso en las plantas anuales resistentes. Aún se puede salir airoso del trance si se tiene un invernadero o similar, y se cultivan las plantas anuales resistentes a partir de semilla en semilleros, al igual que se haría con las más vulnerables o con las plantas hortícolas.

La siembra en semilleros lleva a desperdiciar bastantes menos semillas que si se siembra directamente en exterior, y los resultados son más predecibles. Esta forma de siembra significa también que se pueden poner las plantas exactamente donde se necesitan, produciendo mejores estampas visuales. Si tiene suficiente espacio en invernadero, podrá obtener lo mejor de ambos mundos sembrando la mayoría de las semillas directamente en el macizo y, por ejemplo, el 10% en semilleros para usarlos para llenar los huecos y en lugares en los que la siembra directa sea impracticable.

CÓMO SEMBRAR O PLANTAR EN UN ARRIATE MIXTO

1 Retire las plantas antiguas y las malas hierbas de la zona. Cave el suelo, con cuidado de no dañar las raíces de las plantas próximas, y añada materia orgánica bien descompuesta si la tierra no se ha revitalizado recientemente.

2 Aplique compost bien preparado en la tierra y abra el suelo al modo de una tierra de labor fina. Si la tierra es pobre, añada una base de fertilizante general de liberación lenta y rastrille la superficie antes de sembrar o plantar.

3 Si siembra, nivele el suelo con un rastrillo antes de esparcir las semillas de manera uniforme sobre la tierra. Rastrille el suelo y riéguelo usando una regadera de paso fino. Cuando aparezcan las plántulas, aclare la zona hasta lograr la distancia de separación deseada.

4 Pueden usarse plantas en camellón en vez de semillas. Coloque las plantas en sus posiciones antes de empezar a cambiar, ya que en esta fase es fácil realizar cambios. Intente imaginarse la altura y distribución finales, y no plante los ejemplares demasiado cerca unos de otros.

Las complejas flores de la *Nigella damascena* (neguilla común) constituyen una elección habitual para los arriates. Es una planta anual resistente, que puede sembrarse directamente en otoño.

Es importante que todas las plantas anuales cultivadas en invernadero se aclimaten bien antes de plantarlas en exterior en su posición final.

Cultivo de plantas anuales

Las plantas, fuertes pero delicadas, deben plantarse con cuidado exactamente al mismo tiempo, pues en caso contrario pueden no revisarse suficientemente bien y no recuperarse jamás.

Cómo plantar

Prepare la tierra cavando el suelo y eliminando las malas hierbas y otros residuos. Incluya materia orgánica bien descompuesta, como estiércol o compost, cuando la tierra esté empobrecida. Cerciórese de haber adaptado las plantas con antelación y proteja las más vulnerables en un lugar libre de las heladas hasta que sea seguro plantar en el exterior.

Los tallos de las plantas jóvenes son delicados y se dañan con facilidad, por lo cual es aconsejable manejar dichas plantas por el cepellón o las hojas en vez de sujetarlas por los tallos. Por este motivo, lo mejor es sacar la planta del recipiente poniendo el tiesto boca abajo y tomándola entre dos dedos, golpeando ligeramente el tiesto o sacándola de la base para extraer el cepellón. Plante a la misma profundidad que estaba la planta en el tiesto y afirme el suelo ligeramente en torno al cepellón. Riegue bien después de plantar.

CÓMO PLANTAR EN BORDES

1 Prepare la tierra, retirando las malas hierbas y añadiendo algo de compost bien descompuesto si el suelo está empobrecido. Labre bien el suelo para lograr una consistencia bastante fina. Extienda una cuerda a una distancia uniforme del borde. Alternativamente, para un borde curvo, use una medida estándar, como la longitud de un palo, entre el borde y cada planta.

2 Plante las plantas de borde a lo largo de la línea con la separación correcta (que dependerá de la variedad), comprobando la distancia entre cada par con un palo de medir. Afirme cada planta y riéguela. Para un diseño informal, puede usar una mezcla de plantas en filas irregulares de manera que el borde se confunda con las restantes especies próximas.

Últimas heladas

Proteja las nuevas plantas de las dañinas heladas tardías cubriéndolas con una doble capa de tela de lanilla u hojas de papel de periódico cuando se prevean heladas. Si éstas afectan a algunas plantas no protegidas, reduzca el daño al mínimo cubriéndolas por la mañana, antes de que suban las temperaturas, para frenar el deshielo. El principal problema para los tejidos vegetales es el proceso de deshielo.

Cómo adaptar las plantas

Unas dos semanas antes de colocar las plantas en el terreno, tendrá que dedicarles ciertos cuidados a temperaturas óptimas en invernadero para prepararlas para las duras condiciones del exterior. Ello significa simplemente que irá acostumbrando a las plantas a las condiciones de intemperie durante un cierto tiempo. Normalmente se hace con un pequeño cajón vivero. Empiece abriendo un poco la parte superior en los días suaves y cerrándola por la noche, después vaya aumentando esta ventilación día a día hasta retirar completamente la cubierta superior. Si no cuenta con este tipo de artilugio, podría usar las estanterías cercanas a los respiraderos de su invernadero, o construir un dispositivo a medida con una caja de cartón grande o con capas de tela de lanilla en una parte abrigada del jardín.

Encharcamiento

Si la tierra está seca o se va a plantar durante un periodo cálido del verano, se usará una técnica especial llamada encharcamiento. Riegue las plantas a conciencia en sus macetas como de costumbre. Prepare el orificio para plantar y llénelo bien con agua. Cuando ésta empiece a empaparlo, coloque la planta y reponga la tierra alrededor de las raíces. Riegue bien después de plantar y mantenga la tierra regada hasta que la planta se asiente.

Un borde informal de la *Chrysanthemum tenuiloba* «Golden Fleck» repta por el límite de un camino.

Cuadro de planificación

Tipo de planta	*Distancia para plantar*
Ageratum	20 cm
Alyssum	15 cm
Antirrhinum	23 cm
Begonia	15 cm
Dianthus	20 cm
Gazania	20 cm
Impatiens	20 cm
Lobelia	15 cm
Nemesia	20 cm
Nicotiana	30 cm
Pelargonium	30 cm
Petunia	25 cm
Salvia	20 cm
Tagetes (africana)	20 cm
Tagetes (francesa)	20 cm
Verbena	25 cm
Viola x wittrockiana	20 cm
Zinnia	25 cm

CÓMO PLANTAR PLANTAS CELULARES ANUALES

1 Varias horas antes de plantar, o incluso la tarde anterior, riegue la bandeja de plantas y déjela reposar para que pierda el exceso de agua. Las plantas estarán probablemente menos estresadas cuando se trasplanten si se han cuidado bien.

2 Retire una planta del grupo presionando en la parte inferior. En tiras, cuando las plantas no se separen, retire el lote del paquete y coja una con cuidado, intentando no desgarrarla demasiado de sus raíces vecinas.

3 Con una paleta, a continuación cave un orificio para plantarla con suficiente anchura y un poco más profundo que el cepellón de la planta. Si no lo hace de esta forma, el futuro crecimiento de la planta no será el idóneo.

4 Ajuste la profundidad del orificio de plantación de forma que la parte superior del cepellón esté nivelada con el suelo de alrededor.

5 Rellene el agujero alrededor de la planta con tierra y afírmela ligeramente con las manos.

6 Riegue la planta con una regadera de paso fino. Mantenga la zona bien regada en lo sucesivo hasta que la planta se asiente bien.

Cuidado de las plantas anuales

Una vez establecidas y crecidas, la mayoría de las plantas anuales se cuidarán solas, pero para que luzcan sus mejores galas habrá que ayudarlas un poco.

Riego y abonado

Eche un ojo a sus plantas anuales, porque son de las primeras que delatan escasez de agua o nutrientes. Antes incluso de plantarlas pueden mostrar síntomas de falta de nutrientes, por un bajo crecimiento o por tener las hojas bajas amarillas. Todavía en sus macetas, riéguelas con un abono líquido equilibrado.

Una vez asentadas en el terreno, la mayoría de estas plantas no necesitarán un abonado regular, aunque para conseguir una mejor floración conviene aplicar cada mes un abono rico en potasa en la temporada de crecimiento activo. Es importante no dejar que estas plantas anuales sufran por la sequía. Si se deja que se marchiten, algunas, como la lobelia, se muestran reacias a la recuperación, mientras que otras, como las verbenas, serán más vulnerables a enfermedades como el mildiu.

En grandeza arquitectónica, pocas plantas superan a las gigantescas agujas de *Verbascum* (gordolobo), que remontan 2,1 m o más sobre el macizo.

Cuidados generales

Algunas plantas de temporada, como los dragones amarillos, suelen producir un único tallo principal que crecerá a lo largo del verano. Se puede estimular un crecimiento más denso si se pinzan

DESPUNTES

Si se dejan a su aire, muchas plantas anuales crecen como tallos solitarios. En un cuadro de plantas, ello podría dar como resultado un bosque de espigas altas y aisladas, en vez de una alfombra de hojas y flores, que es preferible. Para evitar este efecto, quite las puntas de crecimiento de cada espiga. El tallo producirá vástagos secundarios y la planta se adensará y resultará más atractiva. Corte el tallo con un cuchillo afilado justo por encima de un nudo.

ABONADO

Por normal general, los abonos son buenos aliados para lograr un buen crecimiento de nuestras plantas. Pero no todos los abonos sirven igual para todas las plantas. Una aplicación de abono rico en potasa durante la temporada de crecimiento ayudará a promover una mejor floración. Si se usa un abono granular, ha de tenerse cuidado de no cubrir ninguna hoja. Aplique el abono según las dosis recomendadas por el fabricante, que se indican en el paquete.

SOPORTE

En jardines expuestos o sin puntos de apoyo para la vegetación, las plantas anuales más altas pueden necesitar algún soporte o sostén. Para realizarlo de la manera más sencilla, utilice palos clavados en el terreno cerca del macizo. Doble los palos y trence o ate los extremos entre sí para formar una red sobre la cual puedan crecer correctamente los tallos. Alternativamente, utilice soportes especiales para plantas.

los brotes superiores en las puntas de crecimiento después de plantarlos. En caso necesario, se repetirá el proceso durante un par de semanas despuntando todos los vástagos secundarios que se produzcan.

Las plantas anuales altas agradecerán también un soporte externo, sobre todo en jardines abiertos o en cuadros. Tradicionalmente se usaban ramitas clavadas en el suelo alrededor de las plantas, trenzadas por arriba para formar un soporte firme. Alternativamente, puede usarse cualquiera de los soportes de plantas que se tienen para las especies perennes.

Plagas y enfermedades

Los caracoles y las babosas muestran preferencia especial por algunas plantas de temporada. Ponga trampas o vigile el jardín en la oscuridad con una linterna, que es cuando estas plagas muestran más actividad, y cácelas y deshágase de todas las que encuentre. Proteja las nuevas plantas con barreras anticaracoles, como botellas grandes de plástico cortadas, o rodee las plantas con una capa de gravilla o cáscara de huevo rota, que sea difícil de cruzar para estos moluscos. Si todo lo anterior falla, coloque veneno contra caracoles en torno a las plantas vulnerables.

Los mamíferos y las aves también pueden suponer un problema en ciertas áreas: use barreras adecuadas y redes para protegerlas si detecta estas plagas en su jardín.

LIMPIEZA

Algunas plantas de borde se extienden sobre el césped, destruyéndolo a trozos o formando calvas, como sucede con esta *Limnanthes douglasii.* Si la planta ha dejado de florecer, puede arrancarse completamente. En caso contrario, se cortará la parte que esté invadiendo el césped. Si cae en cascada sobre un camino, no supondrá problema alguno, aunque quizá haga tropezar a los paseantes.

Limpieza de las plantas

Algunas plantas han de limpiarse regularmente de sus partes marchitas para que florezcan bien. Si estas partes se dejan, las plantas producirán semillas a expensas de nuevas flores, y algunas, como la arvejilla de olor (*Lathyrus odoratus*), dejarán incluso de florecer. Las plantas de flores grandes, como los pelargonios, también deben limpiarse de forma sistemática. Muchos tipos de plantas de temporada tienen demasiadas flores diminutas como para que esta labor valga la pena, pero algunas, como los pensamientos, florecerán mejor si se cortan los tallos desgarbados con tijeras. Damasquinos, caléndulas, claveles, vitadinias, mesembriantemos, mímulos, amapolas y flox agradecen también esta labor de limpieza.

Si tiene masas extensas de plantas de tallos blandos, como begonias y alegrías, podría intentar acelerar el proceso eliminando las partes muertas con una desbrozadora de hilo de nailon, pero es un procedimiento complicado que si no se realiza bien puede dañar o incluso destruir las plantas. Después de esta limpieza, recoja el material desechado y échelo a la pila de compost.

MALAS HIERBAS

Cuando las plantas estén juntas, la mejor manera de eliminar las malas hierbas consiste en tirar de ellas a mano o cavar alrededor usando una horca. Las malas hierbas perennes deben sacarse enteras, y no simplemente cortarse, pues pronto rebrotarían. Cuando haya más espacio se puede usar la azada en el borde, pero con cuidado de no tocar las plantas delicadas. En tiempo cálido, quizá sea mejor esperar a que se marchiten, aunque el aspecto mejorará si se arrancan y se arrojan a la pila de compost.

ACOLCHADO

Es buena idea aplicar o renovar el acolchado después de arrancar las malas hierbas que amenazan sus plantas. Además de impedir que éstas reaparezcan, se conservará la humedad. La corteza troceada o la gravilla también mantendrán bien las plantas. Se podría pensar igualmente en usar compost o mantillo como acolchado. Otras cubiertas posibles son polietileno negro, hierba cortada y paja, que funcionan bien aunque sean menos atractivas.

PARTES MARCHITAS

La limpieza regular ayuda a asegurar un aporte continuado de nuevas flores a su planta. Si permite que algunas de las flores produzcan semillas, se estaría usando una energía vital que, en otras circunstancias, se encauzaría hacia la producción de nuevas flores. Si se retiran las flores muertas y otras estructuras productoras de semillas, se ahorrará esta energía en beneficio del correcto desarrollo de la planta principal.

Compra de plantas perennes

La primavera es el mejor momento para comprar plantas perennes. Los centros de jardinería, los viveros especializados y las páginas web ofrecen la máxima diversidad de variedades en esta época del año, y las plantas se entregarán en pleno crecimiento y listas para plantar.

Plantas perennes permanentes

Ajuga	*Helleborus*
Artemisia	*Heuchera*
Bergenia	*Kniphofia*
Carex	*Lamium*
Epimedium	*Pulmonaria*
Euphorbia	*Sempervivum*
Festuca	*Stachys*

Plantas perennes que florecen en invierno

Anemone nemorosa (anémona de los bosques)
Eranthis hyemalis (acónito de invierno)
Euphorbia rigida
Helleborus niger (rosa de Navidad)
H. orientalis (eléboro oriental)
H. purpurascens
Iris unguicularis (iris unguicular)
Primula vulgaris (prímula común)
Pulmonaria rubra (pulmonaria)
Viola odorata (violeta dulce)

Elección de plantas perennes

Las plantas perennes constituyen un grupo grande y variado y existen tipos adecuados para cada situación, con independencia del tipo de suelo o de la posición en sol o sombra. La mayoría de estas plantas son herbáceas, lo que significa que desaparecen hasta el suelo en los meses de invierno y producen nuevos brotes cada primavera a partir de las raíces subterráneas durmientes.

Algunas plantas perennes conservan las hojas también durante el invierno. Otras florecen en periodo invernal, de manera que merece la pena pensar en plantar un jardín de invierno para disfrutar en los meses más fríos del año. Algunas plantas perennes que toleran la sombra se pueden cultivar bajo un árbol o arbusto de hoja caduca, de forma que lucen plenamente cuando están en su mejor momento y se ocultan de la vista el resto del año.

La amplia elección de plantas perennes puede abrumar un tanto al principiante, por lo cual resulta buena idea considerar exactamente lo que se quiere de cada planta desde un principio. De esta forma se podrá reducir drásticamente el número de opciones disponibles para hacer de la selección una tarea más manejable.

Otro consejo es empezar por visitar un centro de jardinería en su localidad, que guardará sólo un surtido limitado de estas plantas, todas las cuales serán adecuadas para su cultivo en la zona.

Compra de plantas en maceta

Es buena idea elegir plantas perennes vendidas en macetas de 9 cm porque

La primavera en los jardines campestres es anunciada por la aparición de plantas perennes tan populares como las prímulas y las aguileñas.

se asentarán más rápidamente que las plantas más grandes y costarán mucho menos. La excepción a esta regla es cuando se desea tener un gran número de la misma variedad, para cubrir el suelo, por ejemplo. En este caso, merece la pena comprar una planta más grande que esté bien asentada en su maceta, ya que puede dividirse en secciones más pequeñas antes de plantar.

También conviene comprar algunas plantas perennes, como peonías y anémonas japonesas, en macetas grandes porque suelen deteriorarse si se asfixian sus raíces por estar en tiestos pequeños. Las plantas perennes en macetas grandes son también una buena opción si se compran más adelante en la temporada, ya que las que estén en tiestos más pequeños sufrirán más por el riego irregular.

Si las plantas perennes se plantan en la combinación correcta pueden ofrecer estampas estivales verdaderamente espectaculares. En la imagen, *Tanacetum parthenium* se ha plantado con *Galega x hartlandii* «Alba» para crear un macizo blanco brillante, suavizado por los centros amarillos de las hierbas lombrigueras y el verde de las hojas.

Qué hay que mirar

Si se eligen plantas sanas se asegurará un buen lucimiento del jardín. Los puntos que han de considerarse cambian a lo largo del año.

• **Principios de primavera.** Si compra plantas pronto en la temporada, antes de que nazcan las nuevas formaciones, compruebe que las plantas se han suministrado hace poco desde el vivero y no corresponden a una partida de la temporada anterior. La presencia de malas hierbas, tarjetas desvaídas y tiestos desaliñados son todos signos característicos de que la planta es antigua.

• **Final de primavera.** Una vez que nazcan las nuevas formaciones, elija plantas que tengan un aspecto fresco y saludable, vástagos nuevos y hojas sin signo de plagas ni enfermedades. Cerciórese de que las plantas están bien asentadas en sus macetas y evite aquéllas que tengan la tierra suelta, ya que probablemente se habrán trasladado al tiesto recientemente y no estarán listas para plantarse. Evite plantas con demasiadas hojas verde brillante, ya que habrán sufrido un crecimiento forzado y habría que adaptarlas y fortalecerlas antes de plantarlas.

• **Verano y otoño.** Más adelante en la temporada, elija plantas con crecimiento fuerte y uniforme que parezcan bien cuidadas. Evite las que tengan malas hierbas, hojas dispersas y muchas raíces creciendo fuera de la base del tiesto. El follaje de la mayoría de las plantas perennes amarillea en otoño, por lo cual este signo no tiene importancia en la época otoñal.

COMPRAR PLANTAS EN MACETA

La mayoría de las plantas perennes se compran actualmente en maceta. Se puede encontrar una variedad razonable de las mismas en el centro local de jardinería, adecuadas para cultivarlas en su zona. Antes de adquirirlas compruebe siempre que las plantas están sanas y libres de plagas y enfermedades, y cerciórese de que la superficie de la tierra no tiene hepáticas.

CÓMO ENDURECER LAS PLANTAS

Verifique que las plantas perennes se han aclimatado adecuadamente antes de plantarlas. En caso contrario, colóquelas en un cajón vivero durante una o dos semanas. Cierre la parte superior por la tarde o los días fríos, y durante el resto del tiempo ventílelas libremente. Esté al tanto del tiempo meteorológico, y ante la amenaza de heladas cubra el cajón vivero con material aislante.

Cultivo de plantas perennes

Las plantas perennes deben considerarse residentes permanentes del jardín y, por ello, ha de procederse a mejorar el suelo antes de plantarlas. Si va a plantar un cuadro de flores nuevo, cave la zona minuciosamente y retire todas las malas hierbas y otros residuos, incluidas las raíces de las malas hierbas perennes. Mejore el suelo aportando gran cantidad de materia orgánica bien descompuesta, como estiércol de granja o compost de jardín. Añada además una base de abono de liberación lenta, como harina de huesos.

CÓMO PLANTAR PLANTAS PERENNES

1 Prepare siempre antes la tierra. Cave profundamente, arranque las malas hierbas y aplique un abono y compost bien descompuesto si el suelo es pobre. La mayoría de las especies perennes se venden en macetas, así que conviene separarlas de acuerdo con el plan. Cámbielas de posición si no le convence la asociación de plantas.

2 Riegue bien aproximadamente durante una hora antes de sacar la planta del tiesto, y después cave un agujero para plantar con una paleta. Si las raíces están muy apretadas alrededor del cepellón, compóngalas con cuidado para que respiren. Actúe metódicamente desde la parte posterior del macizo o desde un extremo.

3 Afirme el suelo con cuidado alrededor de las raíces para eliminar posibles bolsas de aire.

4 Riegue siempre minuciosamente después de plantar y mantenga las plantas bien regadas en tiempo seco durante los primeros meses.

Cómo plantar

Casi todas las plantas perennes se venden ahora como ejemplares cultivados en maceta, lo que significa que pueden plantarse en cualquier momento del año siempre que el terreno no esté helado ni anegado. Sin embargo, se asentarán mucho más deprisa si se plantan en primavera o en otoño. Plantarlas en verano puede ser una tarea muy dura, porque habrá que regar los nuevos ejemplares durante los periodos de sequía.

Antes de sacar las plantas de sus tiestos, colóquelas en el cuadro y ajuste la disposición hasta que le satisfaga el resultado. Los ejemplares más grandes pueden usarse individualmente, pero las plantas perennes más pequeñas y las de cubierta del suelo se agrupan mejor en números impares de tres o cinco si se quiere conseguir un patrón más natural. Recuerde también que las plantas perennes herbáceas desaparecen en invierno, con lo cual tal vez desee incluir una cierta proporción de plantas siempre verdes y arbustos para dar estructura e interés a la zona durante los meses más fríos.

Riegue las plantas perennes con detenimiento mientras están todavía en sus macetas y deje que drene el agua. Cuando haya decidido las posiciones de las plantas, cave los orificios para plantar. Empiece por las perennes centrales, plántelas a la misma profundidad que en las macetas. Afirme el suelo alrededor, no demasiado prieto, y riegue bien. Por último, aplique una cubierta vegetal de 5-8 cm de profundidad, de materia orgánica suelta, con cuidado de no apilarla contra los tallos de las plantas.

Cultivar plantas perennes desde semilla

Muchas plantas perennes son también fáciles de cultivar desde semillas. Esta operación resulta notablemente más económica que comprar plantas cultivadas en maceta, y muchas de estas plantas florecerán en su primer año, mientras que casi todas lo harán en el segundo verano. Es particularmente interesante cultivar plantas desde semillas si se desea contar con una gran variedad, por ejemplo para cubrir el suelo, o si se está empezando con un jardín desde la nada.

Las semillas pueden sembrarse de varias maneras: al exterior en un

Buenas plantas perennes para cultivo desde semilla

Achillea	*Helenium*
Aquilegia	*Lobelia*
Coreopsis	*Lupinus*
Gaillardia	*Polemonium*
Geum	*Viola*

semillero bien preparado; en un cajón vivero entre principios de primavera y mediados de verano, o en tiestos de tierra fresca tal y como se sembraría con las plantas de temporada y de huerto. Cuando las plántulas sean suficientemente grandes para manipularlas, introdúzcalas en tiestos de 8 cm. En cuanto estén bien asentadas, podrá plantarlas en su posición final.

Los altramuces forman buenos cuadros de plantas, y sus atractivas floraciones tienen además un aroma picante distintivo. Si quiere plantar una extensión de estas flores, tal vez sea preferible que las cultive a partir de semillas.

CÓMO SEMBRAR EN UN TERRENO ABIERTO

1 Prepare la tierra del cuadro con detenimiento, retirando con cuidado todas las malas hierbas y las raíces de plantas perennes no deseadas y labrando el suelo con el rastrillo hasta conseguir una tierra bien suelta y fina.

2 Haga un surco superficial con el ángulo de la azada. Debe tener aproximadamente 1 cm de profundidad. Mantenga el surco muy recto usando una cuerda como guía.

3 Si el suelo está seco, antes de continuar debe regar el surco con una regadera y espere hasta que se haya empapado de agua antes de empezar a sembrar.

4 Es esencial marcar el final de la fila, para identificar las flores de las plántulas cuando tenga que limpiar con la azada más adelante.

5 Siembre las semillas a lo largo del surco. Las más grandes pueden sembrarse individualmente en intervalos.

6 Rastrille suavemente la tierra hacia el surco, cubriendo la semilla. En tiempo seco, riegue regularmente y no deje que se seque el suelo.

Cuidado de las plantas perennes

El mantenimiento de los arriates y cuadros de plantas es parte esencial del disfrute de la jardinería, y le da ocasión de examinar de cerca las plantas perennes, de revisar su salud general y su bienestar y de admirar su belleza en primer plano.

Abonado

Una vez asentadas, las plantas perennes no requieren un abonado regular a menos que crezcan en suelos pobres o estén superpobladas. Aplique un abono anual de fertilizante equilibrado en primavera. Esparza 70 g por metro cuadrado alrededor de las plantas, con cuidado de que no caiga sobre las hojas. En caso de congestión, es mejor levantar algunas plantas y dividirlas en primavera o en otoño para revitalizarlas.

Sostén

Vale la pena dar sostén a las plantas perennes altas o a los tipos con capullos largos que puedan ser arrancados por el viento o por la lluvia intensa. Las plantas perennes cultivadas en jardines expuestos o las que crecen muy juntas también agradecen algún tipo de soporte.

Las perennes que producen sólo uno o dos tallos altos se sujetarán mejor individualmente con una caña de bambú y cuerda. Las que forman macizos son más fáciles de sostener con estructuras entrelazadas especiales, que se pueden conseguir en la mayoría de los centros de jardinería. Si no tiene presupuesto, podría prepararse su propio soporte con cañas de bambú viejas unidas con una cuerda. Alternativamente, use ramas podadas de haya u otra planta leñosa caduca de buena ramificación durante el periodo de latencia.

Plagas y enfermedades

Si elige buenas variedades, la mayoría de las plantas no padecerán plagas ni enfermedades a menos que sufran estrés, por la sequía, por ejemplo. Sin embargo, algunos tipos, entre ellos las hostas y las espuelas de caballero, son propensos a sufrir daños por los caracoles cuando están recién plantados, y cada año en cuanto salen los nuevos brotes. Intente prevenir los daños reduciendo la extensión de la plaga, y use barreras de grava y cáscaras de huevo rotas para que estos animales no crucen hacia las plantas. Si siguen sufriendo estragos, utilice veneno para caracoles alrededor de las plantas vulnerables a principios de la temporada antes de que nazcan los nuevos brotes o hágase con nematodos que parasitan a los caracoles en un proveedor de control biológico.

Limpieza

Muchas plantas perennes de varias floraciones pueden incitarse a producir estallidos florales más duraderos si se limpian con regularidad. En la mayoría de las plantas perennes basta con cortar las flores marchitas justo por encima de la primera hoja hasta el tallo para estimular una segunda eclosión de capullos. En especies como las espuelas de caballero y malvarrosas, que tienen espigas, corte el primer vástago secundario hasta el tallo cuando empiece a marchitarse el último capullo de la espiga original.

Diversidad en el jardín

Cuanto mayor sea la variedad de plantas que cultive menor será la posibilidad de que una plaga o enfermedad alcance proporciones de epidemia. Al elegir muchos tipos de plantas se limitará el número de las que son vulnerables y se aportará una variedad de refugios para los depredadores de estas plagas.

CÓMO SOSTENER PLANTAS PERENNES

Existen estructuras especiales con patas que pueden colocarse sobre un grupo de plantas perennes. Los nuevos brotes crecerán por la rejilla, consiguiendo apoyarse en el marco y, finalmente, ocultándolo de la vista.

Los tallos altos con flores pueden sujetarse individualmente atándolos a una caña más corta que la altura prevista de la planta, quedando bastante ocultos detrás del tallo.

Puede usarse una red de alambre vertical, en forma de cilindros, firmemente sujeta mediante postes. La planta crece por el centro, y las hojas terminan por cubrir los laterales.

Plantas perennes que deben limpiarse

Aconitum	*Erigeron*
Alcea	*Gaillardia*
Anchusa	*Geranium*
Centaurea	*Leucanthemum*
Chrysanthemum	*Lupinus*
Delphinium	*Penstemon*
Digitalis	*Scabiosa*

Estos vástagos secundarios desarrollarán flores a final del verano. Algunas plantas perennes de floración temprana, sobre todo ciertos geranios, no tienen buena apariencia a mediados del verano, por lo que conviene cortarlos al nivel del suelo con tijeras. Si se riegan y se les abona, producirán un atractivo bloque de hojas nuevas y, tal vez incluso, una eclosión de flores más adelante en la temporada.

Poda

Al final de la temporada, la mayoría de las plantas perennes tendrán un aspecto raído cuando las hojas empiecen a perderse. A principios del otoño, corte el follaje casi al nivel del suelo con tijeras, o tijeras de podar para los tallos más gruesos, y amontónelas en la pila de compost. Trocee los tallos leñosos antes de echarlos al compost, para acelerar el proceso de descomposición.

Las coronas de las especies vulnerables deben cubrirse con una capa aislante de hojas sujetas en su lugar con una fina red o con una capa de 15 cm de grosor de corteza en virutas. La capa aislante debe retirarse en primavera después de que haya pasado lo peor del frío y antes de que nazcan los nuevos brotes.

Algunas plantas perennes, como los agapantos, los crisantemos, las tritornas y los géneros *Schyzostylis* y *Sedum*, se pueden dejar intactos durante los meses de invierno porque tienen cabezas de semilla atractivas, que destacan sobre todo en una mañana soleada después de la escarcha.

LIMPIEZA DE LOS MACIZOS DE VERANO

Las plantas herbáceas viejas son perfectas para la pila del compost. Al ser no leñosas, se pudren con facilidad, haciendo un compost excelente.

CUBIERTA DE PLANTAS PERENNES

En otoño, aplique una cubierta vegetal de compost a las coronas de las plantas perennes. Así ayudará a que conserven la humedad.

Las hostas a veces son víctimas de virus, que se detectan normalmente cuando se aprecian manchas amarillas en la superficie de las hojas. Levante y queme las plantas afectadas para evitar que el virus se extienda.

Patios y macetas

Macetones, cestas y otros recipientes pueden rellenarse con plantas anuales y de temporada para dar vida a un patio. O también pueden combinarse plantas perennes, enredaderas, arbustos e incluso árboles que aportan una estructura duradera a una parte del jardín que, en caso contrario, parecería desnuda.

Todo lo que pueda contener tierra y tenga orificios de drenaje se puede usar para plantar. Los tiestos y macetas son los recipientes más comunes, aunque cestas colgantes, cubetas, jardineras, abrevaderos junto a muros y jarrones son espacios igualmente atractivos que aportan un estallido de color para la vista.

Los recipientes se fabrican en múltiples materiales. La terracota tiene un tono natural y combina bien con casi cualquier diseño de jardín o de plantas. Los tiestos de plástico son baratos y ligeros, aunque quizá sin suficiente estabilidad para las plantas altas. La madera y la piedra tienen atractivo natural y son adecuadas para casi cualquier situación, si bien en diseños contemporáneos tal vez sea preferible acudir a recipientes metálicos o de fibra de vidrio.

Este jardín aprovecha al máximo un espacio limitado con un uso inteligente de los tiestos y otros recipientes. Así se consigue hacer del patio un lugar que invita a entrar en él.

Jardineras y cestas colgantes

Las jardineras, cubetas y cestas colgantes ocupadas por plantas de temporada ofrecen una magnífica forma de añadir color e interés a todas las partes del jardín en verano. Pueden usarse también para vivificar los días apagados y oscuros del invierno plantando en ellos especies verdes y plantas perennes de floración invernal.

Elección de una cesta colgante

Cuando vaya a elegir una cesta, elija la más grande que pueda encontrar, preferentemente de 40 cm, porque así podrá contener más tierra que el tamaño más extendido, de 30 cm. Además pesará el doble, por lo que debe sostenerse con fijadores fiables y tener un sistema de riego que no obligue a bajar y volver a subir la cesta cada vez.

Básicamente existen dos clases de cestas colgantes: de malla abierta y de plástico sólido. El estilo de malla abierta, que incluye tipos de hierro forjado, es el más común, pero en muchos sentidos resulta más difícil de manejar. La tela metálica es un plástico recubierto para prevenir la corrosión, y los grandes orificios simplifican la tarea de plantar. Sin embargo, se secarán con más rapidez que las cestas sólidas, si bien este problema puede superarse con un recubrimiento impermeable. Las cestas de plástico sólido no pueden plantarse en los laterales, lo que reduce su atractivo, pero necesitan riego menos frecuente, sobre todo si llevan un depósito de agua incorporado.

Tipos de recubrimientos

Las cestas de malla abierta deben recubrirse antes de poder plantar, para contener la tierra y que no se caiga. Tradicionalmente, se usaba una gruesa capa de esfagno, pero es una opción cara y muchos jardineros han optado por otras alternativas por motivos ambientales. Esta tendencia ha llevado a los recubrimientos fabricados con múltiples materiales, como lana y algodón reciclados, fibra de coco y espuma.

Jardineras

El tipo de jardinera que se elija debe encajar perfectamente con el estilo de la casa. Existe una amplia variedad de materiales y estilos para escoger: piedra y terracota realzan su atractivo al envejecer, pero son bastante pesados. Las jardineras de plástico, madera y estaño galvanizado son opciones más ligeras.

Recubrimientos para cestas respetuosos con el medio ambiente

Los recubrimientos recogidos del jardín son tan adecuados como los comprados en los comercios y tienen la ventaja de ser gratuitos.

El musgo rastrillado del césped puede usarse para revestir las cestas de verano, siempre y cuando el césped no se haya tratado recientemente con productos químicos.

En cestas de otoño e invierno use en su lugar podas de coníferas o de setos de coníferas con polietileno. Se mantendrán verdes y con buen aspecto durante todo el invierno.

CÓMO PLANTAR UNA CESTA COLGANTE CON PLANTAS ANUALES

1 Antes de usar la cesta colgante, colóquela en un cubo o un bol grande para facilitar el trabajo. Coloque con mucho cuidado el recubrimiento en su posición definitiva, de manera que llene la cesta.

2 Rellene la mitad de la cesta con compost y después mezcle algunos gránulos de retención de agua para que no se seque. Añada un abono de liberación lenta; así solventará la necesidad de tener que abonar durante el verano.

3 Corte orificios de 4 cm de diámetro en el lateral del revestimiento. Sacuda algo de tierra del cepellón de una de las plantas y envuélvala en una tira de plástico. Pásela por el agujero, quite el plástico y extienda las raíces. Añada más tierra con gránulos de retención de agua y abono de liberación lenta.

4 Plante el resto de la cesta, agrupando más las plantas de lo que estarían en terreno abierto. Alise la superficie de la tierra, quite lo que sobre o añada más tierra si falta. Riegue y después guarde la cesta en interior hasta que haya pasado el peligro de heladas.

CÓMO PLANTAR UNA JARDINERA CON PLANTAS ANUALES

1 Lo primero que hay que hacer es reunir todos los elementos que necesite. Si la jardinera es ligera, colóquela en el suelo. Si pesa mucho, déjela en su posición final, sobre todo si va a ir fijada en alto.

2 A continuación coloque piedras de formas irregulares en los orificios de drenaje para impedir que la tierra los obstruya una vez que la jardinera esté finalizada.

3 Llene parcialmente la jardinera con tierra que contenga gránulos que retengan el agua. Estos gránulos ayudarán a conservar la humedad de manera que la jardinera plantada no requerirá un riego tan frecuente.

4 Plante las flores a la misma profundidad que tenían en los tiestos o bandejas, para que no sufran en exceso con el cambio. Para un impacto al instante, coloque las plantas más juntas de lo que estarán en terreno abierto.

5 Es importante un abonado regular: los nutrientes en la tierra se consumirán rápidamente. Añada un abono líquido al agua cada semana e introduzca pastillas de abono especial de liberación lenta en la tierra en el momento de plantar.

6 Riegue minuciosamente. Las plantas pronto se extenderán hasta llenar la jardinera. Si ésta se ha plantado lejos de su posición final, puede dejarse durante un rato hasta que las plantas estén todas en flor antes de colocarlas en su posición final.

Plantas sin problemas para cestas colgantes

Flores
Begonia
Bidens
Brachycome
Felicia
Clavel moro
Gazania
Heliotrope
Impatiens
Osteospermum
Pelargonium
Petunia
Portulaca
Scaevola
Verbena
Viola

Follaje
Cineraria
Glechoma
Hedera
Helichrysum petiolare
Lysimachia
Plectranthus

Rastreras
Anagallis
Convolvulus sabiatus
Diascia
Fuchsia
Lotus
Nasturtium
Pelargonium
Sanvitalia
Sutera

Los pensamientos de tonos naranja claro llaman la atención en verano en esta cesta colgante.

Macetones y macetas

La belleza de los macetones, macetas y otros recipientes grandes es que con el mínimo esfuerzo sirven para transformar un patio, llevando hasta la casa los colores brillantes del jardín. Pueden ocuparse con plantas bulbosas o anuales para una buena estampa estacional, o plantarse con pequeños árboles o arbustos ornamentales.

¿Qué tierra elegir?

Es importante elegir una tierra de buena calidad si se quieren resultados fiables en la maceta. Existen tres tipos principales: tierras francas tradicionales, tierras de calidad media con base de turba o las basadas en sustitutos de turba.

- **Tierras francas.** Se preparan con una fórmula especial y contienen una mezcla de tierra, turba y arena. Son pesadas y de calidad variable, pero mantienen su estructura y sus nutrientes durante un periodo de tiempo largo. Las tierras francas son ideales para diseños a largo plazo y plantas permanentes en maceta.
- **Tierras con base de turba.** Más ligeras y fáciles de usar que las anteriores, constituyen una buena opción para plantas herbáceas.
- **Tierras con sustitutos de turba.** Son tierras nuevas basadas en corteza, fibra de coco u otra materia orgánica de desecho. Se usan del mismo modo que las tierras de turba.

Recipientes para plantar

Aunque la técnica tradicional de añadir pedazos de macetas rotas al fondo del macetón no es necesaria, si se van a plantar árboles o arbustos demasiado pesados, una capa densa de piedras mejorará la estabilidad. Si va a plantar especies de raíces superficiales en un recipiente muy profundo puede ahorrarse tierra y reducir el peso del mismo rellenando el tercio inferior con virutas de poliestireno (espuma). En recipientes pequeños, que son más proclives a secarse, piense en usar una tierra especial para cestas colgantes, que contienen un agente de humectación para ayudar a empapar de agua. Algunas plantas, como las camelias y las azaleas, precisan condiciones ácidas y se plantan mejor usando una tierra ericácea de fórmula especial.

CÓMO PLANTAR EN UNA MACETA

1 Las macetas y macetones llenos pueden ser difíciles de mover, por lo que hay que plantarlos allí donde se vayan a colocar. Cubra los orificios de drenaje con una capa de tiestos rotos o corteza troceada.

2 Use una tierra de tipo franco-limoso para plantas permanentes como árboles y arbustos. Para las plantas anuales son mejores las tierras de turba o sustitutos de la turba.

3 Elija una planta alta o desnuda para el centro, como *Cordyline australis* o una fucsia, o una con flores grandes, como alguna especie del género *Osteopermum,* como la de la fotografía.

4 Rellene el resto con plantas más compactas y rastreras por el borde. Elija flores brillantes, si la pieza del centro es una planta de hojas, pero ponga el acento en el efecto del follaje, si el punto de interés es una planta con flores.

5 Riegue bien el conjunto. Si queda mucha parte de tierra visible, puede añadir una cubierta decorativa como corteza troceada, que ayudará a retener la humedad; en conjuntos densos, no será necesario.

CÓMO CREAR UN ELEMENTO DECORATIVO EN UNA MACETA

1 Para crear un elemento decorativo para el invierno, elija plantas perennes atractivas con hábitos y formas que contrasten. En la imagen, se han usado una conífera enana y unas hiedras variegadas de hojas pequeñas con bulbos de floración primaveral para lograr un estallido de color en primavera.

2 Primero coloque los bulbos en la superficie, de manera que pueda distribuirlos uniformemente por la jardinera. Los bulbos pequeños que se multiplican libremente, como *Muscari armeniacum*, jacintos, quionodoxas y *Anemone blanda*, podrán manejarse para que mejoren con el paso de los años.

3 Cuando esté satisfecho con la posición de los bulbos, plántelos con un trasplantador, con cuidado de perturbar lo menos posible las raíces de la conífera y las hiedras. Riegue bien la jardinera y en la medida necesaria.

Plantar ejemplares grandes

Una técnica útil que ahorrará mucho esfuerzo al plantar un ejemplar semimaduro en un tiesto grande consiste en llenar parcialmente el recipiente con tierra. Se toma el tiesto donde se ubicará la planta y se lleva al lugar donde se plantará, comprobando que está a la altura correcta. Después se aprieta la tierra alrededor del tiesto vacío y se usa como molde para el cepellón de la planta. Se retira el tiesto vacío y simplemente se desliza la planta hacia su posición. Se afirma ligeramente el suelo para eliminar bolsas de aire. Se cubre el recipiente con tierra, si fuera necesario, y se riega bien. Después de regar, se cubre la superficie con piedras grandes para lograr un efecto ornamental atractivo. El peso adicional ayudará también a que el ejemplar permanezca en su posición.

Flores para macetas

- *Ageratum* (damasquino)
- *Antirrhinum* (boca de dragón)
- *Begonia*
- *Bidens*
- *Brachyscome*
- *Cerinthe*
- *Chrysanthemum*
- *Dianthus* (claveles, rosas)
- *Echium*
- *Felicia*
- *Laurentia* (sin. *Isotoma*)
- *Lobelia*
- *Myosotis* (nomeolvides)
- *Nicotiana* (planta del tabaco)
- *Schizantus* (orquídea del pobre; flor mariposa)
- *Senecio*
- *Tagetes* (caléndula)
- *Tropaeolum* (mastuerzo)
- *Viola x wittrockiana* (pensamiento)

Lathyrus odoratus (arvejilla de olor), una de las más habituales plantas anuales fragantes, puede usarse en forma rastrera, en vez de cultivarla para que trepe por una columna o una estructura.

Plantas perennes en maceta

Algunas plantas perennes resistentes son ideales para lucir en macetas y similares. Aunque no florecen tan prolíficamente como si se plantan en el suelo, en general son más fáciles de cuidar y tienen una variedad más amplia de diferentes condiciones externas.

Rincones en la sombra

Esta jardinera permanente contiene tres clases diferentes de helecho, y es ideal para un lugar oscuro, húmedo y sombreado. Estas condiciones no son las preferidas por muchas plantas, pero los helechos progresarán bien. Siempre que no se dejen secar las plantas, crecerán felices durante muchos años.

Plantas perennes para macetas

Cuando elija plantas perennes para macetas, opte por especies que tengan un follaje decorativo para que se muestren atractivas durante toda la temporada de crecimiento. Las plantas siempre verdes también ofrecen interés en invierno. Algunas plantas perennes, entre ellas las hostas y los agapantos, constituyen excelentes ejemplares para este fin. Si las flores conforman el rasgo principal, como en el caso del agapanto, pueden ocupar una posición destacada mientras están en flor y después retirarse del primer plano en otros momentos del año. Cuando el principal atractivo es el follaje, como en el caso de las hostas, la planta recibirá un lugar preeminente durante la mayor parte del verano. Algunas plantas perennes pequeñas, como los zapatitos y la *Festuca glauca* (castañuela azul), pueden combinarse con otras plantas para crear una estampa permanente en una maceta o usarse a largo plazo entre los bulbos y las plantas de temporada en arriates. Así se ahorrará tiempo y dinero a la larga, ya que no habrá que comprar tantas plantas para llenar los tiestos.

Muchas plantas perennes son también más tolerantes a las condiciones de sombra que las de arriate anuales, y por ello son útiles para animar el colorido de esas zonas. Entre los candidatos ideales están las hostas, los helechos y la hiedra variegada. Otras plantas perennes, como las reinas rosadas y las siempreviviss, son tolerantes a la sequía y pueden resistir largos periodos entre riegos, por lo cual son idóneas para lugares soleados y cálidos, o para jardineras o cestas de acceso poco fácil para el riego.

CÓMO PLANTAR EN UN JARRÓN

1 Reúna todos los elementos que necesite: un tiesto de terracota, la planta de su elección (en este caso, *Cordyline*), piedras para tapar los agujeros de drenaje, tierra, abono de liberación lenta (suelto o en palitos) y gránulos para retener el agua.

2 Cubra el fondo del recipiente con piedras pequeñas y algunos fragmentos de mosaico roto o cerámica, para que la tierra no se salga por los agujeros de drenaje y poder retener la humedad que tiene la tierra después de haberla regado.

3 Llene parcialmente el tiesto con una tierra de buena calidad (la mejor para este fin es la de tipo franco). Si lo desea, mezcle abono de liberación lenta y gránulos de retención de agua en la tierra antes de llenar por completo el tiesto.

Plantas perennes para macetas

Acanthus
Achillea
Agapanthus
Anthemis
Artemisia
Aquilegia
Astrantia
Diascia
Doronicum
Euphorbia
Festuca
Geranium
Helleborus
Hosta
Incarvillea
Lamium
Pulmonaria
Sedum

Plantas perennes invasivas

Aegopodium
Convallaria
Gunnera
Houttuynia
Persicaria
Phalaris
Physalis

IZQUIERDA
El follaje y las flores de las plantas perennes *Stachys byzantina* y *Nepeta x faassenii* se combinan perfectamente en un recipiente.

Recipientes raros

Los recipientes ofrecen también la oportunidad de cultivar plantas que en otras circunstancias lucharían por sobrevivir en las condiciones de suelo, así como plantas perennes invasivas que podrían invadir los macizos o incluso todo el jardín. El ruibarbo gigante ornamental (*Gunnera manicata*), por ejemplo, puede alcanzar 2 x 2 m en un lugar húmedo, pero en un recipiente grande, como medio barril, se queda en un tamaño más manejable.

Las plantas alpinas crecen bien también en macetas, y progresan con buen drenaje y condiciones aireadas. El recipiente las lleva también a asumir formas fantasiosas e intrincadas, que son de lo más apreciado. Cuando se cultivan en una cubeta, pueden combinarse con otras plantas enanas y con rocas para crear un atractivo paisaje en miniatura o un lecho alpino.

4 A continuación haga un agujero en la tierra e introduzca la planta, colocándola de manera que la parte superior del cepellón este al ras de la superficie de la tierra. Si la planta más abajo de ese nivel, la planta sufrirá.

5 Ahora coloque todas las plantas que son adicionales que desee incluir flanqueando la planta principal. Añada más tierra para rellenar los agujeros y afírmela. Introduzca palitos de abono, si no añadió gránulos de fertilizante a la tierra.

6 Una vez terminados todos los pasos anteriores, puede regar generosamente el jarrón o maceta. Si ha seguido las indicaciones correctamente, las plantas pronto crecerán y llenarán el recipiente al completo.

Árboles y arbustos en patios

Los árboles y arbustos fuertes y tolerantes a las sequías sirven de excelente refugio vegetal y pueden usarse para crear un punto de interés o dar abrigo y sombra al patio.

Plantas en un patio

Los árboles y arbustos añaden estructura a los macetones y otros recipientes permanentes, además de a otras configuraciones de plantas dentro del jardín. Aunque casi todas las especies pueden cultivarse en macetas, es buena idea elegir árboles y arbustos que no sean demasiado fuertes como para impedir las tareas cotidianas de poda y trasplante. Los árboles y arbustos pueden usarse como un centro visual de atención en el jardín, y cuando se cultivan en macetas o similares modifican el modo en que luce el conjunto, al irse moviendo las plantas. También dan abrigo e intimidad en el patio en los meses de invierno, además de añadir color e interés durante el resto del año.

A la hora de plantar árboles y arbustos en recipientes, se pueden cultivar tipos que no sobrevivirían en la tierra del jardín. Por ejemplo, si el suelo es alcalino, no se podrían

Un árbol pequeño en un macetón puede ir colocándose por el jardín según convenga. Un cambio de lugar atraerá la atención tanto hacia el árbol como hacia lo que lo rodea.

cultivar directamente en la tierra especies que prefieran terrenos ácidos, como brezos, rododendros, camelias y azaleas, pero sí en macetas y jardineras llenas de tierra ericácea. También es posible cultivar plantas exóticas que no sean resistentes en la zona, siempre que estén protegidas de las heladas, como en un invernadero o un cobertizo, para mantenerlas a salvo en el invierno.

¿En qué recipiente?

Elija un recipiente grande y de fondo ancho con orificios de drenaje que sea estable una vez provisto de la planta. Pueden usarse cubos de madera, barriles cortados por la mitad o incluso depósitos vacíos de agua. Lo mejor es que el recipiente esté sobre un carro con ruedas en el exterior, donde pueda moverse con más facilidad. Sin embargo, si no fuera posible, colóquelo con cuidado antes de plantar, porque después podría ser difícil reajustar su ubicación. Para una pequeña colección de plantas se necesitaría un macetón de al menos 45 cm de diámetro, relleno de tierra franca.

Elección de árboles y arbustos

Si está buscando un punto de interés, elija plantas bellas con denso follaje, como el boj o el laurel, pero si lo que persigue es dar también color, escoja un arbusto variegado, como podría ser el *Aucuba japonica*. Las estampas

CÓMO PLANTAR UN ÁRBOL O ARBUSTO EN UN MACETÓN

1 Elija un macetón o un tiesto grande con un diámetro de al menos 45 cm, salvo que vaya a plantar arbustos muy pequeños. Compruebe que sea pesado (arcilla o piedra, por ejemplo, y no plástico) y ponga trozos de cerámica rota o corteza troceada en el orificio de drenaje.

2 A continuación rellene sólo parcialmente el macetón de tierra franca. Como consejo, no debe usar nunca tierras ligeras, porque se necesita peso para la estabilidad posterior del macetón.

3 Saque la planta del tiesto y, si tiene las raíces enrolladas alrededor del cepellón, estire algunas con cuidado de manera que puedan crecer más fácilmente por la tierra del recipiente. Debe tener cuidado para no romper las raíces.

CÓMO PLANTAR UNA ENREDADERA EN MEDIO BARRIL

1 Rellene el medio barril con tierra franca. Necesitará un recipiente grande y profundo y una mezcla de tierra pesada, que fije bien las guías y las plantas y que no se venza fácilmente.

2 Plante la enredadera, usando el número correcto de plantas. Por ejemplo, en un barril de este tamaño se necesitarán tres o cuatro clemátides. Incline el cepellón de la planta de manera que apunte ligeramente hacia dentro.

3 Ate las guías juntas con cuerda o use un soporte, como los vendidos en las tiendas. Si el desarrollo de la planta la lleva a alcanzar la parte alta del soporte, rebájela para que adquiera una forma más densa.

estacionales de arbustos, como rododendros y camelias, también son muy eficaces. Al cultivar en macetas y recipientes tendrá la ventaja añadida de que cuando las flores se marchiten, podrá mover la maceta a un lugar menos destacado durante el verano. El tipo de arbusto que elija puede influir en el ambiente general del jardín; por ejemplo, combinando una yuca con el lustroso crecimiento de las hojas de *Fatsia japonica* (fatsia) le permitiría crear una atmósfera tropical vaporosa en todo el patio.

Hay dos tipos de árboles que resultan especialmente apropiados para cultivo en maceta: los ejemplares de crecimiento lento con un follaje atractivo, que pueden dejarse durante mucho tiempo a su ritmo, y los árboles de rápido crecimiento que responden bien a la poda anual para mantenerlos bajo control. Los árboles muy fuertes, como el eucalipto, *Betula pendula* (abedul) y *Salix* (sauce), son ideales para dar un toque de madurez a un jardín nuevo y pueden cortarse a principios de primavera para crear formas atractivas de numerosos tallos. Las macetas y macetones son también ideales para cultivar árboles que crecen por chupones, y que podrían suponer un problema en la tierra del jardín. Como las demás plantas, los árboles tienen capacidades diversas para afrontar la falta de humedad, por lo que si el riego le supone un problema, elija una especie resistente a la sequía como *Caragana arborescens* (arbusto del guisante).

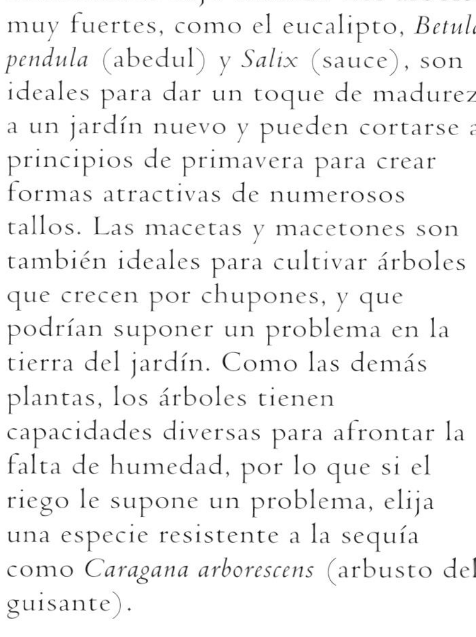

4 Pruebe el tamaño y la posición de la planta. Añada o retire tierra, según sea necesario, de manera que la parte superior del cepellón y el suelo estén de unos 2,5 a 5 cm por debajo del borde del recipiente, para poder regarlo.

5 Rellene con tierra firmemente alrededor de las raíces, ya que los árboles y arbustos ofrecen mucha resistencia al viento. Riegue bien la planta, y repita el riego cuando sea necesario, incluidos también los meses invernales.

Arbustos para macetas

Arundinaria	*Hydrangea*
Aucuba	*Juniperus*
Berberis	*Picea* (formas enanas)
Buxus	*Rhododendron*
Caragana	*Rosmarinus*
Chamaecyparis	*Skimmia*
Choisya	*Viburnum*
Cordyline	*Yucca*
Euonymus	
Fatsia	

Cuidado de macetas permanentes

El cultivo de plantas en macetas y otros recipientes permanentes requiere bastante mantenimiento. Necesita un abonado y un riego regulares: tal vez más que otras macetas, porque las plantas son más grandes. Muchas necesitarán también replantarse todos los años, o bien podarse o arreglarse para mantener una forma agradable. Pero no se desanime, pues a esta forma de cultivo de plantas se la asocian muchas ventajas.

Plantas perennes

Estas plantas se encuadran en tres grandes grupos, en lo que se refiere a sus cuidados: las plantas perennes de corta vida, que hay que sustituir cada pocos años; las perennes de larga vida, que deben dividirse un año de cada dos para conservar un hábito correcto y buena floración, y algunas perennes de larga duración, como el agapanto, que florecen mejor si se adhieren un poco al tiesto. En vez de dividir estas plantas, simplemente reponga los centímetros superficiales de la tierra cada primavera e introduzca algunos palos de fertilizante.

Todas las plantas perennes necesitarán cierta limpieza al final de la temporada. Retire los tallos y las hojas que amarilleen. A menudo las plagas, como caracoles y babosas, que suponen una amenaza en la tierra del jardín no lo son tanto en macetas. Sin embargo, el mildiu, que puede echar a perder las aguileñas y las pulmonarias, entre otras, es un problema más serio, porque las plantas cultivadas en maceta son más vulnerables, al sufrir mayores tensiones por el riego irregular. Si se produce un ataque al principio de la temporada, rocíe la planta con un fungicida sistémico, pero es mejor ignorar los ataques en momentos posteriores

El lirio del valle (*Convallaria majalis*) crece muy bien en macetas y progresará en la sombra, donde desde el verdor emana el delicado aroma de sus flores blancas.

CÓMO PROTEGERSE DEL FRÍO

1 Si está usando un envoltorio de plástico de burbujas o tela de lanilla, envuelva la planta en su recipiente generosamente y corte el tamaño correcto usando tijeras corrientes. En plantas particularmente vulnerables, corte material para una doble capa.

2 Cuando tenga cortado el material, coloque cuatro o cinco palos de guía en el recipiente y envuelva la planta con la lámina protectora. Si va a usar una abrazadera, basta con que pase la lámina sobre las guías, que habrán sido colocadas previamente.

3 Si va a usar un envoltorio doble de plástico de burbujas, deje la parte superior abierta para la ventilación y un hueco abajo para facilitar el riego, si fuera necesario. Si utiliza tela de lanilla, cubra la parte superior para conservar el calor.

Árboles y arbustos

La mayoría de los árboles y arbustos necesitan poco mantenimiento regular, aparte de una poda anual para eliminar las formaciones no deseadas o arreglar la forma global del árbol. Algunos ejemplares recortados, como el laurel, necesitarán un trabajo más frecuente durante la temporada de crecimiento, para que su perfil no se descomponga. Conviene limpiar los arbustos en flor, como rododendros y camelias, una vez que las flores empiezan a estropearse, para mejorar su aspecto.

Cada dos años en primavera será preciso replantar los ejemplares permanentes. Cuando pueda, muévalos a un recipiente más grande o replántelos en el mismo. Para ello, primero tendrá que sacar la planta del tiesto, lo cual es más fácil de decir que de hacer, sobre todo en ejemplares grandes. Use los dedos para retirar la tierra suelta que se haya adherido al cepellón y recorte las raíces enrolladas en torno a la base del tiesto. Después de limpiar el recipiente, coloque tierra nueva en la base y reponga el ejemplar, de manera que esté al mismo nivel que antes. Eche tierra nueva en los laterales del cepellón, afirmándola con delicadeza con un palo corto para que no queden bolsas de aire. Cubra con tierra fértil y añada abono de liberación lenta antes de regar bien el tiesto.

SOPORTE PARA LA PLANTA

Compruebe el tamaño potencial de la enredadera que va a plantar y coloque cañas en el recipiente que le sirvan de sostén. Con el abonado y el riego regular, una enredadera pequeña proyectará tallos fuertes que habrá que guiar en una estructura permanente alrededor de las cañas. Tal vez sea necesario atar la planta conforme vaya creciendo.

Poda ornamental

Elija árboles y arbustos compactos de crecimiento lento para una formación de poda ornamental: los mejores son el tejo y el boj, pero también resultan adecuados el acebo, el aligustre y ciertas variedades de madreselva. La estructura puede crearse a partir de un arbusto ya existente, o puede guiar el arbusto utilizando una estructura de alambres.

Pode el conjunto a mano, usando tijeras de podar para ir trabajando cada vez sobre un tallo. Una vez obtenida la forma, recorte el conjunto con un par de cizallas pequeñas.

Incluso las estructuras pequeñas de poda ornamental pueden requerir varios años para alcanzar la forma deseada. Sea paciente porque el esfuerzo verdaderamente lo merece.

CUIDADOS GENERALES DE PLANTAS EN MACETAS

1 La mayor parte de las tierras contienen abonos, pero se habrán consumido al cabo de seis semanas. Abone las plantas con un fertilizante líquido cada vez que las riegue o añada un abono de liberación lenta a la tierra en cada primavera, que durará durante toda la temporada de crecimiento.

2 Deje la parte superior de la tierra tal cual o añada una cubierta decorativa, por ejemplo con piedras o cantos rodados, comprados o recogidos en el campo. Así no sólo dará al tiesto un aspecto más atractivo, sino que también ayudará a mantener fresca la tierra y evitará que se evapore el agua.

3 Una vez finalizados todos los pasos, riegue la maceta con detenimiento y siga haciéndolo en intervalos regulares. Durante el tiempo cálido, es probable que deba hacerlo a diario. También será necesario un riego ocasional durante los periodos secos de los meses de invierno.

Plantas en un patio

No se limite a plantar en macetas y similares para dar vida a su patio, porque muchas plantas atractivas se adaptan bien para prosperar en las grietas, las hendiduras y los huecos libres del patio y de su alrededor.

Bolsas de plantas

Se pueden plantar espacios suficientemente grandes para que quepa un pequeño arbusto o enredadera levantando una o dos baldosas contiguas de una parte del patio. Elija una zona que no se use muy a menudo y lejos de los puntos de acceso. Saque la baldosa con una pala, o utilice mazo y cincel si está sujeta con cemento. Use una horca para labrar la base de la baldosa y la piedra gruesa antes de retirarla. Cave unos 30 cm eliminando todo resto de cimentación, y después utilice la horca para esponjar el suelo en el fondo del agujero. Es probable que este suelo sea de bastante mala calidad, así que conviene incluir mucha materia orgánica, como compost bien descompuesto, y cubrirlo con tierra nueva obtenida de otras partes del jardín, o bien usar una tierra vegetal rica.

Plante esta bolsa de plantas tal y como lo haría en un arriate, poniendo primero las plantas grandes y después rellenando los huecos con las pequeñas. Todas ellas han de ser resistentes a la sequía. Procure no provocar ninguna obstrucción ni peligro cuando use plantas grandes. Después de plantarlas, riéguelas con detenimiento y tape la superficie de la tierra con una cubierta decorativa de cantos rodados para evitar que germinen malas hierbas y ayudar a retener el agua. Siga regando las plantas hasta que se asienten.

PLANTAR EN EL PAVIMENTO

Prepare un espacio en el pavimento a una profundidad de 5 cm como mínimo. Añada tierra franca y plante la plántula. Añada más tierra alrededor de las raíces y afírmela. Riegue la planta regularmente con un nebulizador fino para no arrastrar la tierra.

Plantar en las grietas del pavimento

Las grietas entre las baldosas del pavimento y en los bordes del patio, que a menudo son colonizadas por malas hierbas, pueden usarse para cultivar una diversidad de plantas bajas resistentes a la sequía y suficientemente fuertes como para que se puedan pisar ocasionalmente. Con ellas se evitará también que vuelvan las malas hierbas.

Para preparar la grieta, primero arranque las malas hierbas. Las perennes deberán erradicarse con un herbicida que termine con la planta entera, incluidas las raíces. Utilice un destornillador para sacar el material suelto entre las baldosas del pavimento, llegando lo más abajo posible. Llene la grieta con una buena tierra vegetal, afírmela en el agujero con el destornillador para que no queden bolsas de aire. Nivele la tierra y afírmela con delicadeza.

Si va a plantar semillas directamente en la grieta, siémbrelas de forma fina y uniforme. Use una criba para extender la tierra sobre la semilla, y después riegue a bien con

CÓMO CREAR UNA BOLSA DE PLANTAS

1 Levante una o dos baldosas del pavimento, dependiendo de su tamaño. Si están asentadas sobre mortero, aflójelas con un cincel y una maza, y después sáquelas haciendo palanca con el cincel o una barra.

2 Si la baldosa se ha apoyado sobre hormigón, rompa el hormigón con el cincel y una maza. Labre el suelo con la horca, añada compost bien descompuesto o estiércol y un abono de liberación lenta.

3 Plante el arbusto o la enredadera, afírmelos bien y riéguelos con esmero. Coloque piedras o gravilla decorativas para que el conjunto sea más atractivo y se reduzca la posibilidad de que la tierra pase al resto del pavimento.

CÓMO PLANTAR EN UN MURO DE MAMPOSTERÍA

Apriete la tierra vegetal en la grieta con los dedos o con una herramienta. Afírmela para que no haya bolsas de aire. Introduzca la planta en la grieta y añada más tierra. Mantenga esta tierra húmeda hasta que las plantas se hayan asentado rociándola con un nebulizador.

Buenos ejemplares para plantar en el patio

Plantas para grietas en el suelo
Aubrieta deltoidea
Dianthus deltoides
Erinus alpinus
Scabiosa graminifolia
Thymus

Plantas para grietas en muros
Globularia cordifolia
Lewisia tweedyi
Saxifraga callosa
Sedum spathulifolium
Sempervivum
Thymus

Plantas para bolsas
Armeria maritima
Campanula portenschlagiana
Cerastium tomentosum
Sedum telephium
Veronica prostrata

Erinus alpinus.

Thymus serpyllum.

Veronica prostrata.

un nebulizador fino o con una regadera con alcachofa de paso fino, para que el agua no arrastre la semilla y la tierra. Aclare las plántulas cuando sean suficientemente grandes para su manejo, dejando sólo las más fuertes.

Plantar en las grietas de los muros

Los muros de los jardines o los que conforman los arriates elevados pueden plantarse con una técnica similar a la descrita para las grietas. Las hendiduras de los muros tendrán que ser suficientemente grandes para que quepa el cepellón de la planta y tener bastante profundidad para que la especie se asiente. Sólo pueden usarse plantas muy resistentes a la sequía.

Disponga una piedra pequeña y plana en la base de la grieta para que la tierra no se caiga antes de colocar la planta y apriete más tierra alrededor de sus raíces. Riéguela bien hasta que la planta se asiente. Puede partir directamente de una semilla colocada en la grieta mezclándola con algo de tierra, humedeciéndola y apretándola sobre la hendidura.

El carácter formal de un pavimento regular bordeado por ladrillo se ha suavizado con una plantación exuberante de herbáceas de baja altura. Estas hierbas surgen de las bolsas y grietas entre las losetas del pavimento en este encantador patio informal.

Riego de plantas en macetas

Mantener las plantas húmedas es de vital importancia durante la estación de crecimiento y debe proseguirse con el riego, aunque con menor frecuencia, en los meses de invierno. Esta labor lleva su tiempo, pero existen muchas técnicas y productos que pueden usarse para facilitarla.

Cestas colgantes

Una cesta colgante en la que quepa mucha tierra retendrá el agua mejor que una cesta pequeña. Recubra las cestas de tela metálica con polietileno antes de plantar. Use una tierra especial para cestas colgantes que contenga un agente de humidificación para facilitar el riego. Añada gránulos que retengan el agua para guardar el líquido durante más tiempo y elija plantas tolerantes a la sequía que puedan sobrevivir durante un periodo más largo sin agua, y cúbralas bien en épocas de escasez.

Macetas en los patios

Elija el recipiente más grande que pueda y cúbralo, si es poroso, por ejemplo de terracota, con una lámina de polietileno; pero tenga cuidado de no tapar los orificios de drenaje. Mezcle los gránulos de retención de agua en la tierra antes de plantar, o introduzca los gránulos en orificios hechos con caña de bambú en la tierra en los recipientes que sean permanentes. Cubra la superficie de todos los recipientes con piedras o cantos rodados para que no se evapore la humedad.

Problemas de riego

Cuando una planta en maceta tenga poco agua, la tierra se secará y será difícil volverla a empapar. Si el agua se asienta en la superficie sin penetrar, añada una gota de detergente para lavavajillas al agua antes de regar. Esta gota actuará como agente de humidificación, haciendo más fácil la absorción del agua. Alternativamente, coloque unos bloques de hielo en la

Las cestas colgantes son vulnerables a los vientos que las desecan y deben mantenerse bien regadas.

CÓMO USAR GRÁNULOS DE RETENCIÓN DE AGUA

1 Vierta la cantidad recomendada de agua en un cuenco. Esparza los gránulos sobre la superficie, agite ocasionalmente hasta que se haya absorbido el agua.

2 Añada los gránulos hidratados a la tierra en la proporción recomendada. Mezcle los gránulos hidratados minuciosamente antes de usar la tierra vegetal para plantar.

superficie de la tierra. De este modo penetrará más lentamente en la superficie al fundirse el hielo, y entonces se podrá regar con normalidad.

En casos muy graves de sequía, el cepellón se contraerá desde los laterales de la maceta, con lo que el agua circulará entre el cepellón y las paredes y se saldrá por los agujeros de drenaje. Evite esta situación añadiendo tierra a la parte alta del cepellón y empujándola para rellenar los huecos. Después, proceda a regar.

Durante los periodos cálidos es mejor regar a primera hora de la mañana o al final de la tarde para reducir la evaporación.

Riego de plantas para terrenos ácidos

Las plantas propias de terrenos ácidos que se cultivan en tierra ericácea sufrirán si se riegan con aguas duras, directamente del grifo. Si vive en una zona de aguas duras, recoja el agua de la lluvia (que es ligeramente ácida) en un cubo o añada una bolsa de té usada a una regadera llena, dejándola reposar 24 horas antes de regar.

Riegue las plantas de suelos ácidos, como esta pieris variegada, con agua de lluvia recogida en un tonel, si vive en una zona de aguas duras.

CÓMO REGAR LAS MACETAS

1 Una de las formas más sencillas de regar es con una regadera. Con ella se puede suministrar justo la cantidad correcta de agua a cada planta. Sin embargo, lleva mucho tiempo, por lo que sólo puede realizarse con un número reducido de macetas. Compruebe siempre que la tierra está bien empapada y que no sólo ha mojado la superficie.

2 Un buen consejo es que puede aplicar el agua más rápidamente en las macetas permanentes usando una regadera sin la alcachofa puesta, aunque así el trabajo resultará menos largo y tedioso que en el anterior. Pero si riega de esta manera, las plantas estarán muy húmedas cada vez que lo haga.

3 Para grupos amplios de macetas, un método más eficiente para regar es un nebulizador en el extremo de una manguera. Si tiene varias cestas colgantes, consiga mejor una lanza-regadera. De esta forma, el trabajo será más rápido.

4 Si no ha usado un abono de liberación lenta, podría abonar las plantas a la vez que las riega añadiendo un abono líquido a la regadera. Abone las macetas una vez por semana, cuando las plantas estén creciendo rápidamente o floreciendo mucho.

Equipo de riego

Se puede disponer de una amplia variedad de elementos para facilitar el riego. Elija uno que sea válido para todo tipo de macetas y recipientes y que encaje en sus planes. Las regaderas y las mangueras con una lanza con nebulizador facilitan notablemente el riego de las macetas. Se puede dirigir la manguera a plantas individuales o montarla de manera que alcance a un grupo de plantas rociándolas con agua.

Existe además una amplia variedad de recipientes de riego autónomo, que tienen un depósito de agua y son útiles especialmente en lugares cálidos y soleados. Sin embargo, si tiene bastantes macetas será preferible instalar un sistema de riego automático. Éste consiste básicamente en una red de tubos de pequeño calibre surtidos por una fuente de agua. Suministra agua a todos los recipientes por medio de salidas de goteo ajustables que vierten sobre la tierra. El sistema puede hacerse completamente automático añadiendo un temporizador o un ordenador conectado al grifo exterior.

Jardines de agua y roca

Los elementos de agua dan una nueva dimensión al jardín, aportándole color, movimiento y un sonido en arrullo que puede usarse para crear una atmósfera relajada. Si se plantan y diseñan bien, estos elementos acuáticos son fáciles de cuidar y de disfrutar.

La consideración más importante al crear un elemento acuático es colocarlo correctamente. Se necesita un lugar abierto y soleado, muy apartado de los árboles y de la sombra densa. Elija un tipo de estanque que se complemente con el estilo del jardín y ubíquelo donde sea más apreciado.

Cuando diseñe un estanque, piense en añadir otros rasgos o elementos complementarios al jardín al mismo tiempo. Un jardín húmedo difumina la división entre el estanque y el jardín y permite cultivar algunas plantas maravillosas, mientras un jardín de roca puede ser tan natural o tan espectacular como uno quiera.

Las flores moradas de la *Iris sibirica* convierten un vistoso adorno en un jardín acuático informal y encantador.

Pequeños adornos acuáticos

Ningún jardín contemporáneo estaría completo sin introducir agua en alguna parte del diseño. Con un equipamiento moderno, los pequeños adornos acuáticos son fáciles de instalar.

Elección del adorno

La creación de un adorno acuático solía requerir una considerable labor de planificación y una intensa excavación, pero el desarrollo de kits fáciles de instalar y de bombas sumergibles fiables de bajo voltaje ha hecho que incluso un principiante pueda hoy construir un elemento acuático atractivo en menos de un día. Naturalmente, para huir de errores es aconsejable una planificación minuciosa, pero una vez que decida la posición adecuada, el tiempo necesario para instalar el elemento acuático suele ser breve.

Existen muchas clases de adornos para elegir, pero se pueden agrupar según su función: un curso de agua, que crea un efecto de corriente; chorros, eyectados desde una fuente para salpicar un muro; estanques burbujeantes, en los que el agua salpica un montoncito de cantos rodados o similar, y estanques de aguas quietas.

Recuerde que la temperatura de un estanque pequeño, situado en un lugar muy soleado, puede fluctuar demasiado como para albergar peces.

Agua en movimiento

Todos los adornos pequeños con agua en movimiento tienen un cierto equipamiento básico: una bomba sumergible y un depósito para contener el agua. El depósito puede comprarse para el fin que se pretende o hacerse a partir de cualquier elemento que pueda contener agua, desde el depósito de una caldera hasta un hoyo recubierto con revestimiento de embalse. El depósito debe tener la profundidad suficiente para cubrir completamente la bomba con agua, pero los depósitos grandes

CÓMO PREPARAR UNA FUENTE DE CANTOS RODADOS

1 Marque el diámetro deseado del depósito y cave un hoyo un poco más ancho y profundo que sus dimensiones. Coloque una capa superficial de arena en el fondo del hoyo. Asegúrese de que el borde del depósito está ligeramente por debajo del nivel del suelo circundante.

2 Rellene con tierra el hueco entre el depósito y los laterales del hoyo. Afírmelo. Cree una zona de desagüe preparando una pendiente del suelo circundante hacia el borde del depósito. Ponga dos ladrillos en el fondo que actúen como soporte de la bomba. Después coloque la bomba.

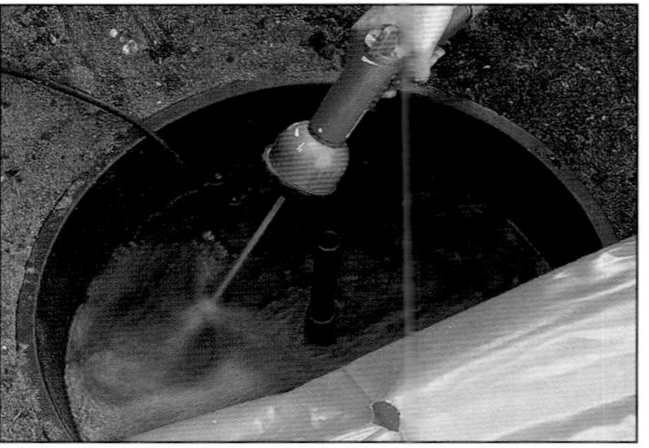

3 Compruebe que el tubo usado para el chorro de la fuente esté entre 5 y 7 cm más arriba que los laterales del depósito. Recubra el desagüe con una lámina de plástico y córtelo de manera que el plástico envuelva el depósito, o corte un agujero en el centro del tubo de la fuente. Llénelo con agua.

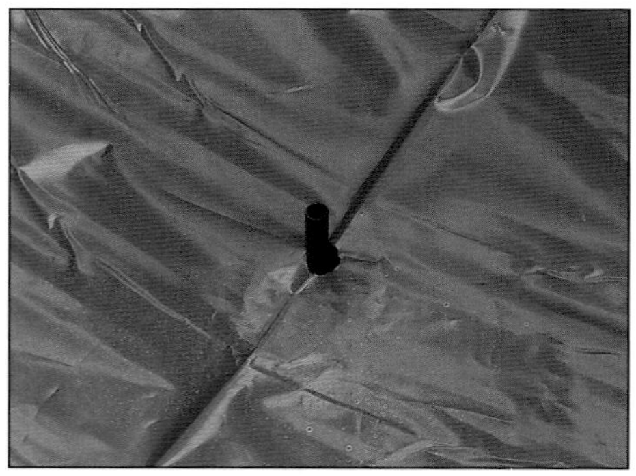

4 Una vez termiandos los pasos anteriores, coloque la lámina de plástico (que ya tendrá preparada al comenzar a hacer la fuente) sobre el depósito, con el tubo de la fuente sobresaliendo a través del orificio, y ajuste el caño.

5 Coloque una pieza de tela metálica galvanizada (suficientemente grande para el resto del borde del depósito) encima para soportar el peso de las piedras mojadas. Si usa piedras pequeñas, coloque una tela metálica menor sobre la mayor para que no se caigan.

6 Cubra la zona alrededor de la bomba con una capa de piedras. Compruebe que la altura del caño es la satisfactoria. Cuando le parezca bien el resultado que se muestra en la imagen, componga la distribución de las piedras.

La fuente borboteante terminada da interés a una esquina del jardín que habría pasado desapercibida.

son mucho más fáciles de mantener, ya que han de rellenarse con menos frecuencia, sobre todo en verano.

La forma más fácil de crear un pequeño adorno acuático con agua en movimiento es abrir un depósito a una profundidad de unos 5 cm por debajo del suelo. Después, cree una zona de desagüe inclinando el suelo alrededor del hoyo hacia el depósito, de manera que cuando lo revista con un polietileno de alta resistencia o un recubrimiento de embalse flexible, el agua drene hacia el depósito. Coloque la bomba en el depósito y cúbralo con una tela metálica resistente y una malla más pequeña para que las piedrecitas no caigan dentro. Ordene los cantos rodados y las piedras en la tela metálica para ocultar el depósito y el desagüe para crear una fuente.

Puede cambiar el resultado añadiendo una piedra de molino u otro elemento de interés, o diferentes tipos de chorros en el tubo de salida de la bomba para crear variedad e interés.

Alternativamente, use un pedazo de tubería para unir el tubo de salida con un muro o con un caño de agua exento.

Aguas quietas en el patio

Puede crear un pequeño estanque atractivo con un cubo grande o medio barril. Húndalo en el suelo o déjelo en pie en el patio, como un estanque elevado. Si el recipiente no está sellado correctamente, recúbralo con revestimiento de embalse flexible, grapando la parte superior justo fuera de la vista, debajo del borde. Recorte el sobrante cuidadosamente y cubra el fondo con una capa de gravilla. Llene con agua y déjelo en reposo durante unos días antes de plantarlo con plantas acuáticas enanas, como lirios acuáticos, juncos y la forma variegada de acoro gramíneo.

Existen estanques elevados más grandes disponibles en forma de kit en los centros de jardinería, o pueden prepararse a partir de revestimientos de fibra de vidrio apoyados en muros de ladrillo.

Plantas para estanques en miniatura

Acorus gramineus «Variegatus»
Azolla filiculoides
Lirios acuáticos enanos
Eichhornia crassipes
Juncos effusus f. *spiralis*
Marsilea quadrifolia
Trapa natans

Tamaño de la bomba

El tamaño de la bomba dependerá de la cantidad de agua necesaria para producir el efecto buscado. Un elemento acuático pequeño necesitará una bomba con una velocidad de flujo de unos 450 litros por hora, mientras que una fuente grande requerirá una bomba capaz de suministrar 650 litros por hora. Si quiere combinar varios elementos o tener un curso de agua, precisará una bomba mucho más grande (debe ver el envase del producto para conocer los detalles).

CÓMO PLANTAR UN ESTANQUE EN MINIATURA

Elija como maceta un recipiente impermeable atractivo, como un cubo resistente, y llénelo de agua. Plante variedades enanas o en miniatura de *Nymphaea* (lirio acuático) y *Eichhornia crassipes* (jacinto de agua).

Preparación de un estanque

Después de decidir la mejor posición para un estanque en su jardín, tendrá que pensar en el estilo y las dimensiones que desea darle, así como en los materiales de construcción.

Un borde de ladrillo o pavimento crea un efecto bastante formal, pero el estanque cobra mayor interés si se usa la tierra cavada para levantar detrás un arriate elevado.

Planificación de un estanque

Un estanque que se sostenga solo y no requiera un mantenimiento constante debe ser lo más grande posible. Con independencia de la forma, habrá de tener al menos 5 m^2 de superficie, y para que no se caliente demasiado deprisa en verano ni se enfríe en invierno, tendrá que alcanzar una profundidad mínima de 60 cm en buena parte de la zona que ocupa. Para colocar las plantas de manera que tengan las raíces en el agua, pero los tallos en el aire, se precisa una plataforma en la orilla de 23 cm de ancho y unos 15 cm bajo la superficie del agua alrededor del borde. Antes de cavar, compruebe que no hay obstáculos ocultos, como tuberías y cables.

Revestimiento del estanque

Un estanque puede hacerse con un revestimiento rígido preformado o con un revestimiento flexible especial. Los revestimientos rígidos son normalmente de plástico o fibra de vidrio y se venden en una diversidad de formas y tamaños adecuados para la mayoría de los estilos de jardín. Los revestimientos rígidos suelen estar en el lado pequeño, con poco espacio, para plantas de las orillas, y lleva más trabajo instalarlos. Un revestimiento flexible, hecho de PVC, caucho de butilo o polietileno de alta resistencia, permite un mayor control sobre el diseño del estanque. Puede plegarse en las esquinas para formar un estanque rectangular o cuadrado, y es particularmente adecuado para un estanque informal, porque puede doblarse para adaptarse a cualquier forma que se desee. Sin embargo, se necesita cierta habilidad para crear un estanque de forma convincente, y el revestimiento podría dañarse con facilidad, sobre todo en un suelo pedregoso.

CÓMO INSTALAR UN REVESTIMIENTO FLEXIBLE

1 Marque la forma del estanque que desea con una manguera de jardín o cuerda para las curvas, y palos y cuerda para los bordes rectos; después elimine posibles tepes de césped y empiece a cavar el estanque. Redistribuya la tierra extraída en otras partes del jardín.

2 Cave toda la zona a unos 23 cm de profundidad, y después marque las posiciones de las plataformas de las orillas. Cada una debería tener una anchura de 23 cm. Cave las zonas más hondas a unos 50-60 cm de profundidad. Incline los laterales verticales para que la pendiente apunte ligeramente hacia dentro.

3 Verifique el nivel cada poco rato mientras trabaja. Corrija las discrepancias que pueda tener con tierra de jardín cribada. Cerciórese de que no hay piedras afiladas en la base y los laterales que pudieran dañar el revestimiento, y después alinee el hoyo con arena.

Tamaño del revestimiento flexible

Los revestimientos flexibles pueden obtenerse en diversos tamaños. Para calcular el que necesitará para su estanque, use las siguientes fórmulas:

Longitud = 2 x profundidad máxima + longitud máxima del estanque

Anchura = 2 x profundidad máxima + anchura máxima del estanque

Por ejemplo, un estanque de 3 x 2 m con una profundidad máxima de 50 cm, necesitará un revestimiento flexible de 4 x 3 m.

Bordes del estanque

El estilo del borde y el material usado deben reflejar el carácter formal del estanque y los materiales usados en otras partes del jardín. Un estanque formal luce más con un borde de pavimento recto y limpio, mientras que uno informal puede cubrirse con piedras de forma irregular o con baldosas pequeñas, que pueden seguir el perfil de las suaves curvas del agua.

Alrededor del borde de un estanque con vida, sería adecuado colocar una playita de piedras en pendiente, para que los animales que lo visiten puedan darse un baño y beber.

CÓMO INSTALAR UN REVESTIMIENTO RÍGIDO

1 Traslade la forma al suelo introduciendo cañas alrededor del borde de la unidad. Use una manguera, cuerda o arena para marcar el perfil en el suelo.

2 Retire la unidad y las cañas y cave el hoyo aproximadamente a la profundidad requerida, siguiendo el perfil marcado con la máxima exactitud posible.

3 Use un nivel y una tabla recta, colocada en el borde, para ver si está bien nivelado. Mida para ver que la profundidad también es la adecuada y deseada.

4 Ahora retire las piedras grandes. Ponga el estanque en el hoyo y después añada o quite tierra para garantizar que está bien encajado y completamente nivelado. Compruébelo con un nivel.

5 Retire el estanque y recubra el hoyo con arena húmeda, si el suelo es pedregoso. Con el estanque en posición y los niveles nuevamente verificados, rellene con arena o tierra fina, con cuidado de no desnivelar el conjunto.

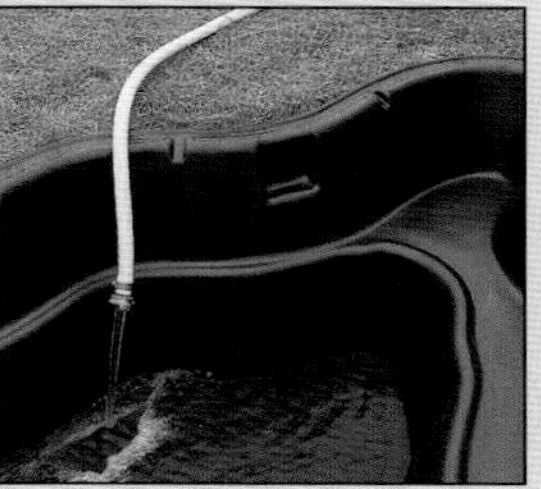

6 Rellene con agua limpia y siga haciéndolo con posterioridad cuando sea necesario, comprobando el nivel con regularidad para garantizar que el revestimiento no se ha movido. Déjelo reposar durante unos días antes de aprovisionarlo de plantas.

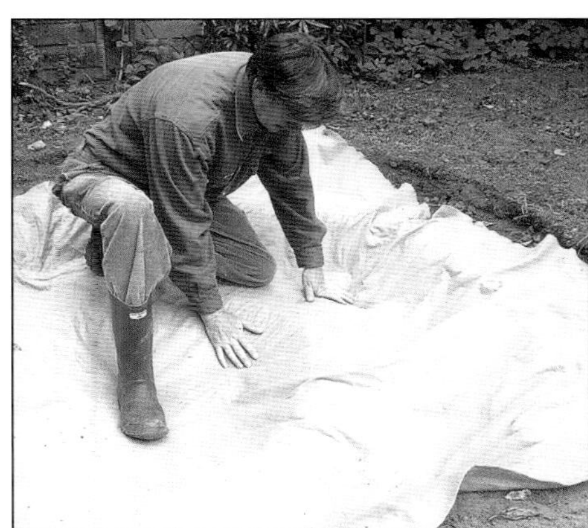

4 Si el suelo donde está instalando el estanque es pedregoso, tal vez deba recubrir el hoyo con aislante o un revestimiento especial de embalse. Recorte el revestimiento de forma que encaje perfectamente en el hoyo que ya ha realizado.

5 Extienda el revestimiento en su posición sin estirar indebidamente de él. Elija un día cálido, porque así el revestimiento estará más flexible. Lastre los bordes con piedras, y después llene lentamente el estanque. Coloque el revestimiento de manera que siga los contornos conforme se vaya llenando de agua.

6 Una vez que esté lleno el estanque, recorte el exceso de revestimiento para dejar un sobrante de al menos 15 cm en todo el borde. A continuación cubra el sobrante con pavimento u otro material. Para disimularlo, extienda el borde del agua unos 2,5 cm.

Aprovisionamiento de un estanque

Es esencial elegir la combinación correcta de plantas acuáticas para crear un equilibrio natural en el estanque. Elija plantas que se adecúen al tamaño del mismo, de manera que no tenga que trocearlas regularmente para mantenerlas bajo control.

Un estanque informal, donde se deja actuar a la naturaleza, pronto se convertirá en refugio de la vida silvestre.

Tipos de plantas acuáticas

Las plantas de estanque pueden agruparse según la profundidad del agua que requieren.

- **Plantas de aguas profundas.** Estas plantas, que incluyen el género *Nymphaea* (lirios acuáticos), son esenciales para la salud general del estanque, porque las hojas cubren la superficie y dan sombra, lo que contiene el crecimiento de algas y ofrece un buen refugio para los peces.
- **Plantas de las orillas.** Las raíces de las plantas de las orillas están en el agua, pero los tallos y las hojas crecen por encima de la superficie. En su mayoría florecen sólo durante un tiempo breve entre finales de primavera y finales de verano, por lo cual conviene combinar variedades con diferentes momentos de floración para prolongar el periodo de interés. Además, incluya plantas con follaje atractivo, como los iris variegados *I. pseudacorus* «Variegata» o *I. laevigata* «Variegata», o bien *Schoenoplectus lacustris* subesp. *tabernaemontani*, que dura varios meses.
- **Plantas acuáticas sumergidas.** Aunque no tan ornamentales como otras especies, las plantas sumergidas son importantes para mantener la salud del estanque. Consumen el exceso de nutrientes que podrían, en caso contrario, estimular el crecimiento de hierbas en el fondo y otras algas. Además, oxigenan el agua, mejorando el entorno para los peces y otras criaturas acuáticas. Añada unos diez ramos por metro cuadrado de superficie del estanque.
- **Plantas flotantes.** Estas plantas, junto con las que viven en las aguas profundas, aportan sombra para los peces y desincentivan el crecimiento de algas. Intente cubrir un tercio, aproximadamente, de la superficie con hojas flotantes.

CÓMO PLANTAR ESPECIES ACUÁTICAS

1 Para empezar a trabajar, llene una cesta especial para plantas acuáticas con tierra preparada para este fin. El revestimiento de arpillera ayudará a evitar que se caiga la tierra por los huecos del entrelazado de la cesta.

2 Una vez completado el paso anterior, saque la planta del recipiente y plántela en la cesta a la profundidad original, usando un trasplantador para añadir o quitar tierra si fuera necesario. Cuando lo haya finalizado, afírmela bien.

3 Cubra la tierra para plantas acuáticas con gravilla para ayudar a mantenerla en su lugar cuando ponga el tiesto en el estanque y para reducir al mínimo la acción de los peces. Empape la planta en un cubo de agua para sacar las burbujas de aire.

Cómo plantar

La forma más sencilla de introducir una planta acuática consiste en emplear una cesta especial. Si usa un tipo tradicional con el lateral de malla, recúbralo con arpillera antes de plantar, para que la tierra no se salga. El revestimiento adicional no será necesario si utiliza un tipo moderno de cesta acuática con micromalla. Emplee tierra de fórmula especial para estanques, porque la modalidad corriente perderá muchos de sus nutrientes, estimulando una proliferación excesiva de algas. También puede usarse tierra vegetal de buena calidad, si es difícil obtener la fórmula especial para especies acuáticas.

Aunque puede poner más de una planta en una cesta grande, será mejor plantar cada ejemplar por separado de manera que más tarde puedan retirarse y dividirse las plantas individuales o sustituirse con más facilidad. Cubra la cesta con una capa de 2 cm de gravilla fina para que los peces no descoloquen la tierra ni enloden el agua. Empape la cesta en un cubo de agua antes de colocarla en el estanque.

4 Una vez que esté bien empapada, coloque la planta con mucho cuidado en la plataforma del borde del estanque de manera que el recipiente quede cubierto por entre 3 y 5 cm de agua aproximadamente; no debe haber más agua por encima.

CÓMO PLANTAR UNA OXIGENADORA

Las plantas acuáticas sumergidas se denominan oxigenadoras y son esenciales para la salud del estanque. Para plantar una oxigenadora, como, por ejemplo, *Lagarosiphon major* (tomillo acuático), átela a una piedra y déjela caer al agua. La planta arraigará en el sedimento del fondo del estanque.

INTRODUCCIÓN DE PECES

No suelte nunca los peces directamente en el estanque. Primero aclimátelos dejando flotar la bolsa en que los transporta en la superficie del agua durante una hora. De este modo, las temperaturas del agua de dentro y fuera de la bolsa se irán igualando; después de un tiempo, puede dejarlos nadar en libertad.

APROVISIONAMIENTO DE UN ESTANQUE CON VIDA

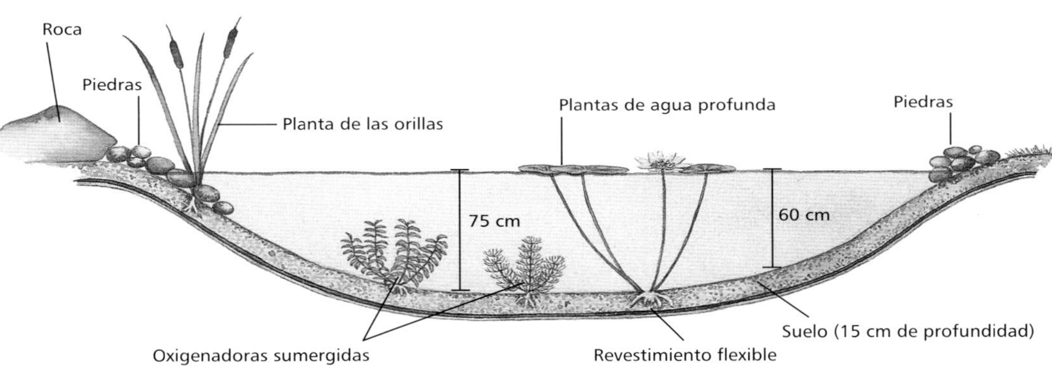

Este estanque tiene un borde en pendiente que permite que aves y otros animales lleguen al agua con facilidad. Rodéelo con plantas exuberantes y herbáceas largas para que la fauna pueda buscar refugio.

Plantas que se cultivan sin problemas en estanques

Plantas de aguas profundas
Nymphaea «Attraction»
N. «Aurora»
N. «Ellisiana»
N. «Froebelii»
N. «Pygmaea Helvola»
Nymphoides peltata (genciana acuática)
Orontium aquaticum

Plantas de las orillas
Acorus calamus «Variegatus»
Butomus umbellatus (junco florido)
Caltha palustris «Flore Pleno» (centella de agua)
Iris laevigata «Variegata»
Myosotis scorpioides
Pontederia cordata (flor de la laguna)
Schoenoplectus lacustris
Typha minima

Plantas sumergidas y flotantes
Azolla filiculoides (helecho de agua)
Eichiornia crassipes (jacinto acuático)
Eleocharis acicularis
Fontinalis antipyretica
Hydrocharis morsus-ranae
Ranunculus aquatilis
Stratiotes aloides (pita de agua)
Trapa natans
Utricularia vulgaris

Cuidados del estanque

Una vez realizado, un estanque bien construido y con plantas adecuadas se mantendrá básicamente solo. Sin embargo, hay una serie de tareas estacionales que convendrá realizar para ayudar a mantener su equilibrio.

Ejemplar maduro del lirio acuático *Nymphaea* «Attraction» a principios del verano.

Primavera

Cuando hayan pasado los peores rigores del invierno, podrá retirar la red que recoge las hojas caídas por el viento y cambiar el calentador del estanque por una bomba. El estanque se llenará de vida mediada la primavera, cuando rebroten las plantas de las orillas, aparezcan las primeras alfombras de lirios y en un día claro puedan verse peces en la superficie. Es el momento de empezar a dar de comer a los peces y de limpiar el estanque para la primavera. Retire las hojas muertas o descompuestas para que no ensucien el agua.

A mediados y finales de primavera es un momento ideal para añadir nuevas plantas al estanque. Merece la pena añadir dosis especiales de abono muy a la tierra de las plantas asentadas. Introduzca el abono muy bien en la tierra para que los nutrientes no se pierdan en el agua y estimulen el crecimiento de algas. Si el estanque se pone verde de algas en esta época del año, coloque una paja especial que puede conseguir en los centros de jardinería.

Verano

Elija un día cálido y agradable de final de primavera o principios de verano para sacar y dividir las plantas muy crecidas.

Los peces necesitarán alimento regularmente durante el verano. Procure darles de comer por la mañana y limpie la comida que no consuman y quede flotando en la superficie del agua después de unos diez minutos usando una red de malla fina. Así evitará que se hunda y se termine por pudrir.

Los problemas en los estanques se dan a menudo en verano. Use el chorro de agua de una manguera para atacar las plagas de los lirios acuáticos. Las extensiones filamentosas de las algas se extraerán con una caña de bambú o un rastrillo. Antes de echarlas a la pila de compost, déjelas un par de horas a un lado del estanque para que las posibles criaturas atrapadas puedan volver al agua. Utilice una red de malla fina para sacar del estanque las lentejas de agua flotantes, que podrían extenderse rápidamente por la superficie. Reponga agua hasta el nivel previsto, en caso necesario, y limpie el filtro de la bomba si sospecha que está obstruido. En tiempo tormentoso, tal vez observe a los peces boqueando en la superficie por conseguir aire. Aumente entonces

CÓMO DIVIDIR UN LIRIO ACUÁTICO

1 Levante el lirio acuático que ha escogido en primavera, póngalo en un cuenco con agua y lávelo para limpiarlo de tierra. Recorte las raíces demasiado largas con tijeras de podar y elimine las hojas dañadas.

2 Con un cuchillo perfectamente afilado, corte el rizoma en pedazos, asegurándose de que todas las secciones tienen raíces y hojas o brotes de hojas; si no tuviera esas hojas y raíces, sería muy difícil su floración posterior.

3 Plante las secciones en tiestos de tierra para especies acuáticas. Añada una capa de gravilla para que la tierra no sufra. Ponga el tiesto en un cuenco con agua y manténgalo en un lugar en sombra. Al cabo de unos meses aparecerán hojas nuevas.

CÓMO AYUDAR A LAS PLANTAS VULNERABLES A SUPERAR EL INVIERNO

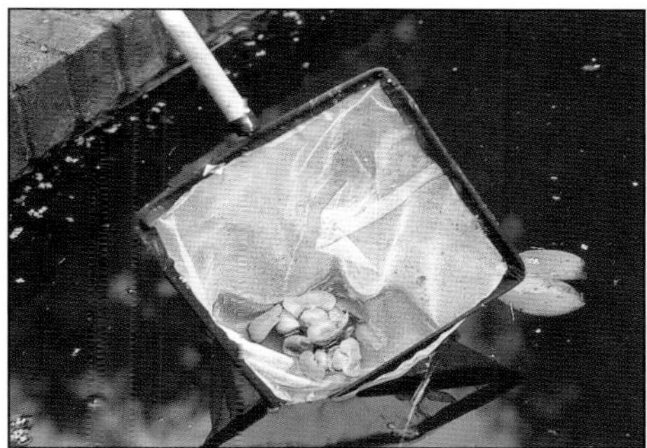

1 Recoja plantas que se encuentren en buen estado. Tal vez se hayan deteriorado durante la estación fría; no guarde ninguna que parezca estar pudriéndose o marchitándose porque estropearían al resto.

2 Ponga un puñado de las plantas en un recipiente de plástico para un estanque acuático. No coloque demasiadas plantas en cada recipiente; repártalas en varios, para que no se toquen. Algunos jardineros ponen un poco de tierra en el fondo para aportarles nutrientes.

3 Mantenga las plantas en un lugar suficientemente protegido de las heladas, como un invernadero. Puede guardarlas en un alféizar fresco. Cúbralas o cámbieles el agua de vez en cuando para evitar que se contamine.

los niveles de oxígeno del agua encendiendo la bomba o echando agua con una manguera en la superficie.

Otoño

Las tareas principales del otoño son limpiar las hojas muertas de las plantas de las orillas e impedir que las hojas de los árboles caducos cercanos caigan al estanque. Corte las plantas de la orilla, de forma que la parte alta de los tallos esté por encima de la superficie del agua con el estanque lleno. Retire el resto de la materia orgánica. Guarde las plantas acuáticas vulnerables en un cubo de agua del estanque en un lugar fresco, pero protegido de las heladas, como un invernadero, hasta la primavera. A principios del otoño, use un alimento rico en proteínas que ayude a los peces a acumular reservas suficientes para sobrevivir al invierno, y cuando refresque deje de darles este alimento. Saque la bomba del estanque, guárdela con cuidado e introduzca un calentador de agua, que ayudará a mantener al menos una mínima parte de la superficie del estanque no helada en los rigores invernales.

Invierno

Si completa todas las tareas de cuidado del estanque a tiempo en el otoño, apenas tendrá nada que hacer en invierno, aparte de mantener el agua limpia de hojas caídas que pudieran llegar volando desde otras partes del jardín y comprobar que, al menos, una parte de la superficie no se congela durante el largo periodo invernal.

La forma más sencilla de tratar una zona congelada consiste en colocar un recipiente con agua caliente en la superficie, de manera que abra un hueco en el hielo. No golpee nunca el hielo con un martillo para intentar romperlo, pues las ondas de choque provocadas podrían perjudicar a los peces. Si se ha formado una capa de hielo importante, haga sifón de unos 5 cm de agua inmediatamente debajo del hielo. La capa de aire formada contribuirá a aislar el agua e impedirá que se congele en más cantidad.

MANTENIMIENTO EN VERANO

Plantas oxigenadoras sumergidas, como la *Lagarosiphon major,* y especies rampantes, como el *Myriophyllum aquaticum,* obstruirán el estanque si no se limpia periódicamente. Elimine el exceso con una red o similar.

CÓMO PREPARAR UN ESTANQUE PARA EL INVIERNO

1 Un estanque pequeño se puede proteger durante el peor momento de caída de la hoja con una fina tela metálica. Ancle la tela justo por encima de la superficie del estanque. Retire las hojas regularmente y, al término de este periodo, levante la tela.

2 Si no puede cubrir el estanque con una fina tela metálica, use una red de pesca o quite regularmente las hojas, no sólo las superficiales, sino también las situadas bajo la superficie. Las hojas descompuestas en el fondo contaminarán el agua.

Jardines húmedos

Los jardines húmedos se combinan particularmente bien con los elementos acuáticos, ayudando a crear un entorno natural, pero también deben considerarse por su propio valor, pues permiten cultivar en el jardín una mayor variedad de plantas.

CÓMO CREAR UNA ORILLA DE PLANTAS EN UN ESTANQUE

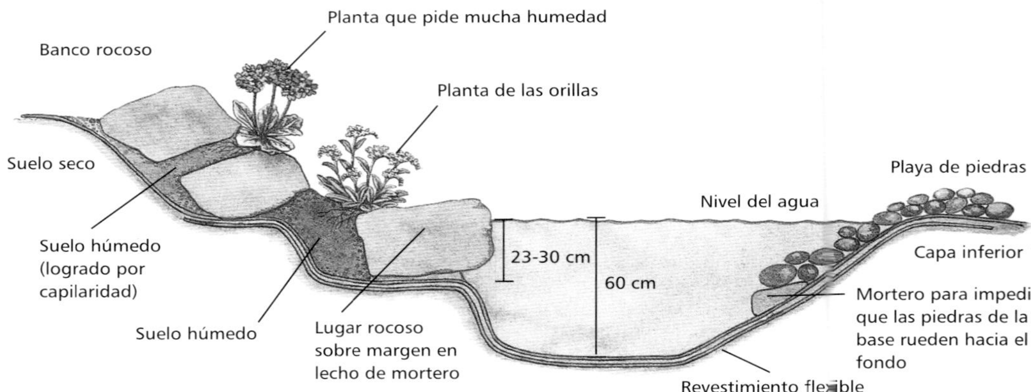

Añadir un margen húmedo en un estanque lo hará más atractivo y facilitará la integración con el jardín circundante. Es un lugar perfecto para experimentar con plantas inusuales que necesitan mucha agua.

Decisión sobre el sitio

Los jardines húmedos son zonas de suelo permanentemente mojado adecuadas para cultivar plantas propias de orillas y zonas pantanosas. El resultado es particularmente eficaz en los adornos acuáticos, donde el exuberante follaje y las vistosas flores ayudan a integrar visualmente los estanques con el resto del jardín. Un jardín húmedo puede plantarse en una zona permanentemente anegada o crearse en un lugar seco con un revestimiento de embalse.

El suelo de un jardín húmedo debe mantenerse empapado, lo que puede obligar a un riego regular durante los meses de verano. Antes de plantarlo, piense en la posibilidad de instalar una conducción para riego automático.

Creación de un jardín húmedo

Un jardín húmedo es muy fácil de crear. Si está preparando un estanque al mismo tiempo, simplemente puede ampliar la zona cavada y usar una única pieza de revestimiento flexible para recubrir tanto el estanque como la zona húmeda. Sin embargo, también puede crear un jardín húmedo cerca de un elemento acuático ya existente o diseñarlo como un ente autónomo. Prepare una zona de unos 45 cm de profundidad con pendiente a los lados y una base plana en el fondo. No la haga demasiado pequeña, pues si no el suelo tendería a desecarse, e intente mantener la parte más ancha con no más de 2 m de diámetro para que pueda llegar a las plantas del centro y mantenerlas bien. Recubra el hoyo con arena, como si se tratara de un estanque y luego cúbralo con un revestimiento flexible.

Si va a construir el jardín húmedo al mismo tiempo que el estanque, prepare un borde de piedras a lo largo de la orilla entre los dos y extienda una red de malla fina en el jardín húmedo por el interior de las piedras. De este modo impedirá que la tierra se deslice por la

Plantas adecuadas para un jardín húmedo

Aruncus	*Hosta*
Astilbe	*Iris*
Caltha	*Ligularia*
Cardamine	*Lysichiton*
Filipendula	*Lobelia* (algunas)
Helechos resistentes	*Primula* (algunas)
Hemerocallis	*Zantedeschia*

CÓMO PLANTAR UN JARDÍN HÚMEDO

1 Ajuste la posición de las plantas sin sacarlas de sus tiestos hasta que esté satisfecho con la colocación. A continuación riegue bien cada tiesto y deje drenar antes de comenzar a plantar el centro del jardín húmedo primero.

2 Cuando haya terminado el primer paso, debe preparar un hoyo un poco más grande que el recipiente y plantar a la misma profundidad que tenían antes las plantas. Afirme bien el suelo alrededor de cada planta.

3 Nivele el suelo sobre el jardín húmedo después de completar la distribución de plantas y acolche la superficie con una capa de cubierta orgánica suelta como ayuda para contener la pérdida de humedad. Procure no apilar la cubierta contra los tallos de las plantas.

CÓMO MULTIPLICAR PLANTAS HÚMEDAS POR SEMILLA

1 Rellene la base del semillero elegido con piedras para facilitar el drenaje del agua. Después llene con tierra de plantas acuáticas, pero sólo hasta 1 cm antes de llegar al borde del semillero.

2 Afirme la tierra con una bandeja del tamaño del semillero, pero no la apriete. Humedezca la tierra sumergiendo la bandeja en agua superficial durante un par de horas hasta que la superficie de la tierra rezume de humedad.

3 Esparza las semillas y cubra con tierra. Rocíela regularmente para mantenerla húmeda. Cuando sean suficientemente grandes para manipularlas, tome las plántulas y cultívelas.

piedra y enlode el estanque. Para facilitar el drenaje del exceso de agua, prepare algunos orificios bien separados en el revestimiento del jardín húmedo y cúbralos con una capa de 5 cm de grava. Recorte el revestimiento flexible para dejar un sobrante de 15 cm en todos los lados antes de llenar el jardín húmedo con una mezcla de tres partes de tierra y una de materia orgánica bien descompuesta. Deje asentarse la tierra durante un par de semanas y después mezcle un abono de liberación lenta. Riegue bien antes de plantar las especies elegidas. Empiece por el centro y avance hacia el exterior. Como toque final, cubra el sobrante del revestimiento con piedras decorativas. Alternativamente, si está junto a un macizo de plantas, cúbralo con una capa fina de tierra o cubierta vegetal.

Las plantas cultivadas con esmero en un jardín húmedo le ayudarán como transición hacia el resto del jardín.

Jardines de roca

Como los estanques o los cursos de agua, los jardines de roca agradecen un espacio abierto. Si se planifican bien, todos estos elementos se refuerzan mutuamente. En un jardín nivelado, la tierra excavada durante la instalación del estanque puede usarse para formar la base.

Los jardines de roca son perfectos para cultivar una selección de plantas alpinas.

Construcción de un jardín de roca

Cuando construya un jardín de roca, intente conseguir en la mayor medida posible un efecto natural, pues corre el riesgo de que parezca un montón de tierra incrustada en la piedra. El ingrediente más importante es el de las rocas, que se compondrán más fácilmente como si fueran una afloración rocosa de la misma clase natural. Elija un tipo de roca que tenga líneas de estratos claras en su contorno, así como una textura y un color atractivos. Los mejores tipos son probablemente la caliza y la arenisca, aunque es posible conseguir un buen resultado con otras clases de rocas.

Necesitará piedras de distintos tamaños, desde 15 a 100 kg. Por ello, debe procurarse los medios para manipular las más grandes. Si vive cerca de una cantera, úsela como fuente; en caso contrario, recurra a los proveedores que aparezcan en las guías locales; además, en algunos centros de jardinería se ofrece una selección de estas rocas.

CÓMO CONSTRUIR UN JARDÍN DE ROCA

1 La base de este jardín de roca es un buen lugar para deshacerse de las piedras y el suelo inferior cavados cuando se ha preparado un estanque. Por lo tanto, el primer paso es escoger el lugar donde va a instalar el jardín de roca.

2 Use una mezcla de tierra especial para los 15-23 cm de arriba, sobre todo si se usa el suelo excavado de un estanque. Mezcle partes iguales de tierra, arena gruesa y turba (o sustituto de turba) y distribúyalas de manera uniforme en el montículo.

3 Extienda las primeras rocas en la base, comprobando que los estratos discurren en una misma dirección, y añada más mezcla de tierra alrededor. Rellene con tierra los huecos que puede haber entre las rocas y el suelo para evitar que se muevan.

Diseño de un jardín de roca

El diseño debe adecuarse a cada situación. En un terreno en pendiente se puede construir un afloramiento de estilo natural o una serie de terrazas, o una combinación de ambas cosas para conseguir un buen roquedal. En un lugar nivelado, funcionará un afloramiento más accidentado, con líneas de estratos en un ángulo de 45°, o bien una serie de piedras planas para crear un efecto de pavimento con líneas de estratos horizontales.

Es esencial una planificación minuciosa. Marque el lugar con cuerdas y mejore el drenaje en caso necesario; si tiene tierra pesada, tal vez deba cavar un hoyo de unos 30 cm de profundidad, llenarlo a la mitad con cascotes y cubrirlo con una capa de arena gruesa antes de aplicar encima una buena mezcla de tierra de buena calidad y drenaje.

CÓMO PLANTAR UN JARDÍN DE ROCA

1 Coloque las plantas dentro de sus tiestos para ver cómo quedará el conjunto y haga los ajustes necesarios. Las plantas alpinas constituyen una buena elección para un jardín de roca.

2 Use una paleta para preparar un orificio un poco más ancho que el cepellón. Puede hacerse con paletas muy estrechas, que son particularmente útiles para plantar en las hendiduras entre las rocas.

3 Compruebe que la planta está a la profundidad correcta, y después extienda suelo arenoso alrededor de las raíces y afírmelo bien.

4 Termine la labor cubriendo la superficie expuesta con más arena gruesa para mejorar el drenaje y proteja las hojas de las salpicaduras.

Construcción de un cuadro alpino en una pendiente

Si es practicable, empiece en la parte baja de la pendiente y constrúyalo en capas. Elija la piedra más atractiva para empezar a construir el cuadro alpino y colóquela en el centro, de manera que la línea de estratos se incline suavemente hacia el suelo. Una tercera parte de la piedra estará bajo tierra, con lo que habrá que cavar un hoyo donde quepa. Después se añadirán piedras a ambos lados, de manera que las líneas de estratos caigan exactamente en el mismo ángulo. Compruebe que todas las piedras están bien firmes antes de colocar las siguientes, apisonando el suelo alrededor de cada roca. Repita el proceso para todas las capas del cuadro alpino, y rellene los huecos con una mezcla de drenaje libre consistente en partes iguales de tierra vegetal de buena calidad, turba (o su sustituto) y arena gruesa. Después plante y cubra la superficie con piedrecitas del mismo material que el usado en el cuadro alpino.

4 Coloque la siguiente hilera de rocas haciendo palanca para poder moverlas. Para ello puede usar palancas y rodillos, como mejor sistema para mover las rocas más grandes y pesadas. Puede coger usted mismo algunas de las pequeñas.

5 Conforme vaya completando cada capa, añada más tierra y consolídela en torno a las rocas. La tierra que coloque alrededor o debajo de las piedras, permitirán que éstas no se mueva, por ejemplo en un día muy lluvioso.

6 Cerciórese de que los laterales están en ligera pendiente hacia dentro y la parte superior es razonablemente plana, sin formar una cúspide. Coloque las plantas y después cubra la tierra expuesta con una capa de piedrecillas.

Huertos

El cultivo de hortalizas es uno de los aspectos más satisfactorios de la jardinería. En un terreno grande se podría llegar a la autosuficiencia con una planificación minuciosa y el tiempo y el esfuerzo necesarios. Incluso en un jardín pequeño es posible cultivar una amplia variedad de hortalizas, lo cual reducirá el gasto en las tiendas de alimentación y ofrecerá comidas muy sabrosas durante todo el año.

Antes de embarcarse en el rediseño del terreno para cultivar hortalizas, es preciso tener en cuenta una serie de factores. Primero, se examinará el jardín en sí, su ubicación, su aspecto, el tipo de suelo y el tamaño. En segundo lugar, se estimará la fuerza de trabajo: la propia capacidad en jardinería y el tiempo que se podrá dedicar al cuidado de los cultivos.

No se olvide de las vacaciones, porque suelen caer en los momentos más inconvenientes. Después, piense si pretende cultivar hortalizas para consumirlas frescas o producir una cantidad suficiente para guardarlas para el invierno. Por último, prepare una lista de las especies hortícolas que le gustaría comer.

Los soportes de largas cañas de bambú dan sostén a las judías verdes.

Diseño de un huerto

La planificación inicial es la parte más importante para el cultivo de hortalizas. Es esencial planificar un suministro continuo y evitar tanto la superabundancia como la escasez.

Elección de un estilo

Una planificación minuciosa le ayudará a alcanzar una continuidad en el aporte de hortalizas para su mesa. Es esencial la sucesión de tiempos, y la mejor forma de conseguirlo es estimar cuándo se quiere que cada cultivo alcance la madurez e ir retrocediendo en el tiempo para determinar la mejor fecha de la siembra.

Hay tres sistemas principales de cultivar hortalizas: en surcos en un terreno concreto; en canteros permanentes, y al azar, dispersas por todo el jardín. La última es tal vez la forma más agradable estéticamente en un pequeño jardín de las afueras, pero los cultivos hortícolas tendrán que competir con las plantas vecinas por la luz, la humedad y los nutrientes, lo que reducirá su crecimiento y su producción. Por tal motivo, los jardineros suelen preferir el método tradicional de cultivar hortalizas en una zona dedicada que pueda mantenerse limpia de otras plantas y prepararse específicamente según las necesidades de las hortalizas.

Recientemente se ha puesto de moda un sistema de canteros permanentes, llamados canteros sin labranza. Las hortalizas se cultivan en canteros rodeados de caminos permanentes, lo que significa que crecerán más cerca unas de otras, y la producción aumentará porque el suelo no se compacta al pisarlo. Este sistema requiere además menos esfuerzo para preparar el suelo (a menudo no se necesita cavar una vez asentado el sistema), y como los surcos son mucho más cortos se facilita el acceso a todas las partes del huerto. Además, dado que las plantas se cultivan juntas se reduce al mínimo la posibilidad de que arraiguen las malas hierbas. Este sistema puede usarse con eficacia en un jardín pequeño, sobre todo si se

La siembra de cultivos en hileras en un huerto bien diseñado hace mucho más fácil arrancar las malas hierbas.

elige un material decorativo para los caminos.

Canteros sin labranza

Planee con detenimiento el diseño de los canteros. Una serie de canteros rectos podría ser la opción más adecuada en un terreno agrícola, pero en un pequeño jardín resultaría más atractivo un sistema de canteros entrelazados. Sin embargo, no debe elegir un modelo complicado, porque reduciría la cantidad de espacio de cultivo y arruinaría las ventajas del cultivo de hortalizas.

Los canteros deben ser de 1,2 m de ancho aproximadamente para que pueda llegarse al centro desde los lados, y los caminos tendrán unos 30 cm de anchura. Si quiere acceder con carretilla, deberá aumentar la anchura del camino de forma proporcional. Utilice tablas tanalizadas de 15 cm de anchura para los laterales. Apóyelas en varas de 45 cm de largo y 5 cm de ancho, en las esquinas y en intervalos de 1 m en los laterales. Cave los canteros minuciosamente, y después excave la parte superior de los caminos y cubra

Cuando hay sitio en el jardín, un terreno específico es la forma más productiva de cultivar hortalizas. La división del huerto en canteros hace mucho más sencilla la rotación de cultivos.

los canteros con una mezcla de partes iguales de materia orgánica bien descompuesta y tierra vegetal. Cubra los caminos con una membrana supresora de malas hierbas y después con corteza en trozos u otro material resistente.

Rotación de cultivos

Si cultiva la misma familia de hortalizas en el mismo terreno año tras año, se acentuarán los estragos de las plagas y las enfermedades, reduciendo la producción. La manera más sencilla de evitar este problema en huertos permanentes y canteros es usar un sistema de rotación de cultivos cada tres o cuatro años. Además, este método de jardinería tiene la ventaja de permitirle invertir de manera eficaz su tiempo en el jardín. Por ejemplo, un terreno puede haberse labrado intensamente cuando se cavó en otoño, para conseguir las mejores condiciones para las coles. Al año siguiente, habrá que cavar sólo un poco para plantar raíces y tubérculos, que no necesitan un suelo tan rico.

Los cultivos se agrupan en familias. Use cada grupo en una zona diferente y después proceda a la rotación de una zona a otra en cada año. Existen cuatro grupos principales:

- **Coles.** Esta familia incluye brécol, coles de Bruselas, coles, calabrese, coliflores, col enana, col rábano y rábano.
- **Legumbres.** Las hortalizas de este grupo incluyen los guisantes, las judías verdes, las habichuelas y las habas.
- **Familia de la cebolla.** Este grupo incluye los puerros, el ajo, los cebollinos y las cebolletas, además de las cebollas.
- **Raíces y tubérculos.** Patatas, apio, remolacha, zanahoria y nabo se encuadran entre estas hortalizas.

Si va a usar un sistema de rotación de cuatro años, cada uno de estos cultivos puede cultivarse en un cantero diferente, pero si piensa en un sistema de tres años, combine las legumbres y las cebollas en un mismo cantero. También puede ser interesante y muy productivo crear un cantero permanente para cultivar especies

Los canteros de los huertos, repletos de vistosos cultivos bien granados, pueden tener el mismo atractivo que las plantas ornamentales más convencionales.

como espárragos, alcachofas y coles marítimas. Ya adopte un sistema u otro, cerciórese de mover, sobre todo, las coles todos los años.

CÓMO PLANIFICAR UNA ROTACIÓN DE CULTIVOS DURANTE TRES AÑOS

Año 1
Hay cuatro canteros en el huerto. Los cultivos se desarrollan según un sistema de rotación de cuatro o tres años.

CANTERO A: cebollas y legumbres.
CANTERO B: raíces y tubérculos.
CANTERO C: coles y lechugas.
CANTERO D: permanente.

Año 2
Con la excepción de ciertas hortalizas, que necesitan un lugar permanente, los cultivos se plantan en un cantero diferente cada año.

CANTERO A: coles y lechugas.
CANTERO B: cebollas y legumbres.
CANTERO C: raíces y tubérculos.
CANTERO D: permanente.

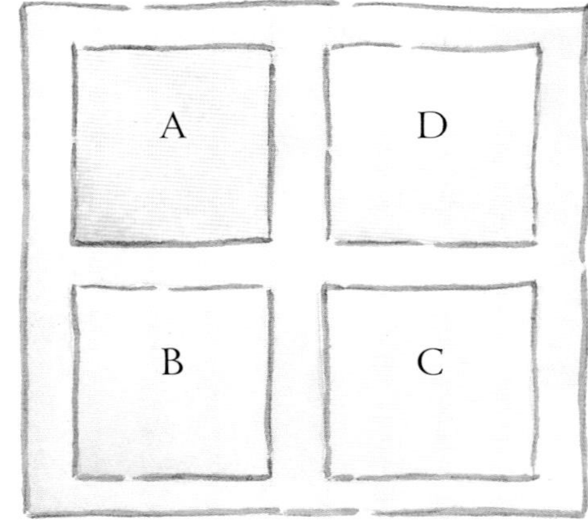

Año 3
Al mover así los cultivos, se previene la perpetuación de las plagas y enfermedades y se favorece un mejor tratamiento del suelo.

CANTERO A: raíces y tubérculos.
CANTERO B: coles y lechugas.
CANTERO C: cebollas y legumbres.
CANTERO D: permanente.

Siembra de hortalizas

La mayoría de las hortalizas se cultivan a partir de semilla, pero las técnicas que utilice dependerán del tiempo y de las instalaciones disponibles y de los cultivos que desee desarrollar.

Comprar semillas para hortalizas

Existe una extensa gama de cultivos disponibles en venta por correo en las empresas productoras de semillas, en las páginas web y en los centros de jardinería. Si va a comprarlas por correo, pida semillas durante los meses de invierno, cuando esté planificando las plantas de su próximo año, para sembrar a principios de primavera. Existen tres formas principales de sembrar, y el método utilizado dependerá de los cultivos que pretenda.

Siembra en interior

La siembra en interior en tiestos o semilleros modulares es una forma ideal de conseguir hortalizas en épocas tempranas. Este procedimiento ofrece los resultados más fiables, pero es caro, ya que hay que invertir en equipos como un propagador, además de aportar algo de calor a los cultivos. La principal ventaja es que puede sembrarse exactamente lo que se quiere, con independencia de las condiciones meteorológicas y del suelo. Es un buen sistema para cultivos como los tomates, que son caros de comprar como semilla, y de otros vulnerables, como los calabacines (zucchini), que necesitan guardarse a cubierto hasta que se haya superado la amenaza del frío.

SIEMBRA EN INTERIOR

Después de sembrar las semillas en bloques o bandejas, deben regarse bien y colocarse en un lugar cálido para que germinen de una forma correcta.

Siembra en semilleros

Algunos cultivos, en particular las coles, se siembran mejor en una zona preparada especialmente y después se trasplantan cuando alcanzan el tamaño adecuado. La ventaja principal de este sistema es que se puede usar el mejor terreno para sacar adelante los cultivos desde semilla y prestarles una atención extraordinaria durante este periodo crítico. Cultivar plantas en semillero también hace práctico proteger las plántulas del mal tiempo usando campanas. Este sistema es particularmente valioso para cultivos de mucha separación que, en caso contrario, ocuparían una extensa zona de crecimiento siendo todavía jóvenes. Sin embargo, no es adecuado para cultivos que se resienten si se perturban sus raíces.

SIEMBRA EN UN SEMILLERO

Los cultivos plantados en un semillero se pueden proteger del mal tiempo con campanas. Se colocarán en su posición definitiva al final de la primavera.

Siembra directa en surco

Muchos cultivos se siembran mejor directamente en los surcos en los que crecerán hasta alcanzar la edad madura. Es un buen sistema para cultivos, como las habas de huerta y los guisantes, que

CÓMO SEMBRAR SEMILLAS EN HILERAS

1 La mayoría de las hortalizas cultivadas en surcos, como las zanahorias, se siembran en hileras. Utilice una cuerda para que las hileras y, por tanto, los surcos sean rectos.

2 Abra una hilera superficial con la punta de una azada o un rastrillo. Consulte el paquete de semillas para ver la profundidad recomendada.

3 En tiempo seco, inunde de agua la hilera antes de sembrar, pero nunca después, para no arrastrar las semillas ni formar montones.

TÉCNICAS PARA SEMBRAR SEMILLAS Y PLANTAR BULBOS

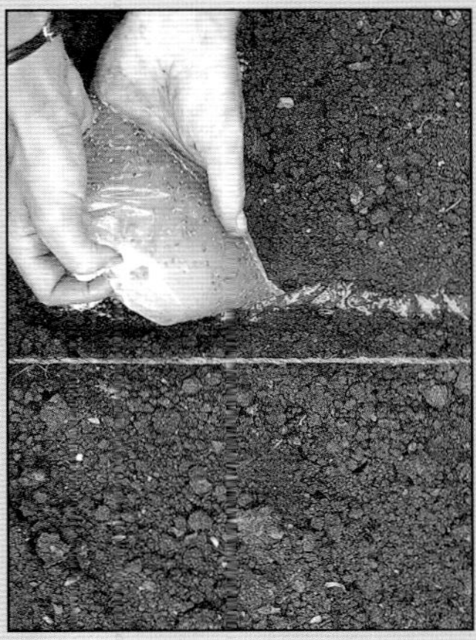

1 Las semillas de apio, zanahoria, cebolla y perejil germinan a veces y después se mezclan con pasta de papel, se colocan en una bolsa y se exprimen sobre la tierra. Este procedimiento se llama siembra fluida.

2 Las zanahorias deben sembrarse después de haberlas aclarado mucho. Mezcle la semilla con un poco de arena plateada, que hace más fácil sembrar de manera espaciada y uniforme.

3 Las semillas grandes, como los guisantes, pueden sembrarse una a una, con la separación correcta en una hilera ancha. Verifique que la zanja tiene la profundidad correcta.

4 Los cebollinos deben estar separados unos 15 cm. Empuje los bulbos en la hilera de manera que sólo sobresalgan las puntas. Rodéelos de tierra con una azada o un rastrillo.

pueden distribuirse con la separación correcta y para cultivos, como zanahorias y rábanos, que se resienten si se trasladan después de germinar. El inconveniente principal es que se desperdician semillas por tener que aclarar las plantas hasta la separación correcta, y por la variabilidad de la germinación y las pérdidas debidas a plagas y enfermedades.

Siembra fluida

En suelo seco o durante los meses de verano, la germinación por siembra directa puede ser errática. Una manera de superar este problema es usar una técnica denominada siembra fluida. Haga germinar las semillas en hojas de papel de cocina húmedo. Cuando empiecen a asomar las raíces, antes de que se abran las hojas, mezcle las semillas con una pasta de papel de resistencia media sin fungicida o un gel de siembra especial. Meta la mezcla en una bolsa de plástico y haga un pequeño orificio cortando en una esquina. Retuerza la parte superior de la bolsa para que la mezcla no rezume, y después exprímala en la hilera preparada, como si estuviera garapiñando un dulce.

4 Esparza las semillas uniformemente en la hilera. Hágalo con minuciosidad y se ahorrará tiempo después cuando tenga que aclarar las plántulas.

5 Una vez terminadas todas las indicaciones del paso anterior, debe proceder a cubrir la hilera de semillas con tierra si el suelo es pedregoso.

6 Use un rastrillo para devolver la tierra cavada a las hileras. Rastrille en la dirección del surco, no transversalmente, pues podría sacar las semillas de la hilera y producir un cultivo no uniforme.

Plantar hortalizas

Una serie limitada de hortalizas se pueden comprar como plántulas o plantones en macetas. Es una buena opción si se quieren tener sólo unas plantas o en caso de hortalizas que sean difíciles de sacar adelante desde que son semilla. Plante estas especies lo antes posible. También deberá plantar los cultivos sembrados bajo cristal y los cultivados en semilleros.

Plantar las hortalizas en surcos hace más fácil la labor de arrancar las malas hierbas, ya que será más sencillo diferenciar éstas de las especies plantadas.

Comprar las plantas

Si va a comprar las plantas en el centro de jardinería de su localidad, pregunte cuándo llegará la remesa siguiente y acuda al mismo en cuanto esto suceda, para conseguir plantas que no se encuentren en condiciones inapropiadas. Elija plantas robustas con hojas verde oscuro y sin signos de decoloración. Las hojas amarillas son signo de falta de nutrientes, y un tono azul podría indicar que las plantas han sufrido frío. Evite además las plantas con signos de plagas y enfermedades, como motas en las hojas, y verifique las puntas de crecimiento por si hay plagas, como pulgones, que no sólo las debilitarían sino que también transmitirían enfermedades, como virus de las hojas.

PLÁNTULAS COMPRADAS

Este calabacín se ha cultivado en un tiesto de fibra, de manera que las raíces se han tocado lo menos posible al plantarlo. Comprar plántulas de especies vulnerables a las heladas es una buena opción cuando no pueden darse las condiciones que necesitarían para germinar por sí solas.

Cuadro de hortalizas

Hortaliza	*Temperatura de germinación*	*Profundidad de siembra*	*Distancia de plantación en los surcos*	*Distancia entre surcos*
Apio	7 °C	1 cm	15 cm	30 cm
Brécol	5 °C	5 cm	60 cm	60 cm
Calabacín grande	15 °C	2,5 cm	1 m	1 m
Calabacín (zucchini)	15 °C	2,5 cm	1 m	1 m
Calabrese	5 °C	5 cm	25 cm	30 cm
Cebolla	7 °C	1 cm	4 cm	23 cm
Col	5 °C	5 cm	30 cm	30 cm
Coles de Bruselas	5 °C	5 cm	60 cm	1 m
Coliflor	5 °C	2,5 cm	45 cm	60 cm
Colinabo	5 °C	2,5 cm	15 cm	30 cm
Espinaca	10 °C	1 cm	15 cm	30 cm
Guisante	5 °C	2,5 cm	5 cm	45 cm
Haba de huerta	5 °C	5 cm	15 cm	50 cm
Habichuela	10 °C	5 cm	15 cm	60 cm
Judía verde	10 °C	5 cm	8 cm	45 cm
Lechuga	5 °C	1 cm	30 cm	30 cm
Maíz tierno	10 °C	2,5 cm	35 cm	35 cm
Nabo	15 °C	2,5 cm	13 cm	23 cm
Puerro	7 °C	2,5 cm	23 cm	23 cm
Rábano	5 °C	1 cm	1 m	15 cm
Remolacha	4 °C	2,5 cm	5 cm	15 cm
Tomate	15 °C	2,5 cm	40 cm	45 cm
Zanahoria	4 °C	2,5 cm	8 cm	15 cm

PLÁNTULAS EN MÓDULOS

Las coles y las coliflores a menudo se cultivan en módulos, con lo que las plántulas sufren menos tensiones al ser transplantadas. Muchos de estos módulos se diseñan de modo que puede sacarse la planta apretando suavemente la base mientras se sujeta en la parte superior.

CÓMO MOLESTAR LO MÍNIMO A LA PLANTA DEL GUISANTE

1 Empiece poniendo las semillas en un pedazo de canalón viejo. Bloquee los extremos y llénelo de tierra. Siembre las semillas a una separación de 5-8 cm y cubra con tierra. Ponga el canalón en un invernadero o un cajón vivero, y riéguelo con regularidad para mantener húmeda la tierra.

2 Cuando las plántulas estén listas para plantarse en su posición final en el jardín, haga un hoyo superficial con la azada. Deslice con mucho cuidado los guisantes para que pasen del canalón al surco. Las plántulas habrán de aclararse cuando crezcan.

Plantar las hortalizas

Las hortalizas resistentes, como las coles, las coles de Bruselas y otras berzas, que pueden mantenerse en el exterior deberían plantarse en el jardín en cuanto las condiciones lo permitan. Sin embargo, las plantas que aparezcan bajo cubierta en el centro de jardinería han de endurecerse antes de plantarse. También será preciso adaptar las plantas que se hayan cultivado desde semilla en un invernadero o un vivero. Es importante no comprar variedades vulnerables demasiado pronto en la temporada, pues habría que guardarlas en un lugar abrigado hasta que pase el riesgo de heladas.

Cuando plante hortalizas, intente reducir al mínimo las molestias a las raíces, para que las plantas no sufran durante su crecimiento. Riegue las plántulas antes de plantarlas y manténgalas a la misma profundidad que estaban en el recipiente. Use cuerda y un palo marcado con la separación correcta para facilitar la labor. La mayoría de las hortalizas se plantan en surcos rectos, pero el maíz tierno debería plantarse en bloques de surcos cortos, porque se poliniza por el viento y necesita que otras plantas crezcan cerca en todos los lados para asentarse bien. Las plántulas y las plantas cultivadas en maceta deben plantarse con la distancia de separación correcta.

Si el tiempo meteorológico o las condiciones del suelo impiden plantar de inmediato, mantenga las plantas bien regadas en sus recipientes. Si el retraso supera las dos semanas, replántelas en el recipiente del tamaño siguiente.

CÓMO TRASPLANTAR LAS PLÁNTULAS CULTIVADAS EN SEMILLERO

1 Remueva el suelo con una horca o una paleta. Es mejor levantar cada plantita por separado con paleta, pero si no se han aclarado suficientemente, esta labor será complicada.

2 Plante con la paleta y afirme bien el suelo. Una forma cómoda de aposentar el suelo alrededor de las raíces consiste en introducir la hoja de la paleta a unos 5 cm de la planta y apretar con firmeza hacia las raíces.

3 Las coles han de plantarse firmemente. Tire de alguna hoja después de plantarlas para comprobarlo pero sin arrancarla. Riéguelas siempre muy bien cuando hayan sido trasplantadas.

Cultivo de legumbres y cebollas

Judías, guisantes, cebollas y puerros son ingredientes esenciales en la cocina, y cultivarlos en el jardín puede ser muy gratificante.

Legumbres

Trate la mayoría de las habas como especies semirresistentes y siémbrelas en interior a principios de primavera, listas para plantarlas cuando pase la última helada o directamente en exterior en suelo preparado al final de la primavera. No obstante, las habas y los guisantes pueden sembrarse directamente en exterior a finales del invierno o principios de la primavera.

- **Habas.** Siembre las habas a 5 cm de profundidad y con una separación de 15 cm en canteros sin labranza o de 10 cm en dobles hileras separadas unos 50 cm. Siembre un cultivo temprano a mediados del verano bajo la protección de campanas, o a finales de invierno, y un cultivo principal a principios de primavera. Despunte 8 cm de las puntas de crecimiento cuando aparezcan las primeras habas para disuadir a los pulgones. Riegue bien las plantas en esta fase y ofrézcales un soporte en jardines expuestos, con cañas de bambú resistentes, atadas a ambos lados de la hilera.
- **Judías verdes.** Siémbrelas en interior en macetas profundas a principios de primavera y plántelas después de adaptarlas cuando haya pasado la amenaza de helada. Alternativamente, siémbrelas directamente en exterior con ayuda de una estructura de soporte de 1,8 m de vara, separadas 15 cm con 60 cm entre las hileras aproximadamente 15 días antes de la última helada prevista. Siembre a voleo para sustituir las pérdidas tempranas. Una segunda siembra a finales de primavera garantizará una cosecha continua hasta el otoño. Cubra el terreno entre las hileras con cubierta vegetal y proteja las plantas jóvenes de los caracoles. No deje que las vainas maduren en las plantas, pues se reduciría el rendimiento. Cultive sobre arcos entre los canteros sin labranza con fines tanto decorativos como productivos.
- **Judías verdes enanas.** Estas plantas tiernas necesitan sembrarse o plantarse después de la última helada. Siémbrelas a 5 cm de profundidad en macetas y después plántelas en hileras a mediados de primavera bajo la protección de

CÓMO PLANTAR JUDÍAS VERDES

Las judías verdes deben plantarse sobre una estructura de cañas para darles sostén mientras crecen.

Hay pocas cosas que sepan mejor que las judías frescas del jardín. Los excedentes pueden congelarse para consumirlos más adelante.

DESPUNTE DE LAS JUDÍAS

El despunte de la parte alta de las judías y las habas es una buena práctica porque disuade a los pulgones. Las puntas también pueden hervirse y consumirse.

SOPORTE DE LAS HABAS

Las variedades más altas de habas necesitan soporte con cuerda atada a varas, que deben colocarse en intervalos en las hileras de plantas.

SOPORTE DE LOS GUISANTES

Como soporte de las variedades más cortas de guisantes puede usarse una tela metálica, que facilitará la sujeción de las plantas sin necesidad de colocar ninguna vara.

campanas. Alternativamente, estas judías pueden plantarse con separación de 15 cm en un cantero sin labranza o de 8 cm en hileras. Las hileras deben estar separadas 45 cm. Un segundo cultivo de judías puede sembrarse directamente en el exterior a mediados de primavera. Cubra el espacio entre los surcos y proteja las plantas jóvenes de los caracoles. Riéguelas bien mientras se forman las vainas y deles soporte en un huerto expuesto, con redes o estacas.

• **Guisantes.** Se recomiendan a menudo siembras de otoño que pasen el invierno al exterior para tener cultivos tempranos de guisantes, pero esta práctica suele decepcionar. Un método más fiable consiste en sembrar en tramos de canalones a principios de primavera y plantar bajo campana cuando tengan una altura de unos 8 cm después de haberse aclimatado. Los cultivos tardíos pueden sembrarse directamente en exterior en zanjas de unos 15 cm de ancho y 5 cm de profundidad, con surcos escalonados separados 5 cm. Realice varias siembras en sucesión cada 15 días hasta principios del verano. Proteja los guisantes de las aves y los ratones. Cubra entre las filas para conservar la humedad del suelo y riegue bien las plantas mientras se están formando las vainas. Las variedades más altas necesitan soporte con palos o redes.

La familia de las cebollas

Las hortalizas bulbosas, que comprenden cebollas, puerros, ajos y cebollinos, son muy fáciles de cultivar y almacenar, lo que hace de ellas los tipos más sencillos de estas plantas que pueden dar un suministro permanente para la cocina. Se cultivan a partir de semilla o de minibulbos.

• **Cebollas.** Siembre las cebollas a principios de primavera para la cosecha a final del verano, o a mediados del estío para recogerlas en primavera, en las variedades japonesas. Mantenga las plantas limpias de malas hierbas. No hay necesidad de regarlas salvo en veranos especialmente secos. Las cebollas de primavera deben sembrarse en sucesión

PLANTAR PLÁNTULAS DE PUERROS

Haga un agujero en el suelo. Después, deje caer la planta en el agujero y afirme la tierra alrededor.

desde mediados de la estación hasta principios del verano para conseguir un suministro continuo durante todos los meses estivales. En canteros sin labranza, siembre las cebollas con separación de 5 cm o, alternativamente, en hileras de 1 cm de profundidad y 23 cm de separación. Aclare las plantas hasta que estén separadas 4 cm una vez que salga la plántula y, más tarde, a 10 cm. Las hileras de cebollas de primavera necesitan únicamente 10 cm de separación.

Las cebollas cultivadas en recipientes en invernadero deben plantarse con separaciones de unos 10 cm. Alternativamente, plante las cebollas a mediados de primavera distanciadas unos 10 cm en hileras separadas 23 cm. Proteja las plantas nuevas de los pájaros. Trabaje la tierra con cuidado para limpiarla de malas hierbas.

• **Puerros.** Siémbrelos en un semillero bien preparado en hileras de 1 cm de profundidad y separadas 23 cm, aclare las plantas hasta 23 cm de separación. Levante la tierra en los tallos para blanquearlos. Cerciórese de que no queda tierra en las hojas. Plante las plantas cultivadas en invernadero y trasplante las plántulas crecidas en el semillero cuando tengan 20 cm de altura. Plante en agujeros de 15 cm de profundidad separados 15 cm en hileras con una distancia de 30 cm.

MEJORAR LOS PUERROS

Cuando crezcan los puerros, levante la tierra alrededor de los tallos. Así les dará mejor sabor.

• **Cebollinos.** Siémbrelos como las cebollas, plantándolos a principios de primavera con separación de 15 cm en hileras de 23 cm de distancia a principios de la primavera. Mantenga los cultivos limpios de malas hierbas y riéguelos en caso necesario. Aplique una cubierta entre las hileras para conservar la humedad.

• **Ajo.** Plántelos a finales del invierno o principios de primavera a unos 2,5 cm de profundidad en hileras separadas separadas unos 15 cm. Trátelos igual que los cebollinos.

PLANTAR CEBOLLINOS

Una vez que los plantones de cebollinos en maceta alcanzan 10 cm de altura, plántelos en el jardín, separados unos 15 cm, en hileras de 23 cm de distancia.

Cultivo de raíces y tubérculos

Las raíces y tubérculos comestibles, que incluyen cultivos como la zanahoria, el apio y el nabo, son razonablemente fáciles de cultivar siempre que se planten bastante abajo y en suelo no pedregoso. Estas plantas son bienales, lo que significa que durante su primer año acumulan reservas en la raíz para poder florecer en su segundo año.

Cultivo

La mayoría de las hortalizas de tubérculo y raíz prefieren un lugar abierto y soleado. La tierra debe ser ligera y no haber sido abonada recientemente. Estos cultivos prefieren un suelo húmedo, por lo que habrá que regarlos en tiempo seco. Normalmente son resistentes y pueden dejarse en tierra durante el invierno, para cosecharlos cuando se necesite.

En un terreno muy pedregoso, cultivos como el apio y las zanahorias pueden producir un rendimiento bastante limitado. Para evitarlo, use una barra para practicar orificios profundos a la distancia de plantación correcta y llénelos con tierra vegetal, de forma que puedan albergar las semillas.

Surco generoso de zanahorias a punto de madurar.

CÓMO PLANTAR EN SUELO PEDREGOSO

1 Si la tierra tiene muchas piedras o es de mala calidad, merece la pena mejorarla antes de plantar. Use una barra para practicar agujeros cónicos según las distancias de plantación requeridas.

2 Una vez terminados, rellene hasta arriba los agujeros con tierra. A continuación, ya puede sembrar la semilla en medio del agujero y después cúbrala con el resto de la tierra.

• **Remolachas.** Siembre las variedades resistentes bajo campanas a principios de primavera para cosechar en los inicios del verano, seguido de una siembra al final de la primavera para una cosecha de verano. La siembra de principios de verano proporcionará un cultivo en otoño e invierno. Siembre las semillas en un semillero bien preparado en hileras de unos 2,5 cm de profundidad y 15 cm de separación, espaciando las semillas 5 cm. En la práctica, las semillas suelen ir en grupo, por lo que se producen varias plántulas juntas. Aclárelas para dejar la planta más fuerte en cada lugar. Cuando las raíces alcancen 2,5 cm de extensión, aclare de nuevo el cultivo eliminando una planta de cada dos.

• **Zanahorias.** Siembre las zanahorias bajo campanas a principios de primavera para obtener un cultivo de inicios de verano. Siembre variedades del cultivo principal en sucesión cada

ACLARADO DE LAS ZANAHORIAS

Aclare las zanahorias sólo en caso necesario, pues se resienten si se tocan. Elija una tarde tranquila y de bochorno para que el olor de las zanahorias no se disperse y delate su presencia ante las moscas.

pocas semanas desde mediados de primavera, para cosechar a mediados de verano, y a principios del estío, para la cosecha de otoño. Puede hacerse una última siembra al final del verano bajo campanas para un cultivo tierno de invierno. Siembre en un semillero bien preparado en hileras de 1 cm de profundidad y unos 15 cm de separación, aclarando las plantas a 8 cm de distancia cuando sean suficientemente grandes para poder manipularse. Arranque las malas hierbas a mano. Ponga una barrera de 75 cm de altura de tela metálica contra insectos alrededor del cultivo, para disuadir a la mosca de la

Cultivo de remolacha en un arriate elevado. El grueso de la raíz del cultivo se asienta en la parte alta de la tierra, así que puede verse su progreso y determinar cuándo es el momento de la cosecha.

RIEGO

Las plantas de hinojo, como los tubérculos comestibles, necesitan mucha humedad. En los periodos secos tendrá que regarlas para mantener los cultivos sanos; una buena cubierta vegetal también ayudará.

zanahoria. En caso necesario, cubra las puntas de las zanahorias en desarrollo con tierra para que no verdeen.

• **Apio.** Siembre a mediados de primavera para una cosecha a finales del verano en un semillero bien preparado en hileras de 1 cm de profundidad y unos 30 cm de separación. Siembre algunas semillas juntas a intervalos de 15 cm a lo largo de la hilera, aclarando las plántulas para dejar la más fuerte en cada posición.

• **Colinabo.** Siembre a final de primavera para una cosecha de inicios del otoño en un semillero bien preparado en hileras de 1 cm de profundidad y unos 15 cm de separación. Cuando sean suficientemente grandes para poder manipularlas, aclare las plantas en fases hasta separarlas 30 cm. Vigile posibles plagas de escarabajos.

• **Nabos.** Siembre las variedades tempranas bajo campanas a principios de primavera seguido de cultivos sembrados en sucesión desde mediados de primavera a principios del verano. Puede realizarse una siembra tardía a final del verano bajo campanas para que verdeen en primavera. Siembre en un semillero bien preparado en hileras de aproximadamente 1 cm de profundidad y 23 cm de separación, aclarando a 13 cm de distancia cuando las plantas tengan tamaño suficiente para manipularlas.

• **Hinojo.** Siembre las semillas a principios o mediados de verano en hileras de 1 cm de profundidad y 4,5 cm de separación. Aclare las plántulas a 23 cm. Cuando los bulbos empiecen a distinguirse, levante la tierra alrededor para blanquearlos, lo que mejorará el sabor.

• **Patatas.** Aunque las patatas son relativamente fáciles de cultivar, ocupan mucho espacio y la recompensa resulta un tanto escasa. Sin embargo, merecen la pena si le gusta en especial alguna variedad infrecuente o si tiene preferencia por estos tubérculos, que son bastante caros en los comercios.

Ponga las semillas a la luz para que broten (germinación de raicillas), a unos 10 °C de temperatura. Para un cultivo temprano, plante bajo campanas a final de invierno a través de una cubierta de polietileno negro, coloque las semillas de patata a unos 15 cm de profundidad y 30 cm de separación con 60 cm entre surcos. Cubra con una capa doble de tela de lanilla para aislar el cultivo.

Separe un poco más los cultivos tardíos y proteja los vástagos de la helada levantando la tierra alrededor, sacando tierra de los surcos para formar un montículo en el surco. Así eliminará además las malas hierbas. También podrá cultivar variedades tempranas para una cosecha en mitad del verano en un recipiente grande, como un cubo de basura de plástico.

PLANTAR PATATAS

Las patatas de siembra deben plantarse después de haberlas puesto a la luz para que broten.

Cultivo de hortalizas con hojas

Las hortalizas con hojas, como las berzas, la coliflor y las coles de Bruselas, son miembros de la familia de las coles y, por tanto, pueden tratarse de una forma similar. A todas les afectan las mismas plagas y enfermedades, que pueden evitarse si se aplican las técnicas correctas.

Cultivo

La mayoría de las coles se dan mejor en un lugar abierto y soleado que sea fértil pero tenga buen drenaje. A estas plantas no les gustan los suelos demasiado ácidos y tal vez convenga añadir cal para reducir el pH a 6,5-7. Será necesario proteger del viento las coles de Bruselas, que alcanzan bastante altura. Algunas coles, como los repollos de hoja rizada y las coles de Bruselas, saben mejor después de haber superado una helada.

• **Coles de Bruselas.** Siembre bajo campanas a principios de primavera para una cosecha de final de verano, espere a mediados de primavera para cosechar en otoño e invierno. Trate estas coles como las demás, con la salvedad de que el trasplante debe ser con separaciones de 60 cm y en hileras distanciadas 90 cm. Apoye con palos las variedades altas en invierno y retire las hojas que amarilleen. Afirme el suelo alrededor de las plantas en invierno, si se afloja con las heladas. Existe entre las plantas un espacio muy amplio, con lo que tal vez convenga intercalar lechugas o rábanos.

• **Coles.** Si elige la combinación correcta de variedades, podrá tener coles para todo el año. Las de primavera se siembran a mediados de verano, para recogerlas en los inicios de la estación invernal del año siguiente; las coles de verano se siembran bajo campanas a principios de primavera para recogerlas desde mediados de verano en adelante, mientras que las coles de invierno se siembran a mediados o finales de primavera para una cosecha desde otoño a mitad de primavera del año siguiente. Haga la siembra en semillero bien preparado en hileras de 1 cm de profundidad y unos 15 cm de separación, y aclare las plantas a 8 cm. Cuando se hayan desarrollado cinco hojas en las plántulas, estarán listas para trasplantarse a su posición final. Separe las plántulas 30-45 cm en el surco y entre surcos, dependiendo de la variedad. Practique agujeros de 15 cm de profundidad, afirmándolos bien

CÓMO PROTEGER DEL SOL ABRASADOR

Las coliflores a veces se queman por la acción del Sol. Protéjalas de la decoloración cubriéndolas con las hojas interiores.

después de plantar. Coloque una protección cuadrada de 15 cm de alfombra, con una ranura en el centro, alrededor de cada plántula para protegerlas de las plagas. Cubra también con tela de lanilla para que las mariposas no pongan sus huevos en ellas y estén protegidos de los pájaros. Mantenga bajo control las malas hierbas.

• **Coliflores.** Más difíciles de cultivar que otros miembros de la familia, las coliflores se agrupan en variedades de

PLANTAR EN UN CAJÓN VIVERO

Las coles pueden empezar a cultivarse en un vivero antes de trasplantarlas a su posición final.

Este bloque de saludables coles de Bruselas se ha intercalado con repollos para crear un efecto muy decorativo en el huerto.

invierno, verano y otoño. Se siembran entre mediados y finales de primavera, principios de verano y principios de otoño, respectivamente. Trátelas como las demás coles, pero separe los trasplantes 60 cm a ambos lados. Es importante que no se perturbe el crecimiento de las coliflores, porque se obtendrían cabezuelas pequeñas o de desarrollo irregular. Asegúrese de que las plantas reciben siempre mucha agua.

• **Col enana y brécol.** Trátelas como las demás coles, pero separe los trasplantes 45 cm a ambos lados. Sujete con varas las variedades altas en invierno y retire las hojas amarillas. Afirme el suelo alrededor de las plantas si se ahueca con las heladas. La col enana debe cultivarse sin perturbarla, porque tarda mucho en recuperarse después de los controles. Riegue los cultivos en los periodos secos.

Las lechugas crecen relativamente rápido y pueden estar listas para su recogida entre 5 y 12 semanas después de sembrarlas, dependiendo de la variedad. Empiece con la siembra temprana en invernadero o vivero; como alternativa, siémbrelas directamente en el cantero.

Plantas para ensaladas

Estas hortalizas constituyen los mejores cultivos para empezar en un jardín, ya que pueden acoplarse entre las otras plantas e incluso cultivarse en macizos de flores y mixtos. Crecen y maduran rápidamente y suelen sufrir menos problemas que otras muchas plantas hortícolas.

QUITAR LAS MALAS HIERBAS

Quitar las malas hierbas con una pequeña horca es a menudo la mejor opción cuando se trata de plantas delicadas con muy poca separación.

• **Lechugas.** Puede conseguir una cosecha de lechugas para todo el año si elige la combinación correcta de variedades y las siembra en sucesión. Siembre a cubierto y bajo campanas a principios de primavera para un cultivo al final de la estación y después en intervalos con siembras sucesivas cuando las precedentes hayan producido plántulas resistentes. Haga la siembra en un semillero bien preparado en hileras de 1 cm de profundidad y unos 30 cm de separación, y aclare las plantas a 30 cm cuando sean suficientemente grandes para manipularlas. Cúbralas con tela metálica contra las plagas de insectos (sobre todo, pulgones) y los pájaros. Los caracoles también pueden dar problemas, por lo que hay que proteger las plantas contra ellos.

• **Rábanos.** Asiente los rábanos entre otros cultivos de crecimiento más lento para hacer un uso eficaz del espacio. Siembre bajo campanas desde principios de primavera, seguido de cultivos sembrados en sucesión entre mediados de primavera y principios del verano. También puede realizarse una siembra de rábanos de invierno a final del verano bajo campanas para una cosecha al término del otoño. Siembre en un semillero bien preparado en hileras de 1 cm de profundidad y unos 15 cm de separación en verano o 23 cm de distancia en invierno. Aclare las plántulas si fuera necesario a una separación de 2,5 cm. Proteja el cultivo de los pájaros y los caracoles y mantenga controladas las malas hierbas.

CÓMO INTERCALAR LECHUGAS

Las lechugas pueden plantarse entre plantas de crecimiento más lento. En la imagen, se recogerán antes que las coles a las que acompañan.

Protección de hortalizas

El huerto, con sus surcos de cultivos apiñados, es un lugar ideal para que proliferen las plagas y las enfermedades. Adopte siempre acciones preventivas antes de que aparezcan los problemas.

Un jardín mixto que contenga una gran profusión de flores atraerá a una pléyade de depredadores naturales que serán bien recibidos, como las mariquitas y otros insectos. Estos animales atacarán a las plagas que lleguen al huerto.

Buena higiene del huerto

La mayoría de las plagas de insectos son bastante fáciles de controlar con productos químicos, pero en un huerto siempre merece la pena considerar técnicas que ayuden a prevenir la llegada de las plagas antes de que se conviertan en un problema, evitando los insecticidas innecesarios.

Los desechos de plantas y malas hierbas ofrecen lugares de refugio de plagas y enfermedades, por lo cual es preciso retirarlos para evitar problemas persistentes de una temporada a la siguiente. Queme o tire el material, sin compostarlo, para reducir el riesgo de que se reproduzca el problema.

La mayoría de las plagas y enfermedades no conseguirán arraigar en su jardín si las plantas se cultivan bien en todo momento. Elija variedades resistentes a las enfermedades siempre que le sea posible (ver página siguiente) y cuando compre hortalizas cultivadas en maceta, verifique que están sanas. Es esencial que las plantas no sufran durante el crecimiento por falta de humedad o nutrientes, pues las debilitaría y perderían capacidad para luchar contra las enfermedades. Inspeccione las hortalizas regularmente para detectar posibles brotes de plaga o enfermedad tempranamente, de manera que pueda aplicar lo antes posible un remedio. Descubrir el problema pronto permitirá una buena recuperación de la planta frente a ataques de plaga o enfermedad.

USO DE REDES

Los pájaros y las mariposas pueden mantenerse a raya con el uso de redes de malla fina.

USO DE TELA METÁLICA

Las telas metálicas pueden usarse para proteger los cultivos de conejos y roedores.

PROTECCIÓN DE LAS COLES

Proteja las coles de la mosca de la col colocando un collar alrededor de cada planta. Este collar puede ser de plástico, fieltro o incluso un pedazo de alfombra usada; lo importante es formar una barrera.

Controlar los tiempos

La mayoría de las plagas tienen un ciclo anual, por lo que si se sabe cuándo es más probable que actúen, se podrá evitar el problema. Por ejemplo, los guisantes sembrados antes del inicio de la primavera y después del final de esta estación no florecerán cuando la polilla del guisante esté en su fase activa, por lo que no sufrirán ataques. De la misma forma, las zanahorias sembradas al final de la primavera se recogerán a mediados del verano para evitar la mosca de la zanahoria, y siembras más tardías de coles eludirán lo peor de los ataques de la mosca de la col.

Barreras

Muchas plagas pueden mantenerse bajo control mediante el uso de barreras. Por ejemplo, después de plantar coles, coloque un collar cuadrado de 15 cm de plástico o fieltro, con una hendidura en el centro, debajo y alrededor de cada plántula. Éste es un remedio comprobado contra los individuos adultos de la mosca de la col, que no intentarán poner allí sus huevos. Análogamente, las plántulas vulnerables a caracoles y babosas deben protegerse con campanas individuales hechas con botellas usadas de plástico.

Otras plagas, como la mosca de la zanahoria y las orugas de la col, pueden combatirse con barreras físicas alrededor del cultivo. Si se coloca una valla de 75 cm de altura de una malla contra insectos alrededor de las zanahorias se conseguirá impedir que estos insectos lleguen a las plantas. Para disuadir a las orugas de la col, cubra los cultivos vulnerables con tela de lanilla o malla contra insectos después de plantarlos, para impedir que las mariposas adultas pongan los huevos en las plantas. Cubra el cultivo sobre las plantas sin aperturas, para que tengan espacio suficiente para crecer, enterrando los bordes del protector alrededor para cerrar el acceso de la plaga. Estas cubiertas son eficaces asimismo contra otras plagas que llegan por el aire, entre ellas los pulgones.

Variedades resistentes a las enfermedades

Apios	chancro	«Arrow», «Avonresister», «Gladiator», «Javelin», «Lancer», «White Gem»
Calabacines (zucchini)	virus del mosaico	«Defender», «Supremo»
Calabacines grandes	virus del mosaico	«Tiger Cross»
Calabrese	hernia de col	«Trixie»
Coles	mildiu lanuginoso	«Derby Day», «Stonehead»
Coles de Bruselas	mildiu	«Adonis», «Cascade», «Citadel», «Cor», «Icarus», «Odette», «Tavernos», «Topline», «Troika»
Colinabos	mildiu	«Marian»
Lechugas	mildiu lanuginoso	«Avondefiance», «Challenge», «Dolly», «Musette», «Soraya»
Patatas	carbunco	«Kestrel», «Maxine», «Pentland Crown», «Saxon»
	nematodo	«Accent», «Cara», «Concorde», «Maris Piper», «Nadine», «Pentland Javelin», «Sante».
	sarna	«Accent», «Carlingford», «Nadine», «Pentland Crown», «Switf», «Wilja».
	virus del tizón	«Cara», «Maris Piper», «Pentland Dell», «Romano», «Stirling», «Valor», «Pentland Crown», «Sante», «Wilja».
	virus PMTV	«Accent», «Premiere», «Romano»
Puerros	roya	«Bandit», «Conora», «Poribleu», «Poristo»
Tomates	fusariosis	«Blizzard», «Counter», «Dombito», «Estrella», «Shirley»

Variedades resistentes a las enfermedades

Lechugas	pulgones de las raíces	«Avondefiance», «Beatrice», «Malika», «Musette», «Sabine»
Patatas	nematodo dorado babosas	«Cara», «Maris Piper», «Pentland Javelin» «Pentland Dell», «Romano»
Zanahorias	mosca de la zanahoria	«Nandor», «Nantucket», «Flyaway», «Sytan»

USO DE TELA DE LANILLA

Pueden usarse barreras físicas para proteger los cultivos contra las plagas. En la imagen, se emplea una tela especial de lanilla para tapar las coles y evitar que las mariposas depositen sus huevos en las plantas.

Cosecha de hortalizas

Un huerto bien planificado tendrá una sucesión de cultivos que estarán listos para cosecha en un largo periodo. El mejor momento de la recolección varía, pero en la guía siguiente se indica cuándo empieza la temporada de cada cultivo.

Guisantes y judías

Recoja los guisantes cuando las vainas crezcan de tamaño y hayan alcanzado su longitud total. Recoja los guisantes de invierno en cuanto se caigan los capullos y las vainas tengan unos 8 cm de largo. Los guisantes dulces deben recogerse en cuanto empiecen a formarse, pero antes de que ensanchen las vainas.

Todas las plantas de tipo guisante deben recogerse regularmente para asegurarse un suministro continuo. Después de completar la cosecha, eche las plantas a la pila de compost.

Recoja las judías verdes cuando alcancen un tamaño útil, por ejemplo de unos 15 cm. Las judías enanas se recogerán cuando hayan alcanzado su dimensión máxima, que suele ser de unos 10 cm, aunque antes de que empiecen a formarse las semillas. Ambas variedades de judías deben recogerse regularmente, antes de que crezcan demasiado, para garantizar un suministro continuo. Espere a recoger las habas hasta que se hayan formado las semillas, pero antes de que el tallo se haga muy leñoso.

Raíces y tubérculos

Las remolachas se recogen cuando las raíces son suficientemente grandes para su consumo, pero están todavía tiernas, lo que sucede cuando la raíz empieza a producir un reborde cuadrado. Quite la hoja, pero deje los tallos de 5 cm de largo para que la planta no exude.

Los rábanos y las zanahorias tempranas deben sacarse en cuanto tengan tamaño suficiente para su consumo, ya que tienen las raíces más tiernas y dulces. Las zanahorias corrientes deben levantarse para su almacenamiento al final de la estación de crecimiento. Corte las hojas para que la raíz no adquiera una textura gomosa.

Nabos, apios y colinabos pueden sacarse en cuanto puedan consumirse, o dejarse en el terreno hasta que se necesiten y levantarse delicadamente con una horca. Quite las hojas antes de guardar los tubérculos.

Patatas

Recoja las patatas tempranas cuando se abran las flores. Los tubérculos deben tener el tamaño de un huevo de gallina y la piel debe desprenderse con facilidad. No habrá que cavar toda la planta, sino tan sólo remover la tierra con las manos y sacar los tubérculos que hayan alcanzado el tamaño adecuado, dejando los otros bajo tierra para que se desarrollen más.

Las patatas corrientes deben recogerse cuando el crecimiento apical de la planta amarillee y se caiga, y la piel del tubérculo no se desprenda. Retire el crecimiento apical y añádalo a la pila de compost, después espere una semana antes de levantar las patatas. Retire todos los tubérculos que encuentre, aunque sean demasiado pequeños para el consumo, pues en caso contrario al año siguiente serán malas hierbas.

Hortalizas con hojas

Las espinacas se recogen cuando las hojas son todavía jóvenes y tiernas; retire las hojas externas totalmente desarrolladas de manera que puedan desarrollarse las interiores. Repita este proceso mientras la planta crece para conseguir un suministro continuo. Recoja las coles cuando las cabezas sean firmes y carnosas, y las coliflores cuando sean firmes y de un color blanco

CÓMO RECOGER LAS HORTALIZAS

En el caso de las judías verdes, éstas deben recogerse regularmente. Para ello debe agarrarlas con mucho cuidado para sacar todas las vainas maduras y garantizar un cultivo continuado tras haber cosechado.

Recoja los tubérculos y raíces, como las zanahorias y el apio, cavando bastante bajo la raíz y sacándolos enteros. Si no lo hace así, no sólo perjudicará al tubérculo en cuestión, sino también al cultivo posterior.

Levante los tubérculos de patata con una horca una vez que se hayan caído las hojas. Podrá dejarlos en la tierra durante un tiempo si no es probable que haya heladas, pero levántelos en cuanto vea signos de plagas como caracoles.

intenso pero antes de que empiecen a separarse del resto de la planta.

Frutos

Los tomates deben recogerse con pedúnculo cuando estén maduros y justo antes de que se ablanden. Al final de la temporada, se pueden coger los tomates no maduros para que lo hagan fuera de la planta. Colóquelos en un cajón con una piel de plátano para ayudar al proceso.

Los calabacines (zucchini) deben recogerse todavía jóvenes y firmes y de unos 10 cm de longitud. Recójalos regularmente para garantizar un suministro continuo. Recoja los calabacines grandes y las calabazas cuando sean suficientemente grandes. Al final de la temporada retire todos los frutos maduros antes de la primera helada.

Recoja el maíz tierno cuando el extremo de la mazorca se vuelva pardo y rezume una savia lechosa del centro cuando se pincha con la uña. Si la savia es acuosa, la mazorca no estará lista para la cosecha.

Familia de las cebollas

Recoja las cebollas de primavera en cuanto tengan un tamaño suficiente, antes de que haya empezado a formarse el bulbo.

Las cebollas corrientes deben recogerse cuando estén maduras. Esponje el suelo debajo de los bulbos cuando se caigan las puntas para acelerar el proceso. Levante la planta completamente unas dos semanas más tarde. En los años húmedos o en terrenos secos, puede ser necesario levantar los bulbos y secarlos en mallas o redes en un lugar seco durante unas semanas antes de guardarlos.

Los puerros pueden recogerse pequeños o maduros. Se pueden dejar en el suelo hasta que se necesiten, momento en el cual deberían levantarse con delicadeza con una horca.

CÓMO MADURAR LAS CEBOLLAS

1 La maduración puede impulsarse una vez que las cebollas están a punto de alcanzar su máximo tamaño doblándolas, de manera que los bulbos queden lo más expuestos posible. En cuanto las hojas adquieran un color pajizo y estén quebradizas, levante las cebollas con una horca y déjelas en la superficie con las raíces mirando al Sol durante una o dos semanas para que se sequen.

2 Si se encuentra en la temporada húmeda, termine el proceso de endurecimiento y maduración extendiendo los bulbos de cebolla en una red o tela metálica sostenida sobre el suelo de forma que pueda circular aire libremente. Si el tiempo es muy húmedo, cubra los bulbos con campanas de vidrio hasta que se hayan secado y pueda finalmente guardarlos.

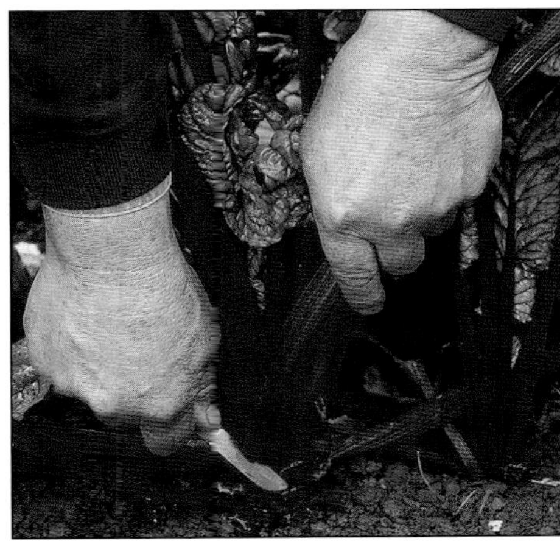

Algunas hortalizas se recogen cortando los tallos. La acelga suiza es un buen ejemplo de este procedimiento. El tallo se corta cerca de la base. Algunos jardineros prefieren retorcer o romper el tallo por la base en vez de cortarlo.

Por su parte, las coliflores se recogen cortando el tallo con un cuchillo afilado justo por debajo del primer anillo de hojas. El cuchillo debe estar muy bien afilado para que sea un corte limpio.

Recoja los tomates según vayan madurando, normalmente esto se sabe porque es cuando están totalmente rojos.
No es necesario recoger todos los tomates: los que no están maduros se dejarán en el tallo.

Almacenamiento de hortalizas

Si tiene abundancia de hortalizas al final de la temporada o quiere mantener una continuidad de suministro durante el invierno, puede aplicar diversas técnicas para almacenarlas apropiadamente.

Almacenamiento a corto plazo

Aunque muchas verduras pueden guardarse en el congelador, lo mejor es reservar este método para cultivos que se congelan bien y para los que no puedan almacenarse de otro modo, ya que normalmente el espacio en el congelador es limitado. Algunas hortalizas se guardan durante periodos breves en el cajón de la verdura del frigorífico, donde especies de hojas como la lechuga pueden conservarse durante 15 días o más; de nuevo, el espacio será limitado. Para un almacenamiento a más largo plazo de la mayoría de las hortalizas, pruebe con los métodos siguientes. Guarde sólo las piezas que se encuentren en perfecto estado y cerciórese de que están limpias y secas antes de almacenarlas.

CÓMO ALMACENAR LAS ZANAHORIAS CULTIVADAS

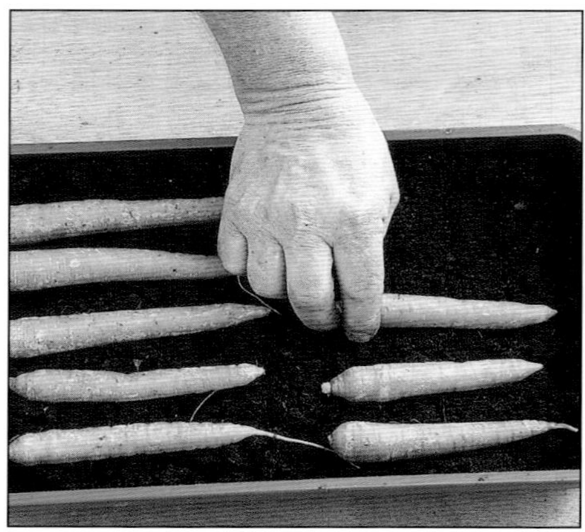

1 Las zanahorias, como la mayoría de los demás cultivos, pueden guardarse en bandejas de arena o turba (o su sustituto) al punto de humedad. Coloque una capa superficial de turba en la base de una bandeja de cierta profundidad y después extienda encima las zanahorias.

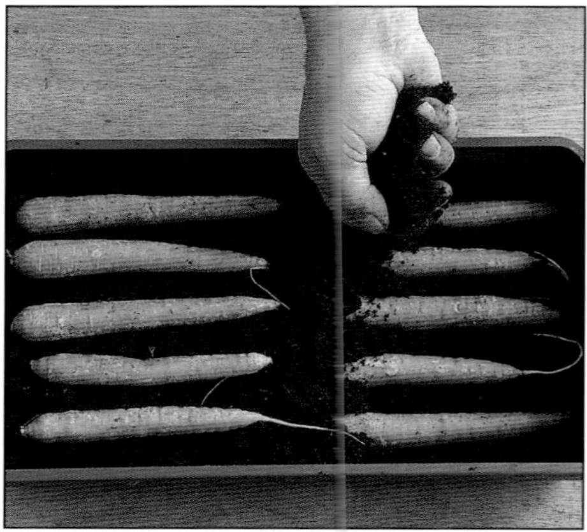

2 Espolvoree turba sobre las zanahorias. Ponga otra capa de zanahorias encima y cúbralas con más turba. Repita la operación con más capas hasta llenar toda la bandeja, cubriendo al final con una capa de turba.

Envasado en cajas

Muchos tubérculos y raíces, como las zanahorias, el apio, el colinabo, los nabos y la remolacha, pueden guardarse en cajas de arena en un lugar fresco y oscuro, como un cobertizo o un garaje. Quíteles las hojas y guarde los tubérculos y raíces en cajas resistentes rellenas con arena húmeda, turba o un sustituto de turba. Es un procedimiento adecuado sobre todo si se tiene una tierra muy pesada que es difícil de trabajar en invierno o cuando las plagas pudieran atacar a las raíces y tubérculos, si se dejaran en el terreno.

Es esencial que las cebollas y los cebollinos estén completamente secos antes de guardarse. Colóquelos en bandejas o redes en un lugar fresco, sin riesgo de helarse, como una bodega o un garaje. Vigile regularmente las cebollas, tirando todas las que muestren signos de estar pudriéndose.

Almacenamiento en sacos

Las patatas se guardan mejor en sacos de papel de doble capa específicamente diseñados (que pueden conseguirse en los centros de jardinería), ya que no les afectará la luz y tendrán circulación de aire que impedirá que se pudran. Deben guardarse en un lugar oscuro cuya temperatura nunca descienda por debajo de 4 °C; lo ideal es un garaje o un cobertizo bien aislados.

Uso de redes

Algunos cultivos, como las cebollas, los cebollinos, el ajo, los calabacines, las calabazas y las coles, pueden guardarse en redes de malla abierta. Cuelgue las redes en un lugar seco, bien ventilado y protegido de las heladas, como un garaje.

Almacenamiento en seco

Las cebollas, cebollinos y ajos también pueden guardarse en seco.

DEJAR CULTIVOS EN EL JARDÍN

Muchos cultivos de tubérculos pueden dejarse en el suelo, aislados con paja.

Algunos cultivos resistentes, como los puerros, las coles de Bruselas, las coles y estos nabos, pueden dejarse al exterior y recogerse sólo cuando se necesiten.

Colóquelos en bandejas o ensarte una cuerda por los extremos del cuello de estos cultivos y cuélguelos en alto. Elija un lugar seco y bien ventilado, como un garaje o un cobertizo, para que no se pudran. Los guisantes y las judías también pueden guardarse en seco. Deje secarse las vainas y retire las semillas cuando aquéllas se muestren quebradizas. Ponga las semillas en recipientes herméticos guardados en un lugar libre de heladas.

Almacenamiento «in situ»

Algunas raíces y tubérculos hortícolas, como las zanahorias, los colinabos y los nabos, así como el puerro y las coles de Bruselas, pueden dejarse en el terreno hasta que se necesiten. Estos cultivos permanecerán en estado de latencia durante el invierno, pero las coles de Bruselas seguirán desarrollándose en los periodos más suaves. Acolche los cultivos con una cubierta aislante de paja y otro material de aislamiento para que superen lo peor de las heladas, y use etiquetas para indicar el final de los surcos y como ayuda para encontrar las plantas cuando hayan desaparecido los desarrollos superiores. Levante las plantas en previsión de heladas, ya que es imposible levantar los tubérculos cuando el suelo está congelado.

CÓMO GUARDAR LAS HORTALIZAS

Coloque las patatas grandes en sacos y guárdelos en un lugar fresco sin riesgo de helada. Los mejores son los sacos de papel, pero si no puede conseguirlos, use sacos de plástico y haga algunas ranuras con un cuchillo para ventilar el contenido.

Muchas hortalizas, como sucede con los calabacines de la imagen, pueden guardarse en bandejas o cajas. Pero debe procurar que no se toquen entre sí porque se golpean y estropean con cualquier movimiento algo fuerte.

Un modo sencillo de guardar los ajos consiste en ensartarlos en un alambre rígido a través de los cuellos secos de los bulbos. Estos bulbos pueden atarse también en cuerdas y colgarse en un lugar que esté siempre seco y aireado.

Jardín de hierbas aromáticas y comestibles

Una hierba aromática o comestible se define como una planta en la que una parte de la misma (raíces, tallo, hojas, flores o fruto) se usa por sus propiedades olorosas o por su sabor; algunas de estas hierbas tienen usos medicinales. Existe una enorme variedad de tipos de plantas incluidos en esta categoría y la mayoría de los jardineros siempre encuentran un espacio para uno o dos de ellos. Belleza en sus hojas y flores, innumerables sabores y aromas, cura para diversas dolencias: estas plantas ofrecen todo esto y mucho más.

Se pueden cultivar en zonas especiales del jardín, crear espacios separados para las variedades individuales con el fin de facilitar su recogida o combinarlas con flores del jardín para crear un atmósfera maravillosa y relajada. La hermosura de estas plantas herbáceas es tal que se funde perfectamente con todas las formas de diseño, desde el estrictamente formal con setos de boj rectilíneos y recortados a la animada informalidad del jardín campestre. En este capítulo se explicará cómo cultivar y cosechar estas agradecidas y variadas plantas.

Grupos alternos de salvia, *Salvia officinalis,* de hojas moradas y verdes flanquean un camino de gravilla con un resultado muy decorativo.

Compra de las hierbas y diseño del jardín

Las hierbas aromáticas están entre las más populares plantas de jardín, y siempre suele encontrarse un espacio para ellas. Muchos jardineros prefieren cultivarlas en espacios específicos, mientras que otros optan por la comodidad de usar macetas y jardineras junto a la puerta de la cocina.

Elección de las hierbas

Se pueden cultivar muchas hierbas a partir de semilla o bien adquirirse ya como plantas. La semilla es la opción más barata, sobre todo cuando se necesita gran número de plantas, y la mejor manera de cultivar ejemplares de albahaca y borraja, que se resienten si se tocan. Algunas hierbas, como las formas dorada y variegada de mejorana, menta, salvia y tomillo, no se obtienen de semillas.

Los centros de jardinería ofrecen una amplia variedad de hierbas en macetas, un buen modo para cultivar especies arbustivas, como el romero y el laurel, de las que se necesitarán sólo uno o dos ejemplares. Aunque es una forma cómoda de conseguir estas hierbas, podría resultar cara para las que se usen en cantidades elevadas, como la albahaca y la cebolleta. Las hierbas también pueden comprarse en tiestos en supermercados. Al haberse mantenido a cubierto, han de aclimatarse bien si se quieren plantar al aire libre.

Cultive las hierbas que más le guste comer y que use más a menudo en la cocina. Las más populares son la albahaca, el laurel, el perifollo, la cebolleta, el eneldo, la mejorana, la menta, el perejil, el romero, la salvia, el estragón y el tomillo, aunque tal vez se prefiera cultivar acedera, hinojo y ajedrea para sazonar al pescado, o melisa, jengibre, cilantro y ajo para la cocina asiática.

Qué hay que mirar

Elija plantas de buen aspecto con muchas hojas y una forma equilibrada. Si compra plantas a principios de primavera, aclimátelas adecuadamente antes de plantarlas en exterior. Inspeccione bien las plantas buscando signos de plagas y enfermedades. Algunos problemas son específicos de tipos diferentes de hierbas. Por ejemplo, compruebe el envés de las hojas de la menta en busca de puntitos naranjas, que son indicio de la enfermedad de la roya; inspeccione posibles líneas claras en las hojas del perejil, que serían signo de infestación por larvas; mientras que los tallos del laurel no deben poseer insectos escama. Mire siempre las puntas de crecimiento de todas las hierbas, por si tuvieran pulgones. Al igual que con las demás plantas, elija ejemplares que no muestren signos de estrés por falta o exceso de riego y evite las plantas que revelen señales de desatención, con malas hierbas en el tiesto o raíces saliendo por los orificios de drenaje.

Un espacio para las hierbas

El mejor lugar para cultivar hierbas es al otro lado de la puerta de la cocina, dando al exterior, donde estarán a mano cuando se necesiten. Muchas de estas hierbas son tolerantes a la sequía, por lo cual resultan idóneas para su cultivo en tiestos; pero si se usan muchos ejemplares, sería más adecuado y útil un espacio del jardín o el huerto.

Diseño de un jardín de hierbas

Un jardín dedicado a las hierbas puede crear un punto de interés decorativo en el diseño general. Los jardines formales lucen mejor en forma tradicional, como una rueda con sectores específicos o un jardín rodeado por un seto bajo de boj enano. Los diseños contemporáneos atractivos incluyen efectos de ajedrezado conseguidos con baldosas de pavimento.

CÓMO COMPRAR LAS HIERBAS

En la imagen se pueden apreciar detalladamente las diferencias entre dos plantas de verbena, una sana y en pleno crecimiento y la otra ya pasado su esplendor, que lucha por sobrevivir.

Esta *Mentha* (menta) se está agarrando al tiesto con las raíces para asumir su forma e intenta escapar por debajo. Las plantas buscan cualquier manera para poder sobrevivir.

Para pedidos grandes de una misma hierba aromática, la adquisición de esquejes de raíz puede ser rentable. En la imagen, salvia púrpura y tomillo dorado, multiplicados en bandejas.

CÓMO PREPARAR UNA RUEDA DE HIERBAS AROMÁTICAS

1 Use cuerda y varas para demarcar un círculo y luego mida a puntos iguales en la circunferencia para los radios de la rueda. Coloque un pedazo de tubería de desagüe en el centro.

2 Cuando haya terminado el primer paso para hacer la rueda de hierbas aromáticas, trace el diseño con arena fina o una pintura para marcar las líneas.

3 Cuando tenga el diseño definido, cave una zanja para los ladrillos y rellénelos con mezcla seca de hormigón para formar el cimiento.

4 Construya el círculo y los radios con una o dos hiladas de ladrillo, asentadas con mortero. Una rueda de estas características no debe ser muy alta; con dos o tres hiladas de ladrillo debería bastar.

5 A continuación, rellene las secciones de la rueda y el tubo central con cascotes y gravilla para facilitar el drenaje. Después puede añadir la cubierta vegetal elegida.

6 Plante las hierbas con una selección de especies aromáticas, como salvia, tomillo, romero y hierba luisa. Riéguelas bien y añada una cubierta orgánica. Siga regándolas hasta que se asienten.

Hierbas aromáticas en macetas

Muchas hierbas usadas en la cocina proceden de países mediterráneos y disfrutan de condiciones de un suelo bien drenado. Son bastante tolerantes a la sequía, lo que las hace idóneas para el cuidado en maceta. Algunas son adecuadas incluso para su cultivo en cestas colgantes. Otras necesitan recipientes grandes, si es que opta por esta forma de cultivo, con ejemplos sobre todo en plantas de raíces profundas, como el hinojo, que produce raíces pivotantes verticales, y grandes hierbas arbustivas, como el romero y el laurel. Las que prefieren la humedad, como el cerifolio, son adecuadas para bolsas de cultivo.

Elija un recipiente razonablemente profundo, de al menos 15 cm, para darle suficiente espacio para las raíces. Puede cultivar hierbas individuales en diferentes tiestos o especies variadas con similares requisitos de cultivo en una maceta grande. Así hará más fácil su cuidado. Las de corta vida o las que se consuman rápidamente, como la albahaca y las cebolletas, pueden cultivarse en su propio tiesto, que puede incluirse hasta la altura del borde en un recipiente mayor que contenga una colección más amplia. El recipiente pequeño puede sacarse fácilmente y sustituirse, si fuera necesario, sin perturbar a las demás hierbas.

Actualmente puede disponerse de recipientes entrelazados, que permiten cultivar las hierbas por separado, pero que se reúnen en un solo conjunto para mejorar la vista.

Muchas de las hierbas culinarias más útiles se dan bien en cestas colgantes. Coloque la cesta en la puerta de la cocina, por fuera, para que le resulte más cómodo.

Cultivo de hierbas aromáticas y comestibles

La versatilidad de las hierbas aromáticas y comestibles es una de sus grandes ventajas en el jardín. Si les aporta las condiciones correctas, estas hierbas son generalmente fáciles de cultivar, recompensándole con su colorido, flores fragantes y follaje, así como por su utilidad al condimentar los alimentos.

Ubicación de las hierbas

La mayoría de las hierbas aromáticas y comestibles se dan mejor a pleno sol con cierta protección contra los fríos vientos invernales. El suelo debe ser ligero y de fácil drenaje, con mucha materia orgánica incorporada. El espliego en particular no crecerá bien en un suelo arcilloso muy pesado. Sin embargo, algunas de estas hierbas, afrontan bien las condiciones de suelo denso y ligera sombra. Entre ellas están la angélica, la borraja, las cebolletas, el hinojo, la melisa y la menta. Siempre conviene favorecer las condiciones óptimas y no ir en contra de ellas, por lo que los lugares secos y cálidos irán bien para las hierbas mediterráneas, mientras que un suelo húmedo y pesado es apto para plantas que viven cerca de los prados y las corrientes. Investigue cómo viven las plantas en su entorno natural y aprenderá a ofrecerles el mejor hábitat en su jardín.

No es esencial cultivar estas hierbas en lugares especialmente diseñados. Algunas especies individuales son deliciosos añadidos en los jardines y macizos de flores. El perejil y la cebolleta, por ejemplo, se usan como plantas de bordes, mientras que el hinojo es una estampa excelente en un cuadro floral mixto. Hierbas de bajo porte, como la manzanilla y el tomillo, pueden plantarse en las grietas del pavimento y en los patios. Elija una variedad que se dé bien en estas condiciones.

Cultivo desde semilla

Cultivar sus propias plantas desde la semilla no sólo es gratificante, sino también la mejor manera de ahorrarse dinero con las hierbas del jardín. Siembre las semillas no muy juntas en tierra adecuada, usando bandejas. La ventaja de utilizar estas bandejas es que cuando las plantas se trasladan a un tiesto, las raíces apenas sufrirán, con lo que no es preciso revisar el crecimiento de la planta. Este método

Contención de las hierbas invasoras

Algunas hierbas, como la menta, son muy fuertes y se extienden rápidamente, ocupando el espacio de las vecinas si no se les pone freno. La forma más sencilla de contener su ambición es confinar las raíces plantándolas en un tiesto grande o un cubo sin fondo enterrado en el macizo. Si el borde del tiesto está a la altura de la superficie, las raíces se mantendrán dentro de sus límites. Sin embargo, sigue mereciendo la pena vigilar la planta de vez en cuando para asegurarse de que los tallos salientes no arraigan fuera del tiesto.

Plantas compañeras

Muchas hierbas tienen fama de repeler insectos y los jardineros orgánicos las usan como compañeras para proteger plantas vulnerables, como los rosales, los frutales y las hortalizas, de ataques de insectos. La ruda, el abrótano hembra, la planta del curry, la hierba lombriguera y el toronjil son muy aromáticos y se dice que ahuyentan muchos tipos de plagas.

La manzanilla tiene fama de mejorar la salud y el vigor de las plantas de su alrededor.

El poleo, plantado en pavimento, ahuyenta supuestamente a las hormigas.

La ajedrea de verano, plantada en surcos cerca de las habas, brinda cierta protección contra los pulgones.

Las cebolletas y los ajos se plantan a menudo para que los pulgones no causen daño en los rosales.

CÓMO PLANTAR UN JARDÍN DE HIERBAS

1 Una hilera de árboles recién plantados enmarca este cuadro de hierbas y ofrece un escenario en el que se dispondrán diversas hierbas aromáticas. Primero, prepare el lugar limpiándolo de malas hierbas y labrando el suelo, y después rastríllelo para nivelarlo.

2 Pruebe la posible distribución de las plantas y decida el espacio que le dará a cada tipo. Un método práctico consiste en «dibujar» en el terreno con la arena sacada de un tiesto. Si comete un error lo podrá corregir rápidamente y reiniciar el diseño.

Elección de las hierbas

Cestas colgantes	Salvia
Ajedrea de verano	Tomillo
Albahaca	
Mejorana	**Cuadros**
Salvia	Angélica
Tomillo	Artemisa
	Cebolleta
Macetas y recipientes	Espliego
Ajedrea de invierno	Hierba de gato
Ajedrea de verano	Hinojo
Albahaca	Hisopo
Laurel	Laurel
Manzanilla	Mejorana
Mejorana	Menta
Perejil	Perejil
Romero	Perifollo
	Planta del curry
	Romero
	Rúcula
	Salvia
	Tomillo

de siembra es adecuado para la borraja, el eneldo y el perifollo, en particular.

Alternativamente, puede sembrar semillas en un cuadro bien preparado en primavera. El perejil sólo debe sembrarse cuando el suelo se haya calentado en primavera, e intentarlo demasiado pronto sólo redundará en una mala germinación.

Cómo plantar hierbas aromáticas en el jardín

Prepare el lugar eliminando todas las malas hierbas, especialmente las perennes. Cave bien el suelo y rastríllelo superficialmente. Si está preparando un jardín dedicado a hierbas aromáticas y comestibles, con cada planta asignada a un espacio en concreto, planifique el diseño antes de empezar. Traslade el diseño a la tierra usando, por ejemplo, tierra vertida en el fondo de un recipiente. Si cometiera un error, bastaría con retirar la tierra y volver a empezar.

Riegue bien todas las plantas cultivadas en maceta varias horas antes de plantar y después sáquelas de sus tiestos dando pequeños golpes en la base de los mismos. Plante las hierbas a la misma altura que tenían en el tiesto, afirmando bien el suelo alrededor de las raíces. Riéguelas profusamente y etiquételas, salvo que esté muy seguro de los nombres de cada una.

Un jardín de hierbas a partir de plantas cultivadas en maceta puede crearse en cualquier momento del año, siempre que se mantenga bien regado, aunque el mejor momento es probablemente a principios de primavera, pues se dará a las plantas toda una estación para asentarse antes de que llegue el invierno.

El laurel prefiere una posición recogida y soleada. Siempre tiene hojas y resiste las heladas, con lo que resulta idóneo para su cultivo en una maceta cerca de la casa, para añadir un toque de interés durante todo el año. No obstante, proteja la planta de las heladas intensas. Este ejemplar se ha cultivado anudando tres tallos.

3 Ahora es el momento de sacar las hierbas de los tiestos y plántelas con cuidado, al mismo nivel que tenían en el recipiente. Si quiere guardar los tiestos para reutilizarlos en otra ocasión, deberá frotarlos muy bien con agua y jabón.

4 Riegue bien todas las plantas y manténgalas regadas durante la temporada seca, hasta que se hayan asentado. No plante en un día muy cálido; lo mejor es plantar justo antes de que empiece a llover.

5 El jardín de hierbas recién plantado parece un tanto vacío, pero no pasará mucho tiempo antes de que crezcan las plantas en el lugar que tienen reservado. Si planta los ejemplares demasiado cerca para mejorar el aspecto inmediato, tendría que aclararlos más adelante.

Cuidados de las hierbas

En su mayoría, las hierbas aromáticas y comestibles son fáciles de cultivar, al necesitar poco mantenimiento y verse libres de plagas y enfermedades. Sin embargo, hay algunas tareas estacionales que no deben eludirse para obtener lo mejor de estas plantas.

Riego

Las hierbas en macetas necesitan un riego regular en verano e incluso en canteros y macizos bien drenados precisan un riego ocasional durante periodos largos de sequía. Facilite el riego de las plantas dejando la tierra 2,5 cm por debajo del borde del tiesto y cubra la superficie con gravilla para reducir la pérdida de agua por evaporación.

No use un abono inorgánico rico en nitrógeno en las hierbas, pues estimularía formaciones blandas con mucha savia, proclives a la infestación con pulgones e incapaces de resistir las sequías. La hierba perdería además su aroma y su fragancia.

La menta es una planta muy fuerte una vez que se asienta, pero conviene vigilar las plantas jóvenes en los periodos calurosos y regarlas si fuera necesario.

CÓMO PODAR EL ABRÓTANO HEMBRA

1 Mantenga el abrótano hembra (*Santolina rosmarinifolia*) limpio y compacto mediante una poda regular. Use un par de tijeras para recortar el arbusto y darle forma. No pode nunca hasta llegar a los tallos leñosos, pues siempre debe haber mucho verdor bajo los tallos cortados.

2 Cuando haya cortado la planta en forma redondeada, pronto empezará a retoñar. Recorte esta especie dos veces al año para mantenerla en perfecto estado y de esta forma no sufra otro tipo de percances durante su crecimiento.

Malas hierbas

En el macizo es esencial mantener a raya las malas hierbas durante toda la temporada. Estas malas hierbas no sólo compiten con las demás por la luz, la humedad y los nutrientes, sino que también son refugio de plagas y enfermedades. Arránquelas con la mano o con la azada, si son hierbas anuales, o use la horca para cavar en las perennes, hasta sacarlas enteras con las raíces para que no rebroten. Si le resulta imposible eliminar completamente las malas hierbas porque crecen entre las hierbas cultivadas, corte las hojas de las perennes al nivel del suelo y repita el proceso cada vez que rebroten. Así las debilitará y terminarán por perecer.

El acolchado mantiene los cuadros y macizos libres de malas hierbas. La gravilla es una buena opción para las herbáceas que prefieren suelos con buen drenaje.

Acolchado

Cada primavera debe reponer la cubierta vegetal para evitar que germinen las semillas de las malas hierbas y reducir la pérdida de humedad de la superficie del suelo. Use una cubierta orgánica, como cortezas en virutas, alrededor de las hierbas de cultivo, como el apio de monte y el cerifolio, y las que acostumbran a tener raíces húmedas, y una cubierta de gravilla alrededor de especies que, como el tomillo y la mejorana, prefieren las condiciones de buen drenaje.

Poda

Retire todos los vástagos verdes de las plantas variegadas, pues son más fuertes y terminarían por dominar a las hojas variegadas. Algunas hierbas agradecen la poda anual para mantenerse lozanas y para evitar que germinen prolíficamente y terminen por convertirse en malas hierbas. Utilice tijeras para recortar las plantas de flor pequeñas, como el tomillo y la cebolleta, y tijeras de podar en hierbas arbustivas leñosas como el romero y el laurel, para mantener su forma. Algunas de estas plantas, entre ellas el hinojo, pierden atractivo en los tallos y las hojas si no se podan. Córtelas pronto para que den muchos renuevos destinados a la cocina. Utilice tijeras de podar para cortar los tallos casi al nivel del suelo.

No tire los restos de la poda; las hojas sanas pueden usarse en la cocina o congelarse para un consumo posterior.

Las hierbas en invierno

El verano es el momento habitual para recoger las hierbas, pero la temporada de crecimiento normal puede prolongarse si se cubren plantas elegidas con campanas a principios del otoño, manteniendo el crecimiento durante unas semanas más. Para conseguir un suministro para todo el año, puede levantar y plantar algunas plantas de hierbas perennes, como la menta y la mejorana en otoño y llevarlas a interior, donde echarán nuevas hojas.

También puede mantener una provisión de hierbas anuales, como la albahaca y el perejil, sembrándolas a finales de verano en macetas y guardando las plantas en un alféizar soleado o en un invernadero con calefacción.

CÓMO PROTEGER LAS HIERBAS EN OTOÑO

Proteja las hierbas de siembra tardía, como el perejil, con campanas de vidrio para conseguir un suministro de hojas frescas.

CÓMO PLANTAR HIERBAS PARA SU USO EN INVIERNO

1 La menta es una planta fácil de mantener en interior o en un invernadero o un vivero. Levante un grupo ya asentado para conseguir un conjunto de raíces para plantar en otro lugar.

2 Elija sólo ejemplares que tengan hojas sanas (las hojas enfermas son comunes al final de la temporada). Puede sacar las partes de la planta a mano o cortarlas con un cuchillo.

3 Plante las raíces en un tiesto, si quiere cultivar la planta en interior durante uno o dos meses. Llene hasta tres cuartas partes con tierra un tiesto de 20 cm, y después extienda las raíces y cubra con más tierra.

4 Si quiere un suministro de hojas tiernas a principios de la siguiente primavera, corte la parte alta de la planta y ponga las raíces en semilleros o cajas de más profundidad. Cubra con tierra. Mantenga la planta en un invernadero o un vivero para tener una primera cosecha en primavera.

5 Deben saber que las cebolletas responden favorablemente cuando se levantan para prolongar su temporada. Levante un pequeño plantón. Si es demasiado largo, deberá dividirlo en varias piezas individuales, que vivirán y crecerán con fuerza una vez trasplantadas.

6 Y finalmente puede colocar el plantón en una maceta con tierra, afírmelo bien y riéguelo a conciencia. La maceta, si se guarda en interior, seguirá dando hojas después de que en el exterior ya no lo haga, y producirá nuevas formaciones antes al año siguiente.

Cosecha y almacenamiento de las hierbas

Las hierbas aromáticas y comestibles han de recogerse con regularidad para mantener un suministro continuo de hojas tiernas y frescas. Sin embargo, si quiere guardarse hierbas para el invierno, debería recogerlas en el momento óptimo.

Cuándo recoger las hierbas

El mejor momento para recoger las hierbas para un uso posterior varía según la parte de la planta que se va a cosechar. Las hojas grandes deben recogerse individualmente, pero las plantas de hojas pequeñas pueden recolectarse en ramas y limpiarse antes de su procesamiento.

La mayoría de las hierbas se recogen preferentemente a principios de verano, justo antes de que florezcan, aunque las hierbas con hojas grandes, como la menta, se recolectan mejor cortándolas hasta el suelo para estimular una segunda formación de hojas tiernas y aromáticas más avanzada la temporada. Si va a guardar las flores, córtelas en su mejor momento, en cuanto se abran. Como antes, deberá recoger las flores

CUÁNDO RECOGER LAS HIERBAS

Recoja las hierbas cuando estén en su esplendor, normalmente antes de que florezcan. Córtelas en un día seco, evitando las horas en las que se marchiten un poco por el calor. Elija las mejores hojas, no las más viejas de la parte baja de la planta.

pequeñas en ramilletes, listas para su consumo en la cocina. Si recolecta las semillas, cubra las cabezuelas con una bolsa de papel cuando maduren, y después córtelas y guarde las cabezuelas en un lugar cálido y seco hasta que se suelten las semillas. Las plantas de raíces y tubérculos, como el rábano, deben recogerse en otoño.

Recoger para guardar

Elija un día seco y de buen tiempo, cuando el sol se haya puesto pero antes de que el follaje empiece a perder fuerza, para recoger los aceites esenciales que dan a las hierbas su sabor y aroma distintivos. El follaje debe estar seco al recogerse, así que habrá de esperar hasta que se haya evaporado el rocío. Se evitará de este modo que se forme moho en las hojas mientras se secan. Elija sólo el mejor material para almacenarlo, desechando las hojas que muestren signos de vejez o ataque de plagas y enfermedades. Corte las hierbas con tijeras de podar o de cocina afiladas, de manera que no se machaque el tejido vegetal. Recoja las plantas en poca cantidad y con frecuencia, ya que las hierbas que se procesan rápidamente conservarán el sabor. Manipúlelas lo menos posible.

CÓMO RECOGER LA MEJORANA PARA SECARLA

1 Las hierbas de hojas pequeñas, como la mejorana, suelen secarse bien al aire. Córtelas en ramos de zonas sanas a media mañana en un día seco y cálido.

2 Cuando las haya cortado todas, quite las hojas que estén más abajo porque podrían aplastarse y dañarse al apretar excesivamente los tallos.

3 Ate con una goma los tallos para mantenerlos siempre juntos. Recoja de esta manera todos los ramos que necesite.

CÓMO GUARDAR SEMILLAS DE HIERBAS

1 Recoja las cabezas de semillas cuando estén madurando. En esta fase es más fácil sacar las semillas de los pedúnculos. Colóquelas en una bandeja y déjelas unos días en un lugar seco y cálido, hasta que se hayan secado por completo.

2 Una vez que estén bien secas, eche las semillas en un bote de cristal con tapa hermética. Guárdelas en un lugar fresco, oscuro y seco. Ya tiene listas las semillas de hierbas para cuando la necesite plantar.

CÓMO CONGELAR LAS HIERBAS

El mejor método para almacenar las hierbas de hojas blandas, como la menta o el perejil, es congelarlas. Trocee las hierbas y póngalas en cubiteras. Cúbralas con agua y congélelas. Este método tiene la ventaja de que conservan el color.

Almacenamiento

Algunas hierbas, como el tomillo, pueden secarse sin perder su sabor, pero otras se han de guardar mejor en infusiones para que conserven su gusto distintivo. Las hierbas de hojas blandas pueden congelarse.

• **Secado.** Cuelgue los ramos de las hierbas individuales en un lugar seco, cálido y bien ventilado, como una despensa aireada. Las de raíces y tubérculos deben limpiarse y cortarse en pedacitos y secarse en el horno a una baja temperatura en una bandeja. Guarde las hierbas secas en recipientes herméticos. Han de conservarse en la oscuridad, por lo cual conviene una despensa cerrada o, si se guardan en estanterías abiertas, recipientes opacos.

• **Congelado.** Las hojas enteras pueden colocarse en bolsas de plástico etiquetadas claramente y guardarse en el congelador. Alternativamente, es posible trocear finamente las hojas y congelarlas con agua en una cubitera. Los cubos individuales se añadirán después a los platos según se necesite.

• **Infusiones.** Un método popular en algunas cocinas consiste en crear infusiones utilizando aceite de oliva o vinagre de buena calidad. La infusión puede ser de una sola hierba, como la albahaca, o de dos o tres, y usarse para condimentar platos como pizzas y ensaladas.

SECADO DE LAS HIERBAS

Los ramos de hierbas pueden secarse colgándolos en un lugar seco en el que no reciban luz solar directa.

Mezclas de hierbas

Pueden combinarse diferentes hierbas en una serie de mezclas distintivas. El *bouquet garni,* por ejemplo, es una combinación de varias especies, como laurel, perejil, mejorana y tomillo. Los ramos de hierbas se atan o colocan en una bolsa de muselina, que se cocina con el plato y se retira antes de servir.

Jardinería de invernadero

Un invernadero ofrece muchas posibilidades y retos al jardinero. Puede transformar sus actividades de jardinería, prolongando la temporada y aumentando la variedad de cultivos que se pueden conseguir. El entorno cerrado significa que será posible dar a las plantas exactamente las condiciones que necesitan para crecer rápido y bien, pero por desgracia es también un lugar idóneo para las plagas y las enfermedades.

La salud de las plantas en un invernadero dependerá de su pericia, y para que éste sea productivo se requiere una atención casi constante. Por suerte, hay muchos productos que sirven de ayuda, entre ellos calentadores controlados por termostato para mantener el invernadero caliente en invierno y sistemas de ventilación automáticos para refrescarlo en verano. También existe una amplia gama de equipos especiales para automatizar la siempre tediosa labor del riego. Una planificación minuciosa de la disposición del invernadero y del programa de cultivos será de gran ayuda para un uso eficaz del tiempo y del espacio.

Un invernadero permitirá cultivar una variedad más amplia de plantas de lo que sería posible en otras condiciones.

Controlar el entorno del invernadero

La temperatura dentro de un invernadero puede dispararse rápidamente y descontrolarse en los días soleados de primavera y verano, hasta llegar a unos asfixiantes 50 °C. En invierno podría descender lo suficiente como para causar daños en las plantas sensibles a las heladas. Aplique las estrategias que se indican para mantener bajo control la temperatura de su invernadero.

Ventilación

Existen tres métodos básicos que pueden usarse para evitar que el invernadero se recaliente: ventilación, sombra y humedad.

La mejor manera de controlar las temperaturas durante los primeros días de primavera es ventilar el recinto. Abrir un respiradero en el techo y en el lateral del invernadero facilitará que el aire húmedo y caliente que ha ascendido a la parte superior del recinto escape, mientras entra aire más fresco por los respiraderos laterales. Este fenómeno se conoce como efecto chimenea, y es una técnica de ventilación enormemente eficaz hasta que la temperatura en el exterior empiece a subir al final de la primavera. Es posible ahorrarse la tediosa tarea de abrir los respiraderos instalando un sistema automático en todo el invernadero. Este mecanismo abre las ventanas del recinto en cuanto se alcanza una temperatura específica predeterminada.

Se puede incrementar el flujo de aire en el invernadero abriendo cada vez más ventanas e incluso la puerta, pero al final, en tiempo cálido, este método no bastará por sí solo para refrescar el invernadero a la temperatura correcta.

Sombra

La segunda estrategia para evitar el recalentamiento del invernadero consiste en bloquear los rayos de Sol. La forma más sencilla de hacerlo se basa en poner una pantalla de sombra, de la cual existen tres clases: tela de interior, que se fija en la estructura interior del recinto; persianas desplegables, en el exterior, y una pintura lavable, que se aplica al vidrio en primavera y se retira en otoño, cuando menguan los niveles de luz.

Las persianas exteriores ofrecen la solución óptima porque impiden que la energía solar entre en el invernadero, pero también son más caras e incómodas de ajustar. La tela interior resulta barata y sencilla de instalar, pero absorbe parte de la energía solar

COMPROBAR LA TEMPERATURA

Un termómetro de máximo/mínimo es ideal para controlar la temperatura dentro de un invernadero, advirtiendo al jardinero para que ajuste las condiciones antes de que las plantas empiecen a sufrir.

AUMENTAR LA HUMEDAD

Si se rocía o salpica agua en el suelo del invernadero, se ayudará a crear una atmósfera húmeda. Esta técnica tradicional beneficia especialmente a los cultivos de berenjenas y pepinos, aunque la mayoría de las plantas agradecerán un ambiente húmedo en los días cálidos. Aplíquela con frecuencia en los días más calurosos, ya que la humedad ayuda a reducir la temperatura.

VENTILACIÓN

Es vital no dejar que las plantas se recalienten. No siempre es posible abrir las ventanas en los momentos correctos, si no se está en casa durante las horas más calurosas del día, pero un sistema de ventilación automático puede hacerlo por usted.

SOMBRA

Es importante que el Sol no incida en el invernadero durante la parte más calurosa del año. Darle sombra, con redes temporales, ayuda a mantener baja la temperatura y protege las plantas del efecto abrasador del Sol.

y, por tanto, es menos efectiva. La pintura lavable es barata y eficaz, aunque una vez aplicada ha de mantenerse durante toda la temporada, haga frío o calor. Sin embargo, existe un tipo, llamado Varishade, que pierde la opacidad al humedecerse, con lo cual permite que entre más luz en el invernadero si llueve. En un invernadero donde se cultiva una diversidad de plantas, conviene usar especies que gusten del Sol, como los tomates, para dar sombra a otras, colocándolas en el lado soleado del recinto.

Humedad

Durante los largos y cálidos días del verano, sobre todo si existe escaso movimiento de aire en el exterior, la temperatura del invernadero puede aumentar extraordinariamente. Para refrescar el área puede recurrirse al método tradicional de regarlo. Entonces, se rocían con agua todas las superficies, incluido el suelo y las estructuras, por la mañana. Cuando aumenta la temperatura, el agua absorberá parte de la energía al evaporarse y sale del invernadero en forma de vapor de agua.

Protección del frío

Durante el invierno, es importante no dejar que el invernadero se enfríe demasiado, ya que las plantas tiernas o las plántulas podrían sufrir daños. Una de las mejores formas de calentar un invernadero consiste en instalar un calefactor eléctrico. Un termostato garantizará que no se desperdicia calor (ni dinero), ya que el aparato sólo funcionará cuando la temperatura caiga por debajo de un cierto punto. Las facturas de la calefacción pueden reducirse con un buen aislamiento. Una alternativa más económica es el doble acristalamiento del invernadero, con láminas de polietileno (plástico) transparente que contengan burbujas de aire. Si se tiene sólo unas cuantas plantas, podría bastar un propagador de calor para cubrir las necesidades.

Un invernadero de formas peculiares, con un techo bastante inclinado, no sólo resulta diferente de los modelos tradicionales, sino que ofrece la ventaja de que los laterales, al ser tan inclinados, absorben el bajo Sol de invierno con más facilidad, abaratando el calentamiento del invernadero.

CALEFACCIÓN

Los calefactores-ventiladores eléctricos son muy eficientes. Cuando van provistos de termostatos, sólo funcionan cuando se requiere más calor. También pueden usarse para hacer circular el aire en los días tórridos y húmedos, reduciendo el riesgo de enfermedades por hongos facilitadas por la quietud del aire.

AISLAMIENTO

Es importante aislar el invernadero durante los meses fríos del invierno, ayudando a reducir los costes y a prevenir fluctuaciones violentas de temperatura. El aislamiento de plástico de burbujas de polietileno es económico y eficaz, además de fácil de instalar.

Riego y abono

Las plantas de invernadero son especialmente sensibles a la falta de humedad y de nutrientes. Si fija una rutina para regarlas y abonarlas, se asegurará de que crezcan sanas.

Las plantas en bolsas de cultivo, ya se cultiven en exterior o en invernadero, consumen rápidamente la humedad y los nutrientes que tiene la tierra. Necesitarán un riego y un abonado regulares durante toda la temporada de crecimiento.

Cuándo regar

El riego es probablemente la técnica más difícil de dominar en un invernadero, porque depende de factores tan variables como el momento del año, las plantas elegidas y su estado de crecimiento, los niveles de luz, el lugar donde crecen y la temperatura del invernadero.

No espere hasta que la planta empiece a marchitarse antes de regarla, pues sufriría un estrés que la llevaría a un menor crecimiento y producción. Es esencial vigilar regularmente las plantas para asegurarse de que no sufren escasez de agua, y ello puede significar más de una vez al día en verano. La mejor manera de valorar el grado de humedad es introducir el dedo en la tierra de cada maceta. Si la tierra de unos 2 cm por debajo de la superficie está seca, habrá que regar; si está húmeda, podrá dejarse la labor para otro día.

Facilitar el riego

Si tiene un invernadero repleto de plantas, comprobar el estado de cada una en particular es claramente impracticable. Por suerte, existen varias

CÓMO REGAR PLANTAS DE INVERNADERO

Las plantas deben regarse antes de que dejen ver signos evidentes de estrés, por ejemplo, cuando se marchitan. En las plantas arbustivas no es posible juzgarlo por el aspecto de la tierra del tiesto, y sólo se sabrá tocando bajo la superficie, pero es una labor muy tediosa si se tienen muchas plantas.

Para jardineros principiantes o que tengan dificultades para valorar el suelo o que tengan pocas plantas, pueden resultar de ayuda los indicadores de humedad, pero esta opción no es viable en un invernadero repleto de variedades de plantas porque la tarea de revisarlos puede llevarnos demasiado tiempo.

La base capilar es una forma ideal de regar la mayoría de las plantas de maceta en verano. Se puede usar un sistema que recoja agua de la red principal o improvisarlo como en la imagen, donde se utiliza un tramo de canalón como suministro de agua. Este canalón puede rellenarse a mano, con bolsas especiales o mediante una cisterna.

formas para facilitar el trabajo del riego. Primero, si se piensa la disposición y colocación de las plantas con detenimiento se puede conseguir un riego mucho más sencillo, agrupando por ejemplo macetas y recipientes con necesidades similares. En segundo lugar, vale la pena invertir en algunos sencillos dispositivos de riego.

• **Riego por capilaridad.** Si tiene muchos recipientes, puede pensar en una solución de riego por capilaridad. Es bastante simple preparar una caja de madera resistente de unos 15 cm de fondo. Revístala con polietileno (plástico) resistente y coloque una capa de arena gruesa de 2,5 cm en el fondo. Añada encima 10 cm de arena hortícola y ponga las macetas y las bandejas en la arena. Cuando la arena se humedezca, las plantas de las macetas extraerán la humedad que necesiten por una acción capilar.

Un sistema semejante consiste en el uso de una base o fieltro capilar. Cubra una superficie plana con plástico resistente y después extienda

Si riega manualmente, use la regadera sin alcachofa, salvo en plantas pequeñas. Así conseguirá que el agua llegue más directamente a las raíces, en vez de salpicar las hojas. Aplique el dedo en el extremo del caño para controlar el flujo, o ponga un trapo para amortiguar la fuerza de caída de líquido.

CÓMO ABONAR LAS PLANTAS DE INVERNADERO

Se aplica un abono líquido al mismo tiempo que se riega, pero debe hacerse con cierta regularidad. Existen polvos solubles y líquidos, que pueden diluirse en la intensidad apropiada que se indica en cada envase.

Los palitos y pastillas de abono que se introducen en la maceta constituyen una forma cómoda de administrar el fertilizante, si no se quieren aplicar abonos líquidos regularmente. En su mayoría liberan los nutrientes durante un periodo de varios meses.

encima el fieltro. Introduzca un extremo del plástico y del fieltro en un depósito, como una cubeta o un trozo corto de canalón acoplado al extremo del banco. Cuando el depósito se llene con agua, humedecerá el fieltro de manera que las macetas colocadas encima podrán extraer la humedad que necesiten. No olvide mantener el depósito bien lleno de agua.

• **Riego por goteo.** Otra opción consiste en instalar un sistema de riego por goteo. Se pueden comprar bolsas de agua acopladas a un sistema de riego por boquilla (similar al goteo médico) o mediante un microcalibre, o prepararlo manualmente con botellas de bebida de plástico. Corte la base de la botella y haga un pequeño orificio en la parte superior. Fije un tornillo galvanizado en el orificio e introduzca la botella en vertical en la tierra. Cuando la botella se llene, dejará salir el líquido lentamente, por el tornillo, manteniendo la tierra húmeda entre riegos. Eche un ojo al depósito y rellénelo cuando sea necesario. Este método es ideal para regar recipientes grandes y bolsas de cultivo.

• **Riego automático.** Los sistemas de riego por capilaridad y por goteo pueden hacerse completamente automáticos conectándolos a la red de suministro de agua. Es posible usar un ordenador o un temporizador para regular los periodos del riego o instalar un tanque principal con una válvula de flotador que actúe como depósito.

Abonado

La cantidad de alimento que necesita una planta depende de lo rápido que crezca. Habrá que abonar las plantas de crecimiento rápido cultivadas en maceta una vez por semana a partir de las seis semanas, aproximadamente, de haberse plantado en el tiesto. Utilice abono líquido rico en potasa, como fertilizante para tomates, para todos los cultivos de flores y frutos, y un abono rico en nitrógeno para hortalizas con hojas. Siga las instrucciones del fabricante sobre el ritmo de aplicación. Las hortalizas en invernadero consumen los nutrientes muy rápidamente y agotan los recursos de la tierra. Para ahorrar tiempo, mezcle gránulos de abono de liberación lenta en la tierra de las plantas ornamentales y cultivadas por sus hojas. Así les dará alimento suficiente para varios meses.

Solución de problemas

El invernadero ofrece un caldo de cultivo perfecto para el desarrollo de numerosas plagas y enfermedades. Muchas pueden evitarse cultivando las plantas de manera que crezcan fuertes y resistan a la mayoría de los problemas, pero aún así es preciso el control de algunos insectos y enfermedades.

Si ha sufrido una infestación de plagas o enfermedades, la fumigación es un buen sistema para eliminar este problema en el invernadero. Quizá pueda mantener las plantas dentro mientras ejecuta el proceso o tal vez tenga que fumigar el invernadero vacío. Lea las instrucciones.

Evitar los problemas

Se pueden hacer muchas cosas para prevenir plagas y enfermedades. Mantenga el entorno de cultivo lo más limpio y despejado posible, deshaciéndose de toda la basura y limpiando y esterilizando las macetas usadas.

En el invierno, vacíe el invernadero y límpielo a fondo. Lave los laterales con un desinfectante de jardín y frote todas las superficies, sin olvidar el camino, los bancos y la estructura. Limpie las algas que hayan podido quedar atrapadas en los solapamientos del vidrio y las incómodas molduras de la estructura de aluminio. Cuando vuelva a colocar las plantas, inspecciónelas en busca de signos de plaga o enfermedad. Use siempre tiestos esterilizados y tierra vegetal de confianza cuando siembre y plante. Cuando compre plantas, compruebe que están limpias de plagas y enfermedades, para que no introduzcan problemas en su invernadero.

Cerciórese de que ofrece a sus plantas el mejor entorno, para que puedan crecer fuertes y no sufran. Dedique el tiempo necesario mientras las riega para examinarlas de cerca, sobre todo en las puntas de crecimiento y el envés de las hojas, por si hubiera indicios de actividad de alguna plaga o enfermedad, y actúe de inmediato cuando sea necesario. Si vigila bien, probablemente logrará evitar el uso de controles químicos.

Algunas infestaciones pueden prevenirse cubriendo los respiraderos con malla contra insectos. Si entran insectos en el invernadero, utilice trampas adhesivas, que consisten en tiras de plástico amarillo cubiertas con un pegamento que no se seca. Esta forma de control no químico se está haciendo popular para una amplia variedad de plagas voladoras y funciona particularmente bien en los invernaderos.

Si el ataque de la plaga o enfermedad es grave, compruebe que ha elegido el producto químico correcto para el problema y siga las

CÓMO CONTROLAR LAS PLAGAS EN EL INVERNADERO

Si las larvas del gorgojo de la vid destruyen sus plantas comiéndose las raíces, intente controlarlas con un nematodo parásito. Basta con regar con una suspensión de nematodos la tierra de cada maceta para que penetre bien y pueda acabar con las larvas del gorgojo de la vid.

Algunas plagas de invernadero se pueden controlar con éxito con otros insectos. Los insectos beneficiosos se liberan, aquí desde una bolsita, en la planta sensible para atacar a la plaga. Puede tratarse de avispas y ácaros depredadores que atacarán a las larvas de la mosca blanca, la araña roja, los insectos escamosos y los trips.

Controles biológicos

La mayor parte de las plantas del invernadero se cultivan para el consumo humano, por lo que debe intentar evitarse rociar insecticida en la medida de lo posible. Por suerte, se dispone de una serie de controles biológicos para tener las plagas bajo control.

Varias plagas comunes en el jardín pueden controlarse con otros insectos, que se comen o parasitan a los causantes del problema. Por ejemplo, la avispa *Encarsia formosa* controla a la mosca blanca, mientras que un ácaro depredador, *Phytoseiulus,* puede usarse contra los ataques de la araña roja, y los nematodos se emplean contra el gorgojo de la vid.

Introduzca el control biológico en cuanto perciba signos de ataque, quite las trampas adhesivas y no use productos químicos que pudieran matar a estos controles biológicos. Tenga paciencia, y acepte que se producirán algunos daños antes de que el agente biológico haga efecto.

instrucciones que da el fabricante en la etiqueta.

Plagas y enfermedades comunes

El primer paso para erradicar un problema es identificarlo.

- **Araña roja.** Esta plaga puede atacar a una amplia variedad de cultivos de invernadero durante el verano. Las hojas se vuelven moteadas y después amarillas, hasta que se desarrolla una telilla. Los insectos, muy pequeños, son visibles. Evite problemas limpiando a conciencia el invernadero y aumente la humedad del recinto humedeciéndolo y rociando las plantas, porque esta plaga es propia de ambientes secos.
- **Mosca blanca.** Esta plaga ataca a una amplia variedad de plantas, sobre todo los tomates, los pimientos y las berenjenas. Las pequeñas moscas blancas se congregan en el envés de las hojas y vuelan formando nubes cuando se las molesta. Utilice una aspiradora para succionar estos insectos o cuelgue trampas adhesivas amarillas.

Estos claveles moros se han plantado con una hilera de tomates en el invernadero. Se cree que ahuyentan a la mosca blanca del tomate, una técnica basada en la plantación de especies compañeras.

- **Mal de los almácigos.** Esta enfermedad afecta a todas las plántulas, haciendo que se desplomen como árboles talados. Es un problema sobre todo en primavera. Aplique un fungicida adecuado antes de la siembra, use tiestos estériles y buena tierra, y separe las plántulas para mejorar la circulación de aire. Riegue desde abajo.
- **Moho gris.** Aparecen manchas aterciopeladas en las hojas, los frutos y los tallos de la mayoría de los cultivos, en particular los tomates, los pepinos y las lechugas. Evite los brotes manteniendo el invernadero bien ventilado y limpiando las hojas amarillas y otros residuos.
- **Mildiu.** Se forma un recubrimiento de polvo blanco en las hojas de muchos cultivos, como los pepinos, en particular en los meses de verano. Mantenga la tierra húmeda, pero la atmósfera seca, con una buena ventilación y no moje las hojas. Si el problema persiste, procure cultivar especies resistentes al mildiu.

Cultivo de tomates

No hay nada como el sabor de un tomate fresco cultivado en casa y recién recogido de la mata. Para conseguir los mejores cultivos, elija una buena variedad y no deje de vigilar en ningún momento.

Métodos de cultivo

Los tomates son fáciles de cultivar a partir de semillas, pero han de sembrarse pronto en el año y necesitan una temperatura alta para germinar. Ello significa que se necesitará un propagador ajustado a 18 °C para iniciar el proceso y calentamiento a 21 °C para que prosperen. Por otra parte, se pueden comprar plantas listas ya para plantar más adelante en el año, lo que ahorrará tiempo, dinero y problemas. Asegúrese de hacerse con una planta sana y robusta, que no muestre signos de amarillamiento en las hojas ni de ataques de plagas o enfermedades. Plante los tomates cuando su primer racimo tome color (las flores estarán empezando a abrirse).

Los tomates de invernadero pueden cultivarse de dos formas principales: en el borde del invernadero y en macetas, bolsas de cultivo y otros recipientes. Un tercer método, denominado de cultivo en anillo, es el

CÓMO CULTIVAR TOMATES

1 Con cultivo en anillo, las raíces que absorben agua crecen en un agregado húmedo y las raíces de alimentación en unos tiestos especiales sin fondo rellenos con tierra vegetal. Prepare una zanja de unos 15-23 cm de profundidad en el borde del invernadero y revístala con un plástico impermeable para reducir al mínimo la contaminación por enfermedades transmitidas por la tierra.

2 Rellene la zanja con gravilla fina o arena gruesa, después coloque los tiestos especiales sin fondo, «anillos», en la base del agregado. Llénelos con tierra vegetal y plante los tomates en los tiestos. Riegue los tiestos al principio. Una vez asentada la planta y cuando algunas raíces hayan penetrado en el agregado, riegue sólo éste y aplique el abono al tiesto.

3 Plantar directamente en el borde del invernadero da a las raíces de las plantas la oportunidad de extenderse, haciendo menos probable que sufran por carencia de agua o de nutrientes. Tendrá que guiar las tomateras con una caña o cuerda para darles soporte al crecer. De esta forma, se agarrarán con fuerza al soporte y su crecimiento estará garantizado.

4 Las bolsas de cultivo son más fáciles de instalar que la técnica del anillo, pero el inconveniente es que habrá que abonarlas con regularidad y el riego puede ser más difícil de controlar salvo que se use un sistema automático. Introduzca una caña a través de la bolsa o use un soporte de cuerda.

5 La cuerda es un soporte sencillo y económico. Tienda un tramo de alambre lo más alto que pueda de un extremo del invernadero al otro, alineándolo con el borde. Fije otro alambre justo a la altura del suelo, y una un palo firme a cada extremo de la hilera. Ate tramos de cuerda entre los alambres superior e inferior, en línea con cada planta.

6 Como en este caso, no hay necesidad de atar la planta al soporte debido a su tamaño. Haga un lazo con la cuerda alrededor de la punta de crecimiento de manera que forme una espiral. Si la planta fuese más alta, entonces sí sería necesario instalar el soporte para sujetarla y mantenerla vertical.

preferido por algunos jardineros, pero nunca ha conseguido una amplia aceptación popular, pese al bajo mantenimiento que requiere.

• **Tomates en el borde.** Es el mejor método para cultivar tomates para un principiante y para todo aquél que considere tedioso tener que vigilar el riego de las plantas. Éstas tendrán mucho más espacio para que progresen sus raíces, con lo que dependerán menos del agua y el abono. Será preciso mejorar la tierra con materia orgánica bien descompuesta antes de plantar e incorporar un abono general al ritmo recomendado por el fabricante. También habrá que regar las plantas minuciosamente cada dos días durante las épocas de máximo calor.

El principal inconveniente de plantar en bordes es que la tierra puede dar problemas al cabo de unos años. Por ello, conviene cavar el suelo y sustituirlo por tierra fresca del jardín.

• **Tomates en bolsas de cultivo.** Este cómodo sistema es hoy probablemente el más popular para el cultivo de tomates. Se usa tierra nueva y limpia cada año, lo que significa que no tendrá plagas y enfermedades de otras temporadas. El empleo de bolsas de cultivo significa también que el invernadero puede limpiarse adecuadamente para eliminar las plagas que hayan sobrevivido al invierno. Sin embargo, las bolsas son caras, y las plantas necesitarán un abonado y riego regulares al menos una vez al día durante la época de máximo calor.

La otra opción consiste en verter el contenido de la bolsa de cultivo en un cubo o maceta grande con orificios de drenaje en la base. Así, la tierra será mucho más profunda, con más volumen por planta, de manera que los ejemplares se mantendrán mejor sin agua entre riegos.

Guiado de los tomates

Los tomates en cordón se guían con un único tallo principal. Necesitarán un soporte con cañas o pedazos de cuerda atada a fuertes alambres tendidos por arriba. Las cuerdas se atan a la base de la planta o se enlazan alrededor del cepellón al plantar. Si las plantas se cultivan en bolsas, puede pensarse en conseguir un soporte metálico especial de los que se venden habitualmente en los centros de jardinería. Ate las plantas sin apretar al soporte después de plantarlas, y una vez por semana ate también cualquier nueva formación que salga con el crecimiento.

Retire los vástagos secundarios que nazcan de la unión de las hojas con un cuchillo afilado o rómpalos usando el pulgar y el índice. Si rompe accidentalmente el tallo principal del tomate, elija un tallo secundario importante para guiarlo. Cuando la tomatera alcanza la parte alta del soporte o ha producido varios racimos, despunte la punta de crecimiento para que la planta dedique toda su energía a producir el fruto. Quite las hojas de la base de la planta cuando empiecen a amarillear. Recoja los tomates cuando tengan todo su color.

Variedades fiables de tomates

Estándar
«Alisa Craig»
«Alicante»
«Moneymaker»
«Red Alert»
«Shirley»

Beef
«Big Boy»
«Dombello»
«Dombito»
«Golden Boy»

Pera
«Super Roma»

Cherry
«Cherry Wonder»
«Gardener's Delight»
«Mirabelle»

Listado
«Golden Sunrise»
«Tigerella»

GUIADO DE PLANTAS CON CORDÓN

Use un cuchillo limpio y afilado para eliminar los vástagos secundarios. Los pequeños pueden despuntarse con el pulgar y el índice.

MADURACIÓN DE LOS TOMATES

Al final de la estación de crecimiento, los tomates cultivados en exterior pueden madurarse dentro del invernadero. Quíteles las hojas inferiores y cuelgue las plantas invertidas.

Cultivo de pepinos y pimientos

En muchos lugares en climas templados, los pepinos y los pimientos pueden cultivarse con éxito sólo al resguardo de un invernadero. Plante a mitad de primavera para un cultivo temprano que durará todo el verano. Ambas hortalizas son muy apreciadas en ensaladas.

Pepinos

Elija semillas de una variedad sólo femenina, ya que será menos probable que los pepinos salgan amargos. Siembre dos semillas en tiestos o módulos al principio de la primavera en un invernadero con calefacción o a mediados de primavera, si no tiene calefacción. Consiga una temperatura de unos 25 °C para una rápida germinación.

Cuando las semillas germinen, deseche las plántulas más débiles. Transcurrido un mes, aproximadamente, deberá plantarse la plántula del pepino, tocando las raíces lo menos posible. Es importante mantener una temperatura de 16 °C en lo sucesivo.

Los pepinos se cultivan mejor como cordones, con un único tallo atado a un alambre tendido por encima. Ate la planta según vaya creciendo. Despunte los vástagos secundarios, los brotes con flores y los zarcillos que aparezcan hasta la séptima hoja. Después deje las flores y los zarcillos y despunte los tallos secundarios.

Cuando la planta alcance la parte alta del soporte, despunte las puntas de crecimiento y deje crecer los dos tallos secundarios superiores. Así podrá guiarlos por el alambre superior y redirigirlos más tarde al suelo.

Riegue los pepinos con regularidad, manteniendo la tierra húmeda en todo momento y echando agua en el suelo del invernadero para mantener la atmósfera hidratada.

Una vez que el fruto empiece a desarrollarse, abone las plantas con un abono líquido rico en potasa cada dos semanas. Mantenga una temperatura de unos 21 °C. Recoja los pepinos cuando sean suficientemente grandes, lo que se produce normalmente cuando tienen los lados paralelos. Corte el fruto con un poco de pedúnculo. Recoja los pepinos con frecuencia para estimular el desarrollo de más frutos.

DESPUNTADO DE LAS FLORES MASCULINAS

Muchos pepinos modernos producen sólo flores femeninas, pero algunas variedades de invernadero también las engendran masculinas (las femeninas tienen un pequeño embrión detrás de los pétalos). Despunte las flores masculinas antes de que puedan polinizar las femeninas, pues los pepinos resultantes tendrían un sabor amargo.

La clase más conocida de pepino es la variedad larga de piel lisa, que sólo se cultiva en invernadero. Es una variedad trepadora.

Se ha producido un ascenso en la popularidad de los pimientos comestibles. Los pimientos verdes son frutos sin madurar, los amarillos están en la primera fase de maduración y los rojos, en la última. Todos ellos se comen crudos o cocinados.

Chiles

Relacionados con los pimientos, los chiles con su intenso sabor son indispensables en muchos estilos de cocina, como el indio, el tailandés y el mexicano. A veces, los chiles se cultivan como plantas de interior, pero se darán mejor en un invernadero, aplicando la misma técnica que se usa para los pimientos. No olvide regarlos a menudo y abonarlos con un fertilizante líquido cada 15 días.

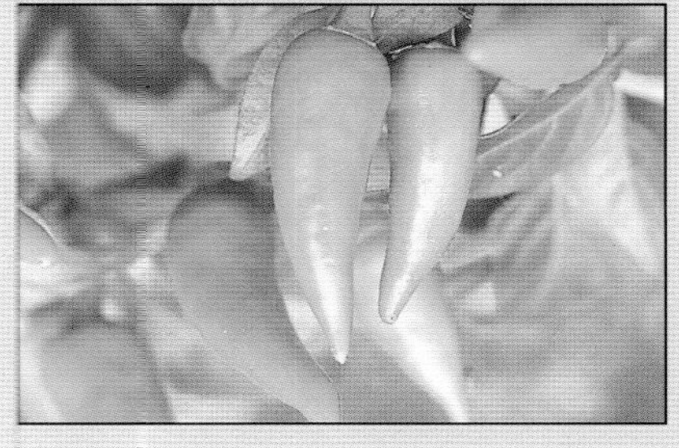

Algunas plantas, como estos pimientos, suelen cultivarse en invernadero aunque puede hacerse en exterior. Las plantas se darán mucho mejor en el invernadero, ya que se les garantizan niveles constantes de temperatura y humedad. Así se obtendrá una producción mayor y extendida a un periodo de tiempo más prolongado.

Pimientos

Siembre las semillas de los pimientos en primavera a 21 °C en semilleros o módulos. Mantenga una temperatura de 18 °C después de la germinación. Coloque las plántulas en tiestos individuales cuando sean suficientemente grandes para poder manejarlas. Una vez asentadas, reduzca la temperatura a 16 °C. En cuanto alcancen el tamaño suficiente, traslade las plantas al borde del invernadero, a bolsas de cultivo o a tiestos grandes. Si utiliza bolsas de cultivo, plante dos o tres pimientos en cada bolsa.

Despunte las puntas de las plantas jóvenes cuando tengan 15-20 cm de altura para que asuman una forma arbustiva. Si las plantas ascienden por encima de 45-50 cm, tal vez necesiten apoyo con cañas o palos. Ate las plantas sin apretar.

Riegue los pimientos cuando sea necesario y abónelos cada 15 días una vez que empiece a formarse el fruto, usando un abono para tomates. Los pimientos pueden recogerse desde mediados de verano. El fruto está listo cuando la piel se vuelve lustrosa, normalmente con el tamaño de una pelota de tenis. Recoja el primer fruto cuando verdee, para estimular el desarrollo de otros. Los frutos posteriores pueden recogerse verdes, amarillos o rojos.

Los pimientos disfrutan de las mismas condiciones de crecimiento que los tomates, por lo que son compañeros ideales. Si se decide a producir ambas hortalizas, cerciórese de que cultiva los pimientos en el lado soleado del invernadero, para que no reciban la sombra de las tomateras, que crecen más deprisa y mucho más alto.

Variedades de pepinos y pimientos

Pepinos	Pimientos
«Brigit»	«Ace»
«Carmen»	«Ariane»
«Fenumex»	«Bell Boy»
«Femspot»	«Canape»
«Flamingo»	«Golden Bell»
«Pepinex 69»	«Gypsy»
«Petita»	«Luteus»
«Telegraph»	«Rainbow»
«Telegraph mejorado»	«Redskin»
	«Yellow Lantern»

Otros cultivos de invernadero

Otros muchos cultivos, entre ellos las berenjenas, los melones, las verduras para ensalada y las hierbas culinarias, pueden cultivarse en un invernadero. Combine especies que tengan necesidades parecidas de entorno de cultivo para lograr los mejores resultados.

Los melones pueden cultivarse muy bien en invernadero; las plantas se sujetan en una estructura de alambre y el fruto en maduración se sostiene en una red. Recoja el fruto cuando ceda un poco al presionar por el lado opuesto a la mata.

Lechugas

Siembre las semillas en semilleros desde finales del verano a principios de primavera a 13 °C. Colóquelas en el suelo cuando las plántulas tengan tamaño suficiente para su manipulación. Plante en el borde o en bolsas de cultivo (las usadas para un cultivo anterior de tomates son ideales), separándolas 15 cm en el borde y plantando 12 en una bolsa de cultivo estándar. Las lechugas crecen con relativa rapidez y estarán listas entre 5 y 12 semanas después de la siembra, dependiendo de la variedad. Prepare una sucesión de siembras cada 15 días durante la primavera y principios del verano para conseguir un suministro continuo durante la estación estival.

Melones

Siembre las semillas aisladas en el borde y colóquelas en un propagador calentado ajustado a 18 °C. Una vez germinadas, cultívelas a 16 °C. Cuando las plántulas tengan cuatro hojas verdaderas, plántelas de dos en dos en una bolsa de cultivo o aisladas en tiestos llenos con una tierra vegetal de buena calidad.

Plante las plántulas superficialmente, con 2,5 cm del cepellón asomando por la superficie para que no se pudran los tallos. La planta necesitará soporte al crecer. Utilice redes de plástico, o levante una serie de alambres horizontales fuertes, separados 30 cm, y ate el melón sin apretar a un palo vertical sujeto a los alambres. Siga atando la planta según crezca y retire todos los tallos secundarios hasta que llegue al primer alambre. Deje que se desarrollen dos tallos secundarios y átelos al alambre horizontal a ambos lados del tallo principal. Repita este proceso según vaya creciendo la planta para guiar los tallos por los alambres.

Despunte las puntas de crecimiento del tallo principal cuando alcance el alambre superior. Despunte también las puntas de crecimiento de los tallos secundarios cuando hayan producido cinco hojas. Saldrán nuevos tallos de las uniones entre las hojas de los tallos secundarios, y deberá despuntarlos después de que se haya formado la segunda hoja.

Cuando haya flores femeninas (con un ligero abultamiento detrás de la flor) en todos los tallos secundarios, utilice una flor masculina para polinizarlas frotando el polen de la flor masculina con las femeninas.

Mantenga las plantas bien regadas y abonadas y la atmósfera húmeda. Quite las demás flores y tallos secundarios cuando se desarrollen. Sujete el fruto en una red individual, según vaya creciendo. Recoja los melones cuando estén maduros. Un buen signo de maduración es el olor dulce del melón; además, cede un poco al presionar por el lado opuesto a la mata.

Flores de invernadero

En un invernadero puede cultivarse una amplia variedad de flores, reservadas a los macizos y las macetas del exterior o para dar color a las plantas del interior de la casa. *Abutilon, Browallia, Calceolaria, Celosia, Cuphea, Gerbera, Gloxinia, Hibiscus,* varias prímulas, *Shizanthus* y *Streptocarpus* son siempre buenas elecciones. Se pueden cultivar desde semilla en un propagador y a unos 13 °C o comprarse como plantas pequeñas en un centro de jardinería para proseguir con el cultivo.

Berenjenas

Algunas variedades de esta planta tienen la forma de un huevo. Es una hortaliza enormemente versátil y ampliamente utilizada en la cocina mediterránea.

Las berenjenas están emparentadas con los tomates y son igualmente fáciles de cultivar. Sin embargo, no necesitan una larga temporada de crecimiento para producir buenos frutos. Ello significa que se siembran al final del invierno en un propagador ajustado a 21 °C. Mantenga en remojo las semillas de berenjena durante toda la noche antes de sembrarlas. Tome las plántulas individualmente en cuanto tengan tamaño suficiente para manipularlas, y después cultívelas a una temperatura de 16 °C. Plante las plántulas de tres en tres en bolsas de cultivo o de una en una en macetas grandes llenas con tierra especial para estas bolsas. Utilice cañas o cuerda para sujetar las plantas una vez que alcancen 45-60 cm de altura. Ate los tallos sin apretar.

Mantenga las plantas bien regadas y abonadas y una atmósfera húmeda en el invernadero. Despunte las puntas cuando alcancen unos 38 cm de altura, para estimular la formación del fruto. Recoja el fruto cuando esté lustroso y mida unos 15 cm de largo, lo cual debería suceder desde mediados del verano.

Hierbas

Merece la pena tener un buen suministro de hierbas para la cocina que puedan usarse durante el invierno. Las macetas de hierbas pueden guardarse en cultivo durante el otoño trasladándolas al invernadero antes de la primera helada. Manténgalas bien regadas, pero no moje las hojas.

Las hierbas, como las cebolletas y la menta, que se cultivan en canteros, pueden trasplantarse a tiestos y guardarse en el invernadero al final del otoño, de manera que puedan recogerse en primavera.

El perejil y la albahaca necesitan una alta temperatura de germinación, de 18 °C y agradecen el inicio de su cultivo en invernadero a mediados de la primavera, antes de plantarse en un recipiente grande y trasladarse al exterior durante el verano.

Este fruto en sazón muestra el magnífico color morado de la mayoría de las berenjenas. Se debe recolectar sólo cuando esté muy maduro y lustroso, pues si no sabría un poco amargo y no podría comerse.

CULTIVO DE BERENJENAS EN EXTERIOR

Las berenjenas pueden cultivarse en tiestos en interior y trasplantarse a recipientes más grandes en un lugar abrigado al aire libre cuando mejore el tiempo. Las plantas que no se cultivan en invernadero tardan más en madurar, y el fruto no estará listo para ser cosechado hasta el otoño.

DESPUNTE DE LAS BERENJENAS

Tendrá plantas más compactas si despunta la planta de la berenjena cuando alcance 30 cm de altura. Deje sólo desarrollarse un fruto por tallo. Despunte las puntas de crecimiento de estos tallos a partir de las tres hojas desde el fruto en desarrollo, de esta forma mejorará su crecimiento posterior.

Variedades fiables de invernadero

Lechugas
«Cynthia»
«Kellys»
«Kwiek»
«Marmer»
«Novita»

Melones
«Amber Nectar»
«Charentais»
«Classic»
«Honeydew»
«Galia»
«Ogen»
«Superlative»
«Sweetheart»
«Venus»

Berenjenas
«Black Beauty»
«Black Bell»
«Black Enorma»
«Black Prince»
«Bonica»
«Dusky»
«Easter Egg»
«Long Purple»
«Moneymaker»
«Short Tom»
«Slice Rite»

Jardín de frutales

No se necesita un jardín grande para cultivar árboles frutales y arbustos con bayas. Es posible guiar los árboles según muchos estilos, apoyados en muros y vallas, o usarlos como divisores de jardín. Existen también formas enanas de frutales populares suficientemente pequeños para su cultivo en el borde de un macizo o en macetas y otros recipientes.

Una vez asentados, los frutales y los arbustos deben poder competir con otras plantas por la humedad y los nutrientes del suelo, y así establecerse en cualquier parte del jardín. Procure plantarlos en un lugar soleado y con acceso suficiente para desarrollar las tareas de mantenimiento esenciales, como la poda, el rociado y la recolección.

Si quiere tener muchos frutos, sería mejor que les asignara una parte independiente del jardín, donde le resulte más fácil tratar y proteger los frutales, los arbustos, las cañas y las vides. Antes de plantar ninguna de estas especies es esencial preparar minuciosamente el terreno, ya que las mismas plantas lo ocuparán durante muchos años.

Este peral se ha guiado de forma armoniosa en abanico, soportado por alambres, pero podría haberse cultivado también apoyado en un muro.

Plantar un jardín de frutales

Cuando elija la clase de fruto que cultivar en su jardín, piense en la posición que pretende dar a la planta que lo producirá. Elija buenos ejemplares de las variedades fuertes y resistentes que le guste comer.

Un manzano bien cuidado en sus primeros años dará frutos durante mucho tiempo, con muy poco mantenimiento, una vez que arraigue.

Compra de árboles frutales

Cuando se va a comprar un frutal, es importante elegir ejemplares fuertes y sanos. La compra de plantas cultivadas en maceta o a raíz desnuda es una elección personal: la mayoría de las variedades están disponibles en ambas formas. Los centros de jardinería suelen ofrecer una gama limitada, pero para conseguir la mejor elección y variedades infrecuentes o guiadas, quizá sea mejor visitar un vivero especializado.

En la elección del frutal, busque uno que tenga un tronco principal recto y robusto y varias ramas bien separadas no demasiado en vertical. Este hecho es importante porque el ángulo entre la rama y el tronco determinará la fortaleza que tendrá la rama en años posteriores y, por tanto, la cantidad de fruta que soportará el árbol.

Las variedades de frutales están todas injertadas en un portainjerto, y es esencial elegir un tipo que se adapte a las necesidades particulares (ver cuadro). También importa verificar que la unión entre la variedad frutal y el portainjerto está bien cicatrizada; hay que buscar una protuberancia a unos 15 cm del suelo. Cuando compre un ciruelo o un cerezo, debe revisar también las ramas en busca de zonas de madera rugosa y savia rezumante (que es un signo de enfermedad de chancro). No compre plantas que le infundan la mínima sospecha.

Elección de un portainjerto

Las variedades de frutales se injertan en diferentes portainjertos de fuerza variable. Si se elige uno enano se conseguirá un árbol más pequeño de crecimiento más lento, pero si se opta por portainjertos vigorosos, se tendrán frutales más grandes y de rápido crecimiento.

Los portainjertos enanos son útiles para plantar en espacios restringidos y producen árboles fáciles de manejar. Los fuertes y vigorosos, son ideales cuando se quiere tener un árbol grande, si el suelo es muy pobre o cuando el árbol tenga que competir con las plantas de alrededor.

Los portainjertos de los manzanos y los perales tienen códigos; los de cerezo se conocen por sus nombres.

Portainjerto	*Vigor*	*Posible tamaño*
Manzanos		
M27	muy enano	1,8 m
M9	enano	2,4 m
M26	semienano	3 m
MM106	semifuerte	4,5 m
MM111	fuerte	5,5 m
Cerezos		
Colt	semienano	4,5 m
Perales		
Quince C	semienano	3 m
Quince A	semifuerte	3,5 m
Ciruelos		
Pixy	semienano	3 m
St. Julian A	fuerte	5,5 m

Compra de arbustos y frutos de caña

Busque variedades «homologadas», lo que significa que habrán sido inspeccionadas y aprobadas como portadoras de una cierta calidad.

- **Grosellas.** Todos los tipos deben tener tres o cuatro ramas bien separadas y de igual fuerza del grosor aproximado de un lápiz, de manera que la planta forme un arbusto bien equilibrado. Muchas groselas rojas y blancas se venden en un solo tallo corto y limpio, de unos 10 cm de

CÓMO PLANTAR UN MANZANO

Cuando vaya a plantar un manzano, árbol o arbusto, asegúrese siempre de hacerlo a la misma profundidad que tenía en la maceta o en la cama del vivero.

CÓMO ATAR UN ÁRBOL RECIÉN PLANTADO

No olvide atar un árbol recién plantado a una estaca. Átelo con fuerza, pero sin apretar demasiado, aproximadamente a 30 cm del suelo.

longitud, pero todas las grosellas negras salen del suelo.

- **Grosellas espinosas.** Estas plantas se venden también en un tallo corto de unos 10 cm de largo. Elija uno con una cabezuela equilibrada de tres o cuatro ramas de igual fuerza y bien espaciadas.
- **Frambuesas.** Cuando las elija, busque cañas fuertes y únicas, del grosor de un lápiz.
- **Moras y otras bayas híbridas.** Elija plantas con al menos dos tallos del grosor de un lápiz. No compre plantas con tallos divididos o descoloridos, pues es un signo de descuido y de posible enfermedad.

Plantación de frutales y arbustos de bayas

Prepare el terreno cuidadosamente antes de plantar los frutales y arbustos, garantizando que elimina todas las malas hierbas perennes. Introduzca mucha materia orgánica.

Cuando el tiempo no sea demasiado húmedo ni frío, será el mejor momento para plantar, entre finales de otoño y mediados de primavera. Si parte de plantas de raíz desnuda que no puede plantar en su momento, guárdelas temporalmente en una zanja superficial, con los tallos inclinados en un ángulo cerca del suelo hasta que pueda plantarlas en su lugar definitivo. Las plantas cultivadas en maceta pueden plantarse en otros momentos del año, pero necesitarán más atención para sobrevivir.

Los frutales y arbustos con frutos deben plantarse a la misma profundidad que tenían en sus tiestos o camas del vivero cuando se compraron. Si un árbol necesita apoyo, ponga el palo en el suelo antes de plantarlo. Riegue las plantas a conciencia y manténgalas bien regadas en tiempo seco hasta que se asienten bien. Aplique un acolchado alrededor de la base de la planta para conservar la humedad e impedir que arraiguen las malas hierbas. Quite todas las hierbas que aparezcan cerca. Puede ser necesario también usar guardas que protejan los troncos o redes sobre las ramas para proteger los árboles y arbustos de plagas y animales, como conejos, ciervos y pájaros.

PROTEGER FRUTALES GUIADOS

Los árboles y arbustos frutales guiados contra un muro pueden protegerse de los pájaros con una red sobre una estructura improvisada. Esta estructura podría cubrirse con telas de plástico para proteger las flores de las heladas.

CÓMO PROTEGER LA CORTEZA

Los ciervos y los conejos causan daños en los árboles que se pueden prevenir con guardas de alambre.

Cultivo de frutales guiados

Aunque los frutales exentos tienen un aspecto espléndido, la mejor forma de cultivarlos en un jardín pequeño es guiarlos por las lindes o como elementos de división. Así no sólo ocuparán menos espacio, sino que ofrecerán también otras prácticas ventajas.

Dónde colocar los frutales guiados

Un muro o valla soleados ofrece varias ventajas para el guiado de un frutal. Los árboles tienen buen soporte y las ramas están separadas. Muros y vallas ayudan a proteger las flores de los vientos fríos y las heladas de principios de primavera, y estimulan una rápida maduración del fruto a finales del verano. Otra ventaja es que todas las partes del árbol están al alcance, lo que facilita el mantenimiento. También será más fácil protegerlos de las aves en verano, de las heladas en primavera y del frío en invierno, además de librarlos de enfermedades como la temida lepra del melocotonero.

La mejor opción para guiar un frutal es comprar un árbol ya guiado en una maceta o similar en un vivero especializado, aunque también se puede conseguir con un árbol de un solo tronco.

PODAR CORDONES

Durante el verano corte los nuevos tallos secundarios hasta dejar tres hojas y los nuevos desarrollos sobre tallos existentes hasta la primera hoja.

Durante invierno aclare las ramas antiguas, si están demasiado atestadas, y después corte los nuevos desarrollos del tallo principal hasta 15 cm.

Soporte para los frutales

Si no tiene un muro o valla sólidos en los que apoyar el árbol, prepare un soporte exento con postes de vallas de suficiente altura para la forma que tiene pensada. Separe los postes 1,8 m y afírmelos sobre hormigón, con el fin de unirlos con una columna inclinada (también sobre hormigón). Tienda horizontalmente entre los postes un alambre de valla resistente, usando ojales galvanizados atornillables y pernos de tensión en cada extremo. El primer alambre debe estar a 30 cm del suelo, y los siguientes estarán separados 45 cm. Cuando cultive un árbol contra un muro, disponga el primer alambre a 30 cm del suelo y los siguientes, separados 15 cm.

Guiado y poda de cordones

Los cordones tienen un solo tallo guiado en un ángulo de 45°. Después de plantar en el ángulo correcto, ate una caña de bambú detrás del tallo principal y al alambre superior. Pode los tallos secundarios justo por encima del tercer brote. En el primer verano, ate las nuevas formaciones de la planta a la caña y pode los nuevos vástagos del tallo principal por encima del tercer brote. Los nuevos vástagos producidos de los tocones de los tallos secundarios del año anterior deben podarse hasta la primera hoja. Cada invierno, posteriormente, corte los nuevos crecimientos del tallo principal a 15 cm. Una vez que el árbol alcance la parte alta de su soporte, corte los nuevos desarrollos hasta el primer brote. Cada verano se cortarán todas las formaciones vegetales nuevas producidas desde los tocones del año anterior hasta la primera hoja.

CÓMO FIJAR ALAMBRES DE SOPORTE A UN MURO

1 Para sujetar los árboles sobre muros, use alambres agarrados con ojales. Dependiendo del tipo de ojal, puede clavarlo directamente al muro o atornillarlo sobre un taco.

2 Pase el alambre galvanizado resistente por los orificios de los ojales y átelo a los extremos, manteniendo el alambre lo más tenso posible.

PODA DE UN ÁRBOL EN ABANICO

El objetivo principal al podar un árbol en abanico es mantener la forma. En primavera, corte los nuevos tallos secundarios que apunten hacia fuera o alejándose del muro. En caso necesario, reduzca el número de nuevos vástagos a aproximadamente uno por cada 15 cm.

En verano corte todos los nuevos tallos hasta unas seis hojas, dejando algunos que considere necesarios para llenar huecos en la estructura principal. En otoño, después de la cosecha, corte aún más los tallos hasta dejarlos en tres hojas.

Guiado y poda de abanicos

Los árboles en abanico tienen hasta diez ramas que irradian, a separaciones equivalentes, desde el tallo principal. Es una buena forma de guiar los frutales, ya que el abanico produce un gran número de tallos con frutos.

Después de plantarlo, corte el tallo principal hasta justo por encima del primer brote, que debe estar a unos 5 cm del hilo inferior. Use dos cañas de bambú como soporte para atar a los alambres los dos lados del árbol en ángulos de 45°. El verano siguiente elija dos tallos secundarios y átelos a las cañas cuando vayan creciendo. Retire todos los demás. Durante la temporada de latencia, corte los tallos secundarios a unos 45 cm. Al verano siguiente, desate el primer par de cañas y bájelas, con las ramas atadas, al alambre horizontal más bajo a cada lado del árbol. Ate en otro par de cañas en ángulos de 45° y otros dos vástagos colocados adecuadamente. Retire todos los vástagos no deseados hasta la primera hoja.

Repita el proceso cada año para crear un árbol simétrico en abanico. Una vez asentado, seguirá necesitando una poda regular para eliminar los vástagos nuevos no deseados o mal colocados y mantener una buena producción de frutos, ya que éstos nacen en madera de un año. Pode siempre en verano, para evitar la enfermedad de las hojas plateadas.

Guiado y poda de espalderas

Los árboles en espaldera tienen tres o cuatro niveles de ramas horizontales guiadas a lo largo de alambres de soporte. Siga el método descrito para la poda en abanico, salvo que el tallo principal se conserva y se guía en vertical. Cada invierno debe podarse el tallo principal hasta justo por encima del alambre horizontal, y los tallos secundarios se guían a lo largo de cañas sujetas en 45° en su primer año, y después se baja hasta el alambre horizontal en el segundo. Cada verano deben podarse los nuevos tallos no deseados hasta la primera hoja y colocarse adecuadamente los nuevos tallos atados en el siguiente par de cañas. Una vez que el árbol cubra el soporte, corte las nuevas extensiones del tallo principal hasta un brote justo encima del alambre superior y trate cada rama del modo descrito para los cordones.

El cultivo de un peral en abanico contra un muro crea un lugar ideal para el árbol y para la belleza del entorno. Todas las partes del árbol están al alcance y así se facilita el mantenimiento.

Cultivo de manzanos y perales

Los manzanos y los perales pueden cultivarse en una alta diversidad de formas, desde ejemplares aislados para el centro de una pradera o un macizo guiado contra una valla o un muro u otra clase de estructura de soporte.

Plantación

Si va a cultivar más de un árbol, en un huerto por ejemplo, necesitará separar los ejemplares de acuerdo con su tamaño final, que depende del portainjerto. Los árboles en portainjertos enanos pueden plantarse con separaciones de 1,5 m, mientras que los usados sobre portainjertos fuertes se separarán unos 7 m.

Los frutales cultivados en maceta pueden plantarse en cualquier momento del año, pero se asentarán con más rapidez y serán más fáciles de cuidar posteriormente si se han plantado en primavera o en otoño, cuando el suelo está húmedo y caliente, lo que estimula un rápido crecimiento de las raíces y, con ello, el asentamiento.

Sin embargo, los ejemplares de raíz desnuda deben plantarse durante la época de latencia, entre el otoño y la primavera. La técnica de plantación para los frutales es la misma que se ha descrito para árboles y arbustos ornamentales.

Buenas variedades de manzano y peral

Manzanas para comer crudas
- «Discovery»
- «Fiesta»
- «Greensleeves»
- «James Grieve»
- «Jonagold»
- «Katy»
- «Sunset»

Manzanas para cocinar
- «Bramley's Seedling»
- «Grenadier»
- «Howgate Wonder»

Peras
- «Beth»
- «Concorde»
- «Conferencia»
- «Doyenné du Comice»
- «Williams' Bon Chrétien»

Las peras conferencia tienen una forma alargada reconocible. Estos magníficos ejemplares están maduros para la cosecha y el consumo.

Malus «John Downie» es una de las mejores variedades para preparar compota de manzana, debido a su delicioso sabor y textura.

Poda de árboles exentos

A pesar de la creencia popular de que los manzanos y los perales son difíciles de podar y lleva mucho tiempo mantener su forma, si se compran árboles bien guiados esta tarea requerirá un mínimo de atención. La poda se realizará mejor a mediados o finales de invierno. Primero, se cortarán los tallos muertos o enfermos y todos aquellos que, siendo nuevos, se estorben o entrecrucen. También se cortarán los vástagos nuevos demasiado verticales. Después se acortará la mitad de los restantes desarrollos nuevos, para mantener una forma global bien equilibrada. Cada pocos años habrá que retirar una o dos ramas grandes, de manera que se conserve la estructura equilibrada y se evite que el árbol se adense por el centro.

Cuidados generales

Tres o cuatro años después de plantar, empiece a abonar todos los frutales de forma sistemática cada primavera. Aplique un abono general en la proporción recomendada por el fabricante en el terreno bajo la copa del árbol. Después cubra la zona con un acolchado esponjoso, de unos 8 cm de grosor. Los árboles asentados no necesitan riego, aunque cada dos semanas conviene anegarlos de agua en los periodos de sequía prolongada, para que no se vea afectada su productividad. Normalmente no merece la pena tratar los árboles de jardín contra plagas y enfermedades con productos químicos.

Recolección y almacenamiento

Los frutos están maduros cuando se separan del árbol con el tallo intacto. Gire suavemente el fruto en la palma de la mano: si se separa del tallo, estará listo para recogerlo. En general, el fruto del lado más soleado del árbol madurará antes.

No todas las variedades de manzanas y peras se conservan bien. Las variedades tempranas de manzanas no deben almacenarse. Elija sólo frutos perfectos de tamaño medio. Los frutos pequeños suelen encoger y los grandes en general se pudren. Separe las diferentes variedades, pues se almacenan durante tiempos distintos.

PODA DE UN ÁRBOL EXENTO

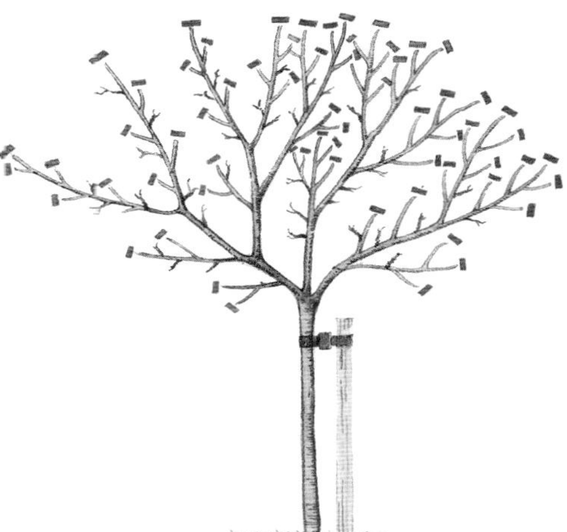

Después de plantar, corte la guía a unos 75 cm del suelo. Deje algunos tallos secundarios que aparezcan justo por debajo de este corte y retire los situados más abajo. Al año siguiente, reduzca los nuevos desarrollos a la mitad. Así conseguirá la estructura básica. La siguiente poda se limitará a reducir la longitud de las nuevas formaciones aproximadamente en la tercera parte y en retirar las zonas superpobladas.

Guarde las frutas en bandejas de papel moldeadas en cajas de cartón ventiladas, que se pueden conseguir gratis en supermercados. Ponga las cajas en un lugar oscuro, fresco y protegido de las heladas y examínelas al menos una vez por semana para quitar las frutas que se deterioren.

Las manzanas no sólo son deliciosas al cogerlas del árbol, muchas variedades conservan sus cualidades en la despensa. Este cultivo de manzanas maduras dará una excelente cosecha.

CÓMO RECOGER MANZANAS Y PERAS

Las manzanas y las peras se retiran del árbol con un giro de muñeca. Los pedúnculos podrían quedar adheridos al fruto.

CÓMO CONSERVAR MANZANAS Y PERAS

Las manzanas, las peras y los membrillos pueden guardarse en bandejas en un lugar seco y fresco. Es mejor disponerlas en piezas individuales de papel o en bandejas modeladas, de forma que las frutas no se toquen entre sí. El tiempo de almacenamiento dependerá de la variedad.

Cultivo de otros frutales

Los ciruelos y los cerezos pueden cultivarse de distintas formas, desde ejemplares estándar de pleno tamaño hasta arbustos piramidales. También pueden guiarse en abanico en muros y vallas.

Elección del lugar

Los árboles frutales crecen mejor en un suelo con buen drenaje que retenga la humedad, por lo que vale la pena introducir una buena cantidad de materia orgánica bien descompuesta antes de plantar. Los cerezos en particular no prosperan bien en suelo seco o superficial. Todos necesitan mucho sol, aunque los cerezos agrios son más tolerantes a las condiciones de sombra.

Cuidados generales

Aplique un abono general, en la proporción recomendada por el fabricante, bajo la copa de cada melocotonero o nectarino. Los ciruelos y los cerezos responden a tasas un poco más altas de abono, por lo cual se puede aplicar el fertilizante general aproximadamente al doble de proporción de la que se usaría para otros árboles. Los frutales deben acolcharse cada primavera con materia orgánica mullida, como un compost bien descompuesto, de unos 8 cm de grosor. Riegue las plantas en los periodos secos prolongados.

Vigor reducido

Puede mantener pequeños los ciruelos jóvenes con buenos frutos usando una técnica denominada festoneado. Durante el verano, tire hacia debajo de los tallos principales en una posición horizontal atando con cuerdas las puntas y los otros extremos al tronco; así se reduce el flujo de savia. Durante el verano siguiente, pode los tallos principales y ate del mismo modo los nuevos tallos que se hayan producido. Con el tiempo, conseguirá un árbol pequeño, un poco llorón, que dará buenos frutos.

Consuma las ciruelas frescas, cuando estén maduras. Los excedentes de esta fruta pueden congelarse enteros o usarse para preparar mermeladas y gelatinas. Las ciruelas son muy adecuadas para cocinar una vez que tienen color.

PODA DE UN CIRUELO AGRIO EN ABANICO

Una vez asentado, la poda de un cerezo en abanico tiene dos finalidades: mantener la forma de abanico y garantizar un suministro constante de madera nueva. Cuando se poda para mantener la forma, se deben eliminar todos los tallos que apunten en la dirección equivocada. Para podas de renovación, corte en verano un tercio de los tallos que hayan dado frutos, preferiblemente hasta el siguiente vástago nuevo. Ate estos vástagos nuevos a la caña de guía y a la estructura de alambres.

Los árboles guiados en un muro deben regarse regularmente mientras se forma el fruto.

Los melocotoneros y los nectarinos florecen tempranamente en el año, cuando sólo algunos insectos polinizadores están activos, por lo que conviene polinizar a mano cada flor con un pincel blando para garantizar una buena producción de fruto.

Durante los periodos fríos a principios de primavera es conveniente cubrir los árboles frutales con arpillera aislante o una doble capa de lanilla, con el fin de proteger la flor de las heladas. A medida que avanza el año, use una red para resguardar los frutos en maduración de los pájaros.

La lepra del melocotonero retuerce las hojas y puede debilitar al árbol. Se evitará que enfermen nuevas hojas retirando las infectadas una vez caídas y cubriendo el árbol desde el primer viento de invierno hasta el final de la primavera, de manera que la lluvia no moje el follaje. La enfermedad fúngica se extiende por las salpicaduras de la lluvia.

Poda y guiado

Los ciruelos deben podarse en verano para evitar la enfermedad de las hojas plateadas. Una vez establecida la forma básica del árbol, cerezos y ciruelos se podarán poco, aparte de retirar las partes muertas, enfermas o atestadas. Las cerezas agrias se producen en madera de un año, que debe podarse después de haber recogido el fruto. Corte aproximadamente un tercio de los tallos con frutos hasta el primer vástago en la parte inferior del tallo.

Los ciruelos y los cerezos dulces, por su parte, producen la mayor parte de su fruto en la base de una madera de un año y los vástagos antiguos. Ello significa que no serán árboles adecuados para un guiado en cordón o espaldera, sino en forma de abanico. Después de que una poda de formación de un árbol en abanico haya permitido establecer la estructura, habrá que cerciorarse de que existe un aporte constante de nuevos desarrollos

PODA DE UN FRUTAL

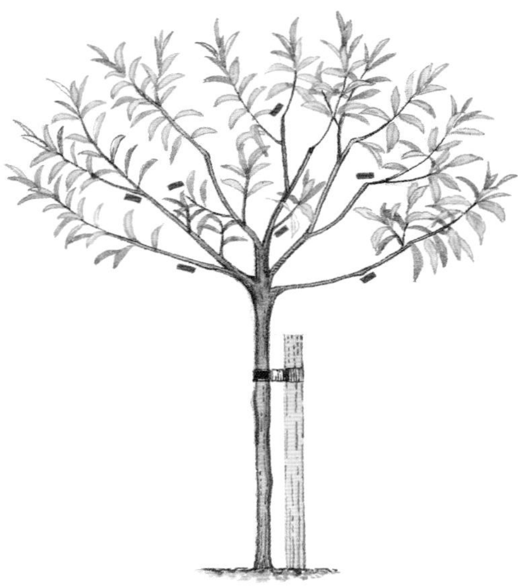

Para un frutal exento, como este melocotonero, no se requiere una gran labor de poda. En primavera, recorte parte de la madera vieja siempre que haya tallos nuevos que la sustituyan. Quite las ramas mal colocadas y mantenga el arbusto abierto y aireado. Evite realizar cortes grandes, pues es probable que favorezca la infección del árbol con el chancro.

que lleven fruto. En verano, corte todos los tallos que hayan dado fruto hasta la altura de los tallos nuevos bajos. Después ate estos nuevos tallos a la vara de soporte, como sustitutos de los podados. Pode también los desarrollos no deseados para mantener la forma global del abanico.

Melocotoneros y nectarinos pueden cultivarse como árboles exentos, pero el éxito es mayor si se cultivan como abanico apoyados en un muro o valla que dé al sur. El soporte no sólo les dará protección durante principios de primavera, cuando la flor sea vulnerable al frío, sino que además atraparán más energía solar durante el verano, aumentando las posibilidades de que el fruto madure bien.

Recolección y almacenamiento

Recoja el fruto en cuanto madure. También puede recolectar las ciruelas a punto de madurar, para guardarlas en el cajón de las verduras del frigorífico durante un par de semanas. Las cerezas, las nectarinas y los melocotones no seguirán madurando después de recogerlos, por lo que no se recolectarán hasta que estén listos. Lo mejor es comerse la fruta madura de inmediato, aunque durará varios días si se guarda en un lugar fresco. Los excedentes pueden prepararse en mermelada o conserva, y las ciruelas y las cerezas se parten por la mitad, se despepitan (se deshuesan) y se congelan.

Buenas variedades de frutales

Ciruelos
«Cambridge Gage»
«Czar»
«Marjorie's Seedling»
«Merryweather»
«Oullins Gage»
«Victoria»
«Garden Anny»
«Garden Lady»
«Garden Silver»
«Garden Gold»
«Peregrine»
«Rochester»
«Terrace Amber»
«Terrace Diamond»

Cerezos
«Morello» (ácido)
«Stella»
«Sunburst»

Melocotoneros
«Bonanza»
«Duque de York»

Nectarinas
«Early Rivers»
«Garden Beauty»
«Golden Glow»
«Lord Napier»
«Nectarella»
«Terrace Ruby»

Melocotones y nectarinas en el patio

Los melocotones enanos, como la variedad «Bonanza» y los de las series Garden y Terrace, así como las nectarinas enanas, como «Nectarella» y «Golden Glow», son adecuados para su cultivo en macetas en el patio. Use un recipiente grande relleno con tierra vegetal. Polinice las plantas a mano usando un cepillo y protéjalas de las heladas (en un invernadero con calefacción o similar) hasta final de primavera, cuando la planta pueda llevarse al exterior. Abone con fertilizante líquido rico en potasa, por ejemplo abono para tomates, cada 15 días durante la temporada de crecimiento. Proteja los frutos maduros de los pájaros con una red.

Cultivo de bayas en arbustos

Las grosellas son más tolerantes que muchos otros frutos y bayas y pueden cultivarse en sombra parcial, aunque los mejores cultivos y las cosechas más tempranas se obtendrán a pleno sol. Las grosellas rojas y blancas necesitan un lugar bien drenado, pero las negras pueden tolerar un drenaje deficiente.

Plantación

Para obtener los mejores resultados, plante los arbustos en un suelo que retenga la humedad pero posea buen drenaje, para que no se anegue en el invierno. Puede cultivarlos como arbustos exentos, setos o formas guiadas sobre una valla o soporte. En un lugar expuesto, un muro o valla les ofrecerá protección, sobre todo en primavera cuando las últimas heladas pueden reducir considerablemente la producción.

Los groselleros espinosos deben separarse entre 1 y 1,5 m, dependiendo de la fuerza de la variedad. Los groselleros negros deberían distanciarse 1,5 m unos de otros. Los blancos y rojos, cultivados como arbustos, se separarán 1,2 m o, en forma de cordones, unos 45 cm.

Poda y guiado

Groselleros y groselleros espinosos pueden cultivarse como arbustos centrados y aireados o como cordones sobre una estructura de soporte. Los groselleros espinosos y los negros se producen en tallos que tienen uno o más años, por lo cual no producirán bayas si no se podan. Sin embargo, los tallos pronto quedan superpoblados y es difícil la cosecha.

CÓMO PODAR UN GROSELLERO ESPINOSO

En un grosellero espinoso ya asentado, corte las nuevas formaciones en las guías en invierno hacia la mitad y reduzca las demás a dos brotes. En verano, retire la madera dañada, las ramas que se entrecrucen, los chupones y los crecimientos vegetales en la base para mantener el centro del arbusto despejado y evitar que se congestione.

- **Groselleros espinosos.** Después de plantar, pode tres o cuatro tallos bien separados hasta la mitad en un brote que mire hacia arriba. Retire todos los demás. El invierno siguiente corte dos nuevos vástagos en cada tallo secundario hacia la mitad para formar la estructura principal del arbusto y al mismo tiempo elimine todos los tallos que congestionen el centro. Corte cualquier otro desarrollo nuevo dejándolo en dos yemas, de manera que se formen brotes que fructifiquen. Después, pode en verano para mantener el centro del arbusto abierto y sano. En invierno, corte todos los desarrollos de las ramas de la estructura aproximadamente a la mitad y los demás crecimientos nuevos dejándolos en dos brotes.
- **Cordones de groselleros espinosos.** Después de plantar, corte el tallo principal a la mitad y átelo a una caña de bambú recta fija al soporte. Pode los demás tallos secundarios para dejar dos brotes. Posteriormente, pode a final del verano, cortando los nuevos tallos laterales hasta 10 cm del tronco principal. En invierno, corte el tallo guía en un tercio. Una vez que el cordón haya alcanzado la parte alta del soporte, córtelo para dejar un brote.
- **Groselleros negros.** La grosella negra sólo se obtiene en arbustos. Pode los groselleros ya asentados en invierno, eliminando un tercio de los tallos a partir de los más antiguos, cortando a 2,5 cm sobre el suelo. Alternativamente, puede podarlos en la cosecha.
- **Groselleros rojos y blancos.** Después de plantar, elija tres o cuatro tallos secundarios bien espaciados y córtelos a la mitad en un brote que mire hacia arriba. Debe eliminar todos los demás tallos. El invierno siguiente, corte dos nuevos vástagos en cada tallo secundario hacia la mitad para formar la estructura principal del arbusto y elimine los que congestionen el centro. Corte los nuevos desarrollos hasta dejar dos brotes, de manera que formen yemas que puedan fructificar. En años posteriores, pode en verano para mantener el centro del arbusto abierto y sano. En invierno, corte las

Los groselleros espinosos se pueden cultivar como cordones simples. Se consigue atándolos a cañas, que se sostienen con alambres horizontales.

Las grosellas negras y rojas son deliciosas cuando maduran, recogidas frescas del jardín.

extensiones de las ramas de la estructura hacia la mitad y los demás crecimientos de la planta hasta dos brotes.

- **Groselleros blancos y rojos en cordón.** Después de plantar un cordón, corte el tallo principal hacia la mitad de su longitud y átelo a una caña de bambú vertical fija al soporte. Pode los tallos secundarios para dejar dos brotes. Posteriormente, pode al final del verano, pero corte los nuevos vástagos laterales hasta dejar cinco hojas. En invierno, corte el tallo guía en un tercio. Cuando el cordón haya alcanzado la parte alta del soporte, córtelo hasta dejar un brote.

Cuidados generales

Aplique un abono general en la proporción recomendada por el fabricante en cada arbusto una vez al año en primavera. Acolche la planta en cada primavera con materia orgánica mullida, por ejemplo, un buen compost.

Los arbustos con bayas no suelen dar problemas, aunque el mildiu del grosellero americano puede ser devastador si deja que se asiente. Si sus arbustos muestran algún síntoma (manchas pulverulentas sobre las hojas nuevas), pode las ramas afectadas hacia la mitad antes de rociar el resto del arbusto con un fungicida adecuado. La variedad «Invicta» es resistente al mildiu.

Las orugas pueden dejar las hojas desnudas en los groselleros espinosos al final de la primavera; quite las orugas una a una y destrúyalas. También tendrá que proteger los arbustos del pardillo con redes en invierno y el fruto casi maduro de otras aves en verano.

Recolección y almacenamiento

Los groselleros espinosos que están desarrollando mucha fruta pueden aclararse al final de la primavera y usarse los frutos no maduros para cocinar, dejando que los demás crezcan y maduren para comerse frescos. Estas grosellas no maduran todas a la vez, por lo que se tendrán que cosechar repetidamente. El fruto puede guardarse unas semanas en un lugar fresco o prepararse en conserva.

Los groselleros negros se recogen y se podan al mismo tiempo. Basta con cortar todos los tallos que hayan dado frutos hasta unos 2,5 cm del suelo por encima de un brote y después llevar los tallos eliminados a la cocina para limpiarlos. Recoja o pode las ramitas de los groselleros blancos y rojos mientras el fruto tiene buen color y todavía es lustroso. Todas las grosellas se pueden dejar durante un par de semanas en un lugar fresco, congelarse o prepararse en conserva.

CONGELAR LAS BAYAS FRESCAS

El método más sencillo de conservar las bayas es congelarlas.

Buenas variedades de bayas de arbustos

Grosellas espinosas
«Careless»
«Greenfinch»
«Invicta»
«Lancashire Lad»
«Leveller»
«Whinham's Industry»

Grosellas rojas
«Laxton's n.º 1»
«Red Lake»

Grosellas negras
«Baldwin»
«Ben Lomond»
«Ben Nevis»
«Ben Sarek»
«Black Reward»
«Boskoop Giant»

Grosellas blancas
«White Dutch»
«White Grape»
«White Versailles»

CÓMO PODAR EL GROSELLERO NEGRO

Después de haber sido plantado, este grosellero se deja en un solo brote encima del suelo. Durante el invierno siguiente, se quitan todos los desarrollos débiles o mal colocados. Las podas posteriores pueden tener lugar en invierno o en la cosecha. Retire los tallos muertos o enfermos y corte hasta un tercio de la madera que tenga dos años o más.

CÓMO PODAR OTROS GROSELLEROS

Después de plantar los groselleros blancos o rojos, corte los vástagos del tallo principal aproximadamente a la mitad. Durante las podas posteriores, en verano, intente conseguir un arbusto abierto. En invierno, corte todos los desarrollos nuevos de los tallos principales y reduzca las nuevas formaciones en todos los tallos secundarios a dos brotes. Retire los tallos muertos y enfermos.

Cultivo en caña

Frambuesas, moras y bayas híbridas son fáciles de cultivar. Las zarzamoras producen incluso una cosecha abundante si se cultivan sobre un muro que mire al norte.

Zarzamoras

Este cultivo necesita un lugar soleado y protegido y un suelo bien drenado, pero que retenga la humedad. A las zarzamoras no les gustan los inviernos húmedos, por lo que deben cultivarse en un borde de suelo superficial si es demasiado pesado. Separe las plantas entre 38 y 45 cm en la hilera. Después de plantar, corte los tallos a unos 30 cm, justo por encima de un brote. En la siguiente primavera, corte los tallos viejos hasta el suelo, pues saldrán otros nuevos.

Las zarzamoras pueden cultivarse sobre un soporte exento o contra una valla. La forma más sencilla de darles soporte consiste en usar postes resistentes en intervalos de 3 m a lo largo de la hilera con alambre horizontal tendido entre los postes y tensado con pernos específicos. Sólo se necesitan dos alambres: uno que vaya a unos 60 cm del suelo y el segundo a una altura de 1,2 m.

Existen dos clases de moras: las de verano y las de otoño. Hasta ahora, las variedades de zarzamora más comunes son las de verano, que producen frutos en los tallos del año anterior. Por su parte, las de otoño producen el fruto en los extremos de las zarzas producidas en la temporada actual. Pode las zarzamoras de verano a principios de otoño retirando todos los tallos que hayan dado fruto hasta el nivel del suelo y atando los tallos nuevos al soporte. Si existen demasiados tallos, sepárelos unos 8 cm en el soporte, cortando los más débiles. Las zarzamoras de otoño deben cortarse al nivel del suelo después de la cosecha. Los nuevos tallos producidos desde el suelo en primavera darán fruto al otoño siguiente.

Frambuesas y bayas híbridas

Aunque las frambuesas prefieren un lugar soleado, son mucho más tolerantes que otros tipos de frutos y pueden cultivarse en la sombra o en cualquier clase de suelo. Separe las plantas entre 1,8 y 3 m, dependiendo de la fuerza de la variedad. No plante los frambuesos demasiado profundos; la tierra debe cubrir sólo las raíces. Los frambuesos y la mayoría de los híbridos derivados necesitan un soporte, que puede construirse tal y como se ha descrito para las zarzamoras, aunque los alambres horizontales pueden separarse sólo 30 cm, con el alambre inferior a una altura de 1 m del suelo y el superior a 1,8 m, aproximadamente.

La forma más sencilla de guiar los frambuesos y arbustos híbridos consiste en usar un método de abanico. Elija un tallo nuevo que guiará a lo largo de cada alambre a un lado de la planta, y ate los tallos según vayan creciendo. El año

CÓMO LEVANTAR POSTES Y ALAMBRES

1 Lo primero que debe hacer es clavar muy bien un poste en el suelo al final de la hilera de frutos de caña. Tal vez le resulte más fácil cavar un hoyo e introducir el poste antes de llenar y apisonar mucho la tierra para que no se mueva.

2 Coloque otro poste en un ángulo de 45° con la vertical que actúe como soporte del anterior. Clave bien los dos con clavos galvanizados, de manera que el poste vertical esté rígido y resista la tensión de los alambres tirantes.

3 Sujete los alambres alrededor de un poste de extremo y tire de ellos a lo largo de la fila, clavándolos a los postes verticales. Mantenga el alambre lo más tenso posible. En caso necesario, use ojales en los postes de extremo para tensar el alambre.

4 Sujete las cañas, que en este caso son de frambuesa, al alambre con cuerdas o un objeto similar. Separe las cañas de manera uniforme a lo largo del alambre para que las hojas reciban la máxima cantidad de luz posible.

siguiente, haga lo mismo al otro lado de la planta. Una vez que ésta ha dado fruto en otoño, corte los tallos hasta el suelo y ate los nuevos que los sustituyan.

Cuidados generales

Arranque las malas hierbas alrededor de la planta con la mano, sin usar la azada, que podría dañar las raíces superficiales. Cada primavera, aplique un fertilizante general, en la medida recomendada por el fabricante, a ambos lados de la hilera. Acolche las plantas en primavera con materia orgánica esponjosa, como compost, y elimine los estolones que aparezcan fuera de la hilera.

CÓMO RECOGER LOS FRUTOS DE CAÑA

Los frutos de caña pequeños, como las moras y las frambuesas, deben recogerse con cuidado entre los dedos pulgar e índice. El fruto se colocará en recipientes pequeños de forma que no se aplaste ni se maje.

Buenas variedades de frutos de caña

Frambuesas de otoño
«Autumn Bliss»
«Fallgold»

Frambuesas de verano
«Delight»
«Glen Clova»
«Glen Moy»
«Glen Prosen»
«Julia»
«Leo»
«Mailling Admiral»
«Mailling Jewel»

Moras
«Ashton Cross»
«Bedford Giant»
«Fantasia»
«Loch Ness»
«Oregon Thornless»

Bayas híbridas
«Loganberry LY59»
«Loganberry L654»
«Sunberry»
«Tayberry»
«Vietchberry»

GUIADO DE ZARZAMORAS: ALTERNAS

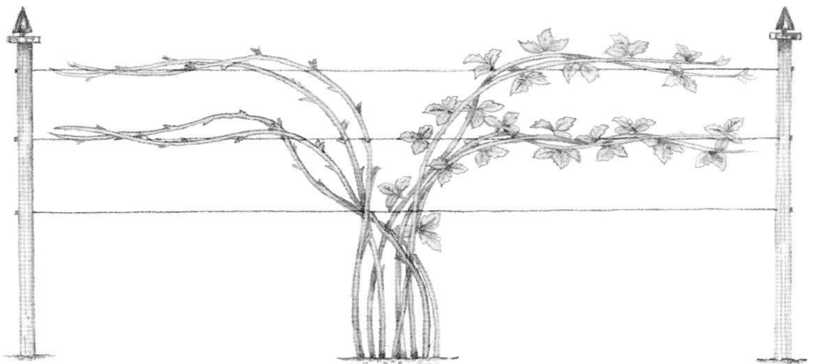

Existen varios métodos para guiar las zarzamoras. Uno consiste en atar todos los desarrollos nuevos de la planta a un lado de los alambres. Después de que den frutos, se retiran las formaciones del año anterior del otro lado y se atan a dicho lado los crecimientos nuevos del año siguiente. Se repite la operación todos los años.

GUIADO DE ZARZAMORAS: CUERDA

Una segunda forma de guiar las zarzamoras consiste en atar temporalmente todos los crecimientos nuevos verticalmente a los alambres y a lo largo del alambre superior. Los tallos actuales que den frutos se atan en grupos en horizontal. Se eliminan después de la cosecha y se atan en su lugar los nuevos crecimientos.

GUIADO DE ZARZAMORAS: ABANICO

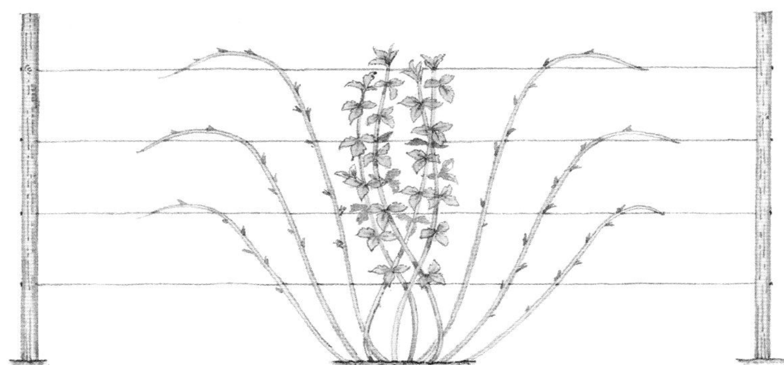

Los nuevos tallos de la zarzamora se atan temporalmente en vertical y a lo largo del alambre superior, mientras que los que den frutos se atan por separado en los alambres horizontales. Se eliminan los tallos sobrantes. Después de dar frutos, estos tallos se quitan y se atan en su lugar los nuevos desarrollos.

GUIADO DE ZARZAMORAS: POSTES Y ALAMBRES

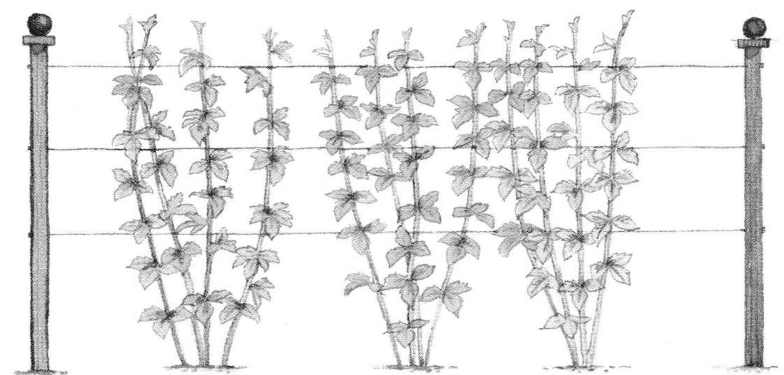

Los más aconsejable es preparar las zarzamoras en intervalos de 38 a 45 cm. Cada año, se levantan los tallos nuevos. Cuando haya terminado la época de frutos en los tallos antiguos, se cortan éstos y se atan los nuevos en su lugar a los alambres. Esta secuencia se debe repetir cada año.

Cultivo de fresas

Para conseguir un cultivo fiable de fresas es importante elegir una buena variedad y cuidarla bien. Existen varias clases excelentes, que aportan una sucesión de frutos durante un periodo muy largo.

En esta planta puede verse una sucesión de etapas de la fresa, desde la flor al fruto maduro. Las fresas consumidas nada más cogerlas saben mejor.

Plantar las fresas

Las fresas deben plantarse en una tierra que no se haya usado para ellas durante, al menos, los últimos cinco años. Elija un lugar al sol y protegido con suelo bien drenado y añada una cantidad generosa de estiércol bien descompuesto antes de plantar. Plante fresas a raíz desnuda en un ligero camellón a la misma profundidad que si estuvieran en el campo. Las fresas cultivadas en maceta deben plantarse un poco más abajo, de forma que el cepellón esté justo cubierto por la tierra. Separe las plantas 45 cm, con 75 cm entre hileras.

Plante a través de una cubierta de polietileno negro (plástico) para ahuyentar las malas hierbas. Extienda la cama preparada en el punto donde haya levantado ligeramente la tierra, en el centro, y plante en transversal. Entierre los bordes del polietileno para que no se mueva.

Sucesión de fresas

Como las diversas variedades de fresas se pueden recolectar en momentos diferentes, si elige la combinación correcta podrá conseguir una sucesión de frutos en las primeras semanas del verano. Las variedades muy tempranas, como «Pantagruella», pueden conseguirse todavía antes si se cultivan en campanas, para dar al jardín un cultivo a final de primavera, o incluso en fechas más tempranas si se cuidan las plantas en macetas o en bolsas de cultivo en un invernadero sin calefacción. Siga este método con las variedades tempranas, como «Idil», después de mediada la temporada, como en «Tenira», y finalmente con una especie tardía como «Bogotá», para lograr una cosecha continua hasta final del verano. Puede extender la temporada todavía más si planta una

ACOLCHAR CON PAJA

Existen algunos trucos para proteger el fruto de la fresas. Coloque una capa de paja bajo las hojas de las plantas de fresas para que el fruto en desarrollo no se ensucie ni se enlode.

CUBIERTA CON MEMBRANA

Las fresas pueden cultivarse a través de una cubierta de polietileno (plástico). Con ello no sólo se protege el fruto del barro, sino que también se reduce la necesidad de regar y quitar las malas hierbas.

Buenas variedades de fresas

Fresas de verano
«Bogotá»
«Cambridge Favourite»
«Cambridge Vigour»
«Cambridge Rival»
«Domanil»
«Hapil»
«Honeoye»
«Idil»
«Jamil»
«Korona»
«Pantagruella»
«Redgauntlet»
«Royal Souvereign»
«Tamella»
«Tenira»

Fresas permanentes
«Aromel»
«Gento»
«Ostara»
«Red Rich»
«St. Claude»

Alpinas
«Alexandria»
«Delicious»
«Yellow Wonder»

Sustitución de cultivos

Las fresas producen sus mejores cultivos en el segundo o tercer año después de plantarse, y después el rendimiento tiende a decaer y la salud de las plantas se deteriora al ser víctimas de plagas y enfermedades. Por tanto, es buena idea sustituir toda la plantación de fresas transcurridos unos años con plantas nuevas y robustas asentadas en tierra nueva. La forma más económica de hacerlo es cultivar plantas provenientes de los tallos rastreros de plantas sanas bien cultivadas que consigan arraigar.

PROTECCIÓN CONTRA LA HELADA

Las fresas pueden protegerse de la helada con campanas, que se venden en tiendas especializadas. También puede realizarla con algún material para reciclar.

PROTECCIÓN CONTRA LOS PÁJAROS

Puede usarse un túnel de tela metálica para proteger los frutos de los pájaros. La red puede prepararse en varios tramos para retirarla con facilidad a la hora de recoger las fresas.

variedad permanente, como «Aromel», que seguirá produciendo frutos en otoño siempre que se proteja bajo campanas si amenaza mal tiempo. Es posible conseguir incluso cultivos de invierno y principios de primavera, en un invernadero con calefacción.

Cuidados generales

Mantenga las extensiones de fresas libres de malas hierbas en todo momento. Arranque estas hierbas con la mano, para no tocar las raíces de las fresas. Mantenga regadas las plantas hasta que se asienten. Riegue los fresales cuando lo considere necesario, en el momento en que los frutos aumenten de tamaño, y en el otoño, cuando se formen los brotes de flores del año siguiente. Aplique un abono general en la proporción recomendada por el fabricante, a ambos lados de la hilera a mediados de verano.

Las fresas son vulnerables a una serie de plagas y enfermedades. Si no quiere usar controles químicos, tendrá que mantenerse vigilante en todo momento y retirar las hojas marchitas y los frutos pasados en cuanto los descubra. Los pulgones y las babosas son las plagas principales, pero ha de vigilar que las plantas no tengan botritis en los años húmedos. Proteja los frutos en maduración de los pájaros cubriendo las hileras con redes tendidas sobre los cultivos sujetas a anillas.

Recogida y almacenamiento

Revise las fresas maduras todos los días y recoja los frutos cuando estén bien rojos. Consuma las fresas recientes o guárdelas unos días en un lugar fresco. Los excedentes pueden congelarse para hacer compota o mermelada.

CUIDADO DESPUÉS DE DAR FRUTOS

Después de que den frutos, se cortan todas las hojas de las fresas de verano y se queman o se echan a la pila de compost, junto con la paja de acolchado, para evitar la propagación de enfermedades.

MULTIPLICACIÓN CON ESTOLONES

1 Después de dar fruto, la planta de la fresa emite una serie de estolones que arraigan para producir otras nuevas plantas. Este método de propagación de la planta se denomina acodo.

2 Las plantas acodadas pueden levantarse una vez que hayan arraigado, como base de un nuevo cultivo. A partir de entonces esta planta será como una individual.

Propagación

La emoción que se siente al ver germinar las primeras semillas o arraigar el primer esqueje es la que hace nacer en el principiante el amor por la jardinería. Existen muchas maneras de ampliar la reserva de plantas disponibles, y el método elegido dependerá del tipo de planta que se cultiva, aunque algunas pueden propagarse por varias técnicas distintas.

Todas las flores y hortalizas anuales pueden cultivarse desde la semilla, un modo útil también de obtener algunos arbustos y ejemplares perennes que se deseen encarecidamente, para cubierta del suelo o como seto, por ejemplo. Pero las plantas perennes, los arbustos, las enredaderas y los árboles pueden reproducirse también de forma vegetativa, mediante esquejes o acodos, una técnica que será la apropiada cuando se desea tener pocas plantas de una determinada variedad.

No se necesita un equipo sofisticado, pero el índice de éxito aumentará si se prepara un entorno correcto. Por ello, si desea cultivar un alto número de plantas nuevas, debería pensar en invertir en un propagador controlado por termostato.

Las flores blancas y aromáticas de *Lilium regale* hacen de ésta una planta popular. Puede multiplicarse por semilla a principios del otoño.

Siembra

Cultivar plantas desde semilla es uno de los aspectos más gratificantes de la jardinería y, probablemente, la manera más sencilla de conseguir una alta cantidad de una misma planta con un bajo presupuesto.

Recogida de semillas

Si quiere tener muchas semillas de una planta determinada o está multiplicando plantas para la venta en una feria, por ejemplo, puede recolectar un gran número de flores de su propio jardín. Sin embargo, ha de recordar que las semillas de una variedad dada podrían no dar lugar a una planta exactamente igual a aquélla de la que provienen.

Para conseguir sus propias semillas, simplemente corte la cabezuela justo antes de la zona totalmente madura y póngala en una bolsa de papel en una estancia seca y aireada donde pueda terminar de madurar. Para plantas que expulsan las semillas, tendrá que cubrir la cabezuela con la bolsa de papel antes de retirarla de la planta.

Técnicas de siembra

Para cultivar plantas con éxito en la temporada tendrá que guardar las semillas sembradas en algún lugar caliente, como un mueble aireado (por ejemplo, un armario de la ropa) o en un propagador controlado por termostato, y tener algún espacio protegido de las heladas, como un alféizar o un invernadero con calefacción, para cultivarlas.

Las semillas pueden conseguirse en diversas formas, y el método de siembra varía según el tipo que se está cultivando. Lea siempre el paquete de semillas para saber, por ejemplo, si las semillas necesitan luz para germinar, su profundidad de siembra, las temperaturas de germinación y cultivo, y utilice esta información como guía antes de empezar.

Hoy es posible hacerse con muchas semillas pretratadas para una germinación más fiable (denominadas semillas pregerminadas). Estas semillas son más caras, pero merece la pena considerar su uso para productos caros o complicados de germinar. Algunos proveedores ofrecen también sem llas recubiertas o en granzas, que son más grandes y fáciles de separar en la siembra. Así se elimina la necesidad de aclararlas, y se reducirá el desperdicio que supone desechar las plántulas.

Planificación por adelantado

Una planificación previa es interesante cuando se piensa sembrar gran número de plantas desde semilla. Así no sólo se hará un uso eficaz del tiempo, el equipo y el espacio disponible, sino que se ayudará a repartir la carga de trabajo.

La mejor manera de organizar un programa es decidir cuándo se quieren las plantas y calcular hacia atrás para determinar la fecha de siembra. Cerciórese de que tiene el tiempo y el espacio para el cultivo en cada fase del desarrollo. Es una buena idea preparar un clasificador de semillas con una caja de zapatos viejos introduciendo divisores semanales como ayuda para el seguimiento. Si es preciso sembrar en varios lotes de las mismas semillas durante un periodo de tiempo (por ejemplo, para muchos cultivos de

RECOGIDA DE SEMILLAS

1 La mayoría de las flores con semillas las dejan caer sin ayuda, aunque para asegurarse de que lo hacen sobre la tierra, golpee ligeramente las cabezuelas maduras para liberar las semillas y espárzalas antes de tirar las flores marchitas.

2 Las semillas pueden recogerse dando golpecitos en las cabezuelas sobre una hoja de papel. Elimine los restos de cubierta de las semillas y guárdelas en una bolsa de papel etiquetada con el nombre de la planta. Consérvelas en un lugar seco y fresco.

Germinación

Algunos tipos de semillas no germinarán bien salvo que reciban un tratamiento especial antes de la siembra; revise los detalles en el paquete. Las semillas de las arvejillas de olor, por ejemplo, tienen una cáscara especialmente dura que ha de ablandarse poniéndola en agua a remojo durante 24 horas antes de sembrar o abriendo la cáscara con un cuchillo afilado, o bien frotándola con papel de lija.

Otros tipos de semillas necesitan un periodo de frío (denominado estratificación) antes de germinar. En la naturaleza, este periodo es el invernal, y la manera más fácil de proporcionárselo a la semilla es sembrarla en otoño y dejar que pase el invierno en un vivero. Sin embargo, se puede emular el proceso en otros momentos del año mezclando las semillas con arena húmeda y colocándolas en un frigorífico de uno a tres meses, dependiendo del tipo de semilla.

ensaladas), pase el paquete de semillas después de sembrar a la siguiente fecha del clasificador. En general, siembre dos veces, pues muchas semillas necesarias para obtener plantas maduras adolecerán de una germinación errática y se perderán.

La mejor forma de sembrar la mayoría de las semillas es en una bandeja con tierra, ya que así se pueden controlar con precisión las condiciones y lograr una germinación más fiable. Sin embargo, conviene sembrar varios tipos de semillas, por ejemplo plantas anuales resistentes y muchas hortalizas, en su posición final, directamente en un semillero preparado al efecto.

Siembra de semillas pequeñas

Algunas plantas, como las lobelias y las alegrías, tienen semillas pulverulentas que son muy difíciles de sembrar de manera separada y uniforme. El trabajo se facilitará notablemente mezclando las semillas con un poco de arena plateada seca antes de sembrar. La arena «diluirá» eficazmente las semillas, facilitando la siembra, y, como es de color claro, dejará ver las partes de tierra que se han sembrado.

CÓMO SEMBRAR EN EL JARDÍN

1 Siembre las semillas a lo largo del surco, con cuidado de no ponerlas demasiado próximas, para reducir la tarea posterior de aclarado necesaria.

2 Rastrille el suelo por encima de las semillas. Apisone la tierra con cuidado en el surco con la parte plana del rastrillo y vuelva a rastrillar encima.

SIEMBRA EN BLOQUES CELULARES

Rellene los bloques con tierra y golpéelos ligeramente contra la mesa para que se asienten. Ponga una o dos semillas en cada celdilla. Cubra un poco con tierra. Retire la plántula después de que germine.

CÓMO SEMBRAR EN BANDEJAS

1 Llene la bandeja con tierra para semillas y apriétela ligeramente para producir un nivel superficial. Siembre las semillas, evitando que queden excesivamente juntas, en la tierra.

2 Cubra con una fina capa de tierra (salvo que las semillas necesiten luz para germinar), afirme un poco la tierra y ponga una etiqueta en la bandeja. El etiquetado es muy importante, ya que muchas plántulas se parecen.

SIEMBRA EN MACETA

Llene la maceta con una buena tierra para siembra, golpéela ligeramente con el banco y siembre de una a tres semillas en cada maceta. Una vez germinadas, pueden aclararse las plántulas, dejando una para que crezca.

CÓMO USAR UN PROPAGADOR

1 Coloque las semillas en un propagador. Ajuste la temperatura de los propagadores con calefacción según se requiera (los paquetes de semillas indicarán la mejor temperatura, pero tal vez deba llegar a un equilibrio cuando distintas semillas necesiten diferentes temperaturas).

2 Este propagador no tiene calefactor y debe guardarse en un lugar cálido en un invernadero o dentro de la casa. Empiece a abrir los respiraderos una vez que las semillas hayan germinado para iniciar el proceso de aclimatación.

Trasplante y cuidados

Una vez germinadas las semillas, han de suministrárseles las condiciones óptimas de cultivo para que produzcan plantas independientes, sanas y vigorosas adecuadas para plantarlas en su lugar definitivo.

Separación

La razón del fracaso al cultivar plantas desde semillas es un cuidado deficiente. El objetivo es conseguir un entorno de crecimiento adecuado en el que las plantas puedan asentarse y desarrollarse sin un control excesivo. Esto significa que las plántulas cultivadas en interior necesitan separarse en semilleros (bandejas) u otros recipientes, y las cuidadas en exterior han de trasplantarse o aclararse hasta la separación correcta.

En cuanto tengan tamaño suficiente para una manipulación segura, separe las plántulas en semilleros (bandejas) preparados o módulos, o bien en tiestos individuales rellenos con tierra de buena calidad. Levante con cuidado las plántulas, una a una, sujetándolas por una hoja (nunca por el tallo), y sostenga el sistema de raíces con un lápiz, una etiqueta de plantas o similar. Ponga la plántula con la separación correcta a la misma profundidad que tenía, extendiendo con mucho cuidado sus delicadas raíces. Riegue la bandeja desde abajo, poniéndola en un cuenco con agua hasta que se oscurezca la superficie de la tierra. Coloque las plántulas en un lugar iluminado, lejos de la luz solar directa, y rocíelas ocasionalmente si corren riesgo de languidecer. Mantenga la temperatura de cultivo correcta (dependiendo del tipo de planta que esté cultivando) hasta que esté lista para plantarse.

Si las condiciones del exterior no son las adecuadas, tal vez tenga que

CÓMO COLOCAR LAS PLÁNTULAS EN MÓDULOS

1 Elija un módulo adecuado para el tamaño de la planta. Una plántula pequeña, como el damasquino, no necesitará un espacio grande como es el caso de la dalia. Llene las celdillas sin apretar con una buena tierra adecuada para la planta. Enrase la tierra con una tabla, pero sin apretarla. Se asentará en las celdillas cuando se hayan introducido y regado las plántulas.

2 Afloje las plántulas en la bandeja o el tiesto del que las está sacando, y levántelas si es posible de una en una por las hojas de semillas (cotiledones). No sujete nunca las plántulas por el tallo, pues podría dañarlas. Los cotiledones son las primeras hojas en abrirse, y en general son más pequeñas y de forma diferente que las hojas verdaderas y definitivas.

3 Utilice una herramienta apropiada o improvísela con un lápiz o una etiqueta de plantas para preparar un agujero suficientemente grande para que quepan las raíces con el mínimo trastorno o doblez posibles. Afirme suavemente la tierra alrededor de las raíces, pero sin apretarla demasiado. Riegue bien las plántulas, y retírelas a un lugar iluminado, pero sin luz solar directa.

CÓMO COLOCAR LAS PLÁNTULAS EN MACETAS

1 Lo primero que tiene que hacer es llenar tiestos pequeños con buena tierra y afirmarla ligeramente, usando la base de otro tiesto. Esponje la tierra de alrededor de la planta que se va a trasplantar con una paleta pequeña. Sujete la plántula por las hojas, pero nunca lo haga por el tallo.

2 Prepare un orificio en el centro del tiesto, de profundidad suficiente para que quepan las raíces. Sujetando la plántula por una hoja, afirme con suavidad la tierra alrededor de las raíces, usando el dedo o una herramienta adecuada. No apriete demasiado, ya que al regar se adheriría la tierra a las raíces.

3 Riegue con cuidado, de forma que el suelo se asiente sin mover la planta. Mantenga el lugar caliente y húmedo alejado de la luz solar directa. Poner etiquetas en cada planta es tedioso, así que tal vez prefiera colocarlas en grupos por variedades en bandejas y etiquetar sólo éstas.

mantener las plantas en cultivo en cantidades de tierra limitadas durante varias semanas. Si empiezan a mostrar signos de decadencia (hojas bajas amarillas), riéguelas con un abono líquido diluido. Separe las plantas lo necesario de forma que las hojas no se toquen.

Unas dos semanas antes de la fecha prevista para plantarlas, tendrá que adaptarlas desde las temperaturas del invernadero a las condiciones más rigurosas del exterior. Este proceso se llama aclimatación.

Trasplante

Algunas flores, como los alhelíes, y hortalizas, como las coles y las coles de Bruselas, se siembran mejor en semilleros especialmente preparados y se trasplantan después a su posición de cultivo cuando tienen un tamaño suficiente para moverlas. Ello permite cultivar las plantas en un lugar resguardado hasta que crecen. Riegue la zona antes de proceder al trasplante y levante las plántulas con cuidado, sujetándolas por la hoja, y no por el tallo. Replántelas con la máxima rapidez posible, afirme bien la tierra y riéguelas una vez más.

Aclarado

Las plántulas sembradas directamente en el exterior deben aclararse en dos etapas. Cuando la mayoría de las plántulas hayan salido y tengan tamaño suficiente para manipularlas, aclare las hileras a la mitad de su separación final. Después deje que las plantas parcialmente aclaradas crezcan antes de repetir el proceso para conseguir la separación correcta. De esta manera, es más probable conseguir la distancia correcta final. Elija un día de buen tiempo con el suelo húmedo para realizar el aclarado. Reafirme las plántulas mientras las aclara y riegue bien la hilera al terminar. En algunos casos es posible aprovechar el aclarado para rellenar los huecos en las hileras, y algunas de las plantas desechadas pueden terminar en la cocina.

CÓMO TRASPLANTAR LAS PLÁNTULAS

1 Riegue el surco de plántulas, la noche anterior si es posible, pero como poco unas horas antes del trasplante. Así ablandará la tierra y facilitará la labor. Además reducirá el estrés a que se somete a las plantas.

2 Utilizando una pequeña horca, cave un poco en lugar de tirar de las plantas para sacarlas. Cave sólo las que necesite. No las saque todas a la vez, dejándolas en el terreno un rato, ya que podrían secarse.

3 Con una cuerda para mantener el surco recto y una tabla para medir las distancias, replante las plántulas con una pequeña azada. Lo más conveniente es que queden lo mejor alineadas posible.

4 Afirme suavemente el terreno en cada planta y rastrille el suelo de alrededor para dejarlo bien compuesto y eliminar las pisadas y las zonas no uniformes. Riegue las plántulas a fondo.

Muy pocas cosas superan las delicadas flores de papel de tela de *Papaver somniferum* (adormidera), que producen grandes cabezuelas de semillas de color verde grisáceo. Las semillas son bastante fáciles de recoger para su multiplicación y cultivo, listas para plantarlas en exterior en primavera.

Esquejes de primavera

Muchas plantas, como los arbustos y las herbáceas, pueden multiplicarse fácilmente a partir de esquejes. La primavera es un buen momento para conseguir los esquejes, ya que las plantas jóvenes crecerán con rapidez. Siempre merece la pena experimentar si existe una planta que le gustaría propagar, pero no sabe bien si el esqueje adecuado es leñoso o basal. Es probable que alguna arraigue.

Los pelargonios, como esta variedad «Little Gem», se propagan bien mediante esquejes blandos. Un esqueje tomado a principios de primavera estará suficientemente maduro para florecer en verano.

Diferentes tipos de esquejes

Existen varios tipos de esquejes que emplean material vegetal en sus diferentes fases de desarrollo en los distintos momentos del año. Los esquejes blandos y basales se toman en primavera de los desarrollos nuevos y blandos de las plantas. En verano pueden obtenerse esquejes semileñosos y de talón de material que esté empezando a madurar y tenga base leñosa. Los esquejes leñosos corresponden a vástagos totalmente maduros y se toman en invierno.

Esquejes blandos

Aunque los esquejes blandos se toman normalmente en primavera, mientras la planta forma nuevos desarrollos verdes y blandos, también puede conseguirse este material de plantas perennes tiernas a finales de verano. Estos esquejes superan el invierno como esquejes de raíz, como un seguro contra las pérdidas del invierno. Elija vástagos sanos sin flor que sean típicos de la planta y corte el material justo por encima de un nudo de una hoja con un cuchillo afilado o tijeras de podar. Recoja los esquejes a primera hora del día, mientras están turgentes (firmes, no decaídos) y guárdelos en una bolsa de plástico para que no se marchiten. Prepárelos recortando el tallo justo por debajo de un nudo de una hoja para

CÓMO TOMAR ESQUEJES BLANDOS

1 Lo primero que debe hacer es escoger unos esquejes de vástagos sin flores. Una buena guía sobre la longitud consiste en cortar el vástago justo encima del tercer nudo bajo la punta de crecimiento. En la imagen, se puede apreciar un esqueje blando de pelargonio.

2 Retire el par inferior de hojas con una navaja bien afilada. Recorte la base de cada esqueje, justo por debajo del nudo de hoja más bajo. Puede aplicar a los extremos hormona de enraizamiento, si bien los esquejes suelen prosperar bien sin ella Pregunte en su tienda habitual sobre la hormona de enraizamiento.

3 Introduzca unos cinco esquejes alrededor del borde de un tiesto de 13 cm que contenga una tierra especial para esquejes y afírmela suavemente. Guarde el tiesto en un lugar cálido e iluminado, pero sin luz solar directa. Tenga cuidado de no regarlo en exceso, pues podría pudrirse el esqueje. Plante éstos por separado cuando echen raíces.

obtener un esqueje de 2,5 a 8 cm, dependiendo del tipo de desarrollo que produzca la planta. Retire el par inferior de hojas y la punta de crecimiento de los esquejes largos e introduzca éstos alrededor del borde de un tiesto relleno con tierra fresca y húmeda especial para esquejes. El índice de éxito para algunos tipos de plantas puede aumentarse si se usa una hormona de enraizamiento. Algunos tipos de hormonas de enraizamiento contienen también fungicidas, lo que demuestra su utilidad cuando la planta que se multiplica sea especialmente vulnerable a alguna enfermedad.

Es importante que los esquejes blandos no se dejen marchitar, por lo cual habrán de guardarse en un propagador cubierto o tapar el tiesto con una bolsa de plástico transparente sujeta en unas varas para que no toque el esqueje y afirmada con cinta adhesiva. Coloque el esqueje en un lugar bien iluminado, pero apartado de la luz solar. Perfore la bolsa en varios sitios o ventile el propagador cuando el esqueje empiece a echar raíces. Plántelo en un tiesto cuando tenga raíces suficientes.

Esquejes basales

Algunas plantas, como el áster, el crisantemo y la dalia, casi no producen partes leñosas, y pueden propagarse a partir de los nuevos vástagos formados en la base de los tallos antiguos en primavera y principios del verano.

Cuando el nuevo vástago alcanza unos 5-10 cm de largo, con las primeras hojas empezando a desrizarse, use un cuchillo afilado para hacer un corte limpio. Introduzca el vástago en un tiesto cubierto con tierra especial para esquejes. Puede colocar varios esquejes más hacia el borde del tiesto.

Cubra el tiesto con una bolsa de plástico, sujeta en su posición con cinta adhesiva, y colóquelo en un alféizar a la sombra. Alternativamente, use un propagador con calefacción para acelerar el resultado. Al cabo de unas semanas, los esquejes que hayan arraigado pueden plantarse individualmente.

CÓMO TOMAR UN ESQUEJE BASAL

1 Tome esquejes cortos del nuevo crecimiento en la base de la planta. Coloque los esquejes en una bolsa de plástico hasta que los necesite, para que no se marchiten.

2 Recorte la base de los esquejes. Corte a través del tallo justo por debajo de un nudo de hoja y después retire todas las hojas, salvo algunas rectas en la parte superior.

3 A continuación debe colocar los esquejes en un tiesto de tierra de buen drenaje con arena gruesa, perlita o vermiculita. Puede enraizar varios en el mismo tiesto, teniendo mucho cuidado de que no estén demasiado apretados.

4 Ponga una etiqueta al tiesto, incluyendo la fecha en la que obtuvo el esqueje. Riegue el tiesto y póngalo en un propagador. Puede usar también una bolsa de plástico, asegurándose de que no toque las hojas. Selle la bolsa con cinta adhesiva.

Hormona de enraizamiento

Puede aumentar las probabilidades de éxito en la mayor parte de los esquejes de tallos, sobre todo en los más reacios a arraigar, usando una hormona de enraizamiento. Cuando se aplica a la superficie de corte en la base del esqueje, la hormona estimula la formación de raíces y aumenta la velocidad de arraigo. Las hormonas de enraizamiento se formulan normalmente en forma de polvos, pero también pueden venderse como líquidos o geles.

Para no contaminar la hormona, introduzca una pequeña cantidad en un platillo. Moje el extremo de corte del esqueje en la hormona, sacudiendo el exceso si usa polvos e introdúzcalo en la tierra. Después de tratar el lote de esquejes, tire el polvo que haya sobrado en el platillo. La hormona de enraizamiento se deteriora con rapidez, por lo que debe reponerla todos los años para garantizar su eficacia.

Aplique una hormona de enraizamiento en plantas como esta fucsia para favorecer una mayor probabilidad de éxito en la propagación.

Esquejes de verano

Durante los meses de verano se puede aumentar la reserva de muchos arbustos, enredaderas y plantas perennes usando esquejes semileñosos y de talón. Ésta es una de las formas más sencillas de multiplicar las plantas, y suele tener éxito.

Tiempos

Cuando empiece a declinar el crecimiento de las plantas, los nuevos vástagos se hacen maduros y leñosos en la base, y son adecuados para los esquejes semileñosos.

Para ver si la planta está en el momento correcto de desarrollo, sujete firmemente el tallo principal y doble el vástago sobre él. Si el vástago se rompe, estará demasiado blando y jugoso o excesivamente duro y leñoso, pero si resiste y vuelve a su posición original al soltarlo, habrá llegado el momento oportuno.

Esquejes semileñosos

A finales del verano, elija vástagos sanos sin flores que sean típicos de la planta y corte el material justo por encima de un nudo de hoja usando un cuchillo afilado o unas tijeras de podar. Prepare los esquejes recortando el tallo justo por debajo de un nudo de hoja para preparar un esqueje de 2,5 a 10 cm de largo, dependiendo del tipo de crecimiento que produzca la planta. Después, trátelo de igual forma que los esquejes blandos.

Esquejes de talón

Los esquejes de algunas plantas, en particular las coníferas, arraigan mejor si se toman con una pequeña astilla de madera sacada del tallo principal, conocida como esqueje de talón. Ello se debe a que la planta produce más hormonas en este punto, y con ello la multiplicación suele tener más índice de éxito. Elija un material de la longitud adecuada, dependiendo del crecimiento de la planta, y tire con cuidado hacia atrás del tallo, de manera que saque un pequeño pedazo de madera antigua con él (llamado talón). Use un cuchillo afilado para recortar el talón y no dejar bordes irregulares, con una longitud de 1 o 2 cm. Después impregne el extremo cortado de los esquejes preparados con hormona de enraizamiento antes de introducirlos hacia el borde de un tiesto con tierra especial o de separarlos de manera uniforme en un semillero; a continuación, riéguelos bien.

Preparación de un propagador de borde

Los esquejes de verano son fáciles de enraizar y no necesitan un equipo especial. Es posible arraigar la mayoría de los tipos en un sencillo propagador de borde en el jardín.

CÓMO TOMAR ESQUEJES SEMILEÑOSOS

1 Corte un trozo de crecimiento de la temporada. Recorte cada esqueje por debajo de la segunda o tercera hoja bajo las hojas terminales en la punta del tallo. Corte un par de hojas de la base de cada esqueje.

2 A continuación debe retirar una astilla de corteza de una extensión aproximada de 1-2,5 cm de la base de cada esqueje opuesta al brote de hoja inferior, como se muestra en la imagen.

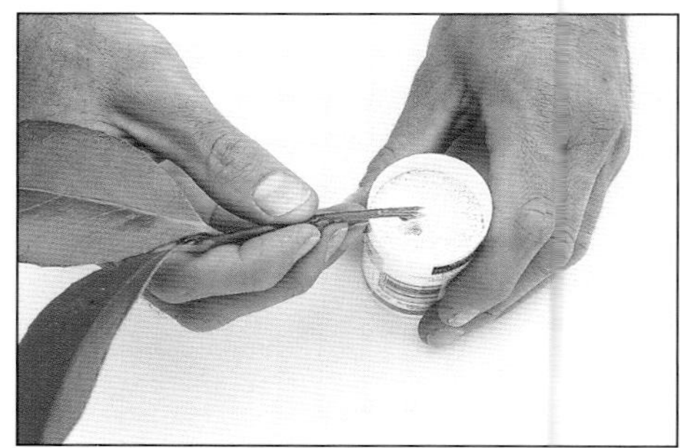

3 Después impregne bien la base de cada esqueje con hormona de enraizamiento y golpee ligeramente en el lado del envase para sacudir el exceso de hormona que haya quedado.

4 Introduzca los esquejes en macetas de tierra bien drenada con arena gruesa, perlita o vermiculita.

5 Riegue bien y rocíe las hojas con agua para que los esquejes no se marchiten por falta de humedad.

6 Etiquete los esquejes y protéjalos con una bolsa de plástico transparente sujeta con varas.

Heridas en esquejes

Si ha tenido problemas al arraigar esquejes de una determinada planta, intente aumentar las probabilidades de éxito retirando una astilla de tallo de la base del esqueje a la vez que lo prepara. Aplique hormona de enraizamiento a la herida antes de introducirla en la tierra.

Elija un lugar abrigado que esté en suave sombra durante la mayor parte del día. Cave una zanja de 5 cm de profundidad y unos 25 cm de ancho, y llénela con arena. Prepare arcos de 50-62 cm de alambre rígido (podrían valer perchas de abrigos). Introduzca los esquejes preparados en la arena y riéguelos bien. Empuje los arcos cada 15 cm a lo largo de la zanja y cubra con una pieza de plástico blanco u opaco, como una bolsa de plástico, que debería enterrarse en el suelo en un lado y sostenerse con ladrillos en los extremos y en el otro lado. Revise los esquejes periódicamente para ver si necesitan riego y elimine los que empiecen a pudrirse. Cuando la mayoría de los esquejes hayan echado raíces, abra cuidadosamente la cubierta para que se ventile, y después de un par de semanas retírela y plante los esquejes arraigados en un tiesto o en el exterior.

Como otras camelias, la *C. transnokoensis* puede multiplicarse por esquejes semileñosos tomados al final del verano. Saque el esqueje de un tallo de buen aspecto para aumentar las posibilidades de éxito.

CÓMO TOMAR ESQUEJES DE TALÓN

1 Elija un vástago secundario sin flor de fuerte crecimiento de la planta principal y agárrelo cerca de su punto de origen. Tire con firmeza para separarlo del tallo principal, sacando un resto (talón) de corteza de éste.

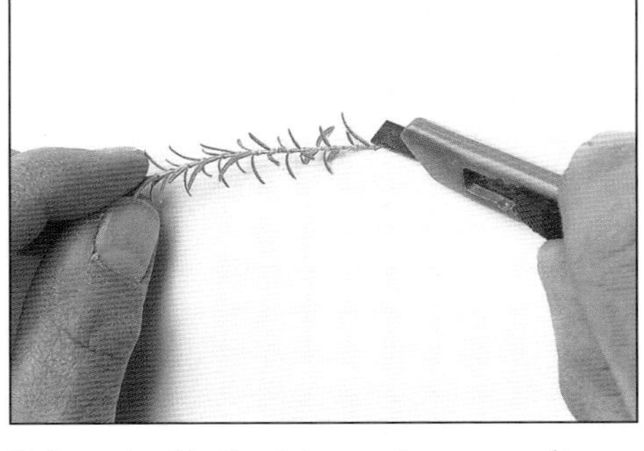

2 Recorte el talón del esqueje con un cúter afilado, si fuera necesario, cortando en ángulo. Quite con cuidado las hojas de la mitad inferior del esqueje con el índice y el pulgar.

3 Tras haber hecho los dos pasos explicados anteriormente, sumerja el esqueje en una solución fungicida para evitar problemas y enfermedades. Impregne la base del esqueje con hormona de enraizamiento y sacuda el excesoque haya quedado para que no pueda estropear el crecimiento posterior de la planta.

4 Cuando haya sacudido bien, como se ha indicado, introduzca los esquejes en un tiesto con tierra especial hasta la mitad de su longitud usando un plantador o una brocheta de tamaño apropiado. Riegue bastante porque así se va cerrando la superficie de la tierra y déjela drenar un tiempo.

5 Envuelva el conjunto en una bolsa de plástico suficientemente grande para contener la bandeja y séllela por dentro. Coloque la bandeja envuelta en un lugar fresco y sombreado al exterior. En la bolsa debe condensarse líquido. Riegue nuevamente hasta que se seque, y vuelva a sellar la bolsa hasta que los esquejes hayan echado raíces.

Esquejes de otoño e invierno

Cuando las plantas entran en estado de latencia en invierno, algunas pueden multiplicarse todavía a partir de esquejes leñosos y otras, por esquejes de raíz. Ésta es la forma más sencilla de reproducir vegetativamente algunos árboles y arbustos de hoja caduca.

Esquejes de raíz

Hay plantas populares que son difíciles de multiplicar por otros métodos. Algunas pueden cultivarse con éxito mediante esquejes de raíz, que se toman durante la temporada de latencia. Se puede levantar la planta entera o dejarla en el terreno y cavar alrededor de los bordes hasta encontrar material para el esqueje. Elija raíces sanas y fuertes del grosor de un lápiz, si es posible, y córtelas de la planta principal. Prepare los esquejes de forma que tengan 5-10 cm de largo, realizando un corte recto cerca de la corona y un corte en ángulo más allá (para saber cuál es cuál). Impregne el corte con un polvo fungicida antes de introducirlo verticalmente en el borde de un tiesto relleno con una mezcla de tierra de buen drenaje formada por partes iguales de tierra y arena gruesa, de manera que el corte recto apenas asome por la superficie. Cubra con una capa fina de arena gruesa de forma que pueda ver todavía la parte superior del esqueje y riegue bien. Coloque el esqueje en un lugar fresco y abrigado, como un cajón vivero o bajo una campana en el jardín.

Si las raíces son más finas que un lápiz, extiéndalas horizontalmente en la superficie de la tierra, antes de cubrirlas con arena gruesa.

Esquejes leñosos

Estos esquejes se toman de los vástagos del año en curso de plantas leñosas caducas totalmente maduras. Cuando la planta haya perdido las hojas, elija tallos sanos y fuertes del grosor aproximado de un lápiz.

CÓMO TOMAR ESQUEJES DE RAÍZ

1 Levante una planta joven y bien asentada para obtener los esquejes. Si no quiere usar la planta entera, retire la tierra de uno de los lados para acceder a las raíces. Si la planta tiene raíces grandes y carnosas, corte algunas cerca del tallo principal.

2 Debe poder preparar varios esquejes de cada raíz cortándolos en longitudes que sea de 5 a 10 cm de largo. Para recordar cuáles ha hecho ya y no repetirlos, córtelos en horizontal en la parte superior y en vertical en la inferior.

3 Cuando los tenga todos listos, llene un tiesto con una tierra con grava e introduzca los esquejes con un lápiz o un plantador para hacer el agujero. La parte superior del esqueje debe estar justo asomando por encima de la tierra.

4 Espolvoree una fina capa de arena gruesa sobre la superficie, dejando los esquejes apenas visibles. Ponga una etiqueta al tiesto para no olvidar lo que contiene. Colóquelo en un invernadero o un vivero y mantenga la mezcla de tierra un poco húmeda.

5 Algunas plantas, como el flox, y ciertas especies de roca, como la *Primula denticulata,* tienen las raíces finas. Pueden extenderse en horizontal, por lo que no debe hacer cortes inclinados para indicar el fondo. Corte tramos de 2,5 a 5 cm.

6 Rellene un semillero con una tierra arenosa y nivélela. Separe los esquejes uniformemente por la superficie, y después cúbralos con una capa de tierra arenosa. Mantenga la tierra húmeda, pero no demasiado, en un vivero o invernadero.

Plantas adecuadas para esquejes de otoño e invierno

Esquejes de raíz	**Esquejes leñosos**
Acanthus	*Aucuba*
Bergenia	*Berberis*
Campanula	*Buddleja*
Dicentra	*Buxus*
Echinops	*Cornus*
Eryngium	*Cotoneaster*
Gaillardia	*Escallonia*
Geranium (variedades leñosas)	*Forsythia*
	Hebe
Gypsophila	*Kerria*
Monarda	*Leycesteria*
Papaver orientale	*Ligustrum*
Phlox	*Lonicera nitida*
Primula denticulata	*Philadelphus*
Pulsatilla vulgaris	*Ribes*
Romneya coulteri	*Rosa*
Stokesia laevis	*Salix*
Symphytum	*Sambucus*
Trollius	*Spiraea*
Verbascum	*Weigela*

Córtelos de la planta con tijeras de podar justo por encima de un brote o un par de brotes. Prepare los esquejes de manera que tengan unos 25-30 cm de largo, realizando un corte horizontal en la parte inferior y un corte en ángulo en la superior. En los que tengan dificultades para enraizar aplique en los extremos polvo de hormona de enraizamiento.

Los esquejes leñosos suelen arraigar en el exterior en un lugar abrigado. Después de preparar la tierra cavando y arrancando las malas hierbas, prepare una zanja en V de 15-20 cm de profundidad, con un lado vertical, con ayuda de una pala. Llene 5 cm del fondo de la zanja con arena y después introduzca los esquejes separados unos 8-10 cm en la zanja. Llene el resto de la zanja con tierra, afírmela ligeramente y riéguela bien. Deje los esquejes *in situ* durante toda la siguiente temporada, regando y arrancando las malas hierbas cuando sea necesario. Plante los esquejes de raíz el otoño siguiente, un año después de preparar los esquejes.

CÓMO TOMAR ESQUEJES LEÑOSOS

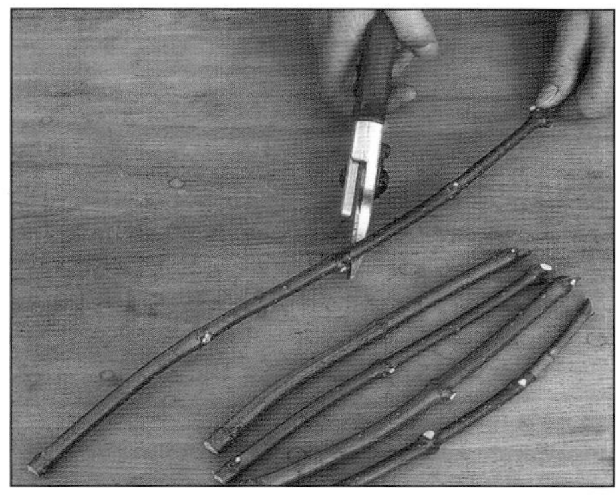

1 Elija tallos del grosor de un lápiz que sean firmes y duros, pero no demasiado viejos. Con arbustos como el *Cornus* (cornejo) podría sacar varios esquejes de un solo tallo. Haga el primer corte transversalmente al tallo, justo debajo de un nudo, y el segundo, en una inclinación a unos 25 cm del que ha hecho primero.

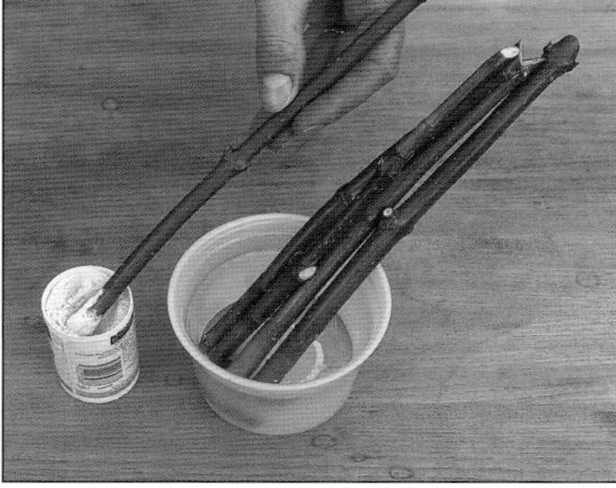

2 La hormona de enraizamiento no es esencial, aunque aumentaría el índice de éxito. Humedezca en agua las bases de los esquejes y luego mójelos con el polvo de la hormona. Puede usar hormonas de enraizamiento líquidas o en gel, en cuyo caso no hay necesidad de mojar primero en agua. Trate sólo el extremo de la base de cada esqueje.

3 Prepare una zanja estrecha con el filo de una pala y haga fuerza atrás y adelante. La zanja debería ser un poco más superficial que la longitud del esqueje. Elija un lugar del jardín que no sea de paso para dejar sin tocar los esquejes durante un año.

4 Inmediatamente después debe espolvorear arena gruesa en la base de la zanja si ha comprobado que el suelo no tiene buen drenaje. Así ayudará a que no se acumule una cantidad excesiva de agua en los esquejes.

5 Introduzca los esquejes con una separación de 8-10 cm, procurando que queden verticales y dejándolos a unos 5-10 cm del suelo.

6 Afirme la tierra alrededor de los esquejes, para eliminar las bolsas de aire que podrían favorecer su desecación. Riegue y etiquete los esquejes. No olvide regarlos en tiempo seco.

Acodos

Este sencillo método de multiplicación es útil para aumentar el número de arbustos y enredaderas que no pueden propagarse a partir de esquejes.

Acodo simple

El acodo es un método para conseguir que un vástago de crecimiento eche raíces sin dejar de estar unido a la planta «progenitora». Existen diversas variantes de esta técnica, y la que utilice dependerá de la planta y del tipo de desarrollos que produzca.

Para realizar un acodo simple, elija un vástago de crecimiento fuerte y activo que sea representativo de la planta y que no muestre signos de ataque de una plaga o una enfermedad. Debe estar abajo en la planta y ser suficientemente flexible para doblarse hasta el suelo sin forzar. Si no existen tallos adecuados, pode la planta progenitora durante la estación de latencia para estimular la producción de material adecuado al año siguiente.

Cave con cuidado la zona de tierra junto a la planta donde vaya a enraizarse el acodo, elimine las malas hierbas y mejore el suelo con arena gruesa y materia orgánica bien descompuesta. Recorte los tallos secundarios del que va a acodar, dejando intacta la punta de crecimiento. Doble entonces el tallo hasta el suelo y marque el lugar donde lo toca a unos 30 cm detrás de la punta de crecimiento. Use una paleta para cavar una zanja superficial en la línea del tallo en este punto. Doble el tallo con cuidado para que forme ángulo recto a unos 20 cm detrás de la punta de crecimiento y fíjelo en la parte inferior del agujero usando un pedazo de alambre rígido. Ate la punta de crecimiento en vertical a una corta caña de bambú.

Las plantas de más difícil arraigo agradecerán que se les realice un pequeño corte en la parte inferior del tallo. Espolvoree sobre la herida hormona de enraizamiento y clave el acodo en su posición. Extienda tierra alrededor, afírmela ligeramente y riéguela bien. Deje transcurrir entre 6 y 18 meses hasta que haya arraigado el acodo, y después sepárelo de la planta progenitora y plántelo en otro lugar del jardín.

Acodo en serpentina (compuesto)

Algunas plantas, sobre todo las trepadoras, como clemátide, wisteria y madreselva, producen tallos largos y flexibles que pueden acodarse varias veces. El tallo se entierra en varios puntos de su longitud, con la punta de crecimiento fuera del suelo, como en el acodo simple. Cerciórese de que cada bucle del tallo expuesto sobre la tierra tiene al menos un brote. Separe y plante los acodos cuando hayan enraizado.

Acodo en trinchera

Algunos arbustos de tallos múltiples, como *Cornus* (cornejo), pueden acodarse enterrando todo el tallo justo bajo la superficie. Primero se clava el tallo en la superficie a principios de invierno, de manera que todos los brotes se abran a la vez en primavera. Cuando los nuevos tallos secundarios alcanzan 5 cm de largo, se baja el tallo a una zanja y se cubre con tierra con cuidado de no dañar los tallos y dejando las partes superiores

CÓMO ACODAR

1 Encuentre un vástago de crecimiento lento que pueda clavarse fácilmente en el suelo. Corte las hojas de la zona que estará en contacto con el suelo.

2 Doble el tallo hasta que toque el suelo. Haga un orificio de unos 10 cm de profundidad, inclinado hacia la planta progenitora, pero con el otro lado vertical.

3 Retuerza o haga una hendidura en el tallo bastante ligera. Clávelo en orificio con un pedazo de alambre, usando el lado vertical del orificio para forzar el tallo en vertical.

4 Reponga la tierra y afirme bien. Si el suelo está húmedo, deben formarse raíces, y en unos 6-18 meses habrá que cortar la nueva planta de la original.

CÓMO REALIZAR UN ACODO AÉREO

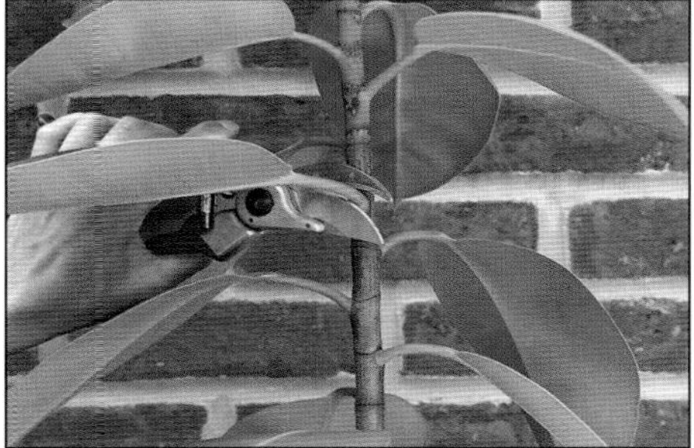

1 El acodo aéreo es una técnica útil para multiplicar plantas cuyos tallos no pueden hacerse descender fácilmente al nivel del suelo. Empiece usando tijeras de podar para eliminar algunas hojas de la punta del tallo donde se quiere hacer el acodo.

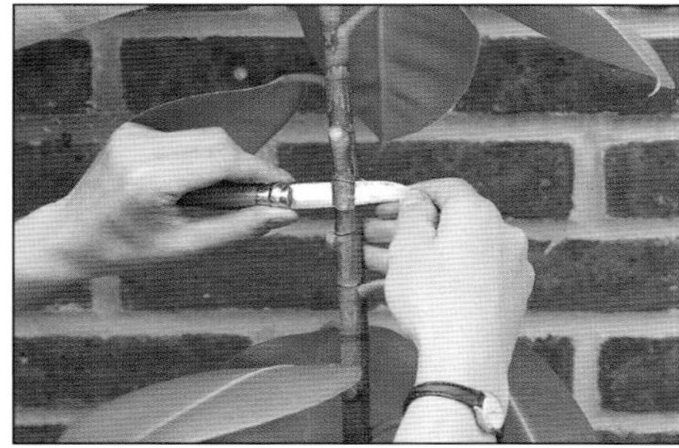

2 Con un cuchillo afilado, haga una hendidura hacia arriba, pero con mucho cuidado, de unos 2,5 cm de largo, por debajo de un antiguo nudo de hojas. No corte más de la mitad en el tallo, pues podría romperlo.

3 Corte un pedazo de plástico para envolver el tallo de la planta, preparando una manga de anchura suficiente para añadir una capa gruesa de musgo. Fije la parte inferior de la manga a escasa distancia del corte con cinta adhesiva o una cuerda.

expuestas. Cuando crezcan, se levanta con cuidado la tierra de los tallos secundarios, dejando al menos 5 cm de los mismos expuestos, hasta haber creado un caballón de tierra de unos 15 cm de alto. Separe y plante los acodos cuando hayan enraizado.

Acodo de punta

Algunas plantas, sobre todo las zarzamoras y las productoras de bayas híbridas, pueden multiplicarse fácilmente mediante acodos de puntas. Se trata de un proceso en el que las puntas de un vástago doblado al efecto se clavan en tierra preparada y se dejan en esa posición hasta que enraícen.

4 Una vez terminado el paso anterior, aplique con pincel una pequeña cantidad de hormona de enraizamiento (puede ser en polvo o gel porque el resultado es el mismo en ambos casos) en la herida para acelerar el arraigo. Después aplique un poco de musgo esfagno en la herida para mantenerla abierta.

5 Aplique una buena cantidad de musgo esfagno para envolver la herida, y después cubra con una lámina de plástico y asegúrela en la parte superior con cinta adhesiva o cuerda. Compruebe que el esfagno está húmedo y vigile bien las raíces al cabo de un mes. Cuando hayan arraigado, separe el acodo de la planta principal para plantarlo.

Acodo en montículo

Algunos arbustos pequeños, como el brezo, pueden multiplicarse mediante un acodo en montículo (también denominado acodo enterrado). En él se cubre con tierra toda la planta. Es una técnica útil para sustituir los ejemplares leñosos antiguos que han perdido la vegetación en la base.

Primero se cortan los tallos de manera que pueda sacarse la tierra que queda entre ellos. Se apila con cuidado una tierra de buen drenaje comprobando que no queden bolsas de aire, hasta que sobresalen del montículo unos 5-10 cm de cada vástago. Se mantiene bien regado durante todo el verano. Se separa y se plantan los acodos cuando arraigan.

1 Prepare una mezcla arenosa y desmenuzable de tierra de jardín, arena y tierra vegetal. Amontone la mezcla con cuidado alrededor de los tallos de la planta, extendiendo los tallos con los dedos, en caso necesario. Cubra los tallos hasta que se vean sólo 5-10 cm de las puntas.

2 Mantenga el montículo bien regado en los periodos secos del verano. Tal vez tenga que apilar más tierra si una lluvia intensa arrastra la que ya existe. Los vástagos deberían haber arraigado al final del verano, cuando pueden separarse de la planta original y plantarse en el terreno o en una maceta.

División

Muchas plantas de raíces fibrosas, entre ellas algunos arbustos y la mayoría de las plantas perennes y acuáticas, pueden multiplicarse por división. También es el mejor modo de cultivarlas para que crezcan fuertes y florezcan bien.

Tiempos

La división se realiza mejor después de que la planta haya florecido, de forma que no se pierda el espectáculo para el año siguiente. Sin embargo, la mayoría de los expertos recomiendan dividir las plantas en primavera o en otoño, dependiendo del tiempo que haya que invertir en cada estación. La división en primavera es preferible probablemente en plantas de resistencia límite, de forma que puedan asentarse bien antes de que tengan que hacer frente al primer invierno, mientras que el otoño es más aconsejable para tipos resistentes, ya que el suelo está todavía caliente y húmedo, ideal para un rápido asentamiento.

Algunas plantas perennes, como el astilbe, el liriope y el solidago (vara de oro), responden a la división regular. Otras, como el agapanto, la azucena peruana, el cardo corredor y el eléboro, se resienten cuando se tocan y pueden necesitar varios años para recuperarse del proceso.

Técnicas

La técnica precisa utilizada para dividir una planta de raíces fibrosas dependerá del tipo de sistema de raíces que produce y del tiempo que haya transcurrido desde que se dividió por última vez, pero el principio es siempre el mismo. Para la mayoría de las plantas perennes debe retirarse la corona usando dos horcas empujando en sentido contrario. Este método impide dañar las raíces. Para plantas viejas y descuidadas que hayan producido una masa sólida de raíces, habrá que usar una pala con filo para cortar la corona en secciones. Algunas plantas, como los ásteres y las campanillas, producen

Multiplique la *Caltha palustris* (calta o centella de agua) por división en primavera o en otoño.

CÓMO MULTIPLICAR PLANTAS POR DIVISIÓN

1 Riegue la planta superpoblada que se ha elegido para dividir el día anterior. Cave una parte de la planta, que en este caso es una margarita de otoño, *Aster novi-belgi*.

2 Introduzca dos horcas enfrentadas en la planta y haga palanca empujando con las empuñaduras juntas. Mantenga la división hasta conseguir el tamaño deseado de las secciones.

3 Algunas de las piezas más fuertes de la planta pueden volver a ponerse en el cantero, pero antes hay que escardar el suelo, eliminando las malas hierbas y añadiendo materia orgánica bien descompuesta.

4 Alternativamente, puede plantar por separado pequeños fragmentos de la planta. Después de regar, coloque estos fragmentos en un cajón vivero cerrado durante unos días, antes de aclimatarlos.

CÓMO DIVIDIR PLANTAS CON RAÍCES ENMARAÑADAS

1 Muchas plantas, como estas tritornas, tienen raíces muy enmarañadas o crecen en suelos muy pesados que no son fáciles de trabajar.

2 Sacuda la planta en un cubo de agua para quitar la tierra de las raíces. Lávela con una manguera si le resulta muy difícil quitar la tierra.

3 Una vez retirada la tierra, la mayoría de las plantas se dividen con sorprendente facilidad en secciones individuales, cada una de ellas con una punta de crecimiento.

4 Algunas plantas no se separan con facilidad. Si le sucede, separe las secciones con un cuchillo afilado, asegurándose de que todas las secciones tengan algún brote.

5 Cuando haya limpiado y dividido las plantas, podrá plantarlas individualmente y guardarlas en un lugar resguardado hasta que se hayan recuperado.

una masa suelta de raíces que pueden separarse con la mano. Otras, como las hostas y las tritornas, son tan compactas que habrá que usar un cuchillo de cocina o unas tijeras de podar para dividirlas.

División de plantas perennes

Escoja un día seco cuando la tierra todavía esté húmeda y arable. Coloque una lámina de plástico en un lugar despejado, por ejemplo un prado o un patio cercano, para poder trabajar. Después, elimine todas las hojas viejas de la planta que va a dividir, para que pueda ver con claridad lo que está haciendo. Utilice una horca para mullir el suelo alrededor de la planta, y después pásela con cuidado a la lámina de plástico. Elija la herramienta adecuada (pala, horca, cuchillo de cocina, tijeras de podar) y divida la corona en fragmentos más pequeños, en cada uno de los cuales deberá haber tallos y raíces. Replante las secciones exteriores más jóvenes y fuertes en una tierra bien preparada y deseche el núcleo leñoso ya agotado. Afirme las divisiones después de replantarlas y riéguelas bien hasta que se asienten.

Las plantas con rizomas horizontales, como las hortensias de invierno y los iris, pueden cortarse en secciones con tijeras o un cuchillo afilado. Corte las hojas de las plantas altas a la mitad para que no las mueva el viento, y replante el rizoma a la misma profundidad que tenía antes.

CÓMO DIVIDIR RIZOMAS

1 Divida las plantas nacidas de rizomas, como este iris, cuando estén superpobladas. Levante la planta y corte las partes más viejas. Entonces es cuando debe volver a plantar sólo las nuevas.

2 Recorte las hojas aproximadamente a la mitad para que el aire no las levante. Vuelva a plantar los fragmentos del rizoma en un camellón de tierra no muy alto, cubriendo las raíces pero dejando expuestas las puntas.

Multiplicación de bulbos

Los bulbos lucen mejor plantados en masa en los macizos o en los prados, donde se multiplicarán naturalmente, si no son molestados. Algunos tipos, sin embargo, pueden llegar a superpoblarse y habrá que dividirlos o quizá proceder a su multiplicación para cultivarlos en otro lugar.

CÓMO DIVIDIR LOS BULBOS

1 Levante la mata cuando haya terminado la floración, pero antes de que mueran completamente las hojas, usando una horca para reducir el riesgo de daño. Procure no clavar los dientes de la horca en los bulbos. Mulla el suelo alrededor e introduzca los dientes por debajo para levantarlos.

2 Salvo que necesite un gran número de nuevos bulbos, separe la mata en tres o cuatro fragmentos y después replante éstos de inmediato. De esta forma logrará producir matas de buen tamaño que se habrán asentado en la temporada siguiente.

3 A continuación replante los bulbos de inmediato, antes de que se sequen. Las plantas que producen bulbos pequeños pueden plantarse con ayuda de una paleta; en cambio, para bulbos grandes sería mejor utilizar una pala.

4 Afirme el suelo después de plantar, comprobando que no quedan bolsas de aire importantes que puedan hacer que las raíces se sequen. Riegue bien en tiempo seco. Aplique con cuidado un abono general alrededor de las plantas.

División de bulbos

Los bulbos aumentan naturalmente una vez plantados en el jardín y formarán matas. El método más fácil para reproducirlos es, por tanto, simplemente levantar una mata asentada y dividirla antes de replantarla. Los narcisos, por ejemplo, pueden levantarse unas seis semanas después de florecer, cuando las hojas han empezado a decaer. Limpie el suelo de los bulbos y saque los bulbos reproductores que replantará junto con los originales sanos. Los bulbos reproductores de *Lachenalia* y otras especies se deben retirar cuando acabe de empezar el crecimiento. Los lirios producen bulbos reproductores, pero éstos están muy unidos a la planta progenitora y deben cortarse con un cuchillo afilado. Los nuevos cormos de crocos y cólquicos se producen encima de los viejos, que mueren y deben separarse y tirarse. Algunas plantas bulbosas, como las anémonas, forman tubérculos nudosos con varias puntas de crecimiento. Estos tubérculos pueden levantarse y cortarse con, al menos, una punta de crecimiento en cada división, antes de rociarse con fungicida y replantarse.

Bulbillos y pepitas

Algunos tipos de bulbos liliáceos, como el lirio rojo, producen pequeños bulbos llamados bulbillos en las axilas de las hojas con el tallo. Deben eliminarse unos 15 días después de que la planta haya florecido y plantarse en suelo o en maceta. Los mayores conseguirán un tamaño de floración en un plazo de un año.

Es posible estimular la producción de bulbillos en los bulbos enterrando hacia la mitad el tallo maduro en un ángulo de 45° en una cama de mantillo después de florecer. Los bulbillos se formarán en la parte enterrada. Los lirios de enraizamiento de los tallos producen bulbillos subterráneos si se acolchan con una capa gruesa de materia orgánica esponjosa. Los bulbillos pueden separarse cuando los tallos de los lirios decaigan en otoño.

En algunos tipos de cebollas y puerros ornamentales, se forman pepitas en la parte superior del tallo florido cuando las flores desaparecen. Para reproducirlos, basta con retirarlas de la planta y plantar las que se vean

Es fácil multiplicar los lirios, como estos *Lilum martagon,* para crear un espectacular estallido de flores en verano.

más sanas. Las mayores deberían alcanzar el tamaño de floración en dos años.

Capas y troceo

Cada capa de un bulbo liliáceo puede separarse de una planta ya asentada y tratarse para que produzca uno o más bulbillos. Ésta es una técnica relativamente simple que se aplica mejor a finales de verano o principios de otoño, antes de que las raíces hayan empezado a crecer. Análogamente, algunos bulbos, entre ellos los narcisos, los jacintos y las campanillas de invierno, pueden reproducirse por troceo, una técnica en la que se corta el bulbo en rebanadas, cada una de las cuales tiene una proporción de la placa de base. Después se espolvorea fungicida sobre las superficies de corte y se deja secar antes de plantar. Cada fragmento por separado debe producir una nueva planta.

CÓMO MULTIPLICAR LIRIOS A PARTIR DE ESCAMAS

1 Lo primero que debe hacer es formar un bulbo limpio en estado latente y retirar algunas de sus capas, acercándose a la base lo más posible. Tenga cuidado de no dañar las capas al retirarlas del bulbo.

2 Después ponga las capas en una bolsa con fungicida y sacúdalas con cuidado. Prepare una mezcla de partes iguales de turba (o alternativa) y perlita o vermiculita en una bolsa de plástico.

3 Humedezca la mezcla. Sacuda las capas para eliminar el exceso de fungicida y póngalas en una bolsa. Guarde la bolsa en un lugar caliente y oscuro durante 6 u 8 semanas, y plante cuando aparezcan bulbillos en las capas.

Técnicas básicas

Existen varias técnicas básicas de jardinería, como la eliminación de malas hierbas, el riego y el abonado, que son comunes para la mayoría, si no todas, las partes del jardín. Son fáciles de entender y no se necesita mucha pericia para dominarlas, por lo que debe pasar un tiempo en intentar aprenderlas bien, dado el impacto que tendrán en el resto de su labor de jardinero.

Llevar a cabo correctamente las tareas sencillas suele ahorrar mucho trabajo más adelante. Arrancar las malas hierbas, por ejemplo, es mucho más fácil antes de plantar un cantero o un arriate. Cuando flores y arbustos se hayan plantado y añadido una gruesa capa de acolchado, se necesitará muy poco mantenimiento.

Cuando domine las tareas básicas, tendrá tiempo para inmiscuirse en procedimientos más elaborados y complejos. No olvide nunca adoptar las precauciones de seguridad más elementales para evitar daños y garantizar que la jardinería siga siendo un placer.

Además del lugar ideal para guardar las herramientas, los equipos y otros materiales de jardín, un cobertizo puede ser un refugio atractivo a su manera rústica y polvorienta.

Juego de herramientas esencial

No necesita un cobertizo lleno de herramientas para sus labores de jardinería, aunque sí que deberá hacerse con una serie de elementos indispensables, para ir completando su equipo.

Elección de las herramientas

Si va a usar herramientas, éstas han de ser eficaces, cómodas y fáciles de usar, y siempre conviene probarlas antes de elegirlas. Compre la mejor calidad que pueda permitirse, ya que unas herramientas de jardín bien fabricadas y bien mantenidas durarán mucho tiempo.

• **Herramientas para cavar.** Necesitará alguna herramienta para cavar, del tipo de una pala o una horca o tridente. La pala es quizá más versátil, aunque la horca permitirá trabajar mejor en suelo pedregoso o cuando la labor resulte complicada. También existen horcas especiales para terrenos difíciles. Con independencia de su elección, hágase con herramientas resistentes, de mango cómodo y suficientemente largo para que no tenga que encorvarse; hay también herramientas de mango extralargo para las personas altas. Compruebe

Las especies *Rosa* «Zéphirine Drouhin», *Clematis* «Lady Betty Balfour» y *Vitis coignetiae* necesitan una poda regular para mantener su buena estructura. Use tijeras de podar o recortadoras de bordes para podarlas.

Equipo para cuidar el césped

Si tiene césped necesitará un equipo especializado, que incluirá un cortacésped con una anchura de corte adecuada para el tamaño del prado, unas tijeras y una desbrozadora con hilo de nailon para recortar los bordes, además de un rastrillo con púas metálicas dispuesto en un ángulo que permita rastrillar el césped y retirar las hojas muertas, la paja y el musgo.

que la empuñadura del mango es suficientemente grande para que le resulte cómoda si maneja la herramienta con guantes. Los aperos de acero inoxidable son más caros, pero la inversión merecerá la pena si el suelo es particularmente pesado. Si pretende cavar mucho, elija herramientas con una zona plana en la parte superior de la hoja, para apoyar el pie, pues le resultarán más cómodas y menos perjudiciales para su calzado.

- **Herramientas para arrancar malas hierbas.** La mayoría de los jardineros consideran las azadas y azadones herramientas del máximo valor. El estilo elegido es cuestión de gustos, pero la azada corriente y el escardillo han superado la prueba del tiempo. Como de costumbre, elija una herramienta con mango largo adecuado a su altura y compruebe que la cabeza está bien sujeta al eje. La azada común es la más fácil de manejar y la más versátil, pues un simple golpe y acción de retroceso sirven para trocear las malas hierbas justo por debajo de la superficie. La forma de la azada facilita sacar la tierra de alrededor de las plantas y su empleo entre plantas en los macizos y cuadros del jardín.
- **Herramientas para nivelar la tierra.** Existen varios tipos de rastrillos, diseñados para fines específicos, si bien los jardineros suelen preferir la variedad común. Normalmente un rastrillo tiene una docena de dientes de metal sólido, verticales y separados uniformemente, y se usa para nivelar el suelo y para sacar las piedras antes de plantar o sembrar.
- **Herramientas para cortar.** Estos útiles son también esenciales en un equipo básico de jardinería. Un cuchillo de uso general bien fabricado y de hoja recta está en la primera posición de la lista, porque tiene multitud de usos en el jardín. Un resistente par de tijeras de podar, para la poda y limpieza de plantas, es también fundamental, aunque para una poda más seria debe contemplarse la posibilidad de adquirir recortadoras de bordes de mango largo o una sierra de podar.

Etiquetas y cuerdas

Cuando esté trabajando en el jardín, le será útil tener una bandeja con objetos diversos como cuerda, rafia, fijadores de plantas y etiquetas. Nunca se sabe cuándo pueden necesitarse. Por ejemplo, para apartar los tallos de las enredaderas hay que sujetar sus soportes, o cuando se siembran semillas o se plantan plántulas es preciso poder identificarlas con etiquetas.

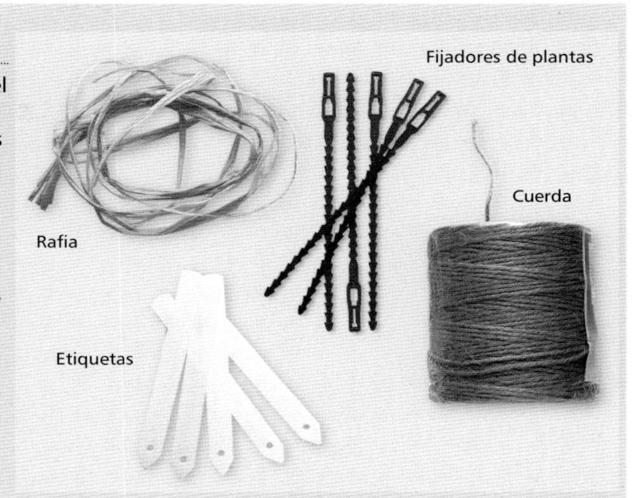

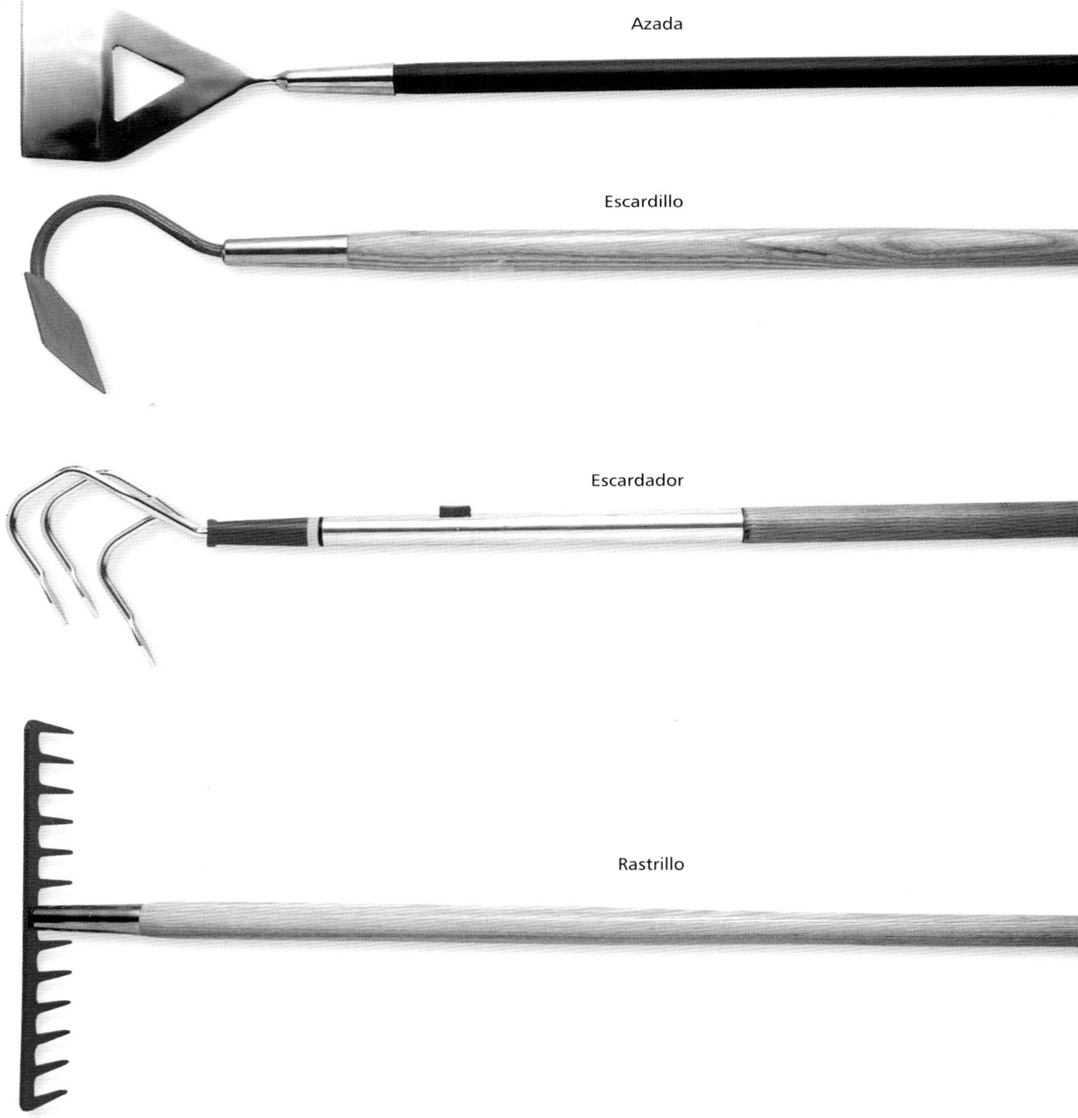

Arrancar las malas hierbas

Las malas hierbas no son más que plantas que crecen en un lugar donde estorban. Existen varias técnicas que pueden adoptarse para reducir el número de malas hierbas en el jardín y, con ello, el tiempo que se invierte en arrancarlas.

Control de las malas hierbas

Existen dos clases de malas hierbas: anuales, como la hierba cana y la oreja de ratón, que crecen a partir de semilla, florecen y producen nuevas semillas en una temporada; y los cardos, que sobreviven durante más de dos temporadas de crecimiento y, a menudo, durante muchos años. Es importante eliminar todas las malas hierbas antes de que florezcan y den semillas, pues en caso contrario tendrá que repetirse la labor durante mucho tiempo; una sola de estas plantas podrá esparcir varios miles de semillas viables en las proximidades.

Las malas hierbas sólo prosperarán si tienen suelo despejado en espera de su llegada y colonización, por lo que se avanzará mucho en su control si se cubren todas las zonas desnudas del jardín, ya sea plantando todos los huecos en los macizos y bordes o aplicando acolchado. Alternativamente, se pueden usar productos químicos especiales entre plantas leñosas asentadas, como árboles y arbustos, para inhibir la germinación de las semillas de malas hierbas. Tales productos dañarán también los nuevos desarrollos de las plantas apreciadas, por lo que no deben aplicarse en macizos mixtos que contengan plantas herbáceas perennes o bulbos.

La mejor manera de tratar las malas hierbas dependerá del tipo de plantas de que se trate y del modo de medrar que tengan. En general, las anuales son más fáciles de controlar usando la azada en los espacios abiertos entre plantas deseables y con la mano para arrancarlas entre las especies ornamentales. Las malas hierbas perennes son más difíciles de erradicar, ya que si no se puede sacar toda la raíz con la parte superior de la planta, ésta rebrotará. La tarea puede ser

CÓMO ARRANCAR LAS MALAS HIERBAS

Las malas hierbas perennes y profundas, cuyas largas raíces han penetrado bastante abajo en la tierra, deben levantarse con la horca. Aflójelas con esta herramienta y sujete el tallo cerca de la base mientras tira de la planta. Si no consigue sacar completamente las raíces, la planta tal vez sí logre rebrotar después.

El uso de la azada es una de las mejores formas de controlar las malas hierbas anuales, pero debe hacerse con regularidad. Corte las malas hierbas por debajo del suelo, preferiblemente cuando esté seco. Mantenga los cuadros y arriates, y los terrenos hortícolas, limpios por este método durante toda la temporada de crecimiento.

Los herbicidas químicos de contacto son útiles cuando se debe aclarar una zona de tierra de forma rápida y sencilla. Algunos tipos, que normalmente sólo matan la cubierta superior, por lo cual son más eficaces contra hierbas anuales que contra las perennes, dejan la zona segura para replantar transcurrido un día.

Los herbicidas sistémicos matan toda la planta. Pueden rociarse áreas extensas, si bien algunas fórmulas se pueden aplicar en las hojas de manera que no dañen a las demás plantas. Algunos tipos se descomponen inmediatamente en la tierra.

Los acolchados suponen un método eficaz para controlar las malas hierbas. En los huertos y jardines de frutales, el uso de diversas formas de cubierta con plástico y otros materiales es un método que resulta rentable.

Cuando el aspecto sea un problema, use un acolchado de materia orgánica, como corteza troceada o compost. Si el suelo está limpio, eche primero un acolchado de al menos 5 cm (es mejor 8 cm) de grosor, para suprimir la mayoría de las malas hierbas.

USO DE HERBICIDAS QUÍMICOS

Un herbicida químico es muy práctico para destruir malas hierbas cuando se está preparando un cuadro o un macizo. No use productos químicos cerca de frutas, hortalizas o hierbas comestibles. Siga siempre las instrucciones del fabricante indicadas en el envase

especialmente compleja en especies como los cardos y los dientes de león, que producen una raíz pivotante del estilo de una zanahoria, y en otras de raíces frágiles, como la grama y la correhuela, que las proyectan en todas direcciones, resulta casi imposible. Lo cierto es que si estas malas hierbas se han asentado en el jardín, tal vez haya que levantar todo el macizo e ir quitando todas y cada una de las raíces que se encuentren antes de replantar las especies ornamentales. Si lo anterior no le resultara práctico, podría intentar destruirlas por agotamiento, eliminando los tallos superiores y repitiendo la operación cada vez que rebroten.

La opción final es un herbicida químico, que debería aplicarse siguiendo las instrucciones del paquete. Existen dos tipos principales: herbicidas de contacto, que destruyen las partes de las plantas que tocan; y fórmulas sistémicas, que se transportan a otras partes de las plantas, destruyéndolas. Se elegirá la clase según las preferencias personales y el lugar donde crezcan las malas hierbas.

Macizos y arriates

Arranque manualmente las malas hierbas de los macizos y use una azada para eliminar las malas hierbas anuales de las zonas despejadas entre plantas. Las malas hierbas perennes pueden arrancarse a mano allí donde sea practicable o erradicarse con un tratamiento puntual de herbicida. Las de mayor tamaño son fáciles de tratar con un rociador de uso rápido con base de gliofosfato, pero conviene cubrir todas las plantas ornamentales próximas con un plástico antes de rociar, que dejará puesto hasta que se seque el rociador.

Césped

Las malas hierbas aisladas en el césped pueden arrancarse con un cuchillo usado o con una herramienta especial. Alternativamente, se destruyen con un herbicida de contacto. Si el problema se extiende, será más eficaz usar un herbicida de fórmula especial para césped.

Cuando el musgo también supone un problema, es aconsejable usar en primavera un tratamiento combinado de herbicida y musguicida.

Patios y caminos

Elimine una a una las malas hierbas cortándolas con un cuchillo o con una herramienta especial para ello. Alternativamente, destrúyalas con un herbicida de contacto. Cuando el problema se extienda, use un herbicida adecuado de acción más amplia, que destruirá las malas hierbas existentes e impedirá que resurjan durante el resto del año.

Zonas no cuidadas

Si no hay plantas ornamentales en estas zonas, cávelas completamente y elimine las malas hierbas. Cuando no pueda aplicar esta acción, retire las partes visibles de las plantas y cubra la zona con una alfombra vieja o con plástico negro durante unos años. Otra opción consiste en usar un herbicida con base de glifosfato. Las hierbas persistentes, como las zarzas, pueden necesitar varias aplicaciones o un agente químico más potente, el clorato de sodio, aunque ello significa que no se podrá plantar en la zona afectada durante al menos seis semanas.

La plantación en grupo de plantas perennes de gran fortaleza, como esta *Dictamnus albus* (dictamo), evita que las plantas de malas hierbas germinen y sobrevivan.

Cubierta vegetal

Eliminar las malas hierbas es una tarea que requiere su tiempo, y es mejor impedir que estas hierbas germinen, si es que se puede. Cubrir el suelo con una masa de follaje atractivo, que además servirá de contraste eficaz para otras plantas y puede producir incluso flores, es una buena labor de jardinería.

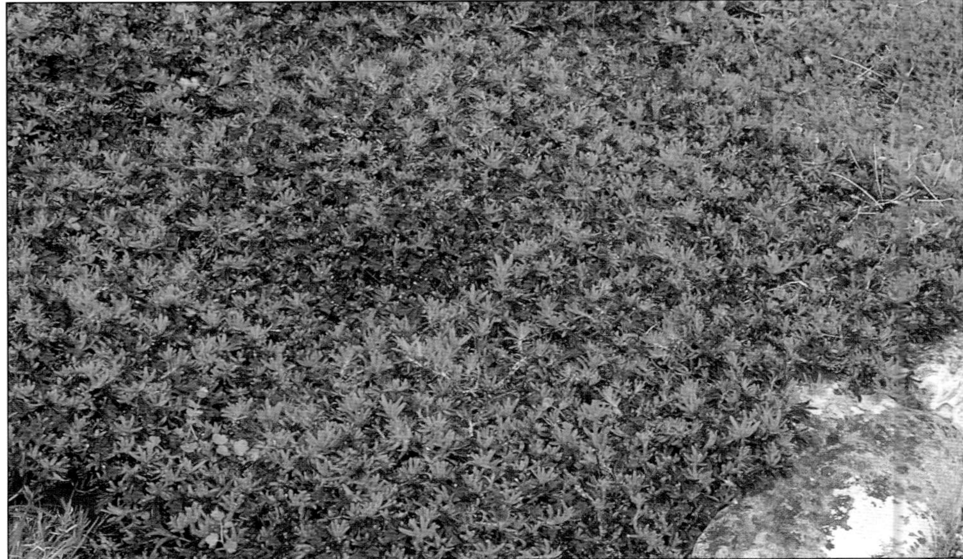

La densa cubierta vegetal del subarbusto *Lithodora diffusa* conforma una vívida alfombra azul en primavera.

¿Qué es una cubierta vegetal?

Para formar una cubierta vegetal adecuada, las plantas deben asentarse con rapidez y cubrir el suelo con una densa capa de hojas, sin huecos en los que puedan germinar las malas hierbas. El principio es que la planta es tan densa que apenas llega luz a la superficie del suelo, y las plántulas de malas hierbas que intenten germinar sufren, se debilitan y mueren.

Las plantas de una cubierta vegetal han de ser además de crecimiento lento, para no consumir los nutrientes de las ornamentales, y no serán demasiado invasivas como para ocupar todo el arriate. Aunque se ha descrito como adecuada una amplia variedad de plantas, en realidad son pocas relativamente las que sirven de cubierta vegetal ideal.

DIVISIÓN DE LA CUBIERTA VEGETAL

Si compra una cubierta vegetal grande, plántela en tiestos que pueda dividir antes de plantar. Saque con suavidad la planta, como esta *Pachysandra terminalis*, del tiesto sin dañar las raíces. Si la corona está demasiado apretada para tirar y sacar la planta, intente cortarla con un cuchillo. Replante inmediatamente los fragmentos extensos con varios vástagos y muchas raíces. Los más pequeños pueden plantarse en tiestos y cultivarse durante un año antes de plantarlos en el jardín. Mantenga las nuevas plantas bien regadas hasta que se asienten.

Elección de la cubierta vegetal correcta

Las plantas de una cubierta vegetal de bajo crecimiento son ideales para ocupar el suelo entre arbustos y árboles en un macizo. Elija plantas que no sobresalgan mucho del suelo y puedan resistir pisadas ocasionales; tendrá que pasar por encima de ellas para alcanzar las otras plantas.

Procure escoger plantas con un follaje que contraste con las otras, de manera que se produzca un efecto notable. Un sustrato de bulbos aportará variedad ocasional e interés: tulipanes, narcisos enanos de primavera y cólquicos son de lo más adecuado. Algunas plantas, como el brezo o *Hypericum calycinum*, tienen además flores que realzan su aspecto.

La cubierta vegetal es útil asimismo para zonas en las que no es práctico extender césped. Por ejemplo, el *Hypericum calycinum* resulta útil en pendientes difíciles de segar, mientras que el *Vinca minor* es adecuada para zonas incómodas debajo de una valla o a lo largo de un camino de acceso. Las plantas de cubierta vegetal constituyen una opción apta de bajo mantenimiento para un jardín delantero.

Algunas plantas de cubierta, como la griñolera y el enebro rastrero, producen hojas rígidas y extensas, que las llevan a tapar grandes agujeros o incluso tocones de árboles.

Plantación y cuidados

Aunque la cubierta vegetal impedirá que se asienten las malas hierbas, no tiene por qué plantarse de inicio en una zona de terreno en la que se va a cultivar. El mejor momento es el otoño.

Prepare la tierra cavando minuciosamente y eliminando las malas hierbas, incluidas las raíces de las plantas perennes no deseadas. Incluya estiércol bien descompuesto o un puñado de harina de huesos por metro cuadrado. Tenga cuidado de no dañar las raíces de las plantas existentes si va a plantar entre ellas. Cuando plante la cubierta vegetal, hágalo a través de un acolchado después de incorporar una capa de unos 8 cm de grosor de cubierta

CÓMO PLANTAR UNA CUBIERTA VEGETAL

1 Limpie el suelo de malas hierbas primero, y tenga mucho cuidado para erradicar las de raíces profundas o que sean perennes y persistentes.

2 Añada una cantidad generosa de compost o estiércol bien descompuesto, y después rastrille en un abono de liberación lenta o harina de huesos.

3 Cubra la zona con una capa de acolchado para suprimir las malas hierbas. La membrana especial semipermeable permite la entrada de agua y aire al suelo.

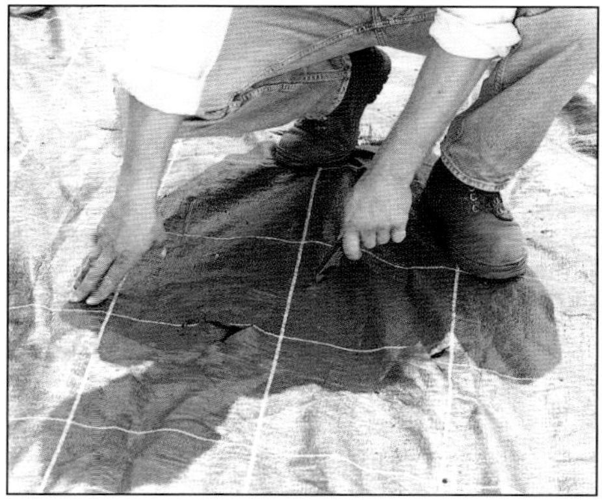

4 Prepare hendiduras cruzadas a través de la lámina de acolchado allí donde vaya a plantar. No haga estas hendiduras demasiado grandes.

5 Cave hoyos y plante la cubierta vegetal, afirmándola bien. En caso necesario, separe y extienda primero las raíces para beneficio de la planta.

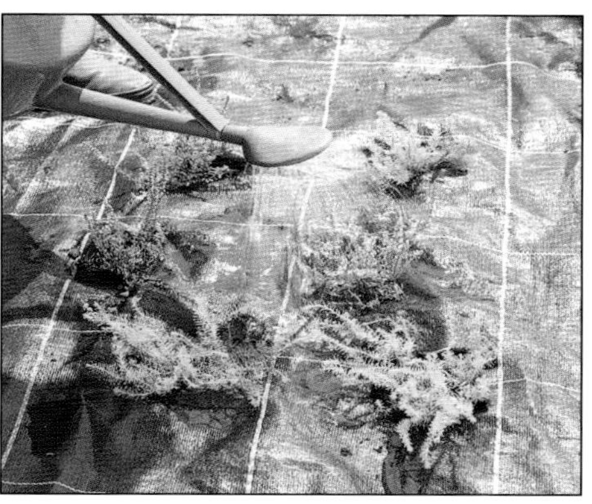

6 Riegue a conciencia y mantenga la zona bien regada. En lugares muy visibles podría disimular el acolchado con una capa fina de tierra.

orgánica dispersa para que no germinen malas hierbas antes de poder aplicar la cubierta vegetal. La distancia entre cada una de las plantas de la cubierta vegetal dependerá de la fuerza de la planta elegida y del tiempo de preparación para completarla. Obviamente, cuanto más cerca estén las plantas, más costoso será el proyecto.

Unas plantas correctas para cubierta vegetal deberían estar limpias de plagas y enfermedades y necesitar escaso mantenimiento, aparte de una limpieza anual. Es mejor realizarla a finales de otoño, cuando puedan recogerse las hojas caducas que hayan quedado atrapadas en los tallos.

Plantas apropiadas para cubierta vegetal

Arbustos

Berberis thunbergii «Atropurpurea Nana»
Cultivares de *Calluna vulgaris*
Ceanothus thyrsiflorus var. *repens*
Cotoneaster dammeri
Cotoneaster x suecicus «Coral Beauty»
Cultivares de *Erica carnea*
Euonymus fortunei «Emerald Gaiety»
Gaultheria procumbens
Genista lydia
Hebe pinguifolia «Pagei»
Hypericum calycinum
Juniperus horizontalis «Glauca Group»
Juniperus squamata «Blue Carpet»
Mahonia aquifolium
Vinca minor

Perennes

Ajuga reptans
Alchemilla mollis (milenrama)
Bergenia (hortensia de invierno)
Convallaria majalis (lirio acuático)
Epimedium perralderianum
Geranium
Heuchera
Hosta sieboldiana
Houttuynia cordata
Lamium maculatum
Lysimachia nummularia (planta de la moneda)
Nepeta «Six Hills Giant»
Pulmonaria (pulmonaria)
Rodgersia
Symphytum (consuelda)

Acolchado

Un acolchado es una capa de material dispuesto sobre la superficie del suelo para impedir que las malas hierbas germinen y evitar que se pierda humedad. El acolchado orgánico mejora asimismo la fertilidad del suelo.

Tipos de acolchado

El acolchado más natural es materia orgánica suelta extendida sobre una superficie del suelo en una capa de 8 cm de grosor. En la naturaleza, las hojas de otoño aportan una manta de materia orgánica, pero en el jardín se pueden usar virutas de corteza y otros materiales como compost, mantillo o hierba cortada. Los acolchados no orgánicos también son útiles, como piedrecitas o incluso materiales fabricados como una alfombra vieja o polietileno negro.

Un acolchado favorece la retención de la humedad del suelo evitando que el agua se evapore de la capa superficial. Los acolchados oscuros ayudan además a mantener el suelo caliente al principio de la temporada y a promover un rápido crecimiento en primavera.

Acolchados orgánicos

Son muy populares por su facilidad de uso, su adaptabilidad y su ayuda para mejorar la fertilidad del suelo, ya que se descomponen lentamente y son asimilados a la tierra por las lombrices y otros organismos. Algunos, como las virutas de corteza, resultan atractivos para la vista y aportan un contraste interesante en las plantas y bulbos de los arriates en lento crecimiento. Recuerde que los acolchados orgánicos más dispersos, como la hierba cortada, que no se han descompuesto completamente extraen nitrógeno de la superficie del suelo al descomponerse. Son adecuados sólo para su uso entre plantas bien asentadas o siguiendo un seto.

Acolchados inorgánicos

Los acolchados inorgánicos holgados son muy útiles en ciertas zonas del jardín. La gravilla, por ejemplo, es perfecta para plantas alpinas, que prefieren condiciones de buen drenaje y se pudrirían si se rodearan con un acolchado orgánico. Análogamente, las piedras de pequeño tamaño se consideran, a menudo, la mejor opción para cubrir el suelo en bolsas de plantas y entre losetas de pavimento, en el patio o junto a él. Las piedrecitas, además, son ideales para acolchar el terreno alrededor de las clemátides y otras plantas, que agradecen un lugar fresco para sus raíces, o como un atractivo toque final para las macetas.

Si va a plantar un cuadro o arriate nuevo o un ejemplar de árbol o arbusto, son convenientes sobre todo los acolchados con láminas de diversos materiales. Estos materiales son permeables y resistentes a las malas hierbas. Extienda la lámina en el suelo preparado antes de plantar y corte

Aplicar el acolchado

Los acolchados se aplican mejor en suelos sin malas hierbas en primavera, con la tierra húmeda. Los acolchados orgánicos mullidos han de tener como mínimo 5 cm de profundidad, preferiblemente 8 cm para que sean eficaces, y tendrán que recubrirse en cada primavera.

DIFERENTES TIPOS DE ACOLCHADO

Un borde sin acolchado es más vulnerable a infestación por malas hierbas y a la pérdida de humedad. Una buena opción, sencilla y comúnmente usada, es la hierba cortada, que es fácil de conseguir en la mayoría de los jardines. Siempre será mejor que no acolchar la zona.

La hierba cortada no es muy atractiva, pero sí eficaz cuando se extiende entre plantas asentadas en la parte posterior de un borde, donde no se ve demasiado. No la amontone en capas de más de 5 cm, pues podría recalentarse al descomponerse, dañando la planta.

La corteza comportada es un material idóneo para el acolchado, al ser tanto eficaz como atractivo. No use corteza fresca, pues la resina podría dañar las plantas. Las podas de setos y arbustos pueden guardarse y usarse después de que hayan formado compost durante un par de meses.

Este vistoso macizo ha sido bien atendido, con el resultado de un crecimiento fuerte y sano de las plantas. A principios de primavera se aplicó un acolchado orgánico de compost bien descompuesto, para devolver al suelo los nutrientes y evitar que germinen las malas hierbas.

pequeñas hendiduras en los lugares donde irán las plantas. Para especies de mayor tamaño, extienda una lámina por el suelo alrededor del ejemplar después de plantado, cubriendo una zona de hasta al menos 1 m² de distancia de la planta. Estos acolchados constituyen barreras más eficaces contra las malas hierbas que los orgánicos y no necesitan reaplicarse cada primavera. Sin embargo, no mejoran la fertilidad del terreno y su aspecto no es atractivo. Conviene disimularlos con una fina capa de tierra o una cubierta orgánica si se usan en lugares muy visibles.

La membrana de cubierta semipermeable, que tiene pequeños orificios para que pase el agua y el aire a la tierra, puede conseguirse en muchas tiendas de jardinería. Mida la cantidad que necesita y corte la membrana en la forma adecuada, para extenderla sobre la superficie.

Las membranas de acolchado no son muy atractivas, por lo que si ocupan un lugar muy visible conviene disimularlas con una capa de gravilla para mejorar el aspecto del borde o macizo. Verifique que la membrana está plana y completamente cubierta por las piedras.

Los acolchados de materiales plásticos no son adecuados para plantas con bulbos o herbáceas en estado de latencia. En estos lugares es preferible usar una capa suelta de acolchado orgánico o inorgánico, como gravilla. Por eso conviene analizar cada circunstancia.

Riego y abono

El riego y el abono se encuentran entre las tareas de jardinería que más tiempo consumen, sobre todo si se tienen muchas macetas o un invernadero propio. Use las técnicas siguientes como ayuda para un trabajo eficaz.

Riego

El terreno debe impregnarse bien con el riego: un simple rociado sirve para poco más que para quitar el polvo. El riego efectivo debe equivaler a unos 2,5 cm de lluvia.

Todo buen jardinero debe tener una regadera provista de una alcachofa de paso fino, que puede valer en un jardín pequeño o con no demasiadas plantas en macetas. Sin embargo, casi siempre es de agradecer un grifo instalado en el exterior, al que pueda acoplarse una manguera. Así podrá llevar el agua más fácilmente por el jardín, y si dispone de un enrollador de manguera podrá recogerla de forma que no estorbe.

Lo mejor es que la manguera tenga longitud suficiente para llegar a todas las partes del jardín, pero si no fuera posible debería sin duda alcanzar aquéllas que necesitan el riego más frecuente, como el patio, el invernadero y el huerto. Con una boquilla ajustable en el extremo de la manguera no habrá necesidad de volver al grifo de vez en cuando para regular el flujo. Si tiene muchas cestas colgantes, jardineras u otros recipientes incómodos, una manguera a modo de lanza que dirija el agua demostrará ser una buena inversión.

También es interesante pensar en un aspersor para zonas grandes. Elija uno de tipo oscilante o giratorio, para ampliar su cobertura. Sin embargo, la mayoría de las plantas del jardín no necesitan un riego regular, incluso durante tiempo seco, y como el agua se aplica indiscriminadamente a toda la superficie se desperdicia en gran medida. Además, es tentador dejar correr el grifo más de lo realmente necesario.

Si no tiene tiempo para regar todas las plantas con regularidad, puede aplicarse algún sistema que le haga el trabajo. Para la mayor parte de los jardineros, la mejor opción es un sistema de tubos de microcalibres que llevan el agua a cada una de las plantas. Estas redes suelen tener una boquilla ajustable para regular la cantidad correcta de agua. Tales sistemas pueden usarse para regar todo tipo de recipientes, incluidas las cestas colgantes, y conectarse a tramos de tubos que rezumen para regar las plantas en hilera, como sucede en los frutales y en los huertos. Si se conecta

SISTEMA DE RIEGO

La mayoría de los sistemas de riego automático tienen un sistema de control para reducir la presión del agua, y algunos actúan como un filtro para evitar que se obstruyan las boquillas.

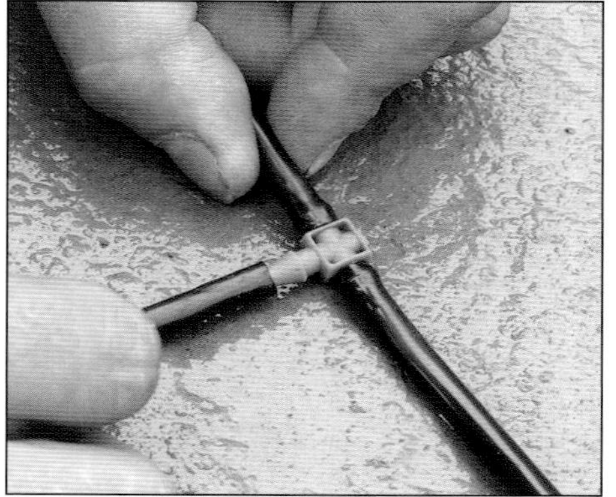

Los sistemas de goteo resultan muy útiles para canteros, arriates y macetas. Las uniones en T permiten empalmar tubos y formar cabezales de goteo.

La boquilla de este sistema de goteo se sujeta con una pequeña abrazadera, para que el cabezal pueda aportar la cantidad necesaria de agua a la planta y no se desplace por la potencia del riego.

Los tubos de goteo se extienden a lo largo de una hilera de plantas y sólo riegan la zona cercana. El agua rezuma suavemente del tubo e impregna el suelo para que siempre haya agua en todo el recorrido del tubo.

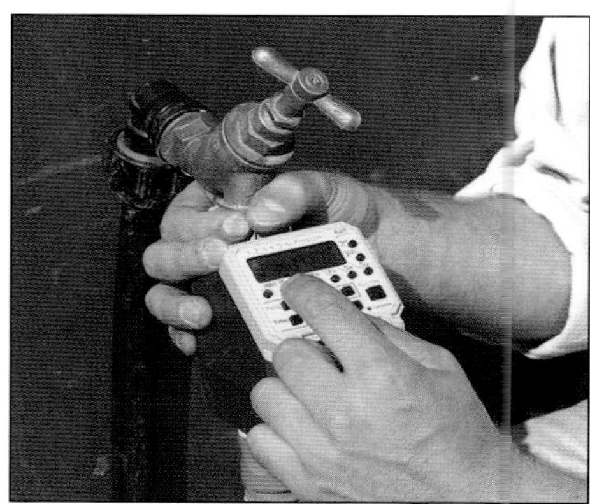

Un temporizador activará y desactivará automáticamente la entrada de agua. Se puede ajustar el temporizador de forma que las plantas se rieguen solas mientras usted está fuera.

CÓMO APLICAR EL ABONO

Si es necesario abonar un macizo hacia el final de la temporada, añada un fertilizante líquido a una regadera. Siga las instrucciones del fabricante.

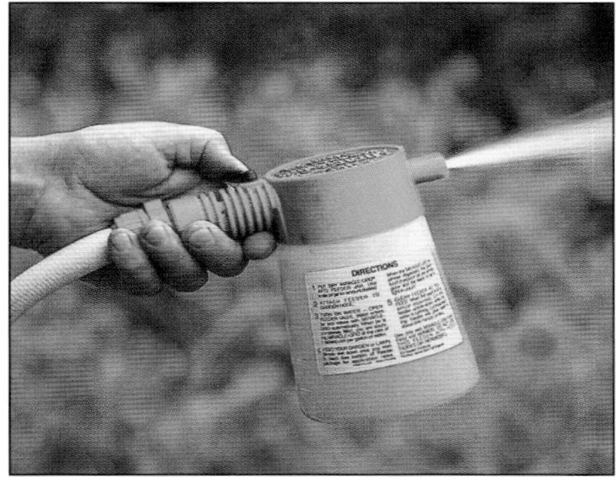

Si quiere aplicar un abono foliar a un número elevado de plantas, use un aplicador especial acoplable al extremo de una manguera, para poder aplicar la cantidad medida.

El abono seco puede extenderse simplemente en la tierra alrededor de plantas individuales que necesitan abono, para que no se desperdicie.

el sistema a un grifo en el exterior y se incluye un temporizador o un ordenador de control, se conseguirá un sistema de riego totalmente automático.

Abono

La otra tarea regular a que se enfrenta el jardinero en verano es el abonado. Las plantas en macetas agotarán rápidamente el abono presente en la tierra inicial, salvo que se añadiera entonces un fertilizante de liberación lenta. Será preciso abonarlas todas las semanas transcurridas más o menos seis semanas desde la plantación.

Algunos abonos tienen fórmulas para plantas específicas, como tomates, rosales y césped, pero la mayoría de los jardineros encontrarán útil también el empleo de un fertilizante genérico. Estos fertilizantes se comercializan en polvo o en forma líquida, y a veces hay que diluirlos o prepararlos siguiendo las instrucciones del fabricante. Alternativamente, se puede añadir un abono de liberación lenta a la tierra en forma de bolas o gránulos. Normalmente, con ello se aportarán suficientes nutrientes para una temporada de crecimiento.

Cuando plante árboles y arbustos permanentes, añada un abono de liberación lenta, como harina de huesos, y mejore el suelo con materia orgánica bien descompuesta.

En un jardín que sea muy pequeño o en el invernadero, la manera más eficaz de suministrar la cantidad adecuada del abono elegido a las plantas individuales es probablemente utilizando una regadera. En un jardín grande, se puede usar un anexo especial acoplable a una manguera para suministrar el abono en una zona extensa.

Recoja su propia agua

Coloque un depósito de agua bajo el canalón de un invernadero, un cobertizo o un garaje para recoger el agua que cae del techo. El agua de lluvia es un poco ácida, por lo que resulta ideal para las plantas de entornos ácidos, sobre todo si se vive en una zona de aguas duras. Además, al recogerla ahorrará agua y dinero en la lectura del contador.

Puede reunir con facilidad una cantidad suficiente en el depósito de agua para mantener un buen surtido de plantas de gustos ácidos durante todo el verano. Con más ambición, actualmente se comercializan kits que permiten montar un sistema de almacenamiento de agua en el jardín.

El depósito debe ser fácil de usar, por lo que conviene que haya un espacio suficiente para llenar la regadera bajo el grifo. Mantenga siempre cubierto el depósito, para que el agua permanezca limpia.

Además, puede reciclar el agua que ya haya usado para lavar o bañarse en la casa. Estas «aguas grises» son adecuadas para plantas bien asentadas en los arriates y en los prados, pero es mejor usarlas de inmediato, no guardarlas.

Plagas y enfermedades

La mejor manera de controlar las plagas y enfermedades es mantener un entorno saludable en el jardín y cultivar bien las plantas, de manera que puedan resistir o recuperarse con rapidez de la mayoría de los ataques. También vale la pena conseguir variedades que no den problemas y combatan naturalmente los ataques.

Evitar plagas y enfermedades

La buena higiene del jardín es el factor más importante en la batalla contra las plagas y las enfermedades. Limpie todos los desperdicios del jardín y eche el material adecuado a la pila del compost. Arroje el resto a la basura o quémelo en cuanto pueda. Limpie las macetas y demás recipientes cuando haya dejado de usarlos. Esté alerta a los primeros signos de un ataque y adopte las acciones necesarias lo antes posible. Mantenga controladas las malas hierbas, también durante el invierno, porque son un refugio posible para algunos problemas.

Plantas ricas en néctar

Arbustos y árboles
Buddleia
Crataegus
Viburnum

Flores
Arabis
Aubrieta
Erysimum
Iberis
Limnanthes
Lunaria
Matthiola
Sedum
Solidago

Los depredadores naturales

Un jardín bien atendido será un lugar peligroso para las plagas, porque estará repleto de depredadores naturales, como aves, pequeños mamíferos, anfibios, arañas e insectos. Puede aumentar el número de estos depredadores dándoles comida, refugio y lugares adecuados para reproducirse. Las ranas y los sapos, por ejemplo, son voraces consumidores de babosas y se establecerán gozosos en su jardín si les ofrece algunos lugares adecuados donde esconderse y un estanque para reproducirse. Además, algunos insectos útiles, como los sírfidos, pueden sentirse atraídos por su

Depredadores naturales

Introducir o estimular el desarrollo de insectos beneficiosos puede tener un impacto espectacular en el número de plagas del jardín. Estudie a qué plagas son vulnerables sus plantas, e incentive la presencia de depredadores naturales de las mismas en el jardín.

Las mariquitas y sus larvas comen pulgones, insectos escamosos, cochinillas harinosas y orugas.

Los sírfidos y sus larvas comen hasta 50 pulgones diarios.

Las crisopas comen pulgones, pulgones lanígeros, arañas rojas, insectos escamosos y orugas.

Los escarabajos de tierra comen babosas, platelmintos, moscas de la col y de la zanahoria (huevos y larvas), gorgojos de la vid y arañas rojas.

Los antocóridos comen larvas del gorgojo de la vid, orugas, larvas de mosquitos y arañas rojas.

Los ciempiés comen babosas y caracoles.

PREVENCIÓN DE ENFERMEDADES

Lave y limpie a fondo los tiestos, bandejas y equipos después de eliminar tierra que pudiera contener plagas y enfermedades.

Existen muchas hermosas plantas de jardín que tienen la ventaja añadida de atraer a los depredadores naturales de las plagas del jardín. Estos alhelíes (*Erysimum*) son ricos en néctar y atraen abejas y mariposas, además de crisopas y sírfidos.

MALAS HIERBAS

Siga arrancando las malas hierbas de los canteros de hortalizas y flores durante el invierno. Estas hierbas pueden ser refugio de plagas y enfermedades.

CÓMO TRATAR EL MILDIU

1 El mildiu es común en los ambientes húmedos, por lo que debe aplicarse un acolchado para mantener las raíces húmedas, pero sin mojar las hojas.

2 Debe retirar las hojas que hayan sido afectadas por el mildiu. Las plantas muy dañadas pueden rociarse con un fungicida adecuado.

jardín por las plantas ricas en néctar y el aporte de plagas de insectos a su disposición. Se les puede dar incluso «hotel» con cañas de bambú en las que puedan pasar el invierno.

Control de plagas y enfermedades

Vaya un paso por delante de las plagas sembrando y plantando en los momentos adecuados y poniendo trampas y barreras. La protección de las plantas con una red adecuada es, probablemente, la única solución para prevenir los daños causados por mamíferos como los conejos. Los ataques aislados de babosas y orugas pueden resolverse cazando con la mano a los agresores y destruyéndolos, mientras que las pequeñas colonias de pulgones se aplastan con el índice y el pulgar. Análogamente, pueden contenerse los síntomas de una enfermedad aislada y tirarse a la basura, o quemarse, el material afectado. No ponga en la compostadora ningún material del que sospeche que ha sido atacado por una enfermedad, ya que podría extenderla a otras plantas del jardín.

Conviene tener algunos productos químicos a mano para las plagas y enfermedades más intransigentes. Los agentes contra las babosas, por ejemplo, pueden usarse dispersándolos en torno a las plantas sensibles, sobre todo las hostas, cuando se plantan, y después también cada primavera, antes de que salgan las hojas nuevas.

Si tiene problemas con los pulgones, elija un tratamiento selectivo basado en piricarb, que es específico para estos áfidos. Un insecticida sistémico demuestra su utilidad frente a todas las plagas de insectos. Escoja uno basado en permetrina o dimetoato o un rociador con base de pelitre si prefiere tratar el jardín orgánicamente.

Los tratamientos químicos combinados pueden ser muy rápidos y eficaces. Muchos cultivadores de rosales, por ejemplo, gustan de usar un tratamiento combinado para combatir las tres enfermedades principales del rosal: mancha negra, mildiu y roya.

CÓMO DESHACERSE DE ORUGAS Y BABOSAS

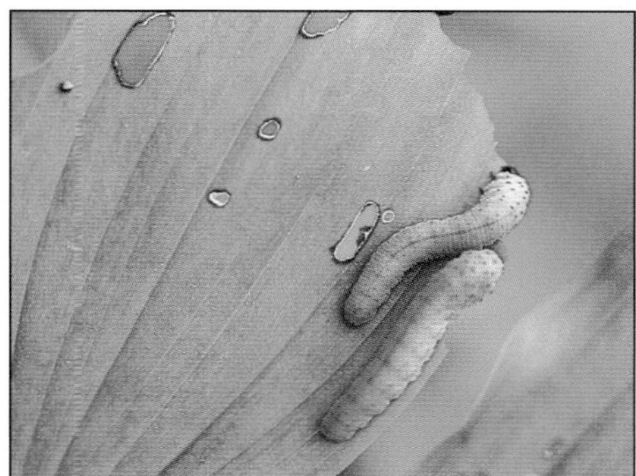

La mejor manera de deshacerse de las orugas, como en esta *Polygonatum odoratum,* es retirarlas con la mano de la planta en la que están. Es recomendable utilizar guantes cuando se retiran las orugas.

Cuando las babosas y caracoles agujereen las hojas de la hosta, estos agujeros serán visibles en toda la temporada de crecimiento. Si no le importa usar productos químicos contra estos animales, distribúyalos alrededor de la planta.

Platos y frascos medio llenos de cerveza o agua con azúcar y hundidos en el suelo atraerán a los caracoles y las babosas, a los que podrá así cazar y retirar de sus cuidadas plantas.

Seguridad en el jardín

El jardín puede ser un lugar peligroso si no se obra con cuidado. Todos los años, miles de personas sufren lesiones por los equipos de trabajo de jardinería, sobre todo las herramientas eléctricas. Por suerte, la mayoría de las lesiones son evitables si se adoptan las precauciones necesarias al usar estos equipos.

Las plantas espinosas, como este rosal «Ispahan», deben podarse para retirarlas de los caminos y que los tallos no hieran a nadie al pasar.

Pensar antes de actuar

Se deben dar siempre todos los pasos de prudencia para protegerse al practicar la jardinería. Lleve guantes gruesos cuando maneje materiales duros y protéjase los ojos con gafas cuando pode o maneje tallos puntiagudos.

Poda

Muévase alrededor de la planta al podarla, en vez de quedarse quieto en un lugar y estirarse para alcanzarla. Utilice una escalera sólida cuando recorte un seto o una enredadera que supere la altura de su hombro.

La mayoría de los accidentes relacionados con las podadoras eléctricas se producen con la máquina en funcionamiento y se deben a desgarros, caídas y electrocución (con modelos eléctricos) como causas principales. Compruebe que la máquina responde a los requisitos básicos de seguridad, como son tiempo breve de detención de la cuchilla, accionamiento con interruptores con ambas manos y prolongaciones especiales de las cuchillas que no funcionen inadecuadamente y le permitan evitar cortes accidentales. Use siempre la ropa adecuada y un par de guantes gruesos. Utilice estas máquinas con cuidado y nunca vaya con prisas. Sostenga siempre la máquina con las dos manos cuando esté en funcionamiento.

CÓMO PODAR CON SEGURIDAD

1 Es normal usar una podadora eléctrica cuando se deba cortar un seto grande o de crecimiento rápido, si bien las herramientas eléctricas como ésta pueden ser peligrosas. A menudo se producen accidentes si se trabaja con prisas, por lo que es preferible tomarse el tiempo necesario y no empezar la poda, salvo que se sepa que se puede terminar con tranquilidad.

2 Podar plantas trepadoras muy altas es una tarea que requiere cierta atención. Compruebe que las patas de la escalera están firmes y estables en el suelo. No intente llegar demasiado arriba, por encima de la cabeza, ni se incline en exceso hacia los lados. Es mejor mover la escalera que correr el riesgo de perder el equilibrio.

Cortacéspedes

Por su parte, la mayoría de los accidentes con el cortacésped, se producen cuando no se está usando la máquina. Sea particularmente cuidadoso al limpiarla, mantenerla o simplemente moverla. Compruebe que la cuchilla está parada antes de quitar la caja, desenchufe la máquina antes de tocar la hoja. Apague la máquina en los modelos eléctricos y desconecte el motor en las máquinas de gasolina. Si las cuchillas se obstruyen, use un palo para limpiarlas.

De los accidentes que se producen mientras se usa el cortacésped, la mayoría se deben a que se exige demasiado de la máquina, ya sea porque la hierba está muy alta, mojada o ambas cosas, o porque se encuentra en pendientes inclinadas. Si tiene un prado con césped en pendiente, muévase en sentido transversal, nunca subiendo ni bajando con la máquina.

Desbrozadoras

La mayoría de los accidentes se producen cuando los discos están desbloqueados, o si el equipo se usa sin las guardas de seguridad puestas. Lleve siempre protección para los ojos y unos guantes fuertes. Si va a usar la desbrozadora durante un periodo de tiempo largo, póngase también protección para los oídos. No introduzca nunca la mano en las entradas y salidas, e intente desbrozar sólo los materiales recomendados por el fabricante.

Productos químicos

Si va a tratar con productos químicos, siga todas las instrucciones del fabricante, incluido el equipamiento o la ropa de protección como, por ejemplo, guantes impermeables si va a usar cantidades concentradas; después de usar los productos, lávese bien las manos y limpie el equipo a conciencia. No aplique los productos en proporciones no recomendadas en el paquete ni prepare combinados químicos, salvo que se aconsejen específicamente en las instrucciones. Aplique sólo estos productos cuando las condiciones meteorológicas sean las adecuadas y no los extiendan a otras zonas. Deshágase de estos productos según se recomiende.

MANIPULAR HARINA DE HUESOS

Es aconsejable llevar guantes de protección cuando se tenga que manipular harina de huesos a la tierra, ya que existe un pequeño riesgo de que sea portadora de enfermedades.

HERRAMIENTAS ELÉCTRICAS

Lea atentamente las instrucciones de seguridad suministradas por el fabricante antes de usar una herramienta eléctrica y aplíquelas al pie de la letra.

Mantenimiento esencial de herramientas

Tras haber invertido en un conjunto de herramientas de jardinería de buena calidad, no tendría sentido no mantenerlas en buenas condiciones. No sólo le durarán más, sino que se simplificará su uso y serán más eficaces. Mantenga siempre los filos cortantes, para que el corte sea eficaz, causando el menor daño posible al tejido vegetal; lo anterior es particularmente importante en la poda y la multiplicación de plantas. También es aconsejable tener bien afilados los filos de las palas y azadas. En el lugar donde las guarde, mantenga limpias todas las piezas metálicas de las herramientas, y tenga a mano un trapo sucio que pueda impregnar de aceite para lubricarlas antes de guardarlas. Las herramientas más grandes, como algunas horcas y espadas, que no tienen borde afilado, pueden guardarse en un cubo viejo con arena cuando no se necesiten.

La mayoría de los equipos cortantes usados en el jardín no necesitan mantenimiento rutinario, aparte de limpiarlos y sustituir las hojas desgastadas. Si va a acudir a un centro de servicios, por ejemplo para abastecer su máquina de gasolina, hágalo al final de la temporada, en vez de visitar dicho centro en primavera, cuando más clientes tiene, con las consiguientes esperas y retrasos.

Instrucciones de seguridad de herramientas eléctricas

Recuerde que los accidentes más graves sufridos en el jardín suelen deberse a los equipos eléctricos, por lo que se aconseja usarlos siempre con la máxima precaución:

- No intente utilizar una herramienta eléctrica salvo que esté completamente convencido de que la maneja con seguridad. Algunas herramientas, en particular ciertas sierras, requieren un operador experimentado.
- Lea las instrucciones del fabricante antes de empezar.
- No empiece nunca un trabajo salvo que esté seguro de que tiene tiempo para terminarlo; intentar despacharlo con prisas puede llevar a un accidente.
- Verifique siempre que el equipo se encuentra en buen estado de funcionamiento.
- Cerciórese de que los niños y los animales domésticos están lejos de la zona de trabajo.
- Use siempre la ropa y el equipo de protección recomendados.
- Verifique siempre que el equipo está apagado antes de moverse con él por la zona.

Equipos eléctricos

- No los use nunca en entorno húmedo.
- Utilice siempre un dispositivo de corriente residual o similar para evitar electrocución.
- Use sólo alargadores y conectores adecuados para trabajar en exterior y para el equipo en cuestión.
- Compruebe que los alargadores y los conectores se encuentran en buen estado y son de colores brillantes, para que se vean con facilidad.
- No use nunca un cable o un conector dañado, y desenchufe siempre el equipo eléctrico cuando deje de vigilarlo.

Herramientas de gasolina

- Empiece a usar siempre las herramientas de gasolina en el exterior o en un edificio bien ventilado con ventanas.
- No recargue combustible con la máquina en funcionamiento.
- Guarde el combustible en un lugar seguro, lejos de toda fuente de calor.

Lista de tareas para cada estación

Muchas de las tareas básicas de mantenimiento necesarias en el jardín son estacionales: dependen de la fase determinada de crecimiento o de las condiciones ambientales para que sean efectivas. Por ejemplo, es importante elegir la época adecuada del año para podar los rosales, a riesgo de perder una buena floración durante la temporada. Por tanto, es importante conocer el momento óptimo para cada técnica.

Las siguientes páginas resumen las tareas principales que se necesitarán probablemente durante el año. Estas tareas se dividen en las temporadas típicas de la jardinería: primavera, principios de verano, finales de verano y otoño e invierno, y no en las estaciones concretas del año. Las técnicas se detallan con arreglo a las zonas del jardín a las que se aplican. Úselas como una guía rápida de sus actividades de jardinería, recordando que en estas labores no hay nada imperativo y que el momento idóneo dependerá del jardín, la meteorología y el tiempo que haya.

Muchos jardineros disfrutan de las labores de mantenimiento rutinario que se necesitan a lo largo del año. Una preparación temprana rendirá dividendos más adelante.

Técnicas de primavera

Para muchos jardineros, la primavera es el momento más estimulante del año. En esta época las plantas muestran sus primeros síntomas de nueva vida y el jardín se llena de promesas. No mucho después hacen su aparición las primeras y espectaculares flores de la temporada.

Las campanillas crecerán naturalmente en zonas sombreadas, contribuyendo con una alfombra de aromas dulces a la eclosión del final de la primavera.

Macizos y arriates

- **Podar los arbustos.** Pode los arbustos de floración temprana, como la campanita china, en cuanto termine la floración. Pode los arbustos de hojas grises, como el espliego, para mantener la forma y la densidad.
- **Aplicar abono.** Después de podar los arbustos, aplique un abono de liberación lenta en el terreno a mediados de primavera para darles un impulso.
- **Caracoles y babosas.** Proteja los vástagos nuevos de las plantas vulnerables, como las hostas, de la atención de babosas y caracoles.
- **Limpiar los bulbos.** Retire las flores marchitas de los bulbos pero deje intactas las hojas, al menos durante seis semanas más.
- **Empezar a quitar las malas hierbas.** Quite las malas hierbas antes de que florezcan y germinen.
- **Pila de compost.** En cuanto mejore el tiempo, dé la vuelta a la pila de compost para extender el efecto.

APLICAR ABONO

Aplique un abono de liberación lenta alrededor de los arbustos para darles un impulso añadido.

- **Comprobar el equipo.** Cerciórese de que todas las herramientas y máquinas de jardinería están en buen estado de funcionamiento antes de usarlas. Verifique que las hojas están afiladas y que el equipo eléctrico es seguro, sin olvidar los cables y los enchufes.
- **Nuevas plantas.** Mediados de primavera es una época ideal para plantar todo tipo de especies resistentes, incluidos los árboles, arbustos y enredaderas caducos y perennifolios, así como muchas plantas herbáceas. Espere hasta el final de primavera para plantar las coníferas.

Césped

- **Primera poda.** Cuando la hierba esté seca, siéguela por primera vez. Ajuste la altura del corte del cortacésped a 2,5 cm. Al cabo de unas semanas, reduzca la altura de corte a 2 cm, para la mayoría de los tipos de césped, o a 1,5 cm para un acabado fino.
- **Nuevo césped.** De mediados al final de la primavera es un momento ideal para un nuevo césped. Prepare el terreno minuciosamente en cuando mejore el tiempo y siembre la semilla o extienda los tepes.
- **Control del musgo.** Aplique un musguicida a mediados de primavera, cuando la hierba esté seca, si observa que durante el invierno ha salido musgo en el césped. Use un rastrillo para quitar el musgo al menos una vez cada 15 días después de aplicar el control químico. Si necesita dar un impulso al césped, utilice combinadamente el musguicida y un abono adecuado.
- **Arreglos.** Elimine las malas hierbas con un cuchillo de cocina y controle las hierbas gruesas, ya sea sacándolas con la azada o debilitándolas con un cuchillo cada vez que siegue. Puede resembrar las calvas mediada la primavera.

PLANTAR

En cuanto el suelo empiece a calentarse, plante los cultivos cuidados en invernadero.

Estanques

• **Colocar la bomba.** Retire el calentador del estanque y ponga la bomba a mediados de primavera.

• **Dar de comer a los peces.** Empiece a dar pienso a los peces a mediados de primavera, en cuanto perciba una mayor actividad.

• **Plantar.** En un día cálido de finales de primavera o principios del verano plante las especies preparadas para el estanque o añada nuevas plantas a uno ya existente. Ponga las plantas que haya resguardado durante el invierno de nuevo en su lugar.

Invernadero

• **Empezar la siembra.** Haga las primeras siembras de las plantas de temporada y de las hortalizas. Las plántulas deben aclararse en cuanto tengan tamaño suficiente para poder manejarlas.

• **Plantas perennes sensibles.** Las plantas sensibles protegidas durante el invierno, como las fucsias y los pelargonios, deben regarse más a mediados de primavera para impulsar su crecimiento.

• **Aclimatar las plantas.** Las nuevas plantas cuidadas en un entorno resguardado en interior han de aclimatarse antes de plantarse en exterior para que afronten las condiciones más duras de la intemperie. Esta labor debe realizarse unas dos semanas antes de plantarlas.

• **Vigilar las plagas.** Manténgase alerta ante los signos precoces de plantas y enfermedades. Adopte la acción adecuada lo antes posible.

• **Refrescar.** Asegúrese de que el invernadero no se recalienta permitiendo una buena ventilación y sombra.

Huerto

• **Abonar los frutales.** Mediada la primavera aplique un abono general a los árboles frutales, los arbustos y las zarzamoras.

• **Proteger los capullos.** Proteja los primeros capullos de las heladas tardías cubriéndolos con una doble capa de lanilla, que quitará durante el día para permitir el acceso de los insectos polinizadores.

• **Preparar el semillero.** Prepare cuidadosamente la zona que usará como semillero en cuanto haga buen tiempo. Cúbrala con una lámina de plástico transparente para calentar el suelo e impedir la germinación de malas hierbas. Levante la lámina y arranque las malas hierbas antes de sembrar.

• **Limpiar el terreno.** Una vez completada la cosecha de las hortalizas de invierno, limpie el terreno de residuos y malas hierbas y prepare el suelo para el siguiente cultivo.

• **Hortalizas resistentes.** Las plántulas resistentes pueden plantarse desde mediados de primavera, en cuanto tengan tamaño suficiente y el tiempo lo permita. Aclimátelas primero en un vivero. Plante las cebollas y los cebollinos.

• **Brotes en las patatas.** A principios de primavera, ponga los primeros tubérculos de patata en una bandeja o una huevera, con el fin de estimular los brotes. Espere a mediados de primavera para hacer otro tanto con el cultivo principal. Plante las patatas tempranas a mediados de primavera y el cultivo principal al final de la estación.

USE CAMPANAS

Las plantas especialmente sensibles deben protegerse con campanas de vidrio o plástico hasta que haya pasado toda amenaza de helada.

PREPÁRESE PARA PLANTAR

En el huerto, labre el suelo para dejar una tierra fina y rastrille un abono de uso general antes de empezar a ubicar las plántulas.

Las prímulas amarillas, los pequeños nomeolvides y las delicadas flores de corazones componen una fresca combinación en un macizo primaveral.

Técnicas de principios del verano

Esta época es la más atareada del año del jardinero, con mucha labor en todas partes del jardín. Las plántulas y las plantas ya asentadas necesitarán una atención constante.

Macizos y arriates

- **Colocar los soportes.** Coloque los soportes alrededor de las plantas herbáceas altas durante el final de primavera o principios de verano para que no cuelguen fláccidas en plena floración. Sujete las plantas de un solo tallo, como las espuelas de caballero y los gladiolos, con varas.
- **Plantar las macetas.** Plante las cestas colgantes y las macetas de verano con plantas de temporada y colóquelas en exterior cuando haya pasado el riesgo de helada.
- **Abonar las plantas en maceta.** Un mes después de plantar en macetas y recipientes (lo que incluye las bolsas de cultivo), empiece a abonar con fertilizante líquido a no ser que haya añadido un abono de liberación lenta al plantar. Use un abono equilibrado en macizos y arriates y un abono rico en potasa, como el de los tomates, para obtener plantas con flores y frutos.
- **Limpiar de flores marchitas.** Retire las flores marchitas de las plantas de varias floraciones como los rosales. Las plantas anuales de temporada deben limpiarse como modo práctico de estimular nuevos brotes de flores. Limpie plantas como los nomeolvides y las campanillas para que no se conviertan en malas hierbas. Terminada la floración, limpie los rododendros, con cuidado de no dañarlos o de eliminar los brotes del año siguiente, que están justo debajo de las flores del año.

Los geranios resistentes conforman uno de los mayores atractivos del arriate en verano. Existen en una amplia variedad.

PODA DE ARBUSTOS

Las clemátides de floración temprana (Grupo 1) deben podarse al terminar la floración.

- **Vigilar las plagas.** Manténgase alerta ante los primeros signos de plaga o enfermedad, sobre todo de pulgones, que pueden atacar a las plantas de todo el jardín; adopte de inmediato las acciones adecuadas. Rocíe los rosales susceptibles contra la mancha negra, el mildiu y la roya. Quite uno por uno las orugas y los gusanos.
- **Caracoles y babosas.** Siga protegiendo los nuevos vástagos de las plantas vulnerables, como las hostas, de los ataques de babosas y caracoles.
- **Regar las plantas nuevas.** Procure que las nuevas plantas no sufran escasez de agua durante su primera temporada. Acolche después de regar para retener la humedad del suelo y reducir la competencia de las malas hierbas. Riegue también las plantas de maceta, si fuera necesario.
- **Podar los arbustos.** Pode los arbustos de floración temprana en verano, como el naranjo mexicano, la rosa japonesa, el lilo, el falso jazmín, la espirea de Japón y el tamarisco en cuanto termine la floración.
- **Atar las enredaderas.** Los nuevos desarrollos producidos en las enredaderas deben atarse al soporte para mantener el buen aspecto de la planta y evitar daños a los vástagos. Los tallos no perderán la flexibilidad y la facilidad de manejo a principios del verano.
- **Vigilar las malas hierbas.** Siga eliminando las malas hierbas en cuanto aparezcan.

Césped

- **Mantener la siega.** Corte el césped regularmente cuando se necesite, en general al menos una vez por semana, o dos si crece deprisa. En días de sequía, el crecimiento se frenará y con ello, la necesidad de siega; levante la altura de corte del cortacésped.
- **Regar el césped.** Riegue el césped nuevo durante todo el verano. Cuando está bien asentado, rara vez lo necesita. Aun cuando pueda volverse pardo en verano, se recuperará pronto con las primeras lluvias del otoño.
- **Tratamientos del césped.** Pueden aplicarse herbicidas, musguicidas y fertilizantes en cualquier fase del crecimiento del césped hasta mediados de verano. Si piensa usar más de un tratamiento, aplique un producto combinado.

Estanques

- **Plantar.** En un día caluroso del final de la primavera o principios del verano, plante las plantas del estanque o añada algunas nuevas a las ya existentes.
- **Limpiar el estanque.** Es un momento ideal para limpiar un estanque atestado o descuidado. Elimine el exceso de plantas de la superficie con un rastrillo o una caña de bambú y póngalos a un lado durante un par de días para que las criaturas atrapadas puedan volver al agua. Utilice una red pequeña para eliminar las algas. Divida y replante las plantas demasiado crecidas.

PLANTE EN EL ESTANQUE

Introduzca nuevas plantas en el estanque. Llene de agua el recipiente y bájelo con suavidad hasta la profundidad adecuada.

• **Reponer el agua.** Durante el tiempo caluroso y ventoso, mantenga los niveles de agua de los estanques y los depósitos de todos los elementos acuáticos.

Invernadero

• **Aclimatar las plantas.** Las plantas de temporada sensibles y las hortalizas cultivadas en invernadero han de aclimatarse antes de plantarlas en las condiciones más rigurosas del exterior. Debe empezarse unas dos semanas antes de la plantación.

• **Refrescar.** Compruebe que el invernadero no se recalienta aportándole una ventilación y una sombra adecuadas. Puede ser necesario humedecerlo en los días tórridos y soleados.

• **Guiar los cultivos.** Ate los nuevos desarrollos de los tomates y los pepinos y despunte los tallos secundarios.

• **Mantener el riego y el abonado.** Las plantas en maceta en el invernadero deberán regarse varias veces al día cuando haga calor. Facilítese la vida instalando un sistema de riego automático. Abone todas las plantas en crecimiento activo con un abono líquido adecuado.

• **Vigilar las plagas.** Manténgase alerta ante los primeros indicios de plagas de pulgones, arañas rojas y moscas blancas, y de enfermedades como la botritis, y reaccione de inmediato en caso necesario.

Huerto

• **Seguir sembrando.** Prepare siembras sucesivas de cultivos de ensalada para mantener un suministro continuo. Aclare o trasplante las siembras anteriores.

• **Plantar hortalizas tiernas.** A principios del verano, es seguro plantar las últimas hortalizas sensibles, como judías verdes y habichuelas. Prepárese para protegerlas con una doble capa de tela de lanilla en las zonas más frías si se prevé una helada.

• **Proteger las fresas.** Coloque una capa de acolchado de paja bajo los surcos de las fresas para que la fruta no toque el suelo y se pudra. Así evitará también que se salpique de barro con la lluvia. Cubra las plantas con una red contra los pájaros antes de que empiecen a madurar los frutos.

• **Proteger las patatas.** Siga levantando la tierra en las patatas para proteger los vástagos y cubra la planta con una doble capa de tela de lanilla durante las noches frías para protegerlas de las heladas. A mediados de verano, las patatas tempranas estarán listas para la cosecha.

• **Multiplicar las fresas.** Afirme los estolones de las plantas sanas para formar otras nuevas. Cultive directamente en el cantero o en macetas llenas de tierra húmeda hundidas en el suelo hasta la altura del borde.

Este jardín campestre, visto a principios del verano, ofrece todo su frescor y vitalidad cuando los macizos empiezan a poblarse de flores y de frondosa vegetación.

ACLARAR LAS PLÁNTULAS

Retire las plántulas más débiles para garantizar que las otras tienen espacio suficiente para crecer. Compruebe que el espacio entre cada planta es el ideal.

PROTEGER LAS PATATAS

Para proteger muy bien las plantas, cuando los vástagos de patatas alcancen 25 cm de alto, arrastre tierra hacia los surcos para cubrir los tallos.

Técnicas de finales del verano

Ha llegado el momento de disfrutar del jardín. Los macizos y arriates rebosarán de flores vistosas y el huerto producirá un suministro regular de cultivos.

Macizos y arriates

- **Abonar las plantas en macetas.** Siga abonando las plantas en maceta salvo que haya añadido un abono de liberación lenta al plantarlas. Utilice un abono equilibrado de uso general y un fertilizante rico en potasa, como el de los tomates, para plantas con flores y frutos.
- **Regar.** Riegue las macetas todos los días durante los meses de verano. En los macizos, concentre las plantas nuevas, que no deben sufrir escasez de agua en su primera temporada de crecimiento.
- **Limpiar las flores.** Retire las flores marchitas en las plantas de varias floraciones, como los rosales. Limpie las plantas perennes y de temporada para estimular otros estallidos de flores. Limpie plantas como las campanillas y los nomeolvides para impedir que se conviertan en malas hierbas.
- **Vigilar las plagas.** Manténgase alerta ante cualquier indicio de plaga y enfermedad, sobre todo de pulgones, que pueden atacar a las plantas de todo el jardín; adopte de inmediato las acciones apropiadas. Rocíe los rosales vulnerables contra la mancha negra, el mildiu y la roya. Quite uno a uno las orugas y los gusanos.
- **Guardar semillas.** Recoja semillas de las plantas que desee multiplicar. Cubra las cabezuelas de las flores con bolsas de papel y córtelas cuando maduren.
- **Podar los arbustos.** Pode los arbustos de floración estival y los setos en cuanto termine el espectáculo. Corte los setos y enredaderas de crecimiento rápido, como los rosales trepadores y sarmentosos. Recoja espliego para secarlo.
- **Plantar bulbos.** Plante los bulbos de floración en otoño, como la azucena amarilla, a mediados de verano, y los de floración en primavera al final del verano. Plante también las macetas para invierno.

MULTIPLICAR PLANTAS TIERNAS

Corte un tallo secundario justo debajo del nudo de una hoja, de unos 2,5-10 cm de longitud. Quite las hojas inferiores e introduzca el esqueje en un tiesto.

LIMPIAR LOS BORDES

Algunas plantas de borde, como este *Limnanthes douglasii,* pueden invadir el césped, provocando la aparición de calvas. Arránquelas o recórtelas bien.

- **Sembrar plantas perennes resistentes.** Durante el final del verano siembre las especies anuales resistentes, como la caléndula, el cestillo de plata y la arañuela, en un terreno preparado en el jardín. Durante la época fría en invierno, proteja estas plantas con campanas o con una capa doble de tela de lanilla.

Césped

- **Mantener la siega.** Pode el césped cuando sea necesario y en los tiempos secos eleve la altura de la cuchilla del cortacésped.
- **Regar el césped.** Riegue el césped nuevo durante todo el verano. Cuando se haya asentado no necesitará riego. Incluso si se vuelve pardo en verano, pronto se recuperará con las primeras lluvias del otoño.
- **Tratamientos del césped.** Pueden aplicarse herbicidas, musguicidas y abonos si el césped crece muy deprisa, hasta mediados de verano. Use un producto combinado en caso necesario.

Estanques

- **Reponer el agua.** En tiempo caluroso y ventoso reponga los niveles de agua del estanque y de los depósitos de los elementos acuáticos.
- **Oxigenar el agua.** Si ve boquear a los peces en la superficie cuando anuncie tiempo tormentoso, abra la fuente o dirija un chorro con la manguera al estanque para oxigenar el agua.

Pode los rosales sarmentosos, como el *Rosa* «Bobbie James», en cuanto haya terminado la floración al final del verano. Así tendrá gran cantidad de nuevos vástagos, listos para el siguiente estallido floral.

• **Limpiar las plantas acuáticas.** Retire las flores marchitas de las plantas de las orillas de varias floraciones y de las plantas del jardín húmedo.
• **Aclarar las plantas.** Pueden aclararse los grupos de lirios acuáticos que estén superpoblados, pues podrían debilitar a las plantas sumergidas.

Invernadero

• **Sacar esquejes.** Multiplique las plantas perennes sensibles, como los pelargonios, las fucsias y las margaritas, sacando esquejes al final del verano, y guarde los esquejes durante el invierno en un lugar protegido de las heladas.
• **Refrescar.** Ofrezca sombra y ventilación adecuados para evitar que se recaliente el recinto. Tal vez tenga que humedecerlo en los días tórridos y soleados.
• **Guiar los cultivos.** Siga guiando los nuevos desarrollos de las tomateras y las matas de pepinos y despunte los tallos secundarios.
• **Mantener el riego y el abonado.** Las plantas en maceta necesitarán riego varias veces al día en tiempo caluroso; tal vez le convenga instalar un sistema de riego automático. Abone las plantas de crecimiento activo.
• **Vigilar las plagas.** No deje de vigilar signos de plagas, como los pulgones, las arañas rojas y las moscas blancas, y de enfermedades como la botritis, y adopte las acciones adecuadas de inmediato.

ATE LAS PLANTAS

Vigile si las plantas necesitan soporte, como sucede con estos tomates, y átelas en caso necesario.

Este jardín, una profusión de colores, formas y texturas, alcanza su cima en verano.

• **Sembrar cultivos de invierno.** Si quiere tener un invernadero productivo en invierno, siembre lechugas de invierno, además de zanahorias y rábanos, para cosechar al principio de la primavera.

Huerto

• **Vigilar el riego.** Riegue todas las hortalizas y frutales en macetas si fuera necesario. Las plantas con cultivos en desarrollo necesitarán también riego en los días calurosos para evitar que pierdan rendimiento. Riegue las patatas y las hortalizas con hojas, como las lechugas, en los intervalos de sequía durante todo el verano. Piense en la conveniencia de instalar un sistema de riego automático para facilitar el trabajo.
• **Fresas.** Prepare el terreno para nuevos frutos en las camas de fresas del otoño. Retire las redes y el acolchado de las plantas que hayan dado fruto y córteles las hojas. Separe los estolones de fresas arraigados a principios del verano de las plantas de las que proceden.
• **Arbustos con bayas.** Pode los groselleros después de la cosecha eliminando los tallos más viejos.
• **Frutos de cañas.** Corte las cañas que hayan dado fruto y ate las nuevas a sus soportes.
• **Las cosechas.** Recoja la fruta y las hortalizas en cuanto alcancen la fase adecuada de desarrollo. Algunos tipos, como las judías verdes y los calabacines, necesitan que se recojan con regularidad, pues en caso contrario se reduciría la cosecha.

Técnicas de otoño e invierno

Ha llegado el momento de preparar el jardín para el mal tiempo. Compruebe que todas sus estructuras son sólidas y afírmelas contra el viento y la lluvia.

Macizos y arriates

- **Plantar especies perennes sensibles.** Las plantas perennes vulnerables, como pelargonios, fucsias y margaritas, deben levantarse y plantarse en maceta antes de la primera helada para pasar el invierno en el invernadero. Si tiene poco espacio, prepare esquejes.
- **Levantar bulbos sensibles.** En zonas frías, sobre todo con suelo denso, los bulbos vulnerables, como los gladiolos, deben levantarse antes de la primera helada y secarse y guardarse en un lugar protegido. Verifique que no se pudran cada pocas semanas.
- **Plantar bulbos.** Sigue siendo tiempo de plantar bulbos que florezcan en primavera y plantas en macetas.
- **Proteger algunos arbustos.** Algunos arbustos tienen resistencia límite, según donde se viva. Proteja las especies vulnerables y los arbustos resistentes en lugares expuestos con una capa de red cortavientos recubierta con tela de lanilla, tirante entre dos postes.
- **Atar los arbustos sobre muros.** Revise los arbustos sobre muros y ate los nuevos desarrollos, si fuera necesario. Proteja los tipos no muy resistentes, como los lilos de California, con una doble capa de tela de lanilla. Los arbustos y enredaderas vulnerables necesitan una capa aislante de hojas o paja, sujeta con una red de malla fina.

Los ásteres se definen como verdaderos hitos del jardín de otoño. *Aster x frikartii* «Mönch» florece durante un largo periodo, desde verano hasta el final del otoño.

- **Podar.** Los desarrollos demasiado largos en los rosales en lugares expuestos deben cortarse a un tercio de su longitud para que no se aflojen las raíces por el viento. Pode la wisteria en invierno. Corte todos los tallos de las clemátides del Grupo 1.
- **Nuevas plantas.** La estación de latencia es un momento ideal para plantar árboles, arbustos y setos de raíz desnuda.
- **Proteger macetas y recipientes.** En invierno deje sólo en el exterior las macetas de especies resistentes a heladas. Otros recipientes, y las plantas sensibles que contienen, tal vez tengan que protegerse en zonas resguardadas. Envuelva los tiestos con plástico de burbujas para que la tierra no se congele. Proteja la planta con una capa doble de tela de lanilla. Deje un espacio para regar las plantas perennes.
- **Envolver las coníferas.** Proteja las coníferas contra las lluvias o nevadas intensas envolviéndolas con una red de malla fina o con una cuerda gruesa y blanda a su alrededor. En los setos de coníferas se sacudirá el exceso de nieve, que podría dañar las ramas.
- **Verificar soportes y ataduras.** La mayoría de las enredaderas y muchos árboles tienen ataduras que los sujetan a soportes. Verifique ambas cosas en invierno, para comprobar que los ejemplares están bien sujetos, pero no demasiado constreñidos.
- **Proteger plantas de rocas.** Una humedad excesiva en invierno puede dañar las plantas de follaje lanoso, como las que se usan en los jardines de rocas. Proteja estas especies cubriéndolas con una campana de extremo abierto o con una lámina de vidrio sujeta con ladrillos.
- **Limpiar canteros del verano.** Retire las plantas anuales de los canteros y cave el terreno para prepararlo para plantar en primavera.

Césped

- **Arreglos en el césped.** Principios de otoño es el momento ideal para labores de mantenimiento como el escarificado, además de otros arreglos esenciales en el césped.
- **Corte final.** Realice el último corte una vez que la hierba haya dejado de crecer. Después limpie y prepare el equipo y las herramientas antes de guardarlos.
- **Hojas caídas.** Limpie las hojas caídas sobre el césped en otoño y principios de invierno, ya que estropearán el césped. No camine sobre la hierba cuando esté muy mojada o congelada.

ARREGLAR LOS ARRIATES

Limpie los arriates de verano, remueva el terreno y quite las malas hierbas. Rastrille el suelo para nivelarlo y que adquiera un aspecto aseado limpio.

PROTEGER LAS MACETAS

Proteja las plantas cultivadas en recipientes que sean más sensibles con una capa de aislante. El plástico de burbujas es una buena elección.

Estanques

- **Hojas caídas.** Impida que caigan hojas al estanque cubriéndolo con una red de malla fina. Limpie las hojas caídas en la red regularmente, para que no se pudran y ensucien el agua.
- **Limpieza para el otoño.** Corte las plantas de las orillas, pero con cuidado de no dejar demasiado cortas las de tallos huecos; los tallos cortados deberían seguir asomando sobre la superficie del agua durante todo el invierno.
- **Evitar que se congelen.** Retire la bomba del estanque y sustitúyala en otoño por un calentador. Si no tiene calentador, deje al menos la zona del estanque donde haya peces libre de hielos haciendo un agujero con un cazo de agua caliente.

Invernadero

- **Mover las plantas sensibles.** Los cítricos y los arbustos sensibles cultivados en maceta deben moverse de su posición de verano en el patio a un lugar protegido en un invernadero con calefacción.
- **Quitar la sombra.** Limpie la pintura de la pared del invernadero o quite las persianas y otros elementos de sombra para elevar al máximo la cantidad de luz recibida en el invernadero durante el invierno.
- **Poner aislante.** Ajuste un aislante de plástico de burbujas en el techo y las paredes del invernadero para reducir los costes de calefacción y ayudar a mantener una temperatura uniforme. Revise que el calefactor se halla en buen estado. Los invernaderos sin calefacción también necesitan un aislante adicional.
- **Retirar los cultivos.** Retire los cultivos de verano del invernadero y los soportes de las plantas. Limpie los tiestos y otros equipos para que estén listos para su uso en primavera.
- **Limpiar el invernadero.** En un día suave en otoño, vacíe el invernadero y limpie la estructura, el suelo y las estanterías con un desinfectante para prevenir plagas y enfermedades que puedan superar el invierno. Limpie los tiestos de las plantas permanentes y deshágase de todos los desperdicios, como flores marchitas y hojas amarillas, para reducir los problemas de botritis en invierno.

Huerto

- **Prevenir problemas.** Limpie los frutos y las hojas caídos al suelo para prevenir plagas y enfermedades después del invierno que puedan atacar a los cultivos del año siguiente. Ate bandas de aceite alrededor de los troncos de los frutales para atrapar a la hembra sin alas de la carpocapsa, que trepa por los árboles para depositar los huevos.
- **Recoger las hortalizas.** Recoja los últimos cultivos de judías y ensaladas, así como los tomates y las calabazas. Ponga campanas sobre las tomateras para facilitar la maduración del fruto o recoja los tomates verdes y madúrelos en un cajón de frutas con una cáscara de plátano.
- **Recoger las manzanas.** Las últimas manzanas deben recogerse cuando estén listas. Las frutas perfectas pueden guardarse.
- **Cava de invierno.** Limpie los cultivos de verano y cave el terreno pesado de manera que la helada pueda descomponer los terrones grandes de cara al año siguiente.
- **Plantar hortalizas.** Plante ajos, coles de primavera y brécol en un terreno bien preparado.
- **Hierbas.** Plante en maceta las hierbas comestibles para consumo en invierno.
- **Poda.** Complete todas las podas de invierno de árboles, arbustos y cañas.
- **Nuevas plantas.** La estación de latencia es un momento ideal para plantar árboles, arbustos y cañas frutales de raíz desnuda.

TOMATES MADUROS

Estimule la maduración de los tomates colocando una campana encima de la mata. Si se prevé una helada intensa, recoja lo que quede de frutos.

Prunus x subhirtella «Stellata» tiene flores de color rosa claro y perfil de estrella. Ofrecen un punto de atención en invierno, al florecer desde final de otoño a principios de primavera, cuando el resto del jardín parece muerto.

Términos usuales

Abanico. Forma guiada de árbol o arbusto en la que el tallo principal es vertical y se podan pares de tallos secundarios en distancias preestablecidas y se guían por igual a ambos lados para formar una estructura de abanico.

Abono de liberación lenta. Fertilizante inorgánico de recubrimiento especial que libera lentamente sus nutrientes.

Aclimatación. Método de habituación gradual de una planta desde las condiciones de interior a las de exterior sin que sufra merma en su crecimiento.

Acolchado. Material que se extiende sobre la superficie del suelo para impedir que se pierda humedad por evaporación y para suprimir las malas hierbas. Puede ser de tipo orgánico y esponjoso, como compost o corteza compostada; inorgánico y ligero, como gravilla, o incluso un tejido, como pueda ser una alfombra o similar.

Acuática. Planta que vive en el agua: puede estar completamente sumergida, ser flotante o vivir con las raíces en el agua y los tallos en el aire.

Anual. Planta que crece a partir de semillas, florece, da semillas y muere en un mismo año.

Base capilar. Material absorbente que retiene mucha agua en el que se colocan las macetas y recipientes y del que pueden obtener toda la humedad que necesitan por acción capilar.

Bianual. Planta que crece de semilla para formar una plantita en el primer año y florece y da semillas al año siguiente.

Campana. Pequeña estructura de vidrio, plástico transparente o polietileno que puede moverse fácilmente para calentar pequeñas zonas del suelo o proteger las plantas vulnerables.

Cepellón. Masa de raíces y tierra que se conserva junta cuando se saca una planta de una maceta o similar.

Certificadas. Plantas que se han inspeccionado y declarado como libres de plagas y enfermedades específicas. Pueden usarse como material de multiplicación.

Chupón. Tallo que nace de las raíces subterráneas. El término suele aplicarse a los tallos del portainjerto de una planta injertada, que tienen características diferentes de la variedad ornamental.

Compost. Material que se produce por la descomposición de materia orgánica de desecho en un compostador o una pila. Es útil como enmienda del suelo o como mezcla para plantar.

Control biológico. Uso de los enemigos naturales de una plaga, útil para controlar su proliferación en un jardín o un invernadero.

Cordón. Forma guiada de árbol o arbusto con un tallo principal, vertical o en ángulo, y vástagos secundarios acortados para formar ramas con frutos.

Cortavientos. Valla, seto, muro o tela que se usa para frenar el aire y reduce el daño que puede causar.

Cubiertas de cultivos. Diversos materiales porosos que se usan para proteger las plantas o los cultivos. La tela de lanilla es un tejido que puede utilizarse para proteger plantas de las heladas y las plagas de insectos voladores; la malla contra insectos es una tela bien ventilada ideal para ahuyentar a los insectos en verano, pero no ofrece protección contra la helada.

Distanciamiento. Separación de las plántulas mientras son pequeñas para que tengan espacio para crecer.

Espaldera. Forma guiada de árbol o arbusto en la que el tallo principal es vertical y de él parte un par de tallos secundarios separados y guiados en horizontal.

Espolón. Tallo horizontal que se extiende desde la planta, arraiga y forma otra planta.

Estiércol. Desecho orgánico animal que se descompone y se usa para mejorar la estructura del suelo y su fertilidad.

Humidificación. Técnica para humedecer las superficies de un invernadero elevando la humedad del aire y ayudando así a mantener la temperatura bajo control.

Humus. Residuo orgánico de materia orgánica descompuesta que está presente en el suelo. Mejora su fertilidad.

Jardín húmedo. Zona del terreno permanentemente húmeda donde se cultivan plantas que viven en estas condiciones.

Limpieza. Eliminación de las flores muertas para mejorar la estampa visual de la planta, prevenir la formación de semillas y mejorar el rendimiento futuro de floración.

Malla contra insectos. *Ver* Cubiertas de cultivos.

Mantillo foliar. Material que se produce a partir de la descomposición de las hojas en un cubo o pila. Es útil como enmienda del suelo o mezcla para plantar.

Rosa «Frühlingsgold».

Montículo. Tierra que se levanta alrededor de una planta, por ejemplo, las patatas, para proveer los nuevos tallos de la helada e impedir que los tubérculos queden expuestos a la luz, con lo cual enverdecerían.

Perenne. Planta que vive más de dos años. Se aplica normalmente a plantas no leñosas resistentes (*ver* Plantas herbáceas). Una planta perenne sensible es una no leñosa que no tolera las heladas.

Planta de temporada. Planta que se cultiva para su uso temporal durante un periodo, ya sea en primavera, verano o invierno.

Planta injertada. Planta ornamental que se ha unido al portainjerto de otra variedad más resistente.

Plantas de cubierta del suelo. Conjunto de plantas de crecimiento denso y bajo que forman una cubierta en el suelo con las hojas con la finalidad de impedir la germinación de malas hierbas.

Plantas herbáceas. Especies que producen tallos no leñosos verdes y jugosos.

Pregerminación. Técnica usada para estimular el brote de un tubérculo de patata antes de plantarlo.

Raíz desnuda. Planta que se vende sin tierra alrededor de las raíces. Se levanta del terreno del vivero y se da lista para plantar durante la estación de latencia.

Resistencia. Cantidad de frío que un tipo de planta puede resistir. Las plantas resistentes toleran las heladas; las semirresistentes y las sensibles, no.

Tela de lanilla. *Ver* Cubiertas de cultivos.

Tierra vegetal. Mezcla que se usa para el cultivo de plantas en macetas. Puede ser de tipo turba o suelo franco. Las versiones sin turba se basan en corteza comportada u otros materiales orgánicos.

Transplante. Traslado de plántulas o plantas jóvenes de una cama de vivero en la que se han sembrado en su posición final de cultivo.

Índice

Las referencias de páginas en *cursiva* corresponden a ilustraciones.

A

Pieris japonica.

B

C

Rosa x alba «Alba Semiplena».

Narcissus «Tête-à-tête».

Tagetes patula «Golden Gem».

Nymphaea «Attraction».

Rudbeckia fulgida var. *deamii.*

Agradecimientos

El editor quiere expresar su agradecimiento a Peter McHoy por su autorización para usar las siguientes fotografías: 14A; 18AbI, AbC y AbD; 19AbI, AbC y AbD; 45Ab; 136AbI, AbC y AbD; 137AbI, AbC y AbD (A: arriba; Ab: abajo; I: izquierda; D: derecha; C: centro).

Fotografías: Peter Anderson, Jonathan Buckley, Paul Forrester, John Freeman, Michelle Garrett, Janine Hosegood, Andrea Jones, Simon McBride, Marie O'Hara.

Ilustraciones: Neil Bulpitt, Liz Pepperell, Michael Shoebridge.

Texto paso a paso adicional: Peter McHoy, Richard Bird, Andrew Mikolajski, Ted Collins, Blaise Cooke, Christopher Grey-Wilson, Lin Hawthorne, Jessica Houdret, Hazel Key, Peter Robinson, Susie White.